INSTITUIÇÕES DE JUSTINIANO
ORIGEM DO DIREITO BRASILEIRO

Dados Internacionais de Catalogação na Publicação (CIP)
(Câmara Brasileira do Livro, SP, Brasil)

Justiniano I, Imperador do Oriente, 483-565.
Instituições de Justiniano: origem do direito brasileiro / adaptação Marly de Bari Matos; [tradução Sidnei Ribeiro de Souza, Dorival Marques]. – São Paulo: Ícone, 1999.

ISBN 85-274-0588-1

1. Direito – Estudo e ensino 2. Direito – História 3. Direito – Brasil – História 4. Institutas 5. Justiniano I. Imperador do Oriente 438-565. I. Matos, Marly de Bari. II. Título.

99-4282   CDU-34(37) (095.4)

Índices para catálogo sistemático:

1. Instituições de Justiniano: Direito romano   34 (37) (095.4)

© Copyright 1999.
Ícone Editora Ltda

Diagramação
Rosicler Freitas Teodoro

Revisão
Rosa Maria Cury Cardoso

Proibida a reprodução total ou parcial desta obra, de qualquer forma ou meio eletrônico, mecânico, inclusive através de processos xerográficos, sem permissão expressa do editor (Lei nº 5.988, 14/12/1973).

Todos os direitos reservados pela
ÍCONE EDITORA LTDA.
Rua das Palmeiras, 213 — Sta. Cecília
CEP 01226-010 — São Paulo — SP
Tels./Fax.: (011)3666-3095

INSTITUIÇÕES DE JUSTINIANO
ORIGEM DO DIREITO BRASILEIRO

Adaptação
Marly de Bari Matos

PROCEMIUM
INSTITUTIONUM JUSTINIANI
(In nomine domini nostri Jesu-Christi)

Imperator Ceaesar Flavius Justinianus, Alemannicus, Gothicus, Francicus, Germanicus, Anticus, Alanicus, Vandalicus, Africanus, Pius, Felix, Inclytus, victor ac triumphator, semper Augustus, cupidae legum juventuti.

Imperatoriam majestatem non solum armis decoratam, sed etiam legibus oportet esse armatam, ut utrumque tempus et bellorum et pacis recte possit gubernari, et princeps romanus non solum in hostilibus praeliis victor existat, sed etiam per legitimos tramites calumniantium iniquitates expellat; et fiat tam juris religiosissimus, quam victis hostibus triumphator.

I. Quorum utramque viam cum summis vigiliis, summaque providentia, annuente Deo, perfecimus. Et bellicos quidem sudores nostros barbaricae gentes sub juga nostra deductae cognoscunt; et tam Africa, quam aliae innumerosae provinciae, post tanta temporum spatia, nostris victoriis a coelesti numine praestitis iterum ditioni romanae, nostroque additae imperio, protestantur. Omnes vero populi, legibus tam a nobis promulgatis, quam compositis, reguntur.

II. Et cum sacratissimas constitutiones, antea confusas, in luculentam ereximus consonantiam, tunc nostram extendimus curam ad immensa prudentiae veteris volumina, et opus desperatum, quasi per medium profundum euntes coelesti favore jam adimplevimus.

III. Cumque hoc, Deo propitio, peractum et: Triboniano, viro magnifico, magistro et exquaestore sacri palatii nostri, necnon Theophilo et Doroteo, viris illustribus, antecessoribus (quorum omnium solertiam, et legum scientiam, et circa nostras jussiones fidem, jam ex multis rerum argumentis accepimus), convocartis; specialiter mandavimus ut nostra auctoritate, nostrisque suasionibus, componant Institutiones, ut liceat vobis prima legum cunabula non ab antiquis fabulis discere, sed ab imperiali splendore appetere; et tam aures quam animi vestri, nihil inutile, nihilque perperam positum, sed quod in ipsis rerum obtinet argumentis, accipiant.

PREÂMBULO
INSTITUIÇÕES DE JUSTINIANO
(Em nome de Nosso Senhor Jesus Cristo)

O imperador César Flávio Justiniano Alamânico Gótico Francisco Germânico Antigo Alânico Vandálico Africano piedoso, feliz, ínclito, vitorioso, triunfador, sempre Augusto, à mocidade que se dedica às leis.

A majestade imperial deve ilustrar-se não só pelas armas, mas também pelas leis, para que possa reger com justiça os tempos de paz e os tempos de guerra, e para que o príncipe romano saia vitorioso tanto nos combates com o inimigo como no expurgo das injustiças que se ocultam nas fórmulas legais, e para que seja, ao mesmo tempo, cultor apaixonado do direito e triunfador dos inimigos.

1. Realizamos essa dupla tarefa com muitas vigílias e a suprema ajuda de Deus. Os povos bárbaros, submetidos ao nosso jugo, conhecem-nos o esforço guerreiro, e tanto a África como outras numerosas províncias, depois de tanto tempo, por vitórias concedidas pela Providência, voltaram a reunir-se ao patrimônio romano e foram anexadas ao Império. Todos os povos regem-se por leis já por nós promulgadas e conciliadas.

2. E depois que harmonizarmos as constituições imperiais, antes tão confusas, estendemos os nossos cuidados para os imensos volumes da ciência antiga; e chegamos com o favor divino ao fim da obra, julgada tão impossível quanto atravessar o oceano a pé.

3. E com a ajuda de Deus assim se fez: tendo convocado Triboniano, varão magnífico, mestre e ex-questor do nosso sagrado palácio, e também Teófilo e Doroteu , varões ilustres, nossos antecessores (cuja competência, conhecimento das leis, e fidelidade às nossas ordens já tantas vezes verificamos), ordenamos-lhes especialmente que, com a nossa autoridade e por nosso pedido, compusessem estas instituições, para que possam apreender as leis nas suas fontes com o esplendor da glória imperial e não em fábulas antigas, e para que aos vossos ouvidos e à vossa alma não tocassem alguma inutilidade ou algum excesso, mas

Et quo priore tempore vix post quadriennium prioribus contingebat, tunc constitutiones imperatorias legerent, hoc vos a primordio ingrediamini, digni tanto honore, tantaque reperti felicitate, ut et initium vobis et finis legum eruditionis a voce principali procedat.

IV. Igitus, post libros quinquaginta Digestorum seu Pandectarum, in quibus omne jus antiquum collectum est, quos per eumdem virum excelsum Tribunianum, necnon et caeteros virus illustres et facundissimos confecimus, in quatuor libros easdem Institutiones partiri jussimus, ut sint totius legitimae scientiae prima elementa.

V. In quibus breviter expositum est et quod antea obtinebat, et quod postea desuetudine inumbratum, imperiali remedio illuminatum est.

VI. Quas ex omnibus antiquorum Instutionibus, et praecipue ex comentaris Gaii nostri, tam Institutionum, quam rerum quotidianarum, aliisque multis comentariis compositas, cum tres viri prudentes praedicti nobis obtulerunt, et legimus et cognovimus, et plenissimum nostrarum constitutionum robur eis accommodavimus.

VII. Summa itaque ope, et alacri studio has leges nostras accipite, et vosmetipsos sic eruditos ostendite, ut vos spes pulcherrima foveat, toto legitimo opere perfecto, posse etiam rem nostram publicam in partibus ejus vobis credendis gubernari.

D. CP. XI calend. decemb. D. JUSTINIANO PP. A. III CONS.

somente o estritamente necessário. E também para que tivésseis estas instituições como primeiro estudo, visto que, antigamente, mal bastavam quatro anos, sendo tão grande a nossa honra e fortuna que o começo e o fim da vossa cultura jurídica provinham da voz do príncipe.

4. Assim, depois de reunido todo o direito antigo nos cinqüenta livros do Digesto ou Pandectas, o que fizemos por meio do excelso varão Triboniano e de outros homens ilustres e eloqüentes, mandamos organizar estas instituições em quatro livros, para que sejam os primeiros elementos de toda a ciência da lei.

5. Nelas se encontra resumidamente exposto o que antes vigorava e o que depois, obscurecido pelo desuso, esclareceu a reforma imperial.

6. Essas Instituições, para que contribuíram todas as Instituições dos antigos, e principalmente os comentários de Gaio nas suas Instituições e as Coisas Quotidianas, além de muitos comentários de outros, ao nos serem apresentadas pelos três varões referidos, foram por nós lidas, examinadas, e lhes demos o mesmo valor que às nossas constituições.

7. Recebei, pois, com entusiasmo e alegria estas nossas leis, e mostrai-vos tão instruídos nelas que possais ter a esperança de que, completado o estudo, ireis governar o Estado nas funções que vos confiamos.

Dado em Constantinopla, aos doze dias antes das calendas de Dezembro, terceiro consulado do Imperador Justiniano perpetuamente Augusto (23 de Novembro de 533).

TITULUS I
DE JUSTITIA ET JURE

Justitia est constans et perpetua voluntas jus suum cuique tribuendi.

I. Jurisprudentia est divinarum atque humanarum rerum notitia, justi atque injusti scientia.

II. His igitur generaliter cognitis, et incipientibus nobis exponere jura populi romani: ita maxime videntur posse tradi commodissime, si primo levi ac simplici via, post deinde diligentissima atque exactissima interpretatione, singula tradantur: alioquin si statim ab initio rudem adhuc et infirmum animum studiosi, multitudine ac variatate rerum oneraverimus; duorum alterum, aut desertorem studiorum efficiemus, aut cum magno labore ejus, saepe etiam eum diffidentia quae plerumque juvenes avertit, serius ad id perducemus, ad quod, leviore via ductus, sine magno labore et sine ulla, diffidentia maturius perduci potuisset.

III. Juris praecepta sunt hace: honestoe vivere alterum non laedere, suum cuique tribuere.

IV. Hujus studii duae aunt positiones: publicum, et privatum. Publicum jus est, quod ad stature rei romanae spectat; privatum quod ad singulorum utilitatem. Dicendum est igitur de jure privado, quod tripartite es collectum: est enim ex naturalibus praeceptis, aut gentium, aut civilibus.

TITULUS II
DE JURE NATURALI GENTIUM ET CIVILI

Jus natural est, quod natura omnia animala docuit. Nam jus istud non humani generis proprium eat, sed omnium animalium quae in coelo, quae in terra, quae in mari nascuntur. Hinc descendit maris atque foeminae conjunctio, quam nos matrimonium appellamus; hinc liberorum procreatio et educatio. Videmus etenim caetera quoque animalia istius juris perita censeri.

LIVRO I

TÍTULO I
DA JUSTIÇA E DO DIREITO

Justiça é a vontade constante e firme de atribuir a cada um o que é seu por direito.

1. A Jurisprudência é o conhecimento das coisas divinas e humanas e a ciência do justo e do injusto.

2. Conhecidas estas coisas em geral, e começando nós a expor o direito do povo romano, parece-nos que os assuntos podem ser apresentados de modo muito cômodo, se forem tratados cada um, em princípio, por um método leve e simples, e depois com uma interpretação muito cuidadosa e precisa; aliás, se desde o começo sobrecarregarmos o espírito ainda rude e fraco do estudioso com uma grande quantidade de coisas, de duas uma - ou o faremos abandonar os estudos, ou o conduziremos tardiamente, e com grande trabalho e desgosto, que muitas vezes desviam os moços daquilo a que poderiam chegar mais cedo sem grande trabalho, levados por método mais fácil.

3. Os preceitos do direito são estes: viver honestamente, não lesar a outrem e dar a cada um o que é seu.

4. Dois são os aspectos do seu estudo: o público e o privado. O direito público é o que versa sobre a República Romana; o privado é o que versa sobre interesses particulares. Deve-se dizer que o direito privado é tripartido, porque é coligido de preceitos naturais, das gentes e civis.

TÍTULO II
DO DIREITO NATURAL, DAS GENTES E CIVIS

Direito natural é o que a natureza ensinou a todos os animais. Este direito não é próprio somente do gênero humano, mas comum a todos os animais que nascem no céu, na terra e no mar. Dele resulta a união entre o macho e a fêmea a que nós chamamos matrimônio, a criação dos filhos, e a sua educação. Vemos, em verdade, que também os outros animais gozam desses direitos.

1. O direito civil e o das gentes distinguem-se da seguinte maneira: todos os povos que se regem por leis e costumes, usam em parte

I. Jus autem civile vel gentium ita dividitur. Omnes populi, qui legibus et moribus reguntur, partim suo proprio, partim communi omnium hominum jure utuntur; nam quod quisque populos ipse sibi jus constiuit, id ipsius proprium est civitatis; vocaturque jus civile, quasi jus proprium ipsius civitatis. Quod vero naturalis, ratio inter omnes homines constituit, id apud omnes populos peraeque custoditur, vocaturque jus gentium, quasi quo jure omnes gentes utuntur. Et populus itaque romanus partim suo proprio, partim communi onmium hominum jure utitur. Quae singula qualia sint, suis locis proponemus.

II. Sed jus quidem civile ex unaquaque civitate apperatur, veluti Atheniensium; nam si quis velit Solonis vel Draconis leges apellare jus civile Atheniensium, non erraverit. Sic enim et jus quo romanus populus utitur, jus civile Romanorum appellamus, vel jus Quiritum, quo Quirites utuntur. Romani enim Quirites a Quirino appellantur. Sed quoties non addimus nomen cujus sit civitatis, nostrum jus significamus: sicuti cum poetam dicimus, nec addimus nomen, subauditur apud Graecos, egregius Homerus; apud nos; Virgilius. Jus autem gentium omni humano generi commune est; nam, usu exigente, et humanis necessitatibus, gentes humanae quaedam sibi constituerunt. Bella etenim orta sunt, et captivitates secutae, et servitutes, quae sut naturali juri contrariae: jure enim naturali omnes homines ab initio liberi nascebantur. Et ex hoc jure gentium omnes pene contractus introducti sunt, ut emptio venditio, locatio conductio, societas, depositum, mutuum, et alii innumerabiles contractus.

III. Constat autem jus nostrum, quo utimur, aut ex scripto, aut non ex scripto; ut apud Graecos. Scriptum, autem jus est, lex, plebiscitum, senatusconsultum, principum placita, magistratuum edicta, prudentum responsa.

IV. Lex est, quod pupulus romanus senatorio magistratu interrogante (veluti consule) constituebat. Plebiscitum est, quod plebs plebeio magistratu interrogante (veluti tribuno) constituebat. Plebs autem a populo eo differt quo species a genere: nam, appellationi populi, universi cives significantur connumeratis etiam patriciis et senatoribus. Plebis autem appellatione, sine patriciis et senatoribus, caeteri cives significantur. Sed et plebiscite, lege Hortensia lata, non minus valere quam leges coeperunt.

V. Senatus-consultum est quod senatus jubet atque constituit. Nam, cum auctus est populus romanus in eum modum ut difficile sit in

do seu próprio direito, e em parte de um direito comum a todos os homens. O direito que um povo tomou para si, é o direito da própria cidade ou nação, e chama-se direito civil, isto é, direito próprio da cidade. Porém, aquele direito que a razão natural constitui entre todos os homens, é observado igualmente por todos, e denomina-se direito das gentes, ou seja, direito de que usam todas as gentes. Assim, o povo romano usa em parte do seu próprio direito, e em parte de um direito comum a todos os homens; os quais exporemos individualmente em seus devidos lugares.

2. Chama-se direito civil o de cada cidade, como, por exemplo, o dos atenienses, pois se alguém quiser nomear as leis de Sólon ou de Drácon de Direito dos atenienses, não cometerá erro. Assim, pois, também chamamos direito civil do romanos, aquele de que desfruta o povo romano, ou direito dos Quirites, aquele de que usam os Quirites, porque os romanos se chamam Quirites, de Quirino. Todas as vezes que omitirmos o nome da cidade, queremos aludir ao nosso próprio direito, assim como dizemos poeta e não citamos o nome, entende-se entre os gregos, egrégio Homero, e entre nós, Virgílio.

O direito das gentes é comum a todo o gênero humano. De acordo com as exigências dos costumes e das necessidades, as raças humanas criaram certos institutos. Vieram assim as guerras, seguiram-se as capturas e a escravidão, todas contrárias ao direito natural. Porque pelo direito natural, todos os homens nasciam livres desde o começo. Do direito das gentes originaram-se quase todos os contratos, como a compra e a venda, a locação, a condução, a sociedade, o depósito, a troca e outros mais.

3. O nosso direito, assim como o dos gregos, consta de normas escritas e não escritas. São direito escrito a lei, os plebiscitos, os senatus-consultos, as decisões dos príncipes, os editos dos magistrados e as respostas dos prudentes.

4. Lei é o que o povo romano constituía, sob a iniciativa de um magistrado senador ou de um cônsul. Plebiscito é o que a plebe constituía sob a iniciativa de um magistrado plebeu ou de um tribuno. A plebe difere do povo, como a espécie do gênero. Com o nome de povo indicam-se todos os cidadãos, compreendendo-se também os patrícios e senadores; com o nome de plebe indicam-se todos os outros cidadãos, exceto os patrícios e os senadores. Contudo, depois de promulgada a lei Hortênsia, os plebiscitos começaram a ter o mesmo valor que as leis.

5. Senatus-consulto é o que o senado manda e constitui. Como tivesse aumentado o povo romano de tal modo que se tornara difícil

unum eum convocari legis sanciendae causa, aequum visum est senatum vice populi consuli.

VI. Sed et quod principi placuit, legis babet vigorem, cum, lege Regia, quae de ejus imperio lata est, populus ei et in eum omne imperium suum et potestatem concedat. Quodcumque igitur imperator per epistolam constituit, vel cognoscens decrevit, vel edicto praecepit, legem esse constat: haec sunt quae Constitutiones appellantur. Plane ex his quaedam sunt personales, quae nec ad exemplum trahuntur (quoniam non hoc princeps vult). Nam quod alicui ob meritum indulsit, vel si cui poenam irrogavit, vel si cui poenam irrogavit, vel si cui sine exemplo subvenit, personam non trasgreditur. Aliae autem, cum generales sint, omnes procui dubio tenent.

VII. Proetorum quoque edicta non modicam juris obtinent auctoritatem. Hoc etiam jus honorarium solemus appellare, quod quid honores gerunt, id est magistratus, auctoritatem huic juri dedetunt. Proponebant et aediles curules edictum de quibusdam causis, quod et ipsum juris honorarii portio est.

VIII. Responsa prudentum sunt sententiae et opiniones eorum quibus permissum erat jura condere. Nam antiquitus constitutum erat ut essent qui jura publice interpretarentur, quibus a Caesare jus respondenti datum est, qui jurisconsulti appellabantur: quorum omnium sententiae et opiniones eam auctoritatem tenebant, ut judice recedere a responso eorum non liceret, us est constitutum.

IX. Ex non scripto jus venit, quod usus comprobati. Nam diuturni mores, consensu utentium comprobati, legem imitantur.

X. Et non ineleganter in duas species jus civile distributum esse videtur; nam origo ejus ab institutis duarum civitatum, Atheniensium scilicet et Lacedaemoniorum fluxisse videtur. In his enim civitatibus ita agi solitum erat, ut Lacedaemonii quidem magis ea quae pro legibus servarent, memoriae mandarent; Athenienses vero, quae in legibus scripta comprehendissent, custodirent.

XI. Sed naturalia quidem jura, quae apud omnes gentes peraeque servantur, divina quadam providentia constituta, semper firma atque inmutabilia permanent. Ea vero quae ipsa sibi quaeque civitas constituit, saepe mutari solent, vel tacito consensu populi, vel alia postea lege lata.

XII. Omne autem jus, quo utimur, vel ad personas pertinet, vel ad res, vel ad actiones. Et prius de personis videamus; nam parum est jus nosse, si personae quarum causa constitutum est, ignorentur.

convocá-lo para sancionar leis, pareceu justo consultar o senado em lugar do povo.

6. Porém, também a vontade do príncipe tem vigor de lei; pela lei Régia, que foi promulgada a respeito de seus poderes, o povo lhe concedeu e nele estabeleceu todo o seu império e poder. Tudo aquilo que, portanto, o imperador constituiu por epístola, ou conhecendo, decretou, ou preceituou em edito, tem valor de lei. Estas decisões dos príncipes são chamadas constituições. Destas, algumas são pessoais, as quais não se apresentam como exemplificação, pois o príncipe assim o quis; se ele perdoou a alguém pelo seu mérito, ou se lhe aplicou uma pena, ou se o auxiliou sem exemplo, isso não deve transpor a sua pessoa. Mas, as outras constituições, como são gerais, obrigam a todos indubitavelmente.

7. Também os editos dos pretores não têm pequena autoridade em direito. A este costumamos chamar direito honorário, porque aqueles que dispõem de cargos públicos, isto é, os magistrados, deram-lhe autoridade. Os edis curuis também propunham editos sobre determinados assuntos, e esses fazem parte do direito honorário.

8. As respostas dos prudentes são as sentenças daqueles a quem era permitido constituir leis, porque antigamente se instituiu que houvesse pessoas que interpretassem publicamente o direito, aos quais César deu o direito de resposta, esses chamavam-se jurisconsultos. As suas opiniões e sentenças tinham tal autoridade que não era permitido ao juiz afastar-se das suas respostas, segundo está disposto em lei.

9. Não escrito é o direito que o uso comprovou, porque os costumes repetidos, comprovados pelo consenso dos que deles se servem, imitam a lei.

10. Não é sem critério que o direito civil se divide em duas partes, pois parece que se origina das instituições de duas cidades, Atenas e Lacedemônia; nestas cidades procedia-se do seguinte modo: os lacedemônios costumavam confiar à memória aquilo que observavam como lei, ao passo que os atenienses guardavam por escrito as suas leis.

11. Os direitos naturais, que se guardam igualmente entre todos os povos, constituídos por uma espécie de providência divina, permanecem sempre firmes e imutáveis. Os direitos que cada nação constituiu para si muitas vezes costumam mudar, ou pelo tácito consenso do povo, ou pela promulgação de outra lei.

12. Todo o direito de que usamos, ou pertence às pessoas, ou às coisas, ou às ações. Trataremos, em primeiro lugar, das pessoas, porque não se pode conhecer o direito, sem conhecer as pessoas por cuja causa é constituído.

TITULUS III
DE JURE PERSONARUM

Summa itaque divisio de jure personarum haec est, quod omnes homines aut liberi sunt, aut servi.

I. Et libertas quidem (ex qua etiam liberi vocantur) es naturalis facultas ejus quod cuique facere libet, nisi quod ví aut juro prohibetur.

II. Servitus autem est constitutio juris gentium, qua quis dominio alieno contra naturam subjicitur.

III. Servi (autem) ex eo appellati sunt, quod imperatores captivos vendere jubent, ac per hoc servare nec occidere solent: qui etiam mancipia dicti sunt, eo quod ab hostibus manu capiuntur.

IV. Servi autem aut nascuntur, aut fiunt. Nascuntur ex ancilis nostris: fiunt aut jure gentium, id est, ex captivitate; aut jure civili, cum liber homo, major viginti annis, ad pretium participandum sese venundari passus est.

V. In servorum conditione nulla est differentia; in liberis autem multae; aut, enim sunt ingenui aut libertini.

TITULUS IV
DE INGENUIS

Ingenuus est, qui statim ut nascitur, liber est: sive ex duobus ingenuis matrimonio editus, sive ex libertinis duobus, sive ex altero libertino et altero ingenuo. Sed etsi quis ex matre libera nascatur, patre vero servo, ingenuus nihilominus nascitur, quemadmodum qui ex matre libera et incerto patre natus est, quoniam vulgo conceptus est. Sufficit autem liberam fuisse matrem eo tempore quod nascitur, licet ancilla conceperit. Et e contrario, si libera conceperit, deinde ancilla facta pariat, placuit eum qui nascitur libetum nasci, quia non debet calamitas matris ei nocere qui in ventre est. Ex his illud quaesitum est: Si ancilla praegnans manumissa sit, deinde ancilla postea facta pepererit, liberum na servum pariat? Et Marcellus probat liberum nasci; sufficit enim ei, qui in utero est, liberam matrem vel medio tempore habuisse: quod et verum est.

TÍTULO III
DO DIREITO DAS PESSOAS

A mais alta divisão do direito das pessoas é esta: todos os homens ou são livres ou escravos.

1. A liberdade (da qual se chamam *liberi* os filhos), é a faculdade natural daquele a quem é lícito fazer tudo quanto deseja, a não ser que seja impedido pela força ou pelo direito.

2. A servidão é o instituto do direito das gentes, pelo qual alguém é, contra a natureza, sujeito ao domínio alheio.

3. Os servos, ou escravos, são assim chamados porque os generais mandavam vender os prisioneiros e por isso costumavam conservá-los (*servare*) e não matá-los; são também chamados mancípios, porque são aprisionados pela mão dos inimigos (*manu capere*).

4. Os servos ou nascem, ou se tornam. Nascem das nossas escravas; tornam-se escravos ou pelo direito das gentes, isto é, pelo cativeiro, ou pelo direito civil, quando um homem livre, maior de vinte anos, consente em se vender para participar do preço.

5. Na condição dos servos não há diferença; na dos livres há muitas, pois são ingênuos ou libertos.

TÍTULO IV
DOS INGÊNUOS

Ingênuo é aquele que é livre desde o nascimento, ou que provém do matrimônio de dois ingênuos ou de dois libertos, ou de um liberto e de um ingênuo.

Se alguém nasce de mãe livre e de pai escravo é ingênuo, do mesmo modo que o nascido de mãe livre e pai incerto, pois é *vulgoconcepto*. Se uma mulher tiver concebido e der à luz depois de tornada escrava, aquele que dela nascer, nasce livre, porque não deve calamidade materna prejudicar aquele que está no ventre. Diante disso, tem-se perguntado se uma escrava grávida for manumitida, e depois de tornar a cair em escravidão, vier a dar à luz, parirá um filho livre ou um escravo? Marciano declara que o filho nasce livre. É suficiente para aquele que está no ventre ter a mãe livre no tempo intermédio entre a concepção e o parto, o que é verdade.

I. Cum autem ingenuus aliquis natus sit, non officit ei in servitute fuisse, et postea manumissum esse; saepissime enim constitutum est, natalibus non officere manumissionem.

TITULUS V
DE LIBERTINIS

Libertini sunt, qui ex justa servitute manumissi sunt. Manu-missio autem est datio libertatis; nam quamdiu quis in servitute est, manui et potestati suppositus est: manumissus liberatur a postetate. Quae res a jure gentium originem sumpsit; utpote, cum jure naturali omnes liberi nascerentur, nec esset nota manumissio, cum servitus esset incognita. Sed postquam jure gentium servitus invassit, secutum est beneficium manumissionis; et cum uno communi nomine omnes homines appelarentur, jure gentium tria hominum genera esse coeperunt: liberi et his contrarium servi, et tertium genus libertini, qui dessierant esse servi.

I. Multis autem modis manumissio procedit: aut enim ex sacris constitutionibus in sacrosanctis ecclesiis, aut vindicta, aut inter amicos, aut per epistolam, aut per testamentum, aut per aliam quamlibet ultimam voluntatem. Sed et aliis multis modis libertas servo competere potest, qui tam est veteribus, quam ex nostris constitutionibus introducti sunt.

II. Servi autem a dominis semper manumitti solent: adeo ut vel in transito manumittantur, veluti cum praetor aut praeses, aut proconsul in balneum, vel in theatrum eunt.

III. Libertinorum autem status tripartitus antea fuerat. Nam qui manumittebantur modo majorem et justam libertatem consequebantur; et fiebant cives Romani; modo minorem, et Latini ex lege Junia Norbana fiebant; modo inferiorem et fiebant ex lege AElia Sentia deditiorum numero. Sed, dedititiorum quidem pessima conditio jam ex multis temporibus in disuetudinem abiit; Latinorum vero nomen non frequentabatur; ideoque nostra pietas omnia augere et in meliorem statum reducere desiderans, duabus constitutionibus hoc emendabit, et in pristinum statum reduxit, quia et in primis urbis Romae cunabilis una atque simplex libertas competebat, id est, eadem quain habebat manumisor, nisi quod scilicet libertinus sit qui manumittitur, licet manumissor ingenuus sit. Et dedititios quidem per constituttionem nostram expullimus, quam

1. Quando alguém nasceu ingênuo, não o prejudica o fato de ter caído em escravidão posteriormente e de ter sido em seguida manumitido. Muitas vezes, tem-se resolvido que a manumissão não prejudica os direitos de nascimento.

TÍTULO V
DOS LIBERTOS

Libertos são os que se manumitiram de justa servidão. Manumissão é a restituição de liberdade; porque, enquanto alguém está na escravidão, está debaixo da mão e do poder de outrem; uma vez manumitido liberta-se desse poder. O instituto da escravidão nasceu do direito das gentes. Como por direito natural todos os homens nascem livres, não era conhecida a manumissão, pois que também não o era a escravidão. Porém, depois que a escravidão se estabeleceu pelo direito das gentes, introduziu-se o benefício da manumissão; de modo que os homens eram, em princípio, chamados todos da mesma maneira, e mais tarde começaram a ser distinguidos em três espécies pelo direito das gentes: os livres e, contrários a estes, os escravos, e os libertos, terceira espécie, formada pelos que tinham deixado de ser escravos.

1. De muitos modos se opera a manumissão: ou por constituições dos imperadores, nas igrejas sacrossantas, ou por vindita, ou entre amigos, ou por epístola, ou por testamento, ou por qualquer outra manifestação de última vontade. Porém, de muitos outros modos se pode dar a liberdade aos escravos, os quais foram introduzidos não só pelas antigas, como pelas nossas constituições.

2. Os escravos podem ser sempre manumitidos pelos senhores que os libertam até mesmo de passagem, como quando o pretor, ou o presidente, ou o procônsul, vem ao banho ou ao teatro.

3. Os libertos eram antigamente de três espécies. Os que se manumitiam, ora conseguiam maior e justa liberdade e tornavam-se cidadãos romanos; ora conseguiam menor liberdade e tornavam-se latinos pela lei Júnia Norbana, ora conseguiam uma liberdade inferior e consideravam-se deditícios pela Lei Élia Sência. Porém, já há muito tempo a péssima condição dos deditícios caiu em desuso, e o nome latino não é usado com freqüência.

promulgavimus, inter nostras decisiones, per quas, suggerente nobis Triboniano, viro excelso, quaestore, antiqui juris altercationes placavimus. Latinos autem Junianos, et omnem quae circa eos fuerat observantiam, alia constitutione, per ejusdem quaestoris suggestionem, correximus, quae inter imperiales radiat sanctiones. Et omnes libertos, nullo nec aetatis manumissii nec dominii manumittentis, nec in manumissionis modo discrimini habito, sicut jam antea observabatur, civitati romanae donavimus; multis modis additis, per quos possit libertas servis cum civate romana, quae sola est in praesent, praestari.

TITULUS VI
QUIT ET EX QUIBUS CAUSIS MANUMITTERE NON POSSUNT

Non tamen cuicumque volenti manumittere licet; nam is qui in fraudem creditorum manumittit, nihil agit, quia lex AElia Sentia impedit libertatem.

I. Licet autem domino, qui solvendo non est, in testamento servum suum cum libertate heredem instituere, ut liber fiat, heresque ei solus et necessarius; si modo ei nemo alius ex eo testamento heres extiterit: aut quia nemo heres scriptus sit, aut quia is que scriptus est, qualibert ex causa, heres non extiterit. Idque aedem lege AElia Sentia provisum est, et recte. Valde enim prospiciendum erat, ut egentes homines, quibus alius heres extiturus non esset, bel servum suum necessarium heredem haberent, qui satisfacturus esset creditoribus; aut hoc eo non faciente, creditores res hereditarias servi nomine vendant, ne injuria defunctus afficiatur.

II. Idemque juris est, etsi sine libertate servus heres instituttis est. Quod nostra constitutio non solum in domino qui solvendo non est, sed generaliter constituit, nova humanitatis ratione, ut ex ipsa scriptura institutionis etiam libertas ei competere videatur; cum non est verisimile eum quem heredem sibi elegit, si praetermiserit libertatis dationem, servum remanere voluisse, et neminem sibi heredem fore.

Por isso, a nossa generosidade, desejando tudo melhorar e tudo corrigir, emendou este ponto com duas constituições, reduzindo a liberdade ao seu primitivo estado. Nos primeiros tempos de Roma, havia uma liberdade pura e simples, a que tinha o manumissor, salvo quando o manumitido era liberto e o manumissor era ingênuo. Suprimimos os deditícios por uma constituição nossa, que promulgamos entre as nossas decisões, e pelas quais, com a iniciativa de Triboniano, varão ilustre e questor, pusemos termo às controvérsias do antigo direito. A respeito dos latinos junianos, e do que relativamente a eles se observava, por iniciativa do mesmo questor, corrigimos por outra constituição que fulge entre as decisões imperiais.

E, como era anteriormente, demos a cidadania romana a todos os libertos indistintamente, quer quanto à idade do manumitido, quer quanto ao domínio do manumissor, quer quanto ao modo de manumissão, acrescentando muitos modos pelos quais se pode dar a liberdade aos escravos com o direito de cidadania romana, que é a única liberdade hoje existente.

TÍTULO VI
POR QUE E QUEM NÃO PODE SER·MANUMITIDO

Não é permitido manumitir a todo aquele que o quiser fazer, porque aquele que manumite em fraude dos credores, age nulamente, pois a lei Élia Sência impede a liberdade.

1. É lícito ao senhor insolvente instituir o escravo herdeiro com a liberdade, em seu testamento, para que se torne livre e seja seu herdeiro único e necessário, contanto que ninguém mais seja herdeiro, pelo referido testamento, ou porque não haja herdeiro escrito, ou porque o escrito por qualquer causa não se tenha tornado herdeiro. É isso o que dispõe justamente a lei Élia Sência. Era, na verdade, indispensável que os insolventes que não tinham herdeiros, tivessem por herdeiro necessário o seu escravo, o qual pagasse aos seus credores, ou que, não o fazendo, os credores pudessem vender os bens hereditários, em nome do escravo, para que se não injuriasse a memória do defunto.

2. O mesmo direito observa-se, ainda que o escravo seja instituído herdeiro sem liberdade. Pois a nossa constituição ordenou que, não só no caso do senhor insolvente, mas em geral, por motivo de humanidade, a liberdade fosse concedida com o fato de ter o escravo sido instituído

III. In fraudem autem creditorum manumittere videtur, qui, vel jam eo tempore quo manumittit, solvendo non est, vel qui, datis libertatibus, desiturus est solvendo esse. Praevaluisse tamen videtur nisi animum quoque fraudandi manumissor habuerit, non impediri libertatem, quamvis bona ejus creditoribus non sufficiant. Saepe enim de facultatibus slds amplius, quam in his est, sperant homines. Itaque tunc intelligimus impediri libertatem, cum utroque modo fraudantur creditores, id eat et consilio manumittentis, et ipsa re, eo quod ejus bona non sunt suftectura creditoribus.

IV. Eadem lege AElia Sentia domino minori viginti annis non aliter manumittere permittitur, quam si vindicta, apud consilium justa causa manumissionis approbata, fuerint manumissi.

V. Justae autem manumisionis causae haec sunt: veluti, si quis patrem aut matrem, silium filiamve, aut fratrem sororemve naturales, aut pedagogum, aut nutricem, aeducatoremve, aut alumnum alumnamve, aut colactaneum manumittat, aut servum, procuratoris habendi gratia; aut ancillam, matrimonii habendi causa; dum tamen intra sex menses uxor ducatur, nisi justa causa impediat; et qui manumittitur procuratoris habendi gratia, non minor decem et septem annis manumittatur.

VI. Sermel autem causa aprobata, sive vera sit, sive falsa, non retractatur.

VII. Cum ergo certus modus manuttendi minoribus viginti annis dominis per lebem AElia Sentiam constitutus sit, eveniebat ut qui quatuordecim annos expleverat, licet testamentum facere, et in eo sibi haeredem instituere, legataque relinquere posset; tamen, si adhuc minor esset viginti annis libertatem servo dare non posset. Quod non erat ferundum, si is cui totorum suorumi bonorum in testamento dispositio data erat, uno servo libertatem dare non permittebatur. Quare nos similiter ei, quemadmodum alias res; ita et servos suos in ultima voluntate disponere, quemadmodum voluerit, permittimus, ut et libertatem eis possit praestare. Sed cum libertas inestimabilis res sit, et propter hoc ante XX aetatis annum antiquitas libertatem servo dare prohibebat: ideo nos, mediam quodammodo via eligentes, non aliter minori viginti annis libertatem testamento dare servo suo concedimus, nisi XVII annum impleverit, et decimum octavum tetigerit. Cum enim antiquitas hüjusmondi aetati et pro allis postulare concesserit, cur non etiam sui judiciis tabilitas ita eos adjuvare credatur, ut ad libertatem dandam servis suis possint pervenire?

herdeiro; não é verossímel que o testador tenha querido que permanecesse escravo o instituído, e ele sem herdeiro, somente porque se tenha esquecido de dar a liberdade.

3. Considera-se manumitir em fraude de credores, aquele que ao tempo de sua manumissão não está solvente, ou aquele que, dada a liberdade, torna-se insolvente. Todavia, tem prevalecido que, não tendo o manumissor a intenção de fraudar, isso não impede a liberdade, ainda que os seus bens não bastem aos credores. Os homens esperam freqüentemente demasiado das suas forças, e por isso entendemos que não se permita a liberdade quando de um e de outro modo se fraudam os credores, isto é, pela intenção do manumitente e pelo próprio fato de não serem suficientes os bens para os credores.

4. Segundo a mesma lei Élia Sência, não se permite ao senhor menor de vinte anos manumitir, a não ser por vindita, depois de ser a justa causa de manumissão aprovada pelo conselho.

5. São estas as causas legítimas de manumissão: por exemplo, se alguém manumitir seu pai ou mãe, filho ou filha, irmão ou irmã natural, o preceptor, a ama, o discípulo ou discípula, o irmão ou a irmã de leite, ou o escravo para fazer seu procurador, ou uma escrava para com ela casar-se, contanto que o casamento se dê dentro de seis meses, salvo justo impedimento, e contanto que o manumitido a fim de ser procurador, não seja menor de 17 anos.

6. Uma vez aprovada a causa de manumissão, quer verdadeira, quer falsa, não se revoga.

7. Como pela lei Élia Sência se estabeleceu um modo especial de manumissão para o senhores menores de vinte anos, acontecia que os que tinham 14 anos completos, embora pudessem fazer testamento, e nele instituir herdeiro e deixar legados, não podiam; todavia, dar liberdade ao escravo, se ainda fossem menores de 20 anos. Era inadmissível que não pudesse libertar o seu escravo aquele a quem se dava o poder de dispor por testamento da totalidade de seus bens. Por tais razões, permitimos que disponha em última vontade dos escravos, bem como de outras coisas como quiser, podendo dar-lhes liberdade.

Porém, como a liberdade é inestimável, e por tal razão os antigos proibiam dar liberdade ao escravo antes dos vinte anos, nós, escolhendo como que um caminho intermédio, só permitimos ao menor de vinte anos dar a liberdade em testamento ao escravo, se tiver completado 17 anos e estiver próximo dos 18. Com efeito, os antigos permitiam que os dessa idade postulassem por outrem; por que não acreditar que têm bastante segurança de espírito para dar liberdade aos seus escravos?

TITULUS VII
DE LEGE FUSIA CANINIA TOLLENDA

Lege Fusia Caninia certus modus constitutus erat in servis testamento manumittendis. Quam quasi libertates impedientem, et quodammodo invidam, tollendam esse censuimus; cum satis fuerat inhumanum, vivos quidem licentiam, habete totam suam familiam libertate donare, nisi alia causa impediat libertatem, morientibus autem hujusmodi licentiam adimere.

TITULUS VIII
DE HIS QUI SUI, VEL ALIENI JURIS SUNT

Sequitur de jure personarum alia divisio. Nam quaedam personae sui juris sunt, quaedam alieno juri subjectae. Rursus earum quae alieno juri subjectae sunt, aliae sunt in potestate parentum, aliae in potestate dominorum. Videamus itaque de his quae alieno juri subjectae sunt; nam, si cognoverimus quae istae personae sunt, simul intelligemus quae sui juris sunt. Ac prius discipiamus de his quae in potestate dominorum sunt.

I. In potestate itaque dominorum sunt servi: quae quidem potestas, juris gentium est; nam apud omnes peraeque gentes animadvertere possumus, dominis in servos vitae necisque potestatem fuisse; et quodcumque per servum acquiritur, id domino acquiri.

II. Sed hoc tempore nullis hominibus, qui sub imperio nostro sunt, licet, sine causa legibus cognita, in servos suos supra modum saevire. Nam ex constitutione divi Antonini, qui sine causa servum suum occiderit, non minus puniri iubetur, quam qui alienum occiderit. Sed et major asperitas dominorum, ejusdem principis constitutione, coercetur; nam consultus a quibusdam praesidibus procinciarum de is servis, qui ad aedem sacram vel ad statum principum confugiunt, praecepti uta si intolerabilis videatur saevitia dominorum, cogantur servos ruos bonis conditionibus vendere, ut pretium dominis daretor; et recte. Expedit enim Reipublicae, ne sua re quis male utatus. Cujus rescripti ad AElium Martianum emissi verba sunt haec: Dominorum quidem potestatem in servos suos illibatam esse oportet, nec cuiquam hominum jus suum detrahi; sed dominorum

TÍTULO VII
DA AB-ROGAÇÃO DA LEI FÚFIA CANÍNIA

A lei Fúfia Canínia tinha estabelecido restrições especiais para a manumissão dos escravos em testamento. Resolvemos ab-rogá-la por impedir a liberdade e ser de algum modo odiosa, porque era desumano que os vivos tivessem faculdade de libertar todos os escravos, a não ser que uma causa impedisse a liberdade, e que aos moribundos se negasse essa faculdade.

TÍTULO VIII
DOS QUE SÃO *SUI JURIS* OU *ALIENI JURIS*

Eis outra divisão do direito das pessoas. Algumas pessoas são *sui juris*, e outras são submetidas ao poder alheio, *alieni juris*. E entre as que estão submetidas ao poder alheio, umas estão sob o poder de seus pais, outras de seus senhores.

1. Tratemos das que se acham sujeitas ao poder alheio, pois se conhecermos quais são essas pessoas, ao mesmo tempo saberemos quais são as que são *sui juris*. Vejamos, em primeiro lugar, a respeito das que se acham sujeitas ao poder do senhor. No poder do senhor acham-se os escravos; esse poder é de direito das gentes, pois poderemos observar igualmente em todas as nações que os senhores têm direito de vida e de morte sobre os escravos; e tudo aquilo que adquire o escravo é adquirido pelo senhor.

2. Porém, hoje não permitimos a senhor algum, sob o nosso império, maltratar seus escravos sem motivo legal. Pela constituição do imperador Antonino Pio, aquele que mata seu escravo sem motivo é punido com as mesmas penas como se tivesse morto o escravo alheio. E também por essa constituição é punido o rigor excessivo dos senhores, porque, con-sultado por alguns presidentes de província, a respeito dos escravos que fogem para o Templo sagrado, ou para junto da estátua do príncipe, mandou que, se parecer intolerável a crueldade dos senhores, sejam estes obrigados a vender o seu escravo em boas condições, sendo o preço entregue justamente aos senhores.

Interessa à República que ninguém use mal de suas coisas. As palavras do referido rescrito, dirigido a Élio Marciano, são as seguintes:

interest, famem, vel intolerabilem injuriam ne auxilium contra saevitiam, bel denegetur iis qui juste deprecantur. Ideoque cognosce de querelis eorum qui ex familia Julii Sabini ad statuam confugerunt; et, si vel durius habitos quam aequum est, vel infami injuria affectos esse cognoveris, venire jube, ita ut in potestatem domini non revertantur. Qui si meae constitutioni fraudem fecerit, sciet me admissum severius executurum.

TITULUS IX
DE PATRIA POTESTATE

In potestate nostra sunt liberi nostri, quos ex justis nuptis procreavimus.

I. Nuptiae autem, sive matrimonium, est viri et mulieris conjunctio, individuam vitae consuetudinem continens.

II. Jus autem potestatis, quod in liberos habemus, proprium est civium romanorum; nulli enim alii sunt homines, qui talem in liberos habeant protestatem qualem nos habemus.

III. Qui igitur ex te et uxore tua nascitur, in tua potestate ets. Item qui ex filio tuo et uxore ejus nascitur, id est nepos tuus et neptis, aeque in tua sunt potestate; et pronepos, et proneptis, et deinceps caeteri. Qui autem ex filia tua nascitur, in potestate tua non est, sed in patris ejus.

TITULUS X
DE NUPTIIS

Justas autem nuptias inter se cundum paecepta legum coeunt, masculi quidem puberes, feminae autem viri potentes, sive patres familias sint, sive filii familias; dum tamen, si felii familias sint, consensum habeant parentum, quorum in potestate sunt. Nam hoc fieri debere, et civilis et naturalis tatio suadet, in tantum ut jussus parentis paecedere debeat. Unde quaesitum est, na fusiosi filius uxorem ducete possit? Cumque super filio variabatur, nostra processit decisio, qua permissum est ad exemplum filiae furiosi, filium quoque furiosi posse et sine patris incives romani contrahunt,

"Convém que o poder dos senhores sobre os escravos seja intangível, e que a ninguém se negue o seu direito; mas é do interesse dos próprios senhores que se não recuse aos que pedem auxílio contra a crueldade, a fome, ou a injúria intolerável. Por isso deves tomar conhecimento das queixas dos que dentre os escravos de Júnio Sabino fugiram para a estátua; e se os tratarem mais duramente do que é justo, ou se os atingirem com injúria infame, manda vendê-los para que não voltem para o poder do senhor. E se quiserem burlar esta minha constituição, fá-los cientes de que eu a executarei mais severamente."

TÍTULO IX
DO PÁTRIO PODER

No nosso poder se acham os nossos filhos que tivemos de justas núpcias.

1. Núpcias ou matrimônio são a união do homem e da mulher, contendo uma comunhão indivisível de vida.

2. O poder que temos sobre nossos filhos é próprio dos cidadãos romanos; porque não há outros homens que tenham sobre os filhos poder como temos.

3. Aquele que nasceu de ti e de tua mulher está sob o teu poder. Do mesmo modo aquele que nasceu de teu filho e de sua mulher, ou seja, o teu neto ou a tua neta, e também o bisneto e a bisneta, e assim os demais. Aquele, porém, que nasceu de tua filha, não está sob o teu poder, mas sob o de seu pai.

TÍTULO X
DO CASAMENTO

As justas núpcias contraem-se entre cidadãos romanos, que se unem segundo os preceitos legais, sendo os homens púberes e as mulheres núbeis, ou sejam chefes ou filhos de família; mas, se forem filhos de família, carecem de ter o consentimento dos pais em cujo poder se acham. A razão civil e a natural assim o persuadem, de modo que o consentimento paterno deve preceder o casamento.

Daí veio a seguinte questão: o filho do louco pode casar?

qui seterventu matrimonium sibi copulare, secundum datum ex nostra constitutione modum.

I. Ergo non omnes nobis uxores ducere libet; nam a quarumdam nuptiis abstinendum est. Inter eas enim personas, quae parentum liberorumve locum inter se obtinet, contrahi nuptiae non possunt; veluti inter patrem et filiam, bel avum et neptem, vel matrem et fillium, vel aviam et nepotem, et usque ad infinitum. Et si tales personae inter se coierint, nefarias atque incestas nuptias contraxisse dicuntur. Et haec adeo ita sunt, ut quamis pre adoptionem parentum liberorumve loco sibi esse coeperint. Non possint inter se matrimonio jungi: in tantum ut, etiam dissoluta adoptione, idem juris maneat. Itaque eam, quae tibi per adoptionem filia vel neptis esse coeperit, non poteris uxorem ducere, quamvis eam emancipaveris.

II. Inter eas quoque personas quae ex transversu gradu cognationis junguntur est quaedam similis observatio, sed non tanta. Sane enim inter fratem sororemque nuptiae prohibitae sunt, sive ab eodem patre eademque matre nati fuerint, sibe ex alterutro eorum. Sed si qua per adoptionem soror ribi esse coeperit, quamdiu quidem constat adoptio, sane inter te et eam nuptiae consistere non possunt: cum vero per emancipationem adoptio sit dissoluta, poterls eam uxorem ducere. Sed et si tu emancipatus fueris, nihil est impedimento nuptiis. Et ideo constat, si quis generum adoptare velit, debere eum ante filiam suam emancipare; et si quis velit nurum adoptare, debere eum ante filium suum emancipare.

III. Fratris vero, vel sonoris filiam, uxorem ducere non licet. Sed nec neptem fratris vel sonoris quis ducere potest quamvis quartu gradu sint. Cojus enim filiam uxorem ducere non licet, neque ejus neptem permittitur. Ejus vero mulieris, quam pater tuus adoptavit, filiam non videris impedire uxorem ducere, quia neque naturali, neque civ8ile jure tibi conjungitur.

IV. Duorum autem fratum vel sonorum liberi, vel fatris et sonoris, jungi possunt.

V. Item amitam, licet adoptivam, ducere uxorem non licet, item nec materieram, quia parnetum loco habentur. Qua ratione verum est, magnam quoque amitam et marterteram magnam prohiberi uxorem ducere.

Como a respeito do filho havia discussões, promulgamos a nossa constituição pela qual permitimos que, a exemplo da filha do louco, também seu filho pudesse casar sem a intervenção paterna, segundo o modo indicado na nossa constituição.

1. Não podemos, entretanto, casar com todas as mulheres, porque com algumas não nos devemos unir. Não podem ser contraídas núpcias entre pessoas que são entre si ascendentes ou descendentes; como o pai com a filha, o avô com a neta, a mãe com o filho, a avó com o neto, e assim *ad infinitum*.

E, se tais pessoas as contraírem, as núpcias são criminosas e incestuosas.

Esta proibição é tal que, ainda que sejam ascendentes ou descendentes por adoção, não podem unir-se em matrimônio; esta regra se observa ainda mesmo depois de extinta a adoção. Assim, aquela que foi tua filha ou neta adotiva não podes receber em matrimônio, ainda que a emancipes.

2. Também entre as pessoas ligadas por parentesco transversal, existe igual observância, porém não tão rigorosa. Certamente o casamento é proibido entre o irmão e a irmã, quer sejam nascidos de um mesmo pai e de uma mesma mãe, quer somente do mesmo pai ou da mesma mãe.

Todavia, se uma mulher se tornou tua irmã adotiva; enquanto subsiste a adoção, sem dúvida, não podes casar com ela; mas, depois de dissolvido o casamento pela emancipação, poderás recebê-la como esposa. O mesmo acontece no caso de seres tu o emancipado.

E também está estabelecido que, se alguém quiser adotar o seu genro, deve, antes disso, emancipar a sua nora; e se alguém quiser a sua nora, deve, antes disso, emancipar o seu filho.

3. Não é permitido alguém casar com a filha de seu irmão ou de sua irmã; também não é permitido o casamento com a neta do irmão ou da irmã, embora se ache no quarto grau. Quando o casamento não é permitido com a filha, do mesmo modo não é permitido com a neta.

Não estás, todavia, impedido de casares com a filha da mulher que teu pai adotou, porque não é tua parente nem por direito natural nem por direito civil.

4. Os filhos de dois irmãos ou de duas irmãs, ou de um irmão ou de uma irmã podem casar.

5. Igualmente ninguém pode casar com sua tia materna, nem com sua tia paterna, porque estão na classe dos ascendentes.

VI. Affinitatis quoque veneratione, quarumdam nuptiis abstinemdum est, ut ecce: privignam aut nurum uxorem ducere non licet, quia utraeque filia loco sunt. Quod ita scilicet accipi debet, si fuit nurus aut privigna tua. Nam si adhuc nurus tua est, id est, si adhuc nupta est filio tuo, alia ratione uxorem eram ducere non poteris, quia eo duobus nupta esse non potest. Idem si adhuc privigna tua est, id est, si mater ejus tibi nupta est, ideo eam uxorem ducere non poteris, quia duas uxores, codem tempore habere non licet.

VII. Socrum quoque et novercam prohibitum est uxorem ducere, qua matris loco sunt. Quod et ipsum, disoluta demum afinitate, procedit. Alioquin si adhuc noverca est, id est, si adhuc patri tuo nupta est communi jure impeditud tibi nubere, quia eadem duobus nupta esse non potest. Item si adhuc socrus est, id est, si adhuc filia ejus tibi nupta est, ideo impediuntur tibi nuptiae, quia duas uxores habere non possis.

VIII. Mariti tamen filius ex alia uxores et uxoris filia ex alio marito, vel contra, matrimonium recte contrahunt, licet habeant fratem sororemve ex matrimonio postea contracto natos.

IX. Si uxor tua post divortium ex alio filiam procreaverit, haec non est quidem privigna tua; sed Julianus hujusmodi nuptiis abstinere debere ait; nam nec sposam filii nurum esse, nec patris sposam novercam esse; rectius tamen, et jure facturos eos, qui hujusmodi nuptiis se abstinuerint.

X. Illud certum est, serviles quoque cognationes impedimento nuptiis esse, si forte pater et filia, aut frater et soror manumissi fuerint.

XI. Sunt et aliae personae, quae propter diversas rationes nuptias contrahere prohibentur, quas in libris Digestorum seu Pandectarum, ex veteri jure collectarum, enumerari permisimus.

XII. Si adversus ea, quae diximus, aliqui coierint, nec vir, nec uxor, nec nuptiae, nec matrimonium, nec dos intelligitur. Itaque ii, qui ex eo coitu nascuntur, in potestate patris non sunt; sed tales sunt (quantum ad patriam potestatem pertinet) quales sunt ii quos mater vulgo concepit. Nam nec his patrem habere intelliguntur, cum his pater incertus est. Unde solent spurii appellari vel a graeca voce quasi concepti, vel sine patre filii. Sequitur ergo, ut dissoluto tali coitu, nec dotis exactioni locus sit.

Pela mesma razão proíbe-se o casamento com a tia-avó materna, e com a tia-avó paterna.

6. Por consideração à afinidade, devem-se evitar certos casamentos, como o com a enteada ou a nora, as quais se acham como filhas.

Isso cabe quando a mulher foi tua enteada ou nora, porque se ainda for tua nora, isto é, se ainda está casada com teu filho, não podes casar com ela, uma vez que não podes unir-te a duas ao mesmo tempo.

Do mesmo modo, se ainda for tua enteada, isto é, se a mãe dela for tua mulher, pela mesma maneira não podes desposá-la, porque não é permitido ter duas mulheres ao mesmo tempo.

7. É também proibido desposar a sogra, ou a madrasta, porque estão no lugar de mãe. Esta proibição só tem efeito depois de extinta a afinidade. Aliás, se ainda for tua madrasta, ou melhor, se for mulher de teu pai, está impedida de casar contigo, porque a mesma mulher não pode casar com dois homens ao mesmo tempo. Do mesmo modo, se for tua sogra, isto é, se a filha dela for tua mulher, estás impedido de casar porque não podes ter duas mulheres.

8. Contudo, o filho nascido do marido e de outra mulher, assim como a filha da mulher e de um outro marido, ou reciprocamente, podem contrair matrimônio, quer tenham irmão ou irmã nascidos do casamento posteriormente contraído, quer não.

9. Se a tua esposa, depois do divórcio, tiver uma filha com outro, esta não é tua enteada; mas Juliano pensa que se deve evitar esse casamento.

É certo que a noiva do filho não é nora do pai, nem a noiva do pai é madrasta do filho, mas procederá melhor e de acordo com a justiça quem se abstiver de tais núpcias.

10. Sem dúvida, as cognações formadas na escravidão, são impedimentos ao casamento, se o pai e a filha, ou o irmão e a irmã vêm a ser emancipados.

11. Há também outras pessoas que por diversos motivos não se podem casar, estas estão enumeradas no Digesto ou Pandectas, coleção do direito antigo.

12. Se contra o que dissemos, alguém contrair núpcias, não haverá nem marido, nem mulher, nem núpcias, nem matrimônio, nem dote. Assim, aqueles que nasceram dessa união não se acham no poder paterno; mas são equiparados (no que se refere ao pátrio poder) àqueles que a mãe concebeu pelo vulgo. Estes, com efeito, se reputam não ter pai, por terem pai incerto, e, por isso, se acham espúrios, ou na expressão grega, *sporaden,* filhos sem pai. Conseqüentemente, dissolvendo-se a união referida, não há

Qui autem prohibitas nuptias contrahunt, et alias poenas patiuntur quae sacris constitutionibus continentur.

XIII. Aliquando autem evenit ut liberi qui, statim ut nati sunt, in potestate parentum non sunt, postea autem redigantur in potestatem parentum: qualis estis qui, dum naturalis fuerat postea curiae datus, potestati patris subjicitur; necnon is qui, a muliere libera procreatus, cujus matrimonium minime legibus interdictum fuerat, sed ad quam pater consuetudinem habuerat, postea ex nostra constitutione, dotalibus instrumentis compositis, in potestate patris eficitur. Quod et aliis liberis, qui ex eodem matrimonio postea fuerint procreati, similiter nostra constitutio praebuit.

TITULUS XI
DE ADOPTIONIBUS

Non solum autem naturales liberi, secundum ea quae diximus, in potestate nostra sunt, verum etiam ii quos adoptamus.

I. Adoptio autem duobus modis fit, aut principali rescripto, aut imperio magistratus. Imperatoris auctoritate adoptare quis potest eos easve qui quaeve sui juris sunt: quae species adoptionis dicitur adrogatio. Imperio magistratus adoptamus eos easve qui quae ve in potestatem parentum sunt: sive primum gradum liberorum obtineant, qualis est filius, filia; sive inferiorem, qualis est nepos, neptis, pronepos, proneptis.

II. Sed hodie ex nostra constitutione, cum filius familias a patre naturali extraneae personae in adoptionem datur, jura patris naturalis minime dissolvuntur, nec quidquam ad patrem adoptivum transit, nec in potestate ejus est, licet ab intestato jura successionis ei a nobis tributa sint. Si vero pater naturalis non extraneo, sed avo filii sui materno; vel at ipse pater naturalis fuerit emancipatus, etiam avo paterno vel proavo simili modo paterno vel materno filium suum dederit in adoptionem: hoc casu, quia concurrunt in unam personam et naturalia et adoptionis jura, manet stabili jus patris adoptii, et naturali vinculo copulatum, et legitimo adoptionis modo constrictum, ut et in familia et in potestate hujusmodi patris adoptivi sit.

restituição do dote. Além disso, os que contraem casamento proibido sofrem também outras penas, que se contêm nas constituições imperiais.

13. Acontece também algumas vezes que os filhos, logo que nascem, não se acham sob o poder dos ascendentes, porém, mais tarde, vêm a esse poder. Tal é aquele que, sendo filho natural, depois foi dado à cúria, tornou-se sujeito ao poder paterno; tal também aquele que, procriado por mulher livre, cujo casamento não era impedido por lei, mas com a qual seu pai tinha tido simplesmente união sexual, depois de feitos os instrumentos dotais, segundo a nossa constituição, entrou para o poder paterno. Isso também a nossa constituição conferiu aos demais filhos que nascerem ulteriormente desse casamento.

TÍTULO XI
DAS ADOÇÕES

Não estão somente sob poder os nossos filhos naturais, mas também os adotivos.

1. A adoção opera-se de dois modos: em virtude de rescrito imperial, ou da autoridade do magistrado. Pela autoridade do imperador, adotamos aqueles ou aquelas que são *sui juris*; esta espécie de adoção chama-se ad-rogação. Em virtude da autoridade do magistrado, adotamos aqueles ou aquelas que se acham em poder dos ascendentes, quer no primeiro grau, como o filho ou a filha, quer em grau inferior, como o neto ou a neta, o bisneto ou a bisneta.

2. Porém, hoje pela nossa constituição, quando o filho de família é dado por seu pai natural em adoção a um estranho, os direitos do pai de modo algum se dissolvem, nem se transferem para o pai adotivo, nem fica o filho em poder deste, ainda que nós lhe concedamos os direitos sucessórios ab-intestado. Se, todavia, o pai natural der em adoção o filho, não a um estranho, mas ao avô materno do filho, ou se o próprio pai for emancipado, ou se for dado em adoção ao avô paterno, ou ao bisavô paterno ou materno, neste caso, porque concorrem contra uma mesma pessoa os direitos naturais e os de adoção, fica estável o direito do pai adotivo, unido já pelo laço natural, já pela força da adoção, de modo que o filho entra para família e poder do pai adotivo.

3. Não se permite a ad-rogação de um impúbere em virtude de um rescrito do príncipe, a não ser com o conhecimento de causa, indagando-se se é honesta e se convém ao pupilo.

III. Cum autem impubes per principale rescriptum adrogatur, causa cognita adrogatio permittitur, et exquiritur causa adrogationis an honesta sit, expediatque pupillo. Et cum quibusdam conditionibus adrogatio fit, id est, ut caveat adrogator personae publicae, si intra pubertatem pupillus decesserit, restitutum se bona illis qui si adoptio facta non esset, ad successionem ejus ventri essent. Item non aliter emancipare eum potest adrogator, nisi causa cognita dignus eman-cipatione fuerit, et tunc sua bona ei reddat. Sed et si decedens pater eum exheredaverit, vel vivus sine justa causa emancipaverit, jubetur quartam partem ei bonorum suorum relinquere, videlicet, praeter bona quae ad patrem adoptivum transtulit, et quorum commodum ei postea adquisivit.

IV. Minorem natu, majorem non esse adoptare placet. Adoptio enim naturam imitatur, et promonstro est, ut major sit filius quam pater. Debet itaque is qui sibi filium per adoptionem vem adrogationem facit, plena pubertate, id est, decem et octo annis praecedere.

V. Licet autem et in locum nepotis vel pronepotis, neptis vel proneptis, vel deinceps adoptare, quamvis filium quis non habeat.

VI. Et tam filium alium quis in locum nepotis adoptare potest quam nepotem in locum filii.

VII. Sed si qui nepotis loco adoptet, vel quasi ex eo filio quem habet jam adoptatum, vel quasi ex illo quem naturalem in sua potestate habet: eo casu et filius consentire debet, ne ei invito suus heres agnascatur; sed ex contrario, si avus ex filio nepotem det in adoptionem, non es necesse filium consentire.

VIII. In plurimis autem causis, adsimilatur is qui adoptatus vel adrogatus est, ei qui ex legitimo matrimonio natus est. Et ideo si quis per imperatorem, vel apud praetorem, vel praesidem provinciae non extraneum adoptaverit, potest eumdem in adoptionem alii dare.

IX. Sed et illud utriusque adoptionis commune est, quod et ii qui generare non possunt, quales sunt spadones, adoptare possunt; castrati autem non possunt.

X. Feminae quoque adoptare non possunt; quia nec naturales liberos in sua potestate habent; sed ex indulgentis principis, ad solatium liberorum amissorum adoptare possunt.

XI. Illud proprium est adoptionis illius quae per sacrum oraculum fit, quod is qui liberos in potestate habet, si se adrogandum dederit, non

A ad-rogação realiza-se sempre mediante certas condições: o adrogador deve dar fiança a uma pessoa pública de que restituirá os bens do pupilo àqueles que seriam chamados por sucessão, se não tivesse havido a adoção, no caso de vir a falecer o pupilo ainda impúbere; do mesmo modo não o pode emancipar o ad-rogador; se não provar ao magistrado que o pupilo mereceu a emancipação, então lhe deve entregar os seus bens. Porém, se vem a deserdá-lo ao morrer, ou se o pai o emancipou, quando vivo, sem justo motivo, fica obrigado a deixar-lhe a quarta parte dos seus bens, bem entendido, além dos bens que passarem ao pai adotivo, por ocasião da adoção e dos adquiridos posteriormente.

4. O mais novo não pode adotar o mais velho. A adoção imita a natureza, e é contra a natureza que o filho seja mais velho do que o pai. Aquele que adota um filho ou o ad-roga deve ter mais do que ele a puberdade plena, isto é, dezoito anos.

5. Pode-se adotar como neto, bisneto, neta, bisneta, e assim por diante, ainda que não tenha filho.

6. Pode-se adotar o filho de um outro como neto, e o neto como filho.

7. Se alguém adota um neto, supondo-o filho de um filho já adotado, ou de um filho natural que o tem sob o seu poder, este último deve consentir também na adoção, para que não tenha herdeiro contra a sua vontade.

Ao contrário, o avô pode dar em adoção o neto, sem o consentimento do filho.

8. Sob muitos aspectos, aquele que é adotado, ou ad-rogado assemelha-se ao filho nascido de legítimo matrimônio. Assim, se alguém adotou um não estrangeiro por meio de rescrito do imperador, ou de decisão do pretor, ou do presidente da província, pode dar o adotado em adoção a outro.

9. É comum às duas adoções o seguinte: os que não podem gerar, como os impotentes, podem adotar; mas os castrados não podem.

10. As mulheres não podem adotar, porque nem mesmo os filhos naturais se acham sob seu poder; mas por indulgência do príncipe, para consolo de ter perdido filhos, podem adotar.

11. A adoção feita por decisão imperial tem de particular que, se um pai que tem filhos em seu poder, se dá em ad-rogação, não somente ele se sujeita ao poder do ad-rogador, mas os filhos em seu poder também se sujeitam como netos.

solum ipse potestati adrogatoris subjicitur, sed etiam liberi ejus in ejusdem fiunt potestate, tamquam nepotes. Sic enim divus Augustus non ante Tiberium adoptavit, quam is Germanicum adoptavit, ut protinus adoptione facta, incipiat Germanicus Augusti nepos esse.

XII. Apud Catonem bene scriptum refert antiquitas, servos, si a domino adoptati sint, ex hoc ipso posse liberati. Unde et nos eruditi, in nostra constitutiones etiam eum servum quem dominus actis intervenientibus filium suum nominaverat, liberum constituimus, licet hoc ad jus filii accipiendum non sufficiat.

TITULUS XII
QUIBUS MODIS JUS POTEST ATIS SOLVITUR

Videamus nunc, quibus modis ii qui alieno juri sunt subjecti eo jure liberantur. Et quidem servi quemadmodum a potestate liberantur, ex iis intelligere possumus, quae de servir manumittendis superibus exposuimus. Hi vero qui in potestate parentis sunt, mortuo eo, sui juris fiunt. Sed hoc distinctionem recipit: nam mortuo patre, sane omnimodo filii filiaeve sui juris efficientur. Mortuo vero avo, non omnimodo nepotes neptesque sui juris fiunt, sed ita, si post mortem avi in potestatem patris sui recasuri non sunt. Itaque, si moriente avo pater eorum vivit, et in potestate patris sui est, tunc post obitum avi in potestate patris sui fiunt. Si vero is, quo tempore avus moritur, aut jam mortuus est, aut exit de potestate patris, tunc ii, qui in potestate ejus cadere non possunt, sui juris fiunt.

I. Cum autem is qui ob aliquod maleficium in insulam depostatur, civitatem amittit, sequitur ut qui eo modo ex numero civium romanorum tollitur, perinde ac si eo mortuo, desinant liberi in potestate ejus esse. Pari ratione et si is qui in potestate parentis sit, in insulam deportatus fuerit, desinit in potestate parentis esse. Sed si, ex indugentia principis, restituti fuerint per omnia, pristinum statum recipiunt.

II. Relegati autem patres in insulam, in potestate sua liberos retinent: et ex contrario, liberi relelegati in potestate parentum remanent.

III. Poenac servus effectus, filios in potestate habere desinit. Servi autem poenae aficiuntur, qui in metallum damnantur, et qui bestiis subjiciuntur.

Assim, o imperador Augusto não quis adotar Tibério, senão depois que este adotou Germânico, a fim de que, imediatamente, depois de feita a adoção, Germânico fosse neto de Augusto.

12. Referem os antigos que, segundo Catão, os escravos, quando adotados, só por este fato tornam-se livres.

Nós, guiados por esta decisão, declaramos numa nossa consti-tuição livre também aquele a quem o senhor em ato público chamou de filho, ainda que isso não baste para lhe dar a qualidade de filho.

TÍTULO XII
DE QUE MODO SE EXTINGUE O PODER SOBRE OUTREM

Vejamos agora os modos pelos quais aqueles que se acham sujeitos ao poder alheio dele se eximem. Já vimos, ao tratar da manumissão, como os escravos se libertam do poder de seus senhores. Aqueles que estão sob o poder de um ascendente, pela morte deste, se tornam *sui juris*. Mas há aqui uma distinção: morto o pai, certamente os filhos e filhas tornam-se *sui juris*; morto, porém, o avô, nem sempre os netos e netas tornam-se *sui juris*, mas somente no caso de, por morte do avô, não caírem sob o poder do pai. Se por ocasião da morte do avô, estiver vivo o pai, e sob o poder do avô, depois da morte deste, os netos ficam sob o poder do pai. Se, ao tempo da morte do avô, o pai já é falecido ou saiu da família daquele, os filhos não podem recair sob seu poder e tornam-se *sui juris*.

1. Aquele que por algum crime é deportado para uma ilha, perde a cidadania; como conseqüência, é riscado do número dos cidadãos roma-nos, e seus filhos deixam de estar sob seu poder, como se tivesse morrido. Por igual motivo aquele que está sob o poder de um ascendente, deixa de estar a ele sujeito, se é deportado para uma ilha. Mas, se obtém da indul-gência do príncipe uma restituição por inteiro, volta ao seu primitivo estado.

2. Os pais relegados a uma ilha conservam os filhos em seu poder, e, reciprocamente, os filhos relegados permanecem no poder dos ascendentes.

3. Aquele que se torna escravo da pena deixa de ter os filhos em seu poder. Escravo da pena é o que é condenado às minas, ou exposto às feras.

IV. Filius familias si militaverit, vel si senator vel consul factuis fuerit, manet in potestate patris; militia enim, vel consularis dignitas, de potestate patris filium non liberat. Sed ex constitutione nostra summa patriciatus dignitas illico, imperialibus codicillis praestitis, filium a patria potestate liberat. Quis enim patiatur patrem quidem posse per emancipationis modum suae potestatis nexibus filium relajare, imperatoriam autem celsitudinem non valere eum quem sibi patrem elegit ab aliena eximere potestate?

V. Si ab hostibus captus fuerit parens, quamvis servus hostium fiat, tamen pendet jus liberorum propter jus postliminii: quia hi qui ab hostibus capti sunt, si reversi fuerint, omnia pristina jura recipiunt; idcirco reversus etiam liberos habebit in potestate, quia postliminium fingit eum qui captus est, sempre in civitate fuisse. Si vero ibi decesserit, exinde ex quo captus est pater, filius sui jure fuisse videtur. Ipse quoque filius, neposve, si ab hostibus captus fuerit, similiter dicimus propter jus postiliminii quoque potestatis parentis in suspenso esse. Dictum est autem postiliminium, a limine est post. Unde eum, qui ab hostibus captus in fines nostros postea pervenit, postliminio reversum recte dicimus. Nam limina, sicut in domo finem quemdam faciunt, sic et imperii finem limen esse veteres voluerunt. Hinc et limes dictus est, quasi finis quidem et terminus: ab eo postliminium dictum, quia eodem limine revertebatur, quo amissus erat. Sed et qui captus victis hostibus recuperatur, postliminio rediisse existimatur.

VI. Praeterea emancipatione quoque desinunt liberi in potestate parentum esse. Sed emancipatio antea quidem vel per antiquam legis observationem procedebat, quae per imaginarias venditiones et inter-cedentes manumissiones celebrabatur, vel ex imperiali rescripto. Nostra autem providentia etiam hoc in melius per constitutionem reformabit: ut, fictione pristina explosa, recta via ad competentes judices vel magistratus, parentes intrent; et filios suos, vel filias, vel nepotes vel neptes, ac deinceps, sua manu dimittant. Et tunc ex edicto praetoris in hujus filii, vel filiae, vel nepotis, vel neptis bonis qui quaeve a parente manumissus vel manumissa fuerit: eadem jura praestantur parenti, quae tribuuntur patrono in bonis liberti. Et praeterea si impubes sit filius, vel filia, vel ceteri, ipse parens ex manumissione tutelam ejus nanciscitur.

VII. Admonendi autem sumus, liberum arbitrium esse et qui fllium et ex eo nepotem vel neptem, in potestate habebit, filium quidem

4. O filho de família que se torna soldado, senador, ou cônsul, continua sob poder paterno, porque a milícia ou a dignidade consular, não libertam o filho do pátrio poder. Todavia, pela nossa constituição, a alta dignidade de patrício, imediatamente depois de entregue a patente imperial, liberta o filho do poder de seu pai. Seria admissível que o pai pudesse, pela emancipação, livrar de seu poder o filho, e não bastasse para libertá-lo desse poder a majestade do imperador a respeito daquele que escolheu para seu pai?

5. Se o ascendente cair em poder do inimigo, ainda que aí se torne um escravo, permanece em suspenso o pátrio poder, em virtude do direito poslimínio; pois os aprisionados pelo inimigo, ao voltarem, readquirem todos os seus direitos antigos.

Por esta razão, o que regressa, terá também os filhos sob seu poder, porque o poslimínio supõe que o prisioneiro permaneceu sempre na cidade. Se o pai morrer no cativeiro, o filho se considera *sui juris* desde o momento inicial do cativeiro.

5. Se o filho ou neto cai em poder do inimigo, do mesmo modo, pelo poslimínio fica suspenso o pátrio poder. A palavra *postliminium* vem de post ("depois") e limes ("soleira", "limiar"). Por isso, o aprisionado pelo inimigo que volta às nossas fronteiras se diz reversum postliminium (que voltou depois para a soleira). Isso porque, do mesmo modo que a soleira de uma casa é uma espécie de fronteira, consideraram os antigos a fronteira uma espécie de soleira; daí vem o emprego da palavra limes para indicar o limite ou a fronteira; e se emprega *postliminium* para indicar que o prisioneiro volta à mesma fronteira que havia perdido.

Também aquele que foi aprisionado, e que, pela derrota do inimigo, foi libertado, volta em virtude do poslimínio.

6. Além disso, também os filhos deixam de estar sob o poder dos ascendentes pela emancipação. A emancipação fazia-se antes por meio de fórmulas antigas do direito, por meio de vendas imaginárias e manumissões, ou por meio de rescrito imperial. A nossa sabedoria também reformou este ponto para melhor estabelecer uma constituição: suprimida a ficção antiga, os ascendentes se apresentam diretamente aos juízes ou magistrados, para libertar do seu poder os filhos ou filhas, netos ou netas, e assim por diante.

Então, em virtude do edito do pretor, dá-se ao ascendente sobre os bens do filho ou da filha, do neto ou neta, emancipados, os mesmos direitos que têm os patronos sobre os bens dos libertos; e ainda, se o filho ou filha, ou outro descendente, for impúbere, o ascendente adquire, pela manumissão, a sua tutela.

potestate dimittere, nepotem vero vel neptem retinere; et e converso filium quidem in potestate retinere, nepotem vero vel neptem manumittere, vel onmes sui juris efficere. Eadem et de pronepote et pronepte dicta esse intelligantur.

VIII. Sed et si pater filium, quem in potestate habet, avo vel proavo naturali, secundum nostras constitutiones super his habitas, in adoptionem dederit, id est, si hoc ipsum actis intervenientibus apud competentem judicem manifestaverit, praesente eo qui adoptatur, et non contradicente, nec non eo praesente qui adoptat, solvitud quidem jus potestatis patris naturalis; transit autem in hujusmondi parentem adoptivum, in cujus persona et adoptionem, esse plenissimam antea diximus.

IX. Illud autem scire oportet, quod si nurus tua ex filia tua conceperit, et filium postea emancipaveris, vel in adoptionem dederis, praegnante nuru tua: nihilominus quod ex ea nascitur in potestate tua nascitur. Quod si post emancipationem vel adoptionem conceptus fuerit, patris sui emancipati vel avi adoptivi potestati subjicitur.

X. Et quidem neque naturales liberi, neque adoptivi, ullo pene modo possunt cogere parentes de potestare sua eos dimittere.

TITULUS XIII
DE TUTELIS

Transeamus nunc ad liam divisionem personarum. Nam ex his personis quae in potestate non sunt, quaedam vel in tutela sunt vel in curatione, quaedem neutro jure tenentur. Videamus ergo de his quae in tutela vel in curatione sunt. Ita enim intelligemus caeteras personas, quae ncutro jure tenentur. Ac prius dispiciamus de his quae tutela sunt.

I. Est autem tutela, ut Servius definivit, vis ac potestas in capite libero ad tuendum eum qui propter aetatem se defendere nequit, jure civili data ac permissa.

II. Tutores autem sunt, qui eam vim ac potestatem habent, exque ipsa re nomen ceperunt: itaque appellantur tutores, quasi tuitores atque defensores; sicut aeditur dicuntur, qui aedes tuentur.

III. Pemissum est itaque parentibus, liberis impuberibus quos in potestate habent, testamento tutores dare. Et hoc in filios filiasque procedit

7. É de notar-se que aquele que tem sob seu poder um filho, um neto ou neta, filhos deste, pode emancipar o filho, conservando o neto sob seu poder; e, reciprocamente, pode conservar o filho sob seu poder, e emancipar o neto ou neta, e torná-los todos *sui juris*. O mesmo diremos dos bisnetos e bisnetas.

8. Se o pai der em adoção o filho que tem em seu poder ao avô ou ao bisavô natural, segundo as nossas constituições sobre essa matéria, isto é, se manifestar essa intenção nos autos perante o juiz competente, na presença do adotado, que não se opõe, e na do adotante, extingue-se o poder do pai natural, e transfere-se para o pai adotivo, em cuja pessoa a adoção é pleníssima.

9. Se a tua nora concebeu de teu filho, e depois emancipares a este, ou o deres em adoção, estando ela grávida, o que dela nascer ficará sob o teu poder. Mas, se for concebido depois da emancipação ou da adoção, fica sujeito ao poder de seu pai emancipado, ou do avô adotivo.

10. Os filhos, quer naturais, quer adotivos, não têm quase meio algum para obrigar os ascendentes a emancipá-los.

TÍTULO XIII
DAS TUTELAS

Passemos agora para outra divisão das pessoas. Entre os que não estão sob o poder de outrem, alguns estão sob tutela, ou sob curatela, e outros não estão sob nenhuma. Vejamos a respeito dos que estão sob tutela, ou curatela, porque assim ficaremos sabendo quais são os isentos de uma ou de outra. Tratemos em primeiro lugar dos que se acham sob tutela.

1. A tutela é, segundo a definição de Sérvio, o poder com autoridade sobre a pessoa livre, dado e permitido pelo direito civil, para proteger aquele que pela idade não se pode defender.

2. Tutores são os que têm esse poder com autoridade, e daí tiraram o nome, pois se chamam tutores os tuitores, ou defensores, do mesmo modo por que se chamam de aeditui os que velam pelos edifícios (aedes).

3. É permitido aos ascendentes dar, por testamento, tutores aos descendentes impúberes que têm sob seu poder. E isso também se aplica aos filhos ou filhas. Mas, quanto aos netos e netas, os ascendentes só lhes

omnimodo: nepotibus vero, neptibusque, ita demum parentes possunt testamento tutores dare, si post mortem eorum in patris sui potestatem non aunt recasuri. Itaque, si filius tuus mortis tuae tempore in potestate tua sit, nepotes ex eo non poterunt ex testamento tuo tutorem habere, quamvis in potestate tua fuerint, scilicet quia, mortuo te, in potestatem patris sad recasuri sunt.

IV. Cum autem in compluribus allis causis postumi pro jam natis habentur et in hac causa placuit non minus postumis quam jam natis testamento tutores dari posse, si modo in ea causa sint, ut si vivis parentibus nascerentur, sui heredes, et in potestate eorum fierent.

V. Sed si emancipator filio tutor a patre testamento datus fuerit, confirmandus est ex sententia praesidis omnimodo, id est, sine inquisitione.

TITULUS XIV
QUI TESTAMENTO TUTORES DARI POSSUNT

Dari autem potest tutor non solum pater familias, sed etim filius familias.

I. Sed et servus proprius testamento cum libertate recte tutor dari potest. Sed sciendum est, eum et sine libertate tutorem datum, tacite libertate directam accepisse videri, et per hoc recte tutorem esse. Plane si per errorem, quasi liber tutor datus sit, aliud dicendum est. Servus autem alienus pure inutiliter testamento datur tutor; sed ita cum liber erit, utiliter datur: proprius autem servus inutiliter eo modo tutor datur.

II. Furiosus, vel minor vigintiquinque annis tutor testamento datus, tutor tunc erit, cum compos mentis, aut major vingintiquinque annis factus fuerit.

III. Ad certum tempus, seu ex certo tempore, vel sub conditione, vel ante heredis institutionern, posse dari tutorem, non dabitatur.

IV. Certae autem rei vel causae tutor dari non putest, quia personae, non causae vel rei datur.

V. Si quis filiabus suis vel filiis tutores dederit, etiam postumae vel postumo dedisse videtur, quia filii vel filiae appellatione et postumus vel postuma continetur. Quod si nepotes sint, an apellatione filiorum et

podem dar tutores em testamento, quando, pela morte do avô, não tinham de ficar sob o poder do pai. Assim, se o teu filho, por ocasião de tua morte, estiver sob o teu poder, os teus netos, filhos dele, não poderão receber tutor pelo teu testamento, ainda que estejam sob teu poder atualmente, porque, depois de tua morte, ficarão sob o poder de seu pai.

4. Como em muitos outros casos, os póstumos consideram-se nascidos, também neste ponto decidiu-se que aos póstumos se pode dar tutores em testamento, do mesmo modo que aos nascidos, contanto que se achem em posição tal que, se nascerem, estando vivos seu pais, seriam herdeiros seus, e recairiam sob seu poder.

5. Se um tutor foi dado pelo pai em testamento ao um filho emancipado, deve ser confirmado por sentença do presidente em todos os casos, isto é, sem indagação.

TÍTULO XIV
QUEM PODE SER NOMEADO TUTOR EM TESTAMENTO

Pode-se nomear tutor não só o pai de família, mas também o filho de família.

1. Pode-se, por testamento, nomear tutor o próprio escravo, concedendo-lhe ao mesmo tempo a liberdade. Mas, o escravo torna-se livre quando é dado como tutor mesmo sem a liberdade, porque a recebe tacitamente, e assim assume validamente a tutela. Não prevalece esta regra, quando, por engano, foi nomeado tutor, julgando-se livre.

Não se pode em testamento nomear tutor pura e simplesmente o escravo alheio; porém pode-se, sob a condição de ser livre. Se, com esta condição, se nomeasse tutor o próprio escravo, a nomeação seria nula.

2. O louco ou menor de vinte e cinco anos, nomeado tutor em testamento, assumirá a tutela, quando sarar, ou quando atingir os vinte e cinco anos.

3. Pode-se, sem dúvida, nomear tutor até certo tempo, a partir de certo tempo, ou sob condição, ou antes da instituição de herdeiro.

4. Não se pode nomear tutor para certa atividade ou negócio, porque o tutor se dá à pessoa, e não à atividade ou negócio.

5. Se alguém nomear tutor aos filhos ou as filhas, entende-se também que os nomeou póstumos, porque no nome de filho ou filha, também se

ipsis tutores dati sint? Dicendum est, ut ipsis quoque dati videantur, si modo liberos dixerit. Caeterum si filios, non continebuntur; aliter enim filii, aliter nepotes appellantur. Plane si postumis dederit, tam filii postumi, quam caeteri liberi continebantur.

TITULUS XV
DE LEGITIMA AGNATORUM TUTELA

Quibus autem testamento tutor datus non sit, his ex lege Duodecim Tabularum agnati sunt tutores, qui vocantur legitimi.

1. Sunt autem agnati, cognati per virilis sexus cognationem conjuncti, cuasi a patre cognati: veluti frater ex eodem patre natus, fratris filius, neposve ex eo; item patruus, et patrui filius neposve ex eo. At qui per femini sexus personas cognatione junguntur non sunt agnati, sed alias naturali jure cognati: itaque amitae tuae filius non eat tibi agnatus, sed cognatus; et invicem tu illi codem jure conjungeris: quia qui nascuntur, patris, non matris familiam sequuntur.

II. Quod autem lex ab intestato vocat ad tutelam agnatos, non hanc habet significationem, si omnino non fecerit testamentum is qui poterat tutores dare; sed si, quantum ad tutelam pertinet, intestatus decesserit: quod tunc quoque accidere intelligitur, cum is, qui datus est tutor, vivo testatore decesserit.

III. Sed agnationis quidem jus omnibus modis capitis deminutione plerumque perimitur: nam agnatio juris civiles nomen est; cognationis vero jus non omnibus modis commutatur, quia civilis ratio civilia quidem jura corrumpere potest, naturalia vero non utique.

TITULUS XVI
DE CAPITIS DEMINUTIONE

Est autem capitis deminutio, prioris status mutatio. Eaque tribus modis accidit. Nam aut maxima est capitis deminutio, aut minor, quam quidam mediam vocant, aut minima.

I. Maxima capitis deminutio est, cum aliquis simul et civitatem et libertatem amittit; quod accidit his qui servis poenae efficiuntur atrocitate

compreendem o póstumo ou a póstuma. Mas, se forem netos, deve-se estender a eles a nomeação de tutor feita aos filhos? Sim, se o defunto usou a expressão *liberi*; não, se usou a expressão *filii*, porque há muita diferença nas expressões nepotes ("netos") e *filii* ("filhos"). Se o tutor for nomeado aos póstumos, entende-se que foi dado tanto aos filhos póstumos como aos outros descendentes.

TÍTULO XV
DA LEGÍTIMA TUTELA DOS AGNADOS

Aqueles a quem, por testamento, não foi nomeado tutor, têm por tutores, segundo a Lei das XII Tábuas, os agnados, os quais se chamam tutores legítimos.

1. São agnados os parentes pelo lado masculino, pelo lado paterno, como o irmão nascido do mesmo pai, o filho do irmão, o neto do irmão, e também o tio paterno, o filho, e o neto dele. Os parentes pelo lado feminino não são agnados, mas somente parentes por direito natural (cognados). Assim, o filho de tua tia paterna não é teu agnado, mas teu cognado; e, reciprocamente, tens com ele o mesmo parentesco de cognação, porquanto os que nascem seguem a família paterna e não materna.

2. Quando a lei chama os agnados do intestado à tutela, não os chama somente quando aquele que poderia nomear os tutores morreu sem testamento algum, mas também quando morreu intestado com relação à tutela. Isso também acontece quando o tutor nomeado por testamento morre antes do testador.

3. O direito de agnação extingue-se, em regra geral, pela diminuição da capacidade, porque a agnação é um vínculo de direito civil. O direito de cognação, todavia, não se extingue em todos os casos, pois a lei civil pode destruir os direitos civis, mas não pode destruir os naturais.

TÍTULO XVI
DA DIMINUIÇÃO DE CAPACIDADE

A diminuição de capacidade é a mudança do primitivo estado. Ocorre de três modos: é máxima, ou menor (que alguns chamam média), ou mínima.

1. Dá-se a diminuição máxima de capacidade quando alguém perde, ao mesmo tempo, a cidadania e a liberdade, como acontece àqueles que

sententiae; vel libertis, ut ingratis erga patronos condemnatis; vel his qui se ad pretium participandum venundari passi sunt.

II. Minor, sive media capitis demünutio, est cum civitas quidem amittitur, libertas vero retinetur; quod accidit ei cui aqua et igni interdictum fuerit, vel ei qui in insulam deportatus est.

III. Minima capitis deminutio est, cum et civitas et libertas retinetur, sed status hominis commutatur; quod accidit his qui, cum sui juris fuerunt, coeperunt alieno juri subjecti esse; vel contra, si filius familias a patre emancipatus fuerit, est capite deminutus.

IV. Servus autem manumissus capite non minuitur, quia nullum caput habuit.

V. Quibus autem dignitas magis quam status permutatur, capite non minuuntur; et ideo a senatu motos capite non minui constat.

VI. Quod autem dictum est, manere cognationis jus est post capitis deminutionem, hoc ita est, si minima capitis diminutio intervenit; manet cognatio. Nam, si maximas capitis diminutio intercurrat, jus quoque cognationis perit, ut puta servitute alicujus cognati; et nequidem, si manumissus fuerit, recipit cognationem. Sed et si in insulam quis deportatus sit, cognatio solvitur.

VII. Cum autem ad agnatos tutela pertineat, non simul ad omnes pertinet, sed ad eos tantum qui proximiores gradu sunt, vel, si plures ejusdem gradus sunt, ad omnes pertinet.

TITULUS XVII
DE LEGITIMA PATRONORUM TUTELA

Ex eadem lege Duodecim Tabularum, libertorum et libertarum tutela ad patronos liberosque eorun pertinet, quae et ipsa legitima tutela vocatur, non quia nominatim in ea lege de hac tutela caveatur, sed quia perinde accepta est per interpretationem, ac si verbis legis introducta esset. Eo enim ipso, quod hereditates libertorum libertarumque, si intestati decessissent, jusserat lex ad patronos liberosve eorum pertinere, crediderunt, veteres voluisse legem etiam tutelas ad eos pertinere, cum et agnatos; quos ad hereditatem lex vocat, eosdem et tutores esse jusserit;

por uma condenação terrível se tornam escravos da pena; ao liberto condenado por ingratidão para com o seu patrono; ou ao que se deixou vender para participar do preço.

2. Dá-se a diminuição de capacidade menor ou média quando alguém perde a cidadania, mas conserva a liberdade, o que acontece àquele a quem se interditasse a água e o fogo, ou àquele que foi deportado para uma ilha.

3. Dá-se a diminuição mínima de capacidade quando alguém conserva a cidadania e a liberdade, mas modifica o seu estado, o que acontece àqueles que foram *sui juris* e se tornaram *alieni juris*.

Inversamente, se o filho de família for emancipado pelo pai, sofre diminuição de capacidade.

4. Quando o escravo é manumitido, não sofre diminuição de capacidade, porque não dispunha anteriormente dessa capacidade.

5. Aquele que muda antes de cargo do que estado, não sofre diminuição de capacidade, como os senadores excluídos do senado.

6. Quando se diz que o direito de cognação subsiste mesmo depois de diminuída a capacidade, isso se refere à diminuição mínima, pois neste caso a cognação permanece.

Se sobreviver à diminuição máxima de capacidade, perece o direito de cognação, por exemplo, quando o agnado cai em escravidão e a cognação não se restabelece mesmo depois da manumissão.

A cognação extingue-se também pela deportação para uma ilha.

7. Ainda que a tutela caiba aos agnados, não cabe a todos simultaneamente, mas somente aos mais próximos em grau; se há vários no mesmo grau, então cabe a todos.

TÍTULO XVII
DA TUTELA LEGÍTIMA DOS PATRONOS

Pela mesma lei das XII Tábuas, a tutela dos libertos e das libertas cabe aos patronos e aos seus ascendentes.

Essa tutela é também chamada legítima, não por ser expressamente estabelecida na lei, mas porque foi aceita pela interpretação, como se tivesse sido introduzida pelo texto legal.

Como ordenasse a lei que a herança dos libertos e das libertas, falecidos intestados, coubesse aos patrícios e seus descendentes, entenderam os antigos que a lei lhes queria dar também a tutela, visto que

quia plerumque ubi successionis est eomolumentum, ibi et tutelae onus esse debet. Ideo autem diximus plerumque, quia si a femina impubes manumittatur, ipsa ad hereditatem vocatur, cum alius si tutor.

TITULUS XVIII
DE LEGITIMA PARENTUM TUTELA

Exemplo patronorum recepta est et alia tutela, quae et ipsa legitima vocatur: nam si quis filium aut filiam, nepotem aut neptem ex filio, et deinceps, impuberes emancipaverit, legitimus eorum tutor erit.

TITULUS XIX
DE FIDUCIARIA TUTELA

Est et alia tutela, quae fiduciaria appellatur: nam ni parens, filium vel filiam, nepotem vel neptem, vel deinceps impuberes manumisserit, legitimam nancistur eorum tutelam. Quo defuncto, si liberi virilis sexus ei extant, fiduciarii tutores filiorum suorum, vel fratris, vel sororis, vel caeterorum efficiuntur. Atqui patrono legitimo, tutore mortuo, liberi quoque ejus legitimi sunt tutores. Quoniam filius quidem defuncti, si non esset a vivo patre emancipatus, post obitum ejus sui juris efficeretur, nec in fratrum potestatem recideret, ideoque nec in tutelam. Libertus autem, si servus mansisset, utique eorum jure apud liberos domini post mortem ejus futurus esset. Ita tamen hi ad tutelam vocantur, si perfectae sint aetatis, quod nostra constitutio generaliter in omnibus tutelis et curationibus observari praecepit.

agnados que ela chama à herança são também tutores, pois, comumente, onde existe a vantagem da sucessão deve também existir o ônus da tutela.

Dizemos comumente, porque se um escravo impúbere é manumitido por uma mulher, esta é chamada à herança e, no entanto, a tutela cabe a outrem.

TÍTULO XVIII
DA LEGÍTIMA TUTELA DOS ASCENDENTES

A exemplo da tutela dos patronos, introduziu-se outra espécie de tutela, que também se nomeia legítima. Se alguém emancipar, antes da puberdade, o filho ou filha, o neto ou neta, filhos dos filhos, e assim por diante, será seu tutor legítimo.

TÍTULO XIX
DA TUTELA FIDUCIÁRIA

Há outra espécie de tutela que se denomina tutela fiduciária.

Quando um ascendente emancipa, ainda impúberes, o filho ou a filha, o neto ou a neta, e assim por diante, fica investido de sua tutela legítima.

Pelo falecimento do ascendente, se deixar filhos do sexo masculino, estes se tornam tutores fiduciários de seus filhos, irmãos, irmãs e outros.

Entretanto, por morte do patrono, tutor legítimo, os seus filhos são, como ele, tutores legítimos. Esta diferença explica-se deste modo: o filho do defunto, se, com o pai vivo, por este não tivesse sido emancipado, tornar-se-ia *sui juris*, depois da morte do pai, e não cairia sob o poder dos irmãos; eis o motivo pelo qual não fica sob a tutela legítima destes. O liberto, ao contrário, se tivesse permanecido escravo, ficaria igualmente sujeito aos filhos do senhor depois da morte deste.

Estas pessoas somente são chamadas à tutela, se são maiores, o que nossa constituição ordenou como regra geral para todas as tutelas e curatelas.

TITULUS XX
DE ATILIANO TUTORE, ET EO QUI EX LEGE JULIA ET TITIA DABATUR

Si cui nullus omnino tutor fuerat, ei dabatur, in urbe quidem romana, a praetore urbano et majore parte tribonorum plebis tutor ex lege Atilia: in provinciis vero, a praesidibus provinciarum, ex lege Julia et Titia.

I. Sed et si testamento tutor sub conditione, aut die certo, datus fuerat, quamdiu conditio aut dies pendebat, ex iisdem, legibus tutor dari poterat. Item, si pure datus fuerat, quamdiu ex testamento mnemo heres existebat, tamdiu ex iisdem legibus tutor petendus erat, qui desinebat esse tutor, si conditio existeret, aut dies veniret, aut heres existeret.

II. Ab hostibus quoque tutore capto, ex his legibus tutor petebatur: qui desinebat esse tutor, si is qui captus erat, in civitatem reversus fuerat; nam, reversus, recipiebat tutelam, jure postliminii.

III. Sed ex his legibus tutores pupillis desierunt dari, posteaquam primo consules pupillis utriusque sexus tutores ex inquisitione dare coeperunt; deinde praetores, ex constitutionibus. Nam supradictis legibus neque de cautione a tutoribus exigenda, rem salam pupillis fore, neque de compellendis tutoribus ad tutelae administrationem, quidquam cavebatur.

IV. Sed hoc jure utimur, ut Romae quidem praefectus urbi, vel praetor secundum suam jurisdictionem; in provinciis autem praesides, ex inquisitione tutores crearent; vel magistratus, jussu praeesidum, si non sint magnae pupilli facultates.

V. Nos autem, per constitutionem nostram hujusmodi difficultates hominum resecantes, nec expectata jussione praesidum, disposuimus, si facultates pupilli vel adulti usque ad quingentos solidos valeant, defensores civitatum una cum ejusdem civitatis religiosissimo antistite, vel alias publicas personas, id est magistratus, vel juridicum Alexandrinae civitatis, tutores vel curatores creare, legitima cautela secundum ejusdem constitutionis norman praestanda, videlicet eorum periculo qui eam accipiunt.

TÍTULO XX
DO TUTOR ATILIANO E DO TUTOR QUE ERA DADO PELA LEI JÚLIA E TÍCIA

Se alguém estivesse absolutamente sem tutor, dava-lhe um, na cidade romana, o pretor urbano e a maioria dos tribunos da plebe em virtude da lei Atília; nas províncias o tutor era dado pelos presidentes em virtude da lei Júlia e Tícia.

1. Mesmo se em testamento houvesse sido dado um tutor sob condição ou a termo, enquanto pendente a condição ou o termo, podia dar-se tutor em virtude das mesmas leis. Do mesmo modo, caso se houvesse dado um tutor pura e simplesmente, enquanto não houvesse herdeiro pelo testamento, era necessário pedir, de acordo com as mesmas leis, um tutor, cujas funções cessavam com a realização da condição, com o decurso do prazo, ou com a existência de um herdeiro.

2. Quando um tutor era feito prisioneiro pelo inimigo, segundo as mesmas leis, pedia-se um tutor, cujas funções cessavam desde que o prisioneiro voltasse, pois ao voltar recebia a tutela pelo direito de pos-limínio.

3. Deixou-se de dar tutor aos pupilos por essas leis desde que os cônsules, e depois pretores, em virtude das constituições, começaram a dar tutores aos pupilos de ambos os sexos. Pois naquelas leis não se estatuía coisa alguma nem sobre a fiança que se deve exigir dos tutores, para garantir os interesses dos pupilos, nem sobre os meios de obrigar os tutores a administrar a tutela.

4. Segundo o direito atual, em Roma, o direito da cidade, ou o pretor, conforme sua jurisdição, e, nas províncias, os presidentes, dão tutores mediante investigação prévia, e também os magistrados por autorização, se as posses do pupilo não fossem consideráveis.

5. Nós, porém, por sua constituição, querendo cortar essas dificuldades de pessoas, ordenamos que, independente da autorização do presidente, se a fortuna do pupilo ou do adulto não exceder a 500 soldos, os defensores das cidades, juntamente com o santo bispo respectivo, ou as outras pessoas públicas, isto é, os magistrados, ou o jurídico de Alexandria possam dar tutores ou curadores. A fiança legal deve ser prestada, de acordo com a mesma constituição, isto é, a risco de quem a recebe.

VI. Impuberes autem in tutela esse naturali juri conveniens est, ut is qui perfectae aetatis non sit, alterius tutela regatur.

VII. Cum igitur pupillorum, pupillarumque tutores negotia gerant, post pubertatem tutelae judicio rationem reddunt.

TITULUS XXI
DE AUCTORITATE TUTORUM

Auctoritas autem tutoris in quibusdam causis necessaria pupillis est, in quibusdam non est necessaria; ut ecce si quid dari sibi stipulentur, non est necessaria tutoris auctoritas; quod si aliis pupilli promittant, necessaria est tutoris auctoritas. Namque placuit meliorem quidem suam conditionem licere eis facere, etiam sine tutoris auctoritate; deteriorem vero, non aliter quam tutoris auctoritate. Unde, in his causis ex quibus obligationes mutuae nascuntur, ut in emptionibus, venditionibus, locationibus, mandatis, depositis, si tutoris auctoritas non interveniat, ipsi quidem qui cum his contrahunt, obligantur, at invicem pupilli non obligantur.

I. Neque temen hereditatem adire, neque bonorum possessionem petere, neque hereditatem ex fideicomisso suscipere aliter possunt, nisi tutoris auctoritate, quamvis illis lucrosa sit, neque ullum damnum habeant.

II. Tutor autem statim in ipso negotio praesens debet auctor fieri, si hoc pupillo prodesse existimaverit. Post tempus vero, vel per epistolam interposita auctoritas nihil agit.

III. Si inter tutorem pupillumque judicium agendum sit, quia ipse tutor in rem suam auctor esse non potest, non praetoris tutor, ut olim constituitur; sed curator in locum ejus datur, quo interveniente, judicium peragitur, et, eo peracto, curator esse desinit.

TITULUS XXII
QUIBUS MODIS TUTELA FINITUR

Pupilli pupillaeque cum puberes esse coeperint, tutela liberantur. Pubertatem autem veteres quidem non solum ex annis, sed etiam ex habitu

6. Conforme o direito comum, o impúbere fica sob tutela, a fim de que aquele que não tem idade para se defender fique sob a proteção alheia.

7. Uma vez que os tutores administraram os negócios dos pupilos e pupilas, devem prestar contas depois da puberdade, pela ação de tutela.

TÍTULO XXI
DA AUTORIDADE DOS TUTORES

A intervenção dos tutores em certos casos é necessária aos pupilos, em outros não o é. Por exemplo: se estipulam que alguma coisa lhes seja dada, não é necessária a intervenção do tutor. Ao contrário, se os pupilos prometem alguma coisa a outrem, é necessária a intervenção. Porque lhes é permitido melhorar a sua condição, mas não podem piorá-la, a não ser com intervenção do tutor.

Esta é a razão de se concluir que, nos casos em que nascem obrigações recíprocas, como nas compras, nas vendas, nas alocações, nas conduções, nos mandatos, nos depósitos, se não houver intervenção do tutor, os que contratam com o pupilo comprometem-se, mas o pupilo não se compromete com eles.

1. Não podem, entretanto, adir a herança, demandar a posse dos bens, nem receber a herança por fideicomisso, a não ser com a intervenção do tutor, ainda que lhes sejam vantajosas e não acarretem perda alguma.

2. O tutor presente ao negócio deve dar imediatamente a sua autorização, se julga que é útil ao pupilo.

Dada depois a autorização, mesmo por carta, é nula.

3. Se houver demanda entre o pupilo e o tutor, este não pode intervir na sua própria causa.

Por isso se nomeia, em seu lugar, um curador, com cuja intervenção prossegue o feito, e cujas funções cessam com o término da demanda. Não se nomeia tutor pretoriano como anteriormente.

TÍTULO XXII
DE QUE MODOS ACABA A TUTELA

Os pupilos e pupilas, desde que atingem a puberdade, libertam-se da tutela.

corporis in masculis aestimari volebant. Nostra autem majestas, dignum esse castitate nostrorum temporum, bene putavit, quod in feminis etiam antiquis impudieum esse visum est, id est, inspectionem habitudinis corporis, hoc etiam in rnasculo extendere. Et ideo, sancta constitutione promulgata; pubertatem in masculis post decimum quartum annum completum illico initium accipere disposuimus; antiquitatis normam in feminis personis bene positam, suo ordine relinquentes, ut post duodecimum annum completum viripotentes esse credantur.

I. Item finitur tutela, si adrogati sint adhuc impuberes, vel deportati; item, si en servitutem pupillus redigatur, vel at ad hostibus captus fuerit.

II. Sed et si usque ad certam conditionem datus sit in testaento, aeque evenit ut desinat esse tutor existente conditione.

III. Simili modo, finitur tutela morte vel pupillorum, vel tutorum.

IV. Sed et capitis deminutione tutoris, per quam libertas vel civitas amittitur, omnis tutela perit. Mininia autem capitis deminutione tutoris, veluti si se in adoptionem deberit, legitima tantum tutela perit, caeterae non pereunt. Sed pupilli et pupillae capitis deminutio, licet minima sit, omnes tutelas tollit.

V. Praeterea, quid ad certum tempus testamento dantur tutores, finito eo deponunt tutelam.

VI. Desinunt etiam tutores esse qui vel removentur a tutela ob id quod suspecti visi sunt; vel qui ex justa causa sese excusant, et onus administrandae tutelae deponunt, secundum ea quae inferius proponemus.

TITULUS XXIII
DE CURATORIBUS

Masculi puberes, et feminae viripotentes usque ad vicesimum quintum annum completum curatores accipiunt; quia licet puberes sint, adhuc tamen ejus aetatis sunt ut sua negotia tueri non possint.

I. Dantur autem curatores ab eisdem magistratibus quibus et tutores. Sed curator testamento non datur: sed datus, confirmatur decreto praetoris vel praesidis.

Os antigos queriam que a puberdade nos homens se conhecesse não somente pela idade, mas também pelo desenvolvimento do corpo.

A nossa majestade entendeu, porém, digno de castidade de nossos tempos que também os homens conhecessem a consideração dos antigos a respeito das mulheres, ou seja, que era contrário aos bons costumes o exame do estado do corpo. Assim, por uma constituição imperial dispusemos que a puberdade nos homens começasse com os 14 anos completos, sem alterar a regra antiga sobre as mulheres, pela qual se consideram púberes desde os 12 anos completos.

1. Igualmente termina a tutela se o pupilo, ainda impúbere, é adrogado, ou deportado, cai em escravidão, ou se torna prisioneiro do inimigo.

2. Se o tutor foi dado em testamento até a realização de certa condição, deixa de ser tutor pela realização da mesma.

3. Igualmente se extingue a tutela pela morte dos tutores ou dos pupilos.

4. Também pela diminuição da capacidade do tutor, que acarreta a perda da liberdade ou da cidadania, extingue-se qualquer tutela.

Mas, a diminuição mínima da capacidade do tutor, por exemplo, se o tutor se deu em doação, extingue somente a tutela legítima, e não as outras espécies.

A diminuição da capacidade do pupilo, ainda que mínima, põe fim a todas as tutelas.

5. Além disso, os tutores dados em testamento até certo ponto depõem a tutela, decorrido esse tempo.

6. Deixam também de ser tutores os que são removidos da tutela, por terem sido julgados suspeitos, ou os que se esquivam com justa causa, e depõem o ônus de administrar a tutela, na conformidade do que em seguida diremos.

TÍTULO XXIII
DAS CURATELAS

Os homens adultos e as mulheres núbeis, até os vinte e cinco anos completos, têm curadores, porque, embora sejam púberes, não se acham ainda em estado de defender os seus interesses.

1. Os curadores são nomeados pelos mesmos magistrados que os tutores.

Não podem ser nomeados em testamento, mas sua nomeação em testamento se confirma por decreto do pretor ou do presidente.

II. Item, inviti adolescentes curatores non accipiunt, praeterquam in litem; curator enim et ad certam causam dari potest.

III. Furiosi quoque et prodigi, licet majores viginti-quinque annis sint, tamen in curatione sunt agnatorum, ex lege Duodecim Tabularum. Sod solent Romae praefectus urbi vel praetor, et in provinciis praesides, ex inquisitione eis curatores dare.

IV. Sed et mente captis, et surdis, et mutis, et qui perpetuo morbo laborant, quia rebus suis superesse non possunt, curatores dandi sunt.

V. Interdum autem et pupilli curatores accipiunt, utputa si legitimus tutor non sit idoneus, quoniam habenti tutorem tutor dari non potest. Item, si testamento datus tutor, vel a praetore vel a praeside, idoneus non sit ad administrationem, nec tamen fraudulenter negotia administret, solet ei curator adjungi. Item in loco tutorum qui non in perpetuum, sed ad tempus, a tutela excusantur, solent curatores dari.

VI. Quod si tutor, adversa valetudine, vel alia necessitate, inipediatur quominus negotia pupilli administrare possit, et pupillus vel absit vel infans sit; quem velit actorem, periculo ipsius tutoris, praetor, vel qui provinciae praeerit, decerto constituet.

TITULUS XXIV
DE SATISDATIONE TUTORUM VEL CURATORUM

Ne tamen pupillorum pupillarumve, et eorum qui quae in curatione sunt, negotia curatoribus tutoribusve consumantur vel diminuantur, curat praetor ut et tutores et curatores eo nomine satisdent. Sed hoc non est perpetuum; nam tutores testamento dati satisdare non coguntur, quia fides eorum et diligentia ab ipso testatore approbata est. Item, ex inquisitione tutores vel curatores dati, satisdatione non onerantur, quia idonei electi sunt.

I. Sed si ex testamento vel inquisitione duo pluresve dati fuerint, potest unus offere satis de indemnitate pupilli vel adolescentis, et contutori suo vel concuratori praeferri, ut solus administret; vel ut contutor satis offerens praeponatur ei, ut et ipse solus administret. Itaque per se non potest petere satis a contutore vel concuratore suo, sed offerre debet, ut

2. Da mesma forma, os adolescentes não recebem curador contra a sua vontade, salvo em litígio: pode-se dar curador para determinadas causas.

3. Os loucos e os pródigos, ainda maiores de 25 anos, estão sob a curatela dos agnados pela Lei das XII Tábuas.

Mas costumam, em Roma, o prefeito da cidade, ou o pretor, e, nas províncias, os presidentes, dar-lhes curadores, mediante prévia investigação.

É necessário nomear curadores aos mentecaptos, aos surdos, aos mudos e aos pacientes de doença crônica, porque não podem administrar seus negócios.

5. Muitas vezes também os pupilos recebem curadores, por exemplo, quando o tutor legítimo não é idôneo, porque não se pode dar segundo tutor a quem já tem tutor nomeado.

Do mesmo modo, se o tutor dado em testamento, ou pelo pretor ou pelo presidente, não for idôneo para a administração, ainda que administre sem fraude, costuma-se nomear um curador para servir conjuntamente.

Pela mesma maneira nomeiam-se em lugar dos tutores que se escusam, não indefinidamente, mas por certo tempo.

6. Se o tutor, por precária saúde, ou por outra necessidade, ficar impedido de administrar os negócios do pupilo, e o pupilo estiver ausente ou for infante, o pretor ou presidente de província escolherá e nomeará por decreto, um procurador, a risco do mesmo tutor.

TÍTULO XXIV
DA FIANÇA DOS TUTORES OU CURADORES

Para que o patrimônio dos pupilos e pupilas, e dos sujeitos à curatela, não seja consumido ou diminuído, cuida o pretor para que os tutores e curadores garantam a sua gestão.

Esta regra não é sem exceção, porque os tutores nomeados em testamento não são obrigados à fiança, visto que a sua fidelidade e zelo foram reconhecidos pelo testador.

Os tutores e curadores, nomeados mediante prévia investigação, também não são obrigados à fiança, porque foram escolhidos como idôneos.

1. Se por testamento ou prévia investigação, forem nomeados dois ou mais tutores, pode um deles oferecer fiança como garantia do pupilo

electionem det concuratori vel contutori suo, utrum velit satis accipere, an satisdare. Quod si nemo eorum satis offerat, si quidem adscriptum fuerit a testatore quis gerat, ille gerere debet. Quod si non fuerit scriptum, quem major pars elegerit ipse gerere debet, ut edicto praetoris cavetur. Sin autem ipsi tutores dissenserit, circa eligendum eum, vel eos, qui gerere debent, praetor partes suas interponere debet. Idem et in pluribus ex inquisitione datis comprobandum est, id est, ut major pars eligere possit, per quem administratio fiat.

II. Sciendum autem eat, non solum tutores vel curatores pupillis, vel adutis, ceterisque personis, ex administrationem rerum teneri, sed etiam in eos qui satisdationem accipiunt subsidiariam actionem esse, quae ultimum eis praesidium possit adferre. Subsidiaria autem actio in eos datur qtd aut omnino a tutoribus vel curatoribus satisdari non curaverunt, aut non idonee passi sunt caveri; quae quidem, tam ex prudentum responsis, quam ex constitutionibus imperialibus, etiam in hereties eorum extenditur.

III. Quibus constitutionibus et illud exprimitur, ut, nisi caveant tutores vel curatores, pignoribus captis coerceantur.

IV. Neque autem praefectus urbi, neque praetor, neque praeses provinciae, neque quis alius, cui tutores dandi jus est, hac actione tenebitur, sed hi tanummodo qui satisdationem exigere solent.

TITULUS XXV
DE EXCUSATIONIBUS TUTORUM VEL CURATORUM

Excusantur autem tutores vel curatores variis ex causis; plerumque tamen propter liberos, sive in potestate sint, sive emancipati. Si enim tres libero; superstites Romae quis babeat, vel in Italia quatuor, vel in provinciis quinque, a tutela vel cura potest excusari, exemplo caeterorum munerum, nam et tutelam vel curam placuit publicum munus esse. Sed adoptivi liberi non prosunt: in adoptionem autem dati, naturali patri prosunt. Item nepotes ex filio prosunt, ut in locum patris succedant; ex filia non prosunt. Filii autem superstites tantum, ad tutelae vel curae muneris excusationem prosunt; defuncti autem non prosunt. Sed si in

ou do adolescente, a fim de, ao ser preferido a seu co-tutor ou concurador, e administrar sozinho, ou obrigar o co-tutor ou concurador a oferecer fiança, se quiser ser preferido e assumir só a administração. Assim, não pode pedir a fiança do seu co-tutor ou do seu concurador, mas lha deve oferecer, para que o co-tutor ou concurador tenha a escolha, ou de aceitar a fiança que oferece, ou de dá-la por sua vez. Se nenhum deles oferecer fiança, e foi um designado no testamento, deve este exercer a tutela. Se não foi designado, exercerá aquele que a maioria indicar, segundo ordena o edito do pretor. Se, porém, os tutores não chegarem a um acordo a respeito do que ou dos que devam gerir a tutela, o pretor deve escolher à sua vontade. Estes princípios também se aplicam ao caso de terem sido diversos nomeados, mediante prévia investigação, isto é, a maioria indicará quem deva administrar.

2. Os tutores e curadores não só respondem aos pupilos, aos adultos e outros, pela administração de seus negócios, mas estes têm ação subsidiária contra os que recebem a fiança, ação essa que lhes pode trazer um último recurso.

Cabe ação subsidiária contra os que, ou não cuidaram intei-ramente de haver fiança dos tutores e curadores, ou a aceitaram, sendo insuficiente e estende-se também contra os seus herdeiros, segundo as respostas dos jurisconsultos e as constituições imperiais.

3. Nessas constituições está mesmo estabelecido que, se os tutores ou curadores não quiserem dar fiança, seja feita penhora em seus bens pela garantia.

4. Nem o prefeito da cidade, nem o pretor, nem o presidente de província, nem qualquer outro, investido de poderes para nomear tutores, fica sujeito a tal ação, mas somente aqueles que costumam exigir fiança.

TÍTULO XXV
DAS DISPENSAS DOS TUTORES E CURADORES

Há várias causas pelas quais se dispensam os tutores ou curadores, porém a mais comum é o número de filhos que têm sob o seu poder ou emancipados. Se alguém tem três filhos vivos em Roma, quatro na Itália, ou cinco nas províncias, pode isentar-se da tutela ou curatela, a exemplo do que acontece com os outros cargos, porque a tutela e a curatela são cargos públicos.

Não se contam os filhos adotivos, mas os dados em adoção contam-se em favor do pai natural.

bello amissi sunt, quaesitum est an prosint? Et constat eos solos prodesse qui in acie amittuntur; hi enim qui pro Republica ceciderunt, in perpetuum per gloriam vivere intelliguntur.

I. Item divus Marcus in Semestribus rescripsit, eum qui res fisci administrat a tutela vel cura, quamdiu administrat, excusari posse.

II. Item, qui Reipublicae causa absunt, a tutela vel cura excusantur. Sed et si fuerint tutores vel curatores, deinde Republicae causa abesse coeperint, a tutela vel cura excusantur, quatenus Reipublicae causa absunt: et interea curator loco eorum datur. Qui, si reversi fuerint, recipiunt onus tutelae: nam nee anni habent vocationem, ut Papinianus libro quinto Responsorum scripsit; nam hoc spatium habent ad novas tutelas vocati.

III. Et qui potestatem habent aliquam, se excusare possunt, ut divus Marcus rescripsit; sed coeptam tutelam deserere non possunt.

IV. Item, propter litem quam eum pupillo vel adulto tutor vel curator habet, excusare nemo se potest, nisi forte de omnibus bonis vel hereditate controversia sit.

V. Item, tria onera tutelae non adfectatae, vel curae, praestant vacationem, quamdiu administratur: ut tamen plurium pupillorum tutela vel cura eorumdem bonorum, veluti fratrum, pro una computetur.

VI. Sed et propter paupertatem excusationem tribui, tan divi fratres quam per se divus Marcus rescripsit, si quis imparem se oneri injuncto possit docere.

VII. Item, propter adversam valetudinem; propter quam nec suis quidem negotiis interesse potest, excusatio locum habet.

VIII. Similiter, eum qui litteras nescit, esse excusandum divus Pius rescripsit, quamvis et imperiti litterarum possint ad administrationem negotiorum sufficere.

IX. Item, si propter inimicitias alíquem testamento tutorem pater dederit, hoc ipsum praestat ei excusationem; sicut, per contrarium, non excusantur qui se tutelam administraturos patri pupillorum promiserant.

X. Non esse autem admitendam excusationem ejus qui hoc solo utitur, quod ignotus patri pupillorum sit, divi fratres rescripserunt.

Os netos, filhos do filho contam-se quando tomam o lugar do pai; os netos, filhos da filha, não se contam.

Somente se contam para a dispensa da tutela ou da curatela os filhos vivos, não os mortos. Mas, pergunta-se: contam-se quando perdidos na guerra? Contam-se somente aqueles que são mortos em combate, pois os que pereceram pela República vivem na glória eternamente.

1. O Imperador Marco Aurélio, nos seus Semestres, respondeu, em seu rescrito, que o administrador do fisco pode, durante a administração, escusar-se da tutela ou da curatela.

2. Os ausentes a serviço da República são dispensados da tutela ou da curatela. Se já eram tutores ou curadores, e depois se ausentarem a serviço da República, escusam-se da tutela ou da curatela durante o tempo da ausência, e durante esse tempo nomeia-se um curador para substituí-los.

Ao voltarem assumem o cargo, porque, como diz Papiniano no livro V das suas Respostas, não têm um ano de dispensa, porque este prazo só o têm os que são nomeados para novas tutelas.

3. Os que se acham investidos de algum poder podem isentar-se, conforme o rescrito do imperador Marco Aurélio, mas não podem largar a tutela.

4. Nenhum tutor ou curador pode escusar-se, segundo o rescrito do imperador Marco Aurélio, por ter demanda com o pupilo ou adulto, salvo se a demanda versar sobre todos os bens ou sobre uma herança.

5. Três tutelas ou curatelas, não solicitadas, também escusam, durante a administração. Deve-se notar, todavia, que a tutela de vários pupilos, ou a curatela de seus bens, como, por exemplo, a de irmãos, conta-se como uma só tutela ou curatela.

6. A pobreza, mostrando o nomeado que a tutela excede as suas forças, também escusa, e isso consta do rescrito dos imperadores irmãos e do imperador Marco Aurélio.

7. Dispensa igualmente a moléstia pela qual alguém esteja impedido de se ocupar de seus próprios negócios.

8. Um rescrito do imperador Antonino Pio escusa analfabetos, ainda que possam algumas vezes ser capazes de administrar.

9. O que o pai em testamento nomeou como tutor, por inimizade, está, por este mesmo fato, escusado. Ao contrário, não se escusam os que prometeram ao pai que administrariam a tutela.

10. Não admite como dispensa o fato de o nomeado desconhecer o pai dos pupilos, segundo os irmãos imperadores.

XI. Inmicitiae, quas quis cum patre pupillorum vel adultorum exercuit, si capitales fuerunt, nec reconciliatio intervenit, a tutela vel cura solent excusare.

XII. Item, is qui status controversiam a pupillorum patre passus est, excusantur a tutela.

XIII. Item, major septuaginta annis a tutela vel cura excusare se potest. Minores autem viginti quinque annis olim quidem excusabantur, nostra autem constitutione prohibentur ad tutelam vel curam adspirare, adeo ut nec excusatione opus sit. Qua constitutione, cavetur ut nec pupillus ad legitimam tutelam vocetur, nec adultus: cum erat incivile, eos qui alieno auxilio in rebus suis administrandis egere noscuntur, et ad illis reguntur, aliorum tutelam vel curam subire.

XIV. Item et in milite observandum est ut, nec volens, ad tutelae onus admittatur.

XV. Item, Romae grammatici, rhetores et medici, et qui in patria sua id exercent, et intra numerum sunt, a tutela vel cura habent vacationem.

XVI. Qui autem vult se excusare, si plures habeat excusationes, et de quibusdam non probaverit, aliis uti intra tempora constituta non prohibetur. Qui autem excusare se volunt, non appellant; sed intra dies quinquaginta continuos, ex quo cognoverint se tutores datos, excusare se debent, cujuscumque generis sint, id est, qualitercumque dati fuerint tutores, si intra centesimus lapidem sunt ab eo loco ubi tutores dati sunt. Si vero ultra centesimum habitant, dinumeratione facta viginti millium diurnorum, et amplius triginta dierum: quod tamen, ut Scaevola dicebat, sic debet computari, ut ne minus sint quam quinquaginta dies.

XVII. Datus autem tutor, ad universum patrimonium datus esse creditur.

XVIII. Qui tutelam alicujus gessit, invitus curator ejusdem fieri non compellitur: in tantum ut, licet pater familias qui testamento tutorem dedit, adjecerit se eumdem curatorem dare; tamen invitum eum curam suscipere non cogendum, divi Severus et Antoninus rescripserunt.

XIX. Idem rescripserunt maritum uxori suae curatorem datum, excusare se posse, licet se immisceat.

XX. Si quis autem falsis allegationibus excusationem tutelae meruerit, non est liberatus onere tutelae.

11. A inimizade que teve alguém com o pai dos pupilos ou adultos, se capital, e não tendo havido reconciliação, costuma escusar a tutela ou curatela.

12. Aquele cujo estado foi contestado pelo pai é escusado da tutela.

13. O maior de 70 anos pode isentar-se da tutela ou curatela. Os menores de vinte e cinco anos antigamente tinham escusa, mas, pela nossa constituição, são proibidos de exercer a tutela e curatela, e por isso não têm necessidade de escusa. A referida constituição dispõe que nem os pupilos nem os adultos sejam chamados à tutela legítima, porque é inadmissível que os reconhecidos como necessitados do auxílio de outrem nos seus próprios negócios e colocados sob a direção alheia possam assumir a tutela ou curatela.

14. Os soldados, mesmo querendo, não podem assumir a tutela.

15. Em Roma, os gramáticos, os retóricos, os médicos, e também os que exercem essas profissões na sua pátria, estando compreendidos no número legal, são dispensados da tutela ou curatela.

16. O que se quer isentar, se tiver várias escusas, e algumas forem rejeitadas, não fica inibido de apresentar outras dentro do prazo.

Os que se querem escusar não o fazem por via de apelação, mas, qualquer que seja a espécie de tutela ou curatela, isto é, seja qual for a maneira pela qual foram nomeados, devem escusar-se dentro de 50 dias, contínuos, a partir daquele em que souberam da nomeação, se estiverem a menos de 100 milhas do lugar dela.

Se estiveram a mais de 100 milhas, conta-se mais de um dia para cada 20 milhas e, além disso, mais 30 dias: esse cálculo deve fazer-se, como dizia Cévola, de modo que o prazo nunca seja menor do que 50 dias.

17. A nomeação de tutor reputa-se feita para todo o patrimônio.

18. Quem exerceu a tutela de uma pessoa não fica obrigado a assumir a curatela; assim, se um pai de família nomeou alguém tutor em testamento, e acrescentou que seria também curador, não pode ser obrigado a assumir a curatela, segundo o rescrito dos imperadores Severo e Antonino.

19. Os mesmos imperadores decidiram, em rescrito, que o marido nomeado como curador de sua mulher pode escusar-se, ainda que tenha exercido a curatela.

20. Se, com falsas alegações, conseguiu alguém escusar-se da tutela, não fica isento de suas responsabilidades.

TITULLIS XXVI
DE SUSPECTIS TUTORIS VEL CURATORIBUS

Sciendum est, suspecti crimen ex lege Duodecim Tabularum descendere.

I. Datum est autem jus removendi tutores suspectos Romae praetori, et in provinciis praesidibus earum et legato proconsulis.

II. Ostemdimus, qui possunt de suspecto cognoscere, nunc videamus, qui suspecti fieri possunt. Et quidem omnes tutores possunt sive testamentarii sint, sive non, sed alterius generis tutores. Quare et si legitimus fuerit tutor, accusari poterit. Quid si patronus? Ad huc idem erit dicendum: dummodo meminerimus, famae patroni parcendum, licet ut suspectur remotus fuerit.

III. Consequens est, ut videamus qui possunt suspectos postulare. Et sciendum est, quasi publicam esse banc accusationem, hoc est, omnibus patere. Quinimo et mulieres admittuntur, ex rescripto divotum Severit et Antonini, sed hac solac quae, pietatis necesitudine ductae, ad hoc procedunt, utputa maier; nutrix quoque, et avia possunt; potest et soror. Sed et si qua alia mulieri fiurit, cujus praetor perpensam pietatem intellexerit, non sexus verecundiam egredientem, sed pietate productam, non continere injuriani pupillorum: admittet eam ad accusationem.

IV. Impuberes non possunt tutores suos suspectos postulare, puberes autem curatores suos ex consilio necessariorum suspectos possunt arguere: et ita divi Severus et Antoninus rescripserunt.

V. Suspectus autem est, qui non ex fide tutelam gerit, licet solvendo sit, ut Julianus quoque scripsit. Sed et antequanm incipiat tutelam gerere tutor, posse eum quasi suspectum removeri, idem Julianus scripsit, et secundum eum constitutum est.

VI. Suspectus autem remotus, si quidem ob dolum, famosus est; si ob culpam, non aeque.

VII. Si quis autem suspectus postulatur, quoad cognitio finiatur, interdicitus et administratio, ut Papiniano visum est.

VIII. Sed si suspecti cognitio suscepta fuerit, postea quam tutor vel curator decesserit, extinguitur suspecti cognitio.

IX. Si quis tutos copiam sui non faciat ut alimenta pupillo decernantur, cavetur epistola dovirum Severi et Antonini, ut in posessionem bonorum ejus pupillus mittatur; et quae mora deteriora futura

TÍTULO XXVI
DOS TUTORES E CURADORES SUSPEITOS

Sabe-se que a acusação de suspeita vem da Lei da XII Tábuas.

1. A remoção dos tutores suspeitos compete em Roma ao pretor, e nas províncias aos seus presidentes e ao lugar-tenente do procônsul.

2. Depois de examinar os magistrados competentes para conhecer a acusação da suspeita, vejamos quem pode ser acusado. Todos os tutores, quer testamentários, quer de qualquer espécie, podem ser acusados. Por isso, pode também sê-lo o tutor legítimo. Mas, e o patrono? – Também pode, ainda que se deva ter em vista poupar-lhe a reputação, mesmo afastando-o como suspeito.

3. Vejamos agora quem pode acionar os suspeitos. A ação é pública, isto é, facultada a todos e mais ainda: admitem-se também as mulheres, segundo o rescrito dos Imperadores Severo e Antonino, mas somente as que são levadas por um sentimento de afeição, como a mãe, a ama, a avó, e também a irmã. Contudo, se alguma outra mulher, com sentimentos de piedade (parecendo ao pretor não contradizer o recato de seu sexo), compadecer-se do prejuízo dos pupilos, também será admitida.

4. Os impúberes não podem acusar seus tutores de suspeitos, os púberes podem acusar os curadores com a aprovação dos parentes em conselho. Assim dispôs o rescrito dos imperadores Severo e Antonino.

5. Suspeito é o que administra infielmente a tutela, ainda que seja solvente, como escreveu Juliano. E mesmo antes de começada a tutela, pode o tutor ser removido como suspeito, o mesmo escreveu Juliano em uma constituição nossa.

6. Um suspeito removido por dolo é notado de infâmia; não o é o removido por culpa.

7. Segundo Papiniano, se alguém é acusado de suspeição, enquanto não se decidir afinal, fica-lhe interdita a administração.

8. Se, durante a ação de uma suspeição, o tutor ou o curador morre, põe-se-lhe termo.

9. Se o tutor não comparece para fazer estimar os alimentos do pupilo, a epístola dos imperadores Severo e Antonino ordena que o pupilo entre na posse de seus bens, e que, depois de nomeado um curador, se vendam as coisas que se deteriorarem.

sunt, dato curatore distrahi jubentur. Ergo ur suspectus removeri poterit, qui non praestat alimenta.

X. Sed si quis praesens negat propter inopiam alimenta posse decerni, si hoc per mendacium dicat, remittendum eum esse ad praefectum urbi puniendum placuit, sicut ille remittitur qui, data pecunia, ministerium tutelae redemerit.

XI. Libertus quoque, si fraudulenter tutelam filiorum vel nepotum patroni gessise probetur, ad praefectum urbi remittitur puniendus.

XII. Novissime sciendum est eos qui fraudulentur tutelam, vel curam administrant, etiam si satis offerant, removendos esse a tutela, quia satisdatio tutoris propositum malevolum non mutat, sed diutius grassandi in re familiari facultatem praestat.

XIII. Suspectum enim eum putamus, qui moribus talis est ut suspectus sit. Enimvero tutor vel curator, quamvis pauper est, fidelis tamen et diligens, removendus non est quasi suspectus.

10. Se o comparecente engana ao dizer que, por sua pobreza, não pode dar alimentos, este deve ser enviado ao prefeito da cidade para ser punido, como se lhe envia aquele a quem tendo sido dado o dinheiro, se exonerou da tutela.

11. O liberto que se prove ter gerido fraudulentamente a tutela dos filhos ou netos do patrono, é levado ao prefeito da cidade para ser punido.

12. Finalmente, os que administram fraudulentamente a tutela ou a curatela devem ser removidos, afastados, ainda que ofereçam fiança, porque esta não muda seu propósito malévolo, antes lhes faculta meios de, por mais tempo, dilapidarem a fortuna do pupilo.

13. Considera-se também suspeito aquele cujos costumes o fazem semelhante aos suspeitos. O tutor ou o curador pobre, sendo honesto e diligente, não deve ser afastado como suspeito.

LIVRO II

TITULUS I
DE RERUM DIVISIONE

Superiore libro de jure personarum exposuimus; modo videamus de rebus quae vel in nostro patrimonio vel extra patrimonium nostrum habentur. Quaedam enim naturali jure communia sunt omnium, quaedam publica, quaedam universitatis, quaedam nullius pleraque singolurum, quae ex variis causis cuique adquiruntur sicut ex subjectis apparebit.

I. Et quidem naturali jure communia sunt omnium haec: era, aqua profluens, et mare et per hoc littora maris. Nemo igitur ad littus maris accedere prohibetur, dum tamen villis, et monumentis et aedificiis abstineat, quia non sunt juris gentium, sicut et mare.

II. Flumina autem omnia, et portus publica sunt; ideoque jus piscandi omnibus commune est in portu fluminibusque.

III. Est autem littus maris, quatenus hybernus fluctus maximus excurrit.

IV. Riparum quoque usus publicus est juris gentium, sicut ipsius fluminis. Itaque naves ad eas appellere, funes arboribus ibi natis religare, onus aliquod in his reponere, cuilibet liberum est, sicut per ipsum flumen navigare: sed proprietas earum illorum est quorum praediis haerent: qua de causa, arbores quoque in iisden natae eorumdem sunt.

V. Littorum quoque usus publicus juris gentium est, sicut ipsius maris; et ob id quibuslibet liberum est casam ibi ponere in qua se recipiant, sicut retia siccare, et ex mari deducere. Proprietas autem eorum potest intelligi nullius esse, sed ejusdem juris esse cujus et mare, et, quae subjacet mari, terra vel arena.

VI. Universitatis sunt, non singulorum, veluti quae in civitatibus sunt, theatra, stadia, et si qua alia sunt communia civitatum.

VII. Nullius autem sunt res, sacrae, et religiosae, et sanctae; quod enim divini juris est, id nullius in bonis est.

VIII. Sacrae sunt quae rite per pontifices Deo consecratae sunt, veluti aedes sacrae, et dona quae rite ad ministerium Dei dedicata sunt; quae etiam per nostram constitutionem alienari et obligari prohibuimus,

LIVRO II

TÍTULO I
DA DIVISÃO DAS COISAS

No livro anterior expusemos os direitos das pessoas. Passemos às coisas que se acham no nosso patrimônio ou fora dele. Algumas coisas por direito natural são comuns a todos, outras são públicas, outras pertencem às corporações, outras a ninguém e a maior parte aos particulares, e se adquirem de vários modos que oportunamente apresentaremos.

1. Por direito natural são comuns a todos o ar, a água corrente, o mar, e, portanto, as praias.

2. Todos têm o direito de chegar até a beira do mar, contanto que não toquem nas quintas, nos monumentos e nos edifícios, pois não são de direito das gentes, como o mar.

3. Todos os rios e portos são públicos, e por isso o direito de neles pescar é comum a todos.

4. O uso público das margens dos rios é de direito das gentes, como o é o uso dos próprios rios. Assim, a todos é lícito atracar embarcações, atar amarras às árvores ali nascidas, descarregar fardos, assim como navegar pelo rio. A propriedade das margens pertence, porém, aos donos dos prédios adjacentes e por tal motivo também lhes pertencem as árvores ali nascidas.

5. O uso das praias, como o do mar, é também de direito das gentes e a todos é lícito ali construir cabanas nas quais se recolham, secar as redes e retirá-las da água. Quanto à sua propriedade, pode-se dizer que a ninguém pertence, como o mar, e a terra ou a areia que o mar cobre.

6. Pertencem a todos e não somente a particulares as coisas que estão nas cidades, como os teatros, os estádios e outros.

7. As coisas sagradas, religiosas e santas são de ninguém, pois o que é de direito divino, a ninguém pertence.

8. Coisas sagradas são as que os pontífices solenemente consagram a Deus, como os edifícios sagrados e as oferendas solenemente dedicadas ao serviço da divindade; e tais coisas, pela nossa constituição,

excepta causa redemptionis captivorum. Si quis autem auctoritate sua quasi sacrum sibi constituerit, sacrum non est, sed profanum. Locus autem in quo aedes sacrae sunt aedificatae, etiam diruto aedificio, sacer adhuc manet, ut et Papinianus scripsit.

IX. Religiosum locum unusquisque sua voluntate facit, dum mortuum infert in locum suum. In communem autem locum purum invito socio inferre non licet. In commune vero sepulchrum etiam invitis aceteris licet inferre. Item, si alienus ususfructus est, proprietarium placet, nisi consentiente usufructuario, locum religiosum non facere. In alienum locum concedente domino, licet inferre; et licet postea ratum habuerit, quam illatus est mortuus, tamen locus religiosus fit.

X. Sanctae quoque res, veluti muri et portae quodammodo divini juris sunt, et ideo nullius in bonis sunt. Ideo autem murus sanctos dicimus, quia poena capitis constituta est in eos qui aliquie in muros deliquerint. Ideo et legum eas partes quibus poenas constituimus adversos eos qui contra leges federint, sanctiones vocamus.

XI. Singulorum autem hominum multis modis res fiunt: quarumdam enim rerum dominium nanciscimur jure naturali, quid, sicut diximus appellatur jus gentium; quarumdam jure civili. Commodius est itaque a vetustiore jure incipere, palam est autem vetustius esse jus naturale, quod cum ipso genere humano rerum natura prodidit. Civilia enim jura tund esse coeperunt cum et civitates condi, et magistratus creari, et leges scribi coeperunt.

XII. Ferae igitur bestiae, volucres, et pisces, id est, omnia animalia quae mari, coelo et terra nascuntur, simul atque ab aliquo capta fuerint, jure gentium statim illius esseincipiunt: quod enim ante nullius est, id naturali ratione occupanti conceditur. Nec interest, feras, bestias et volucres utrum in suo fundo quis capiat, na in alieno. Plane qui in alienium fundum ingreditur venandi aut occupandi gratia, potest a domino, si is praeviderit, prohiberi ne infrediatur. Quidquid autem eorum ceperis, eo usque tuum esse intelligitur, donec tua custodia coerceatur. Cum vero evaserit custodiam tuam, et in libertatem naturalem se receperit, tuum esse desinit, et tursus occupantis fit. Naturalem autem libertatem recipere intelligitur cum vel oculos effuderit, bel ita sit in conspectu tuo ut difficilis sit ejus persecutio.

não se podem alienar ou obrigar, salvo para redenção dos cativos. Não é, porém, sagrado, mas profano, aquilo que alguém considera sagrado para si, por sua própria autoridade. O lugar em que o edifício sagrado está construído permanece sagrado, ainda que o edifício seja destruído, como escreveu Papiniano.

9. Qualquer pessoa pode, por sua vontade, tornar sagrado um terreno que lhe pertença, inumando nele um cadáver.

Não pode, porém, inumar em terreno comum e profano sem consentimento dos condôminos; num sepulcro comum pode inumar, mesmo sem aquele consentimento. Se o usufruto foi alienado, o proprietário não pode tornar sagrado o terreno sem consentimento do usufrutuário. Pode-se inumar em terreno alheio, desde que o dono o consinta; e, mesmo quando o consentimento é posterior à inumação, o terreno torna-se sagrado.

10. As coisas santas, como os muros e as portas, são de algum modo de direito divino e por isso a ninguém pertencem.

Chamamos santos os muros porque foi imposta a pena de morte aos que cometessem delito contra eles; e pela mesma razão chamamos sanção a parte das leis em que se impõem penas contra os que lhes violarem as disposições.

11. As coisas entram para propriedade dos particulares de muitos modos. Com efeito, a propriedade de alguns se adquire por direito natural, que, como dissemos, se chama direito das gentes, e a de outras por direito civil. Para maior comodidade, começamos pelo direito mais antigo que evidentemente é o direito natural, o qual nasceu da própria natureza das coisas com o gênero humano, ao passo que o direito civil surgiu quando se fundaram as cidades, se criaram os magistrados e se escreveram as leis.

12. Os animais selvagens, os pássaros e os peixes, isto é, todos os animais que nascem no céu, na terra e no mar, no mesmo instante em que são capturados, tornam-se, pelo direito das gentes, propriedade daquele que os apanha: aquilo que a ninguém pertence, a razão natural manda dar ao primeiro ocupante. Pouco importa que sejam apanhados em terreno próprio ou alheio. É certo, entretanto, que o proprietário do terreno tem o direito de proibir a entrada daquele que quer caçar ou armar redes. Os animais que apanhares, enquanto presos, te pertencem; se escapam e tornam à liberdade natural, deixam de te pertencer e caberão ao primeiro ocupante. Entende-se que retomam a liberdade primitiva os animais que desaparecem da vista, ou cuja perseguição é difícil, ainda que estejam diante dos olhos.

XIII. Illud quaesitum est an si fera bestia, ita vulnerata sit ut capi possit, statim tua esse intelligatur. Quibusdam placuit statim esse tuam, et eo usque tuam videri donec eam persequaris. Quod si desieris persequi, desinere esse tuam, et tursus fieri occupantis. Alii non aliter putaverunt tuam esse quam si eam ceperis. Sed posteriorem setentiam nos confirmamus, quia multa accidere solen ut eam non capias.

XIV. Apium quoque natura fera est. Itaque quae in arbore tua consederint, antequam a te alveo includantur, non magis tuae intelliguntur esse, quam volucres quae in arbore tua nidum fecerint. Ideoque si alius eas incluserit, is earum dominus erit. Favos quoque, si quos effecerint, quilibet eximire potest. Plane integra re, si praevideris ingredientem em in fundum tuum poteris eum jure prohibere ne ingrediatur. Examen quoque quod ex alveo tuo evolaverit, eo usque intelligitur esse tuum donec in conspectu tuo est, nec difficilis ejus persecutio; alioquin occupantis fit.

XV. Pavonum etiam et columbarum fera natura est: nec ad rem pertinet quod ex consuetudine evolare et revolare solent; nam et apes idem faciunt, quarum constat feram esse naturam. Cervos quoque ita quidem mansuetos habent ut in sylvas ire et redire soleant; quorum et ipsorum feram esse naturam nemo negat. In iis autem animalibus quae ex consuetudine abire et redire solent, talis regula comprobata est, ut eo usque tua esse intelligantur donec animum revertendi habeant. Nam si revertendi animum habere desierint, etiam tua esse desinunt, et fiunt occupantium. Revertendi autem animum videntur desinere habere, tunc cum revertendi consuetudinem deseruerunt.

XVI. Gallinarum et anserum non est fera natura: idque ex eo possumus intelligere quod aliae sunt gallinae quas feras vocamus, item alii sunt anseres quos feros appellamus. Ideoque si anseres tui aut gallinae tuae aliquo casu turbati turbataeve evolaverint, licet conspectum tuum effugerint, quocumque tamen loco sint, tui tuaeve esse intelliguntur, et qui lucrandi animo ea animalia retinet, furtum commitere intelligitur.

XVII. Item ea quae ex hostibus capimus, jure gentium statim nostra fiunt: adeo quidem ut et liberi homines in servitutem nostram deducantur. Qui tamen, si evaserint nostram potestatem, et ad suos revers fuerint, pristinum statum recipium.

XVIII. Item, lapilli, et gemmae, et gemmae, et caetera quae in littore inveniuntur, jure naturali, statim inventoris fiunt.

XIX. Item, ea quae ex animalibus dominio tuo subjectis nata sunt eodem jure tibi acquiruntur.

13. O que se pergunta é se o animal selvagem que feriste de modo a poder apanhá-lo, torna-se imediatamente teu. A alguns pareceu que se torna teu imediatamente e enquanto continuares a persegui-lo, mas se o deixares de perseguir deixa de ser teu e será do primeiro ocupante. Outros entendem que somente será teu quando o apanhares. Confirmamos esta última opinião, pois muitas coisas podem te impedir de o apanhares.

14. As abelhas, por sua natureza, são selvagens. As que pousaram na tua árvore, enquanto não as fechares numa colméia, não são tuas, como não o são as aves que nela fizeram ninho; e se alguém as apanhar, torna-se proprietário. Os favos de mel que fabricarem podem ser retirados por qualquer pessoa. É certo, porém, que, se antes de os tirar, perceberes alguém entrando no teu terreno, tens o direito de impedir-lhe a entrada. O enxame que saiu de tua colméia continua a ser teu, enquanto o tiveres à vista e a sua perseguição não for difícil; porque, do contrário, pertencerá ao primeiro ocupante.

15. Os pavões e as pombas são também selvagens por natureza. Pouco importa que tenham o hábito de sair e voltar, porque as abelhas fazem o mesmo e nem por isso deixam de ser selvagens.

Do mesmo modo há veados que costumam ir e voltar dos matos e ninguém nega a sua natureza selvagem. Em todos os animais que têm o hábito de ir e voltar, a regra aceita é que devem permanecer na tua propriedade enquanto têm a vontade de voltar; se perdem essa vontade, deixam de te pertencer e tornam-se do primeiro ocupante. Considera-se que perderam a vontade de voltar quando perderam o hábito.

16. As galinhas e os patos não são selvagens. A prova disso é que há outras galinhas e patos que chamamos selvagens. Assim, se as tuas galinhas e os teus patos, assustados por algum acidente, fugirem, ainda que desapareçam de tua vista, e que, qualquer que seja o lugar em que se achem, continuam a pertencer-te, aquele que os retiver, com a intenção de apropriar-se, comete furto.

17. O que tomamos ao inimigo imediatamente se torna nosso, por direito das gentes: até os homens livres tornam-se assim nossos escravos. Mas, desde que escapam e voltam aos seus, retomam o primitivo estado.

18. As pedras preciosas, as pérolas, e outras semelhantes, que se encontram nas praias, pertencem, por direito natural, a quem as descobriu.

19. As crias dos animais, sujeitos ao teu domínio, pertencem-te pelo mesmo direito.

XX. Praeterea, quod per alluvionem agro tuo flumen adjecit, jure gentium tibi adquiritur. Est autem alluvio incrementum latens. Per alluvionem autem id videtur adjici quod ita paulatim adjicitur, ut intelligere non posis quantum quoquo momento temporis adjiciatur.

XXI. Quod si vis fluminis partem aliquam detraxerit ex tuo praedio, et vicini praedio attulerit, palam est eam tuam permanere. Plane, si longiore tempore fundo vecini tui haeserit, arboresque quas secum traxerit in eum fundum radices egerint: ex eo tempore videntur vicini acquisetae esse.

XXII. Insula quae in mari nata est (quod raro accidit), ocupantis fit; nullius enim esse creditur. In flumine nata, quod frequenter accedit, si quidem mediam partem fluminis teneat, communis eorum qui ab utraque parte fluminis prope ripam praedia possident, pro modo latitudinis cujusque fundi quae latitudo prope ripam sit. Quod si alteri parti proximior sit, eorum est tantum qui ab ea parte prope ripam praedia possident. Quod si aliqua parte divisum sit flumen, deinde infra unitum, agrum alicujus in formam insulae redegerit, ejusdem permanet is ager cujus et fuerat.

XXIII. Quod si naturali alveo in universum derelicto, alia parte fluere coeperit: pior quidem alveus eorum est qui prope ripam ejus praedia possident, pro modo scilicet latitudinis cujusque agri, quae latitudo prope ripam sit. Novus autem alveus ejus juris esse incipt cujus et ipsum flumen, id est, publicus. Quod si post aliquod tempus ad priorem alveum reversum fuerit flumen rersus novus alveus eorum esse incipit qui prope ripam ejus praedia possident.

XXIV. Alia sane causa est, si cujus totus ager inundatus fuerit; neque enim inundatio fundi speciem cornmutat. Et oh id, si recesserit aqua palam est eum fundum ejus manere cujus et fuit.

XXV. Cum ex aliena materia species aliqua facta sit ab aliquo, quaeri solet quis eorum naturali ratione dominus sit; utrum is qui fecerit, an ille potius qui materiae dominus fuerit? ut ecce, si quis ex alienis uvis, aut olivis, aut spicis, vinum, aut oleum, aut frumentum fecerit; aut ex alieno auro, vel argento, vel aere vas aliquod fecerit; vel ex alieno vino et melle mulsum miscuerit; vel ex medicamentis alienis emplastrum aut collyrium composuerit; vel ex aliena lana vestimentum fecerit; vel ex alienis tabulis navem, vel armarium, vel subsellium fabricaverit. Et post multas

20. Adquires, além disso, por direito das gentes, o que o rio, por aluvião ajuntou ao teu campo. Aluvião é um acrescentamento imperceptível; e considera-se como acrescentado por aluvião aquilo que se anexa tão vagarosamente que seria impossível, em dado momento, apreciar a quantidade que se ajuntou.

21. Se a força do rio subtraiu uma parte de teu terreno e o lançou sobre o vizinho, certamente continua a parte a ser tua. Mas, se adere ao terreno vizinho por tanto tempo que as árvores que com ela vieram tomam raízes, ficam a parte e as árvores pertencendo ao terreno vizinho.

22. A ilha nascida no mar, o que é raro, pertence ao primeiro ocupante, porque não é de ninguém. A ilha nascida no rio, o que freqüentemente sucede, se ocupar o meio deste, é comum aos proprietários ribeirinhos de um e de outro lado, na proporção da largura do terreno de cada um, tomada junto à margem. Se a ilha é mais próxima de um dos lados, pertence somente aos proprietários desse lado. Quando, porém, o rio, dividindo suas águas num ponto e tornando a uni-las mais abaixo, corta em forma de ilha o terreno de um proprietário, continua a pertencer-lhe como antes.

23. Mas, se tendo abandonado inteiramente o leito natural, começar a correr por outra parte, o leito abandonado torna-se propriedade dos donos dos prédios ribeirinhos, na proporção da largura de cada um, tomada junto à margem, e o novo leito segue a condição do rio, isto é, torna-se público. Se, passado algum tempo, voltar de novo o rio ao seu leito primitivo, o leito, que então abandonar, torna a ser propriedade dos ribeirinhos.

24. É diferente esta hipótese daquela em que o campo fica inteiramente inundado, porque a inundação não lhe muda a natureza. E assim, quando as águas forem escoadas, é evidente que continua a ser do mesmo proprietário.

25. Quando alguém, com a matéria alheia, fez uma coisa nova, costuma-se perguntar quem deve ser naturalmente o proprietário: quem fez a coisa ou quem é dono da matéria? Por exemplo, se alguém de uvas alheias, azeitonas, ou espigas, fizer vinho, óleo ou trigo; ou um vaso com o ouro, prata ou bronze alheio; ou mulso com a mistura de vinho alheio e mel; se compuser um emplastro ou colírio com drogas alheias; um vestido com a lã alheia; ou com tábuas alheias uma embarcação, um armário ou um banco. Depois de muitas disputas entre Sibinianos e

Sabinianorum et Proculianorum ambiguitates, placuit media sententia existimatiu, si ea species ad materiam rudem reduci possit, eum videri dominum esse qui materiae dominus fuerit; si non possit reduci, eum potius intelligi dominum qui fecerit; ut ecce: vas conflatum potest ad rudem massam aeris, vel argenti, vel auri reduci; vinum autem, vel oleum, aut frumentum, ad uvas, vel olivas, vel spicas reverti non potest; ac ne mulsum quidem ad vinum et mel resolvi potest. Quod si partim ex sua materia, partim ex aliena speciem aliquam fecerit quis, veluti ex suo vino et alieno melle mulsum miscuerit, aut ex suis et alienis medicamentis emplastrum, aut collyrium, aut ex sua lana et aliena vestimentum fecerit, dubitandum non est, hoc casu, eum esse dominum qui fecerit; cum non solum operam suam dedit, sed et partem ejusdem materiae praestitit.

XXVI. Si tamen alienam purpuram vestimento suo quis intexuit, licet pretiosior est purpura, accessionis vice cedit vestimento; et qui dominus fuit purpurae, adversus eum qui subripuit habet furti actionem et condictionem, sive ipse sit qui vestimentum fecit, sive alius; nam extinctae res, licet vindicari non possint, condici tamen a furibus et quibusdam aliis possessoribus possunt.

XXVII. Si duorum materiae ex voluntate dominorum confusae sint, totum in corpus, quod ex confusione fit, utriusque commune est, veluti si qui vina sua confudernt, aut massas argenti vel auri conflaverint. Sed et si diveesae materiae sint, et ob id propria species facta sit, forte ex vino et melle mulsum, aut ex auro et argento electrum, idem juris est; nam et eo casu communem esse speciem non dubitatur. Quod si fortuitu, et non voluntate dominorum, cunfusae fuerint vel diversae materiae, vel quae ejusdem generis sunt, idem juris esse placuit.

XXVIII. Quod si frumentum Titius frumento tuo mixtum fuerit, si quidem ex voluntate vestra, commune est; quia singula corpora, id est, singula grana quae cujusque propria fuerint, ex consensu vestro communicata sunt. Quod si casu id mixtum fuerit, vel Titius id miscuerit sine tua voluntate, non videtur commune esse, quia singula corpora in sua substantia durant: nec magis istis casibus commune fit frumentum quam grex intelligitur ease communis, si pecora Titii tuis pecoribus mixta fuerint. Sed si ab alterutro vestrum totum in frumentum retineatur, in rem quidem actio pro modo frumenti cujusque competit: arbitrio autem judicis continetur, ut ipse aestimet quale cujusque frumentum fuerit.

XXIX. Cum in suo solo aliquis ex aliena materia aedificaverit, ipse intelligitur dominus aedificii, quia omne quod inoedificatur, solo cedit.

Proculéia, nos prevaleceu a opinião média dos que pensam que, se a coisa puder ser reduzida ao primitivo estado, pertence ao dono da matéria, se não puder ser reduzida, pertence a quem fez a coisa: assim, o vaso fundido pode reduzir-se de novo ao bronze, à prata e ao ouro brutos, mas o vinho, o óleo ou o trigo não podem ser de novo reduzidos a uvas, azeitonas ou espigas, como também o mulso não se pode reduzir a vinho e mel. Quando alguém fez uma coisa em parte com matéria própria, em parte com a matéria alheia, como, por exemplo, mulso com vinho seu e mel alheio; um emplastro ou colírio com drogas suas e alheias, ou um vestido com lã própria e alheia; não há dúvida que se torna dono da coisa, porque não só forneceu o trabalho, como parte da matéria.

26. Se alguém entremeia seu vestido com a púrpura alheia, ainda que a púrpura seja mais preciosa, segue a sorte do vestido com acessão. O proprietário da púrpura tem ação de furto e a condição contra quem a subtraiu, quer seja quem fez o vestido, quer não; porque as coisas extintas, ainda que não se possam reivindicar, podem ser reclamadas, por meio da condição, aos ladrões e a alguns outros possuidores.

27. Se dois proprietários voluntariamente confundirem matérias que lhes pertenciam, o corpo formado pela confusão é comum a ambos, como, por exemplo, se misturaram duas espécies de vinho, ou barras de ouro e prata. Observa-se a mesma regra quando as matérias são diversas e a coisa resultante é de nova espécie, como, por exemplo, quando do vinho e mel se faz o mulso, ou do ouro e prata, o electro. Se as matérias, quer de diversa natureza, quer de mesma, fortuitamente, e não por vontade dos seus donos, uniram-se, observa-se ainda a mesma regra.

28. Se, com o teu consentimento, Tício misturar o seu trigo ao teu, este é comum a ambos, porque cada corpo separado, isto é, cada grão que pertencia em particular a um ou outro, pelo consenso de ambos, ficou comum. Se a mistura se fez por acaso, ou se foi feita por Tício contra a tua vontade, não se torna comum o trigo, porque cada grão conserva separadamente sua existência própria. O trigo não é, neste caso, comum, do mesmo modo que o teu rebanho não ficaria em comum com o de Tício pelo fato de se misturarem as ovelhas. Mas, se um de vós retém todo o trigo, deve-se dar ação real proporcionalmente à quantidade de trigo de cada um, ficando ao critério do juiz determinar a qualidade do trigo.

29. O que edifica em seu terreno com material alheio torna-se dono do edifício, porque a toda construção acompanha o solo como

Nec tamen ideo is qui materiae dominus fuerat, desinit dominus ejus esse; sed tantisper neque vindicare eam potest, neque ad exhibendum de ea re agere, propter legem Duodecim Tabularum, qua cavetur ne quis tignum alienum aedibus suis junctum eximire cogatur, sed duplum pro eo praestet, per actionen quae vocatur de tigno juncto. Appellatione autem tigni omnis materia significatur ex qua aedificia fiunt. Quod ideo provisum est, ne aedificia rescindi necesse sit. Sed si aliqua ex causa dirutum sit aedificium, poterit imteriae dominus, si non fuerit duplum jam consecutus, tunc eam vindicare, et ad exhibendum de ea re agere.

XXX. Ex diverso, si quis in alieno solo sua materia domum aedificaverit, illius fit domus cuyus et solum est. Sed hoc casu materiae dominus proprietatem ejus amittit, quia voluntate ejus intelligitur esse alienata, utique si non ignorabat se in alieno solo aedificare; et ideo, licet diruta sit domus, materiam tamen vindicare non potest. Certe illud constat si in possessions constituto aedificatore, soli dominus petat domum suam esse, nec solvat pretieum materiae et mercedes fabrorum, posse cum per exceptionem doli mali repelli: utique si bonae fidei possessor fuerit qui aedificavit. Nam scienti alienum solum esse, potest objici culpa quod aedificaverit termre in eo solo, quod intelligebat alienum esse.

XXXI. Si Titius alienam plantam in solo suo possuerit, ipsius erit. Et ex diverso, si Titius suam plantam in Maevii solo possuerit, Maevii planta erit; si modo, utroque casu radices egerit; ante enim quam radices egerit, ejus permanet cujus fuerat. Adeo autem ex eo tempore quo radices agit planta, proprietas ejus commutatur, ut si vicini arbor ita terram Titii presserit ut in ejus fundum radices egerit. Titii efficis arborem dicimus; ratio enim non permittit alterius arbor esse intelligatur quam cujus in fundum radices egisset. Et ideo prope confinium arbor posita, si etiam in vicini fundum radices egerit, communis fit.

XXXII. Qua ratione autem plantae quae terrae coalescunt, solo cedunt, eadem ratione, frumenta quoque quae sata sunt, solo cedere intelliguntur. Caeterum sicut is qui in alieno solo aedificaverit, si ab eo dominus petat aedificium, defendi potest per exceptionem doli mali, secundum ea quae diximus; ita ejusdem exceptionis auxilio tutus esse potest is qui alienum fundum sua impensa bona fide consevit.

XXXIII. Litterae quoque, licet aureae sint, perinde chartis membranisve cedunt, ac solo cedere solent ea quae inaedificantur aut inseruntur; ideoque at in chartis membranisve tuis carmen, vel historiam, vel orationem Titius scripserit, hujus corporis non Titius, sed tu dominus

acessório. Todavia, o dono do material não o deixa de ser; apenas não o pode reivindicar, nem intentar a ação *ad exihibendum*, porque a lei das XII Tábuas estabeleceu que ninguém é obrigado a arrancar de seu edifício o material alheio, mas somente a pagar o dobro pela ação de *tigno juncto*. Pela palavra *tignum* entende-se qualquer espécie de material com que se fazem os edifícios. Fizeram-se essas disposições para não se demolirem os edifícios. Mas, se por qualquer causa, o edifício for derrubado, pode o dono do material, se não tiver ainda recebido o duplo do seu valor, reivindicá-lo ou intentar a ação *ad exhibendum*.

30. E, inversamente, se alguém edifica com seu material uma casa sobre o solo alheio, a casa pertence ao proprietário do solo. Neste caso, o dono do material perde o direito a ele, porque se considera que o alienou voluntariamente, salvo se ignorava estar edificando em solo alheio. Conseqüentemente, mesmo depois de destruída a casa, não pode reivindicar o material. Estando o edificador na posse da casa, e pedindo-lha, como sua, o dono do solo, sem pagar o preço do material, nem o salário dos operários, pode ser repelido com a exceção do dolo. Isso no caso de estar o edificador de boa fé, porque, se sabia que o solo era alheio, pode ser-lhe oposta a culpa de ter edificado imprudentemente no terreno de outrem.

31. Se Tício puser no seu solo a planta de outrem, esta será sua; e inversamente, se Tício colocar sua planta no solo de Mévio, a planta fica pertencendo a Mévio, contanto que, em um e outro caso, deite raízes, pois, antes de deitá-las, continua a ser de quem era. O fato de deitar raízes muda, na verdade, a propriedade da planta, porque, se a árvore do vizinho lança no terreno de Tício suas raízes, dizemos que se torna propriedade de Tício. A razão só permite que a árvore pertença àquele em cujo solo lançou raízes. Além disso, se a árvore colocada no limite de dois terrenos, estende as raízes para o solo vizinho, torna-se comum.

32. Igualmente às plantas que deitam raízes, os grãos semeados seguem o solo com acessão. Ademais, do mesmo modo aquele que edificou no solo alheio, se sofre reivindicação do edifício por parte do dono do solo, pode defender-se com a exceção do dolo e igualmente se pode defender com essa exceção quem semeou à sua custa e de boa fé no solo alheio.

33. A escrita, mesmo feita em ouro, acompanha o papel e o pergaminho como acessão, da mesma maneira que acompanham o solo as coisas nele edificadas ou semeadas. Assim, se, no teu papel e no

esse videris. Sed si a Titio petas tuos libros, tuasve membranas, nec impensas scripturae solvere paratus sis, poterit se Titius defenders per exceptionem doli mali, utique si earum chartarum membranarumve possessionem bona fide nactus est.

XXXIV. Si quis in aliena tabula pinxerit, quidam putant tabulam picturae cedere, aliis videtur picturam, qualiscumque sit, tabulae cedere. Sec nobis videtur melius esse tabulam picturae cedere: ridiculum est enim picturam Apellis vel Parrhasii in accesionem vilissimae tabulae cedere. Unde si a domino tabulae imaginem possident, is qui pinxit, eam petat, nec solvat pretium tabidae, poterit per exceptionem doli mali submoveri. At si is qui pinxit possideat consequens est ut utilis actio domino tabulae adversus eum detur. Quo casu si non solvat impensam picturae, poterit per exceptionem doli mali repelli, utique si bona fide possessor fuerit ille qui picturam imposuit. Illud enim palam est, quod, sive is qui pinxit subripuit tabulas, sive alius, competit domino tabularum furti actio.

XXXV. Si quis a non domino, quem dominum esse crediderit, bona fide fundum emerit, vel ex donatione aliave qualibet justa causa bona fide acceperit, naturali ratione placuit fructus quos percepit ejus esse pro cultura et cura. Et ideo si postea dominus supervenerit, et fundum vindicet, de fructibus ab eo consumptis agere non potest. Ei vero qui alienum fundum sciens possedit, non idem concessum est; itaque cum fundo etiam fructus, licet consumpti sint, cogitur restituere.

XXXVI. Is ad quem ususfructus fundi pertinet, non aliter fructuum dominus efficitur, quam si ipse eos perceperit. Et ideo licet maturis fructibus, nondum tamen perceptis, decesserit, ad haeredes ejus non pertinet, sed domino proprietatis acquiruntur. Eadem fere et de colono dicuntur.

XXXVII. In pecudum fructu etiam foetus est, sicut lac, pili et lana, itaque agni hoedi et vituli, et equuli, et suculi, statim naturali jure dominio fructuarü sunt. Partus vero ancillae in fructu non est, itaque ad dominum proprietatis pertinet: absurdum enim videbatur nominem in fructu esse, cum omnes fructus rerum natura gratia hominis comparaverit.

XXXVIII. Sed si gregis usumfructum quis habeat, in locum demortuorum capitum ex foetu fructuarius submittere debet, ut ex Juliano visum est, et in venearum demortuarum vel arborum locum alias debet substitaere; recte enim colere, et quasi bonus pater familias uti debet.

pergaminho, Tício escreveu versos, ou uma história, ou um discurso, a propriedade é tua e não de Tício. Porém, se exiges de Tício os teus livros ou pergaminhos, e não queres pagar as despesas da escrita, pode Tício defender-se com a exceção do dolo, desde que tenha entrado de boa fé na posse do papel ou pergaminho.

34. Se alguém pinta numa tela de outrem, entendem alguns que a tela acompanha a pintura e outros, que a pintura, qualquer que seja, acompanha a tela. A tela deve acompanhar a pintura, pois seria ridículo que à obra de um Apeles ou de um Parrásio seguisse, com acessão, a tela mais vulgar. Conseqüentemente, se o dono da tela tiver a pintura em seu poder, o pintor que pretender reivindicar a pintura sem pagar tela, pode ser afastado com a exceção de dolo. Quando o pintor tem a tela em seu poder, o proprietário tem ação útil contra ele, e se o proprietário não lhe quiser pagar o preço da pintura, estando o pintor de boa fé, pode ser repelido com a exceção de dolo. Mas, se a tela foi furtada pelo pintor, ou por outrem, o proprietário tem a ação de furto.

35. Se alguém comprou um terreno de boa fé, ou recebeu por doação, ou por qualquer outro justo motivo, de alguém que não era o dono, julgando-o tal, adquire os frutos recebidos pelo seu cuidado e cultura, por razão natural; conseqüentemente, se sobrevier o dono e reivindicar o terreno, não pode exigir os frutos consumidos. O mesmo não acontece com o que possuía cientemente terreno alheio, pois deve restituir os frutos, até mesmo aqueles consumidos.

36. O usufrutuário de um terreno somente se torna dono dos frutos, desde que ele mesmo os tenha colhido. Se morreu antes de os colher, embora já estivessem maduros, não pertencem aos seus herdeiros, mas ao nu proprietário. Pode dizer-se o mesmo do colono.

37. Entre os produtos do gado compreendem-se a cria, o leite, o pêlo e a lã: assim os cordeiros, os cabritos, os bezerros, os potros e os leitões pertencem, logo que nascem, ao usufrutuário, por direito natural. O parto da escrava, todavia, não é fruto, e pertence ao nu proprietário, pois se julgou inadmissível considerar fruto o homem, para quem a natureza criou todos os frutos.

38. O ususfrutuário de um rebanho deve substituir pelas crias as cabeças que morrerem, segundo a sentença de Juliano, bem como substituir por outras as vides ou árvores que fenecerem, porquanto deve cuidar de tudo como um bom pai de família.

XXXIX. Thesauros quos quis in loco suo invenerit, divus Hadrianus, naturalem equitatem secutus ei concessit qui invenerit. Idemque statuit si quis in sacro aut religioso loco fortuito casu invenerit. At si quis in alieno loco, non data ad hoc opera ser fortuitu invenerit, dimidium inventori, dimidium domino soli concessit. Et convenienter, si quis in Caesaris loco invenerit, didimidium inventoris, dimidium Caesaris esse statuit. Cui conveniens est ut si quis in fiscali loco, bel publico vel civitatis invenerit, didimidum ipsius esse debeat, et dimidium fisci, vel civitatis.

XL. Per tradidionem quoque jure naturali res nobis adquiruntur; nihil enim tam conveniens est naturali aequitati, quam voluntatem domini volentis rem suam in alium transferre ratam haberi: et ideo cujuscumque generis sit corporalis res, tradi potest, et a domino tradita alienatur. Itaque stipendiaria quoque et tributaria praedia eodem modo alienantur. Vocantur autem stipendiaria et tributaria praedia quae in provinciis sunt, inter quae nec non et italica praedia ex nostra constitutione nulla est diferentia; sed si quidem ex causa donationis aut dotis, qualibet alia ex causa tradantur, sine dubio transferuntur.

XLI. Venditae vero res et traditar, non aliter emptori adquiruntur, quiam si is venditori pretium solverit, vel alio modo et satisfecerit, veluti expromissore aut pignore dato. Quo cavetur quidem ex lege Duodecim Tabularum, tamen recte dicitur et jure gentium, id est, jure naturali, id effici: sed si is qui vendidit fidem emptoris secutus est, dicendum est statim rem emptoris fieri.

XLII. Nihil autem interest utrum ipse dominus tradat alicui rem suam, na voluntate ejus alius.

XLIII. Qua ratione, si cui libera universorum negotiorum administratio a domino permissa fuerit, is que ex iis negotiis rem vendiderit et tradiderit, facit eam accipientis.

XLIV. Interdum etiam sine traditione nuda voluntas domini sufficit ad rem transferendam, veluti si rem quam tibi aliquis commodavit, aut locavit, aut apud te deposuit vendiderit tibi, aut donaverit. Quamvis enim ex ea causa tibi eam non tradiderit, eo tamen ipso quod patitur tuam ease, statim tibi adquiritur proprietas, perinde ac si eo nomine tradita fuisset.

XLV. Item si quis merces in horreo depositas vendiderit, simul atque claves horrei tradiderit emptori, transfert proprietatem mercium ad emptorem.

39. O imperador Adriano, seguindo a justiça natural, concedeu o tesouro àquele que o encontra no seu próprio terreno. O mesmo estabeleceu para o caso de encontrá-lo fortuitamente em terreno sagrado ou religioso. Porém, se alguém achou o tesouro em terreno alheio, casualmente, pertence a metade ao dono do terreno e a outra metade a quem o encontrou. Do mesmo modo estabeleceu que, se for encontrado no terreno de César, pertence-lhe a metade do tesouro e a outra metade ao que o achar; e se for encontrado em terreno de propriedade do público ou da cidade, pertencerá a estes a metade, e a outra metade, ao que o achou.

40. Adquirimos também as coisas, segundo o direito natural, por tradição, pois nada há mais em conformidade à justiça natural do que efetivar-se a vontade do dono de transferir a coisa que deseja. Por isso, aplica-se a tradição a toda coisa corpórea e, quando feita pelo proprietário, produz alienação. Do mesmo modo, alienam-se os prédios estipendiários e os tributários. Chamam-se prédios estipendiários e tributários os situados nas províncias; mas entre eles e os situados na Itália não há diferença alguma, segundo nossa constituição, e, se opera sua tradição por doação, dote, ou outra qualquer justa causa, transfere-se a propriedade.

41. As coisas vendidas ou entregues não pertencem ao comprador a não ser que tenha pago ao vendedor o preço, ou o satisfez de outro modo, como, por exemplo, se lhe deu fiança ou penhor. Este princípio é consagrado na Lei das XII Tábuas, o que não impede de se dizer que se funda no direito das gentes, isto é, no direito natural. Se o vendedor fiou a comprador, a coisa pertence imediatamente a este.

42. Pouco importa se o próprio dono ou outrem, com seu consentimento, faça a transferência de seus bens.

43. Por conseqüência, se aquele a quem o dono deixou a livre administração de todos os seus bens, vende e transfere um deles, transfere a sua propriedade.

44. Algumas vezes basta, para alienar, a vontade do dono, sem a tradição, como quando alguém te vende ou doa a coisa que te havia dado em comodato, em locação ou depósito. Ainda que a coisa não te tenha sido entregue na execução da venda ou da doação, adquires imediatamente a sua propriedade, pelo só fato de consentir nisso o dono, como se a transferência se tivesse realizado para esse fim.

45. Do mesmo modo, se alguém vende mercadorias depositadas em um armazém, transfere a propriedade ao comprador, desde que lhe entregue as chaves.

XLVI. Hoc amplius interdum et in incertam personam collata voluntas domini transferit rei proprietatem: ut cece, praetores et consules, qui missila jactant in vulgus, ignorant quid eorum quisque sit excepturus, et tamen quia volunt quod exceperit ejus esse, statim eum dominum efficiunt

XLVII. Qua ratione verius ease videtur, si rem pro derelicto a domino habitam occupaverit quis, statim eum dominum effici. Pro derelicto autem habetur quod dominus ea mente abjecerit, ut id rerum suarum ease nolit; ideoque statim dominus esse desinit.

XLVIII. Alia causa est earum rerum quae in tempestate maris, levandae navis causa ejiciuntur: hae enim dominorum permanent, quia palam est eas non eo animo ejici quod quis eas habere non vult, sed quo magis cum ipsa navi maris periculum effugiat. Qua causa, si quis, eas fluctibus expulsas, vel etiam in ipso mari nactus, lucrandi animo abstulerit, furtum committit. Nec longe discedere videntur.ab his quae de rheda currente non intelligentibus dominus eadum.

TITULUS II
DE REBUS CORPORALIBUS ET INCORPORALIBUS

Quaedam practerea res corporales sunt, quaedam incorporates.

I. Corporales hae sunt, quae sad natura tangi possunt, veluti fundus, homo, vestis, aurum, argentum, et denique aliae res innume-rabiles.

II. Incorporates autem sunt quae tangi non possunt: qualia sunt ea quae in jure consistunt sicut hereditas, usufructus, usus, obligationes quoquo modo contractae. Nec ad rem pertinet quod in hereditate res corporales continentur; nam et fructus qui ex fundo percipiuntur corporalia sunt, et id quod ex aliqua obligatione nobis debetur, plerumque corporate est, veluti fundus, homo, pecunia; nam ipsum jus hereditatis, et ipsum jus utendi fruendi, et ipsum jus obligationis, incorporalis, est.

III. Eodem numero sunt jura praediorum urbanorum et rusticorum, quae etiam servitutes vocantur.

46. Ainda mais: há casos em que a vontade do dono transfere a propriedade, ainda recaindo sobre pessoa incerta. Assim, os pretores e os cônsules, quando lançam dinheiro ao povo, ignoram o que cada um individualmente apanhará, mas, como é sua vontade que cada um adquira aquilo que puder apanhar, a propriedade se lhe transfere imediatamente.

47. É certo que, se alguém se apodera da coisa abandonada pelo dono, torna-se senhor dela imediatamente. Considera-se abandonada a coisa que o dono desprezou com a intenção de não ter mais entre seus bens; e por isso a sua propriedade cessa imediatamente.

48. Não acontece o mesmo com as coisas que, na tempestade, são alijadas para aliviar o navio, as quais continuam a pertencer aos donos, pois evidentemente não se lançam ao mar por se não quererem mais, mas somente para escapar com o navio ao perigo das ondas. Comete, portanto, furto aquele que, com a intenção de se apropriar, apodera-se delas quando dão às praias ou se acham no mar. Não há diferença entre as coisas alijadas e as que, na corrida de um carro, caem sem que o dono o perceba.

TÍTULO II
DAS COISAS CORPÓREAS E INCORPÓREAS

Além disso, algumas coisas são corpóreas, outras incorpóreas.

1. São corpóreas as que, por sua natureza, se podem tocar, como um terreno, um escravo, um vestido, o ouro, a prata, e outras inúmeras coisas.

2. São incorpóreas as que não se podem tocar: tais são as que consistem em um direito, como a herança, o usufruto, o uso, as obrigações contraídas de qualquer modo. Pouco importa que a herança contenha coisas corpóreas, porque também os frutos que o usufrutuário retira do terreno são corpóreos, assim como é corpóreo, as mais das vezes, o que nos cabe em virtude de uma obrigação (um terreno, um escravo, dinheiro): não obstante, o direito de herança, o de usufruto, e o de obrigação, são, em si mesmos, incorpóreos.

3. Neste número estão os direitos dos prédios urbanos e rústicos, que se chamam também servidões.

TITULO III
DE SERVITUTIBUS PRAEDIORUM

Rusticorum praediorum jura sunt hae: iter, actus, via, aquoeductus. Iter est jus eundi, ambulandi hominis, non etiam jumentum agendi vel vehiculum. Actus eit jus agendi vel jumentum vel vehiculum: itaque quia habet iter, actum non habet; qui actum habet et iter habet, eoque uti potest etiam sine jumento. Via est jus eundi et agendi et ambulandi; nam et iter et actum in se continet via Aquaeductus est jus aquae ducendae per fundum alienum.

I. Praediorum urbanorum servitutes sunt hae quae aedificiis inhaerent; ideo urbanorum praediorum dictae, quoniam aedificia omnia, urbana praedia appellamus, et si in villa aedificata sint. Item, urbanorum praediorum servitutes sunt hae: ut vicinus onera vicinia sustineat; ut in parientem ejus liceat vicino lignum immitere; ut stillicidium vel flumen recipiat quis in aedes suas, vel in aream, vel in cloacam, vel non recipiat; et ne altius tollat aedes suas, ne luminibus vicini officiat.

II. In rusticorum praediorum servitutes quidam computari recte putant aquae haustum; pecoris ad aquam adpulsum; jus pascendi, calcis coquendae, arenae fodiendae.

III. Ideo autem hae servintutes praediorum appellantur, quoniam sine praediis constitui non possunt. Nemo enim potest servitutem acquirere urbani vel rustici praedii, nisi qui habet praedium.

IV. Si quis velit vicino aliquod jus constituere, pactionibus atque stipulationibus id efficere debet. Potest etiam in testamento quis heredem suum damnare ne altius tollat aedes suas, ne luminibus aedium vicini officiat; vel ut patiatur eum tignum in parietem immitere, vel stillicidium habere; vel ut patiatur eum per fundum ire, agere, aquamve ex eo ducere.

TITULUS IV
DE USUFRUCTU

Usufructus est jus alienis rebus utendi, fruendi, salva rerum substantial. Est enim jus in corpore, quo sublato, et ipsum tolli necesse est.

TÍTULO III
DAS SERVIDÕES DOS PRÉDIOS

As servidões dos prédios rústicos são estas: passagem (*iter*), caminho (*actus*), estrada (via) e aqueduto. A de passagem é o direito de ir e vir o homem sem conduzir bestas ou veículos. A de caminho é o direito de conduzir bestas ou veículos. Assim, quem tem passagem, não tem caminho, mas quem tem caminho, tem passagem, e pode usá-la mesmo sem bestas. A de estrada é o direito de ir, conduzir e passar, e compreende as servidões de passagem e de caminho. A de aqueduto é direito de conduzir água pelo prédio alheio.

1. Servidões de prédios urbanos são as inerentes aos edifícios, por isso que chamamos prédios urbanos a todos os edifícios, inclusive aqueles construídos numa quinta. São servidões de prédios urbanos: a sustentação do peso do prédio próximo pelo vizinho, o madeiramento no prédio contíguo; o escoamento ou não de goteiras ou águas no edifício, no quintal ou no esgoto; o fato de não edificar alto para não tolher a vista ao vizinho.

2. Contam-se entre as servidões dos prédios rústicos, com razão, tirar a água, levar o gado para beber, fazer pastar, queimar a cal, tirar terra.

3. Essas servidões chamam-se prediais, porque não podem existir sem os prédios, pois ninguém, a não ser que seja proprietário de prédio, pode adquirir servidão de prédio urbano ou rústico.

4. Caso se queira constituir um direito de servidão em favor de um vizinho, deve-se fazer por meio de pactos e estipulações. Pode também o testador sujeitar o herdeiro a não edificar mais alto para não tolher a vista ao vizinho; ou a permitir que outrem madeire na sua parede, ou tenha esgoto, direito de passagem, caminho, estrada ou aqueduto.

TÍTULO IV
DO USUFRUTO

Usufruto é o direito de usar e gozar da coisa alheia, salva a sua substância. É um direito sobre coisa corpórea e se extingue com a extinção da coisa.

1. Usufructus a proprietate separationem recipit, idque pluribus modis accidit. Ut ecce, si quis usumfructum alicui legaverit: nam heres nudam habert proprietatem, legatarius vero usumfructum. Et contra, si fundum legaverit, deducta usufructu, legatarius nudam habet proprietatem, heres vero usumfructum. Item, alii deducto eo, fundum legare potest. Sine testamento si quis velit usumfructum alii constituere pactionibus et stipulationibus id efficere debet. Ne tamen in universum inutiles essent proprietates, semper abscedente usufructu, placuit certis modis extingui usumfructum, et ad proprietatem reverti.

II. Constituitur autem ususfructus non tantum et fundo et aedibus, verum etiam in servir, et jumentis, et caeteris, rebus, exceptis iis quae ipso usu consumuntur: nam he res neque naturali ratione, neque civilli, recipiun usumfructum: quo numero sunt vinum, oleim, frumentum, vestimenta: quibus proxima est pecunia numerata, namque ipso usu assidua per mutatione quodammodo extinguitur. Sed utilitatis causa, senatus censuit posee etiam earum rerum usumfructum constitui: ut tamen eo nomine heredi utilitar caveatur. Itaque si pecuniae ususfructus legatus sit, ita datur legatario ut ejus fiat, et legatarium satisde heredi de tanta pecunia restituenda, si moriatur, aut capite minuatur. Caeterae quoque res ita traduntur legatario ut ejus fiant; sed aestimatis his, satisdatur, ut si moriatur, aut capite minuatur, tanta pecuria restituatur, quanti hae fuerint oestimatae. Ergo senatus non fecit quidem carum rerum usumfructum (nec enim poterat), sed per cautionem quasi usumfructum constituit.

III. Finitur autem usufructus morte usufructuarii, et duabus capitis deminuitionibus, maxima et media, et non utendo per modum et tempus: quae omnia nosta statuit constitutio. Item, finitur ususfructus si domino proprietatis ab usufructuario cedatur, nam cedendo extraneo nihil agit; vel, ex contrario, si fructuarius proprietatem rei adquisierit, quae res consolidatio appellatur. Eo amplius si aedes incendio consumptae fuerint, vel etiam terrae motu, vel vitio suo corruerint, extingui usumfructum necesse est, et ne areae quidem usumfructum deberi.

IV. Cum autem finitur fuerit totus usufructus, revertitur ad proprietatem, et ex eo tempore nudae proprietatis dominus incipit plenam in re habere potestatem.

1. O usufruto é um desmembramento da propriedade, que se opera de vários modos, como, quando alguém lega o usufruto a outra pessoa, pois ao herdeiro cabe a propriedade e ao legatário o usufruto; e reciprocamente, quando alguém lega um prédio sem usufruto; ao legatário cabe a nua propriedade e ao herdeiro o usufruto. Pode-se também legar a um o usufruto de um prédio, e a outro o prédio sem o usufruto. Aquele que quer constituir usufruto a outrem sem testamento, deve fazê-lo por pactos e estipulações. Mas, para que a propriedade não fique de todo inútil, ao se separar perpetuamente do usufruto, estabeleceram-se certos modos pelos quais o usufruto se extingue e se reverte à propriedade.

2. Pode recair o usufruto não somente sobre terrenos e casas, mas também sobre escravos, animais de carga e todas as outras coisas, exceto as que se consomem pelo uso; estas, nem por sua natureza, nem por direito civil, são suscetíveis de usufruto. Dentre estas últimas estão: o vinho, o óleo, o trigo, os vestidos, aos quais se assemelha a moeda, porque de certo modo se extingue pelo próprio uso e pela contínua troca. Por motivo de utilidade, porém, resolveu o senado que o usufruto recaia também sobre essas coisas, contanto que ao herdeiro se dê fiança suficiente. Assim, se tiver legado dinheiro em usufruto, o legatário torna-se proprietário, devendo afiançar a restituição ao herdeiro de outro tanto, por sua morte, ou se sofrer diminuição de capacidade. A propriedade das outras coisas também se transfere ao legatário; mas, depois de avaliadas, presta fiança de restituir ao herdeiro o preço da avaliação, se morrer ou sofrer diminuição de capacidade. O senado não criou, portanto, o usufruto sobre essas coisas, nem o podia fazer, mas, por meio da fiança, constituiu um quase usufruto.

3. Extingue-se o usufruto pela morte do usufrutuário, pelas diminuições máxima e média da capacidade, e por não uso pelo tempo e modo estabelecido. A respeito de todas estas formas de extinção dispôs uma constituição nossa. Extingue-se também o usufruto, se o usufrutuário o cede ao proprietário; a cessão a outra pessoa é nula. Também se extingue, se o usufrutuário se torna proprietário da coisa, o que se chama consolidação. Ainda se extingue se o edifício é destruído por um incêndio, ou caso se arruíne, por um terremoto ou por um vício de construção; e não recai então sobre o solo.

4. Extinto inteiramente o usufruto, reúne-se à propriedade, e desde então o novo proprietário adquire pleno poder sobre a coisa.

TITULUS V
DE USU ET HABITATIONE

Iisdem illis modis quibus ususfructus constituitur, etiam nudus usus constitui solet; iisdemque illis modis finitur, quibus et ususfructus desinit.

I. Minus autem juris est in usu quam in usufructu. Namque is qui fundi nudum habet usum, nihil ulterius habere intelligitur quam ut oleribus, pomis, floribus, foeno, stramentis et lignis ad usum quotidianum utatur. In eo quoque fundo hactenus ei morari licet, ut neque domino fundi molestus sit, neque iis per quas opera rustica fiunt impedimento. Nec ulli alii jus quod habet aut locare, aut vendere aut gratis concedere potest: cum is qui usumfructum habet possit haec omnia facere.

II. Item, is qui aedium usum habet, hactenus jus habere intelligitur ut ipse tantum habitet: nec hoc jus ad alium transferre potest. Et vix receptum esse videtur ut hospitem et recipere liceat, et eum uxore liberisque suis, item liberitis, nec non aliis liberis personis quibus non minus quam servis utitur, habitandi jus habeat; et convenienter, si ad mulierem usus aedium pertinet, cum marito et habitare liceat.

III. Item, is ad quem servi usus petinet, ipse tantum operibus et ministerio ejus uti potest; ad alium vero nullo modo jus suum transferre ei concessum est. Idem scilicet juris est et in jumento.

IV. Sed et si pecorum veluti ovium usus legatus sit, neque late, neque agnis, neque lana utetur usuarius, quia ea in fructu sunt. Plane ad stercorandum agrum suum pecoribus uti potest.

V. Sed si cui habitatio legata, sive aliquo modo constituta sit neque usus videtur, neque usufructus, sed quasi proprium aliquod jus: quam habitationem habentibus, propter rerum utilitatem, secundum Marcelli sententiam, nostra decisione promulgata, permisimus non solum in ea degere, sed etiam aliis locare.

VI. Haec de servitutibus, et usufructu, et usu, et habitatione dixisse sufficit. De hereditatibus autem et obligationibus, suis locis proponemus. Exposuimus summatim quibus modis jure gentium res acquiruntur, modo videamus quibus modis legitimo et civili jure adquiruntur.

TÍTULO V
DO USO E DA HABITAÇÃO

Pelos mesmos modos por que se constitui o usufruto, costuma constituir-se o uso; e acaba pelos mesmos modos por que acaba o usufruto.

1. Há menos direitos no uso do que no usufruto, porque quem tem, por exemplo, o uso de um terreno, tem o direito de colher nele hortaliças, frutos, flores, forragens, palha e lenha para as necessidades cotidianas. Pode também morar nele, contanto que não incomode o dono, nem os trabalhadores que o cultivarem. Não pode alugar, vender ou ceder gratuitamente, ao passo que o usufrutuário pode fazê-lo.

2. Quem tem o uso de uma casa, tem somente o direito de nela morar, sem o poder transferir a outrem. Apenas se admitiu que receba um hóspede, e que more com a mulher, com os filhos e com outras pessoas livres que lhe sirvam de criados. Se o uso de uma casa competir à mulher, pode esta habitá-la com seu marido.

3. Do mesmo modo, quem tem o uso de um escravo pode somente usufruir de seu trabalho e serviços, e não transferi-los a outrem. O mesmo diremos do uso de animais de carga.

4. Se for legado o uso do gado, por exemplo, de um rebanho de ovelhas, o usuário não se pode servir do leite, nem dos cordeiros, nem da lã, porque são frutos. Mas, certamente, pode usar do gado para estercar o seu campo.

5. Se, por legado, ou por outro modo, se tenha dado a alguém a habitação, não há uso nem usufruto, mas um direito especial. A quem recebeu esse direito, por uma nossa constituição, de acordo com a opinião de Marcelo, demos a faculdade de morar em pessoa ou de alugar a outrem.

6. Basta o que deixamos dito sobre as servidões, o usufruto, o uso, e a habitação. Em seus lugares trataremos da herança e das obrigações. Temos exposto sumariamente os modos pelos quais adquirimos as coisas por direito das gentes. Vejamos agora os modos de aquisição pelo direito civil.

TITULUS VI
DE USUCAPIONIBUS ET LONGI TEMPORIS POSSESSIONIBUS

Jure civili constitutum fuerat ut qui bona fide ab eo qui dominus non erat, cum crediderit eum dominum esse, rem emerit, vel ex donatione, aliave quavis justa causa acceperit: is eam rem, si mobilis erat, anuo ubique, si immobilis, bienio tantum in italico solo, usucaperet, ne rerum dominia in incerto essent. Et cum hoc placitum erat, putantibus antiquioribus dominis sufficere ad inquirendas res suas praefata tempora; nobis melior sententia resedit, ne domini maturios suis rebus defraudentur, neque certe loco beneficium hoc concludatur, et ideo constitutionem super hoc promulgavimus, qua cautum est ut res quidem mobiles per triennium, immobiles vero per longi temporis possessionem, id est, inter praesentes, decennio; inter absentes, viginti annis usuca-piantur; et his modis, non solum in Italia, sed etiam in omni terra quae nostro imperio gubernatur dominia rerum justa causa possessionis praecedente acquirantur.

I. Sed aliquando; etiam si maxime quis bona fide rem possiderit , non tamen illi usucapio ullo tempore procedit: veluti si quis liberum hominem, vel rem sacram, vel religiosam, vel servum fugitivum possideat.

II. Furtivae quoque res, et quae vi possessae sunt, nec si praedicto longo tempore bona fide possessae fuerint, usucapi possunt; nam furtivarum rerum lex Duodecim Tabularum et lex Atinia inhibent usucapionem; vi possessarum, lex Plautia et Julia.

III. Quod autem dictum est, furtivarum et vi possessarum rerum usucapionem per leges prohibitam esse, non eo pertinet ut ne ipse for quive per vim possidet, usucapere possit (nam his alia ratione usucapio non competit, quit scilicet mala fide possident); sed ne nullus alius, quamvis ab eis bona fide emerit, vel ex alia causa acceperit, usucapiendi jus habeat. Unde in rebus mobilibus non facile procedit, ut bonae fidei possessoribus usucapio competat. Nam qui sciens alienam rem vendit, vel ex alia causa tradit, fortum ejus committit.

IV. Sed tamen id aliquando aliter se habet: nam si heres rem defuncto commodatam, aut locatam, vel apud eum depositam existimans hereditariam esse, bona fide accipienti vendiderit, aut donaverit, aut dotis

TÍTULO VI
DA USUCAPIÃO E DAS POSSES
DE LONGO TEMPO

Para que o domínio sobre as coisas não fosse incerto, tinha estabelecido o direito civil que, quem em boa fé comprasse, recebesse em doação, ou por outro motivo justo, uma coisa de que não era dono, supondo-o tal, adquirisse a coisa, sendo móvel, depois de um ano, sem distinção de lugar, e sendo imóvel e situada na Itália, dentro de dois anos. Assim, se tinha entendido antigamente, julgando-se bastarem esses prazos para os donos terem notícias de suas coisas. Nós, por acharmos de melhor alvitre não serem os proprietários tão depressa despojados de seus bens, nem de se circunscrever o benefício da usucapião a um lugar determinado, promulgamos uma constituição, segundo a qual ordenamos que prescrevem as coisas móveis pela posse de três anos, e as imóveis pela de longo tempo, ou seja, de dez anos entre presentes e vinte anos entre ausentes. Deste modo, em todo o nosso Império, e não somente na Itália, se adquire o domínio quando ocorrer posse com justo título.

1. Algumas vezes, entretanto, ainda que se possua a coisa em boa fé, não se adquire em tempo algum por usucapião. Esse é o caso de possuir-se um homem livre, uma coisa sagrada, ou religiosa, ou um escravo fugitivo.

2. As coisas furtadas, ou ocupadas com violência, não se adquirem por usucapião, ainda que sejam possuídas em boa fé, pelos prazos mencionados; porque a usucapião das coisas furtadas é proibida pela lei das XII Tábuas e pela Lei Atínia e a das coisas ocupadas com violência pela lei Pláucia e Júlia.

3. Quando se diz que a usucapião das coisas furtadas ou ocupadas com violência é proibida, isso não significa que o ladrão ou o possuidor violento não pode usucapir (pois a estes não compete a usucapião, porque possuem de má fé); significa que nenhum terceiro tem o direito de usucapi-las, ainda que de boa-fé lhe tenha comprado ou recebido por outro título. Por este motivo, dificilmente o possuidor de boa-fé de coisas móveis adquire por usucapião, pois comete furto quem, cientemente, vende ou transfere por outro título, a coisa alheia.

4. Não obstante, acontece, às vezes, o contrário; assim, se o herdeiro, julgando-a parte da herança, vender, doar, ou der em dote a alguém que a receba de boa-fé, uma coisa dada em comodato, aluguel ou

nomine dederit: quis is qui acceperit usucapere possit, dubium non est: quippe cum ea res in furti vitium non ceciderit, cum utique heres qui bona fide tanquam suam alienaverit, furtum non committit.

V. Item, si is ad quem ancillae ususfructus pertinet, partum suum esse credens, vendiderit, aut donaverit, furtum non committit: furtum enim sine affectu furandi non comnmtitur.

VI. Aliis quoque modis accidere potest, ut quis sine vitio furti rem alienam ad aliquem transferat, et efficiat ut a possesore usucapiatur.

VII. Quod autem ad eas res quae solo continentur, expedius procedit, ut si quis loci vacantis possessionem propter absentiam aut negligentiam domini, aut quia sine successore decesserit, sine vi nanciscatur, qui, quamvis ipse mala fide possidet quia intelligit se alienum fundum occupasse, tamen si alii bona fide accipienti tradiderit, poterit ei longa possessione res acquiri; quia neque furtivum neque vi possessum acceperit. Abolita est enim quorundam veterum sententia, existimantium etiam fundi locive furtum fieri. Et eorum qui res soli possederint, principalibus constitutionibus prospicitur; ne cui longa et indubitata possessio auferri.

VIII. Aliquando etiam furtiva vel vi possessa res usucapi potest, veluti si in domini potestatem reversa fuerit; tunc enim vitio rei purgato, procedit ejus usucapio.

IX. Res fisci nostri usucapi non potest; sed Papinianus scripsit, bonis vacantibus fisco nondum nuntiatis, bonae fidei emptorem traditam sibi rem ex his bonis usucapere posse; et ita divus Pius, et divi Severus et Antoninus rescripserunt.

X. Novissime sciendum est rem talem esse debere, ut in se non habeat vitium, ut a bonae fidei emptore usucapi possit, vel qui ex alia justa causa possidet.

XI. Error autem falsae causae usucapionem non parit; veluti si quis cum non emerit, emisse se existimans, possideat, vel cum ei donatum non fuerit, quasi ex donatione possideat.

XII. Diutina possessio quae prodesse coeperat defuncto, et heredi et bonorum possessori continuatur, licet ipse sciat praedium alienum. Quod si ille initium justum non habuit, heredi et bonorum possessori, licet ignoranti, possessio non prodest. Quod nostra constitutio similiter in usucapionibus observant constituit ut tempora continuentur.

depósito ao defunto, aquele que a recebeu pode, sem dúvida, adquiri-la por usucapião. Com efeito, a coisa não é furtada, porque o herdeiro, que de boa-fé a alienou como sua, não comete furto.

5. Do mesmo modo, se o usufrutuário de uma escrava, julgando pertencer-lhe o filho dela, vende-o ou doa, não compete roubo, porque não há roubo sem a intenção de roubar.

6. Pode ainda ocorrer outros casos em que alguém transfira a outrem a coisa alheia, sem cometer furto, permitindo assim a usucapião do possuidor.

7. Quanto aos imóveis, mais facilmente acontece que alguém obtenha a sua posse sem violência, achando-se vagos, devido à ausência, ou descuido do proprietário, ou por ter morrido sem sucessor. Ainda que o possuidor esteja de má-fé, pois não ignora que ocupou terreno alheio, se o adquirente a recebe em boa-fé, poderá usucapi-la em longo tempo, uma vez que não recebeu coisa furtada ou possuída violentamente. Rejeitou-se, com efeito, a opinião de alguns antigos que julgavam haver também furto de um imóvel ou terreno. Constituições imperiais providenciam para que nenhum possuidor de imóveis seja despojado de posse longa e inequívoca.

8. Algumas vezes também a coisa furtada ou ocupada com violência pode ser adquirida por usucapião, por exemplo, quando voltou ao poder do proprietário, porque então, purgado o vício, tem lugar a usucapião.

9. Não se podem usucapir as coisas do fisco. Papiniano, porém, escreveu que, existindo bens vagos, ainda não denunciados ao fisco, o comprador que recebeu alguns deles e boa-fé, poderá usucapir; também assim decidiram os rescritos de Antonino Pio, de Severo e de Antonino.

10. Finalmente, para que o comprador de boa-fé, ou de qualquer possuidor por justo título, possa usucapir uma coisa, é necessário que não tenha vícios.

11. O erro sobre a causa, não produz usucapião, por exemplo, se alguém possui na crença de ter comprado, sem ter havido compra, ou na crença de que a coisa lhe foi doada, quando o não foi.

12. A longa posse de que começou a se servir o defunto, continua em favor do herdeiro e do possuidor de seus bens, ainda que saiba ser o prédio alheio. Quando, porém, desde o princípio o defunto achava-se de má-fé, a posse não aproveita ao herdeiro ou ao possuidor de seus bens, ainda que estes estejam de boa-fé. A nossa constituição mandou observar isso mesmo nas usucapiões, onde a posse deve igualmente continuar.

XIII. Inter venditorem quoque et emptorem cojungi tempora divi Severus et Antoninus rescripserunt.

XIV. Edicto divi Marci, cavetur eum qui a fisco rem alienam emit si post venditionem quinquennium preterierit, posse dominum rei exceptione repellere. Constitutio autem divae memoriae Zenonis, bene propexit iis qui a fisco per venditionem, aut donationem, vel alium titulum, aliquid accipiunt, ut ipsi quidem securit statim fiant, et victores existant, sive experiantur, sive conveniantur. Adversus autem sacratissimum aerarium usque ad quadriennium liceat intendere iis qui pro dominio vel hypotheca earum rerum, quae alinatae sunt, putaverum sibi quasdam competere actiones. Nostra autem divina constitutio, quam nuper promulgavimus, etiam de iis qui a nostra vel venerabilis Augustae domo aliquid acceperint, haec statuit quae in fiscalibus alienationibus praefata Zenoniana constitutione continentur.

TITULUS VII
DE DONATIONIBUS

Est et aliud genus adquisitionis, donatio. Donationum autem duo sunt genera: mortis causa, et non mortis causa.

I. Mortis causa donatio est, quae propter mortis fit suspicionem, cum quis ita donat ut si quid humanitus ei contigisset, haberet is qui accipit; sin autem supervixisset, is qui donavit reciperet; vel si eum donationis poenituisset, aut prior decesserit is qui donatum sit. Hae mortis causa donationes ad exemplum legatorum redactae sunt per omnia: nam cum prudentibus ambiguum fuerat, utrum donationis an legati instar eam obstinere oporteret, et utriusque causae quaedam habeat insignia, et alii ad aliud genus cam retrahebant, a nobis constitutum est ut per omnia fere legatis connumeretur, et sic procedat quemadmodum nostra constitutio eam formavit. Et in summa, mortis causa donatio est, cum magis se quis velit habere, quam eum cui donat; magisque eum qui donat quam heredem suum. Sic et apud Homerum Telemachus donat Piraeo.

II. Aliae autem donationes sunt quae sine ulla mortis cogitatione fiunt, quas inter vivos appellamus, quae omnino non comparantur legatis; quae si fuerint perfectae, temeri revocari non possunt. Perficiuntur autem

13. Os imperadores Severo e Antonino decidiram que a posse do comprador se junte à do vendedor.

14. Um edito do Imperador Marco Aurélio dá ao que comprou ao fisco a coisa alheia o direito de repelir por meio de exceção o proprietário, passados cinco anos. Uma constituição de Zenão, de gloriosa memória, procurou garantir os que recebem do fisco por venda, doação ou outro título, para ficarem logo seguros e vencedores, quer como autores, quer como réus. Os que julgarem que lhes compete ação por domínio ou hipoteca das coisas alienadas podem demarcar o erário imperial até quatro anos. Uma constituição imperial, há pouco por nós promulgada, estende aos que receberem alguma coisa de nossa casa e da casa da Imperatriz, as disposições da constituição de Zenão sobre as alienações do fisco.

TÍTULO VII
DAS DOAÇÕES

Há também, outro modo de aquisição: a doação. Existem dois tipos de doação: doação por causa de morte (*causa mortis*) e doação sem esta causa.

1. Doação *causa mortis* é aquela que, na previsão da morte, alguém faz, dando alguma coisa ao aceitante no caso de morrer o doador, mas voltando a coisa ao doador no caso de não morrer, ou de arrepender-se da doação, ou de sobreviver ao aceitante. A doação *causa mortis* foi em tudo assimilada aos legados; pois, sendo duvidoso entre os jurisconsultos se a deveriam considerar como doação ou como legado, por ter caracteres de uma e de outro, resolvemos que fosse em quase tudo considerada como legado e tivesse por isso a forma que lhe deu a nossa constituição. Há, portanto, doação *causa mortis* quando o doador quer que a coisa lhe venha a caber em detrimento do donatário, e ao donatário de preferência ao herdeiro. Foi assim que, em Homero, fez Telêmaco a doação a Pireu.

2. Há outras doações que se fazem sem pensar na morte, as quais chamamos entre vivos (*inter vivos*). Em nada se parecem, com os legados, e, uma vez concluídos, não se revogam arbitrariamente. Efe-

cum donatur suam voluntatem scriptis aut sine scriptis manifestaverit. Et ad exemplum venditionis, nostra constitutio eas etiam in se habere necessitatem traditionis voluit, ut etiamsi non tradantur, habeant plenissimum robur et perfectum, et traditionis necessitas incumbat donatori. Et cum retro principum dispositiones insinuari eas actis intervenientibus volebant, si majores ducentorum fuerant solidorum, nostra constitutio eam quantitatem usque ad quingentos solidos ampliavit, quain stare etiam sine insinuatione statuit; et quasdam donatione invenit, quae penitus insinuationem fieri minime desiderant, sed in se plenissirmam habent firmitatem. Alia in super multa ad uberiorem exitum donationum invenimus; quae omnia ex nostris constitutionibus, quas super his exposuimus, colligendas sunt. Sciendum est tamen quod etsi plenissimae sint donationes, si tamen ingrati existant homines in quos beneficium collatum est, donatoribus per nostram constitutionem licentiam praestitimus certis ex causis eas revocare: ne quis suas res in alios contulerunt, ab his quandam patiantur injuriam vel jacturam, secundum enumeratos in constitutione nostra modes.

III. Est et aliud genus inter vivos donationum, quod veteribus quidem prudentibus penitus erat incognitum, postea autem a junioribus divis principibus introductum est: quo dante nuptias vocabatur, et tacitam in se conditionem habebat, ul tunc ratum esset cum matrimonium esset insecutum. Ideoque ante nuptias appellabatur, quod ante matrinionium efficiebatur, et nunquam post nuptias celebratas talis donatio procedebat. Sed primus quidem divus Justinus, pater noster, cum augeri, dotem et post nuptias fuerat permisum, si quid tale evenit, etiam ante nuptias donationem augeri, et constante matrimonio, sua constitutione permisit. Sed tamen nomen inconveniens remanebat, cum ante nuptias quidem vocabatur, post nuptias autem tale accipiebat incrementum. Sed nos plenissimo fini tradere sanctiones cupientes, et consequentia nomina rebus esse studentes, constituimus ut tales donationes non augeantur tantum, sed et constante matrimonio initium accipiant, et non ante nuptias, sed proter nuptias vocentur; et dotibus in hoc exaequantur, ut quemad modum dotes constante matrimonio non solum augentur sed etiam fiunt; ita et istae donationes quae propter nuptias introductae sunt, non solum antecedent matrimonium, sed eo etiam contracto augeantur et constituantur.

IV. Erat olim et alius modus civilis adquisitionis, per jus adcrescendi, quod est tae. Si communem servum habens aliquis cum Titio, solus libertatem ei imposuit vel vindicta, vel testamento; eo casu pars

tuam-se desde que o doador tenha manifestado sua vontade por escrito e de outro modo. E uma nossa constituição ordenou que, a exemplo da venda, importasse a necessidade de tradição, de modo que, mesmo antes desta, tivesse o mais pleno e perfeito vigor e obrigassem o doador a entregar. As constituições imperiais mandavam que se declarassem em autos quando excedessem a duzentos soldos; a nossa constituição elevou a quinhentos soldos o limite até o qual valerão sem declaração e criou certas doações que não precisam ser declaradas, valendo plenamente por si mesmas. Há muitas outras regras, introduzidas para facilitar o êxito das doações que se encontram nas constituições nossas sobre esta matéria. Deve-se notar que, apesar da irrevogabilidade das doações, podem, pela nossa constituição, ser revogadas pelos doadores, nos casos nela determinados, se os donatários se tornam ingratos; pois os que se despojaram de seus bens em benefício de outrem não podem sofrer deste injúria ou perda como se declara na nossa constituição referida.

3. Há também outra espécie de doação *inter vivos*, inteiramente desconhecida dos antigos jurisconsultos e introduzida pelos imperadores, que nos precederam. Esta doação denominava-se autenupcial e trazia como condição tácita a realização posterior do casamento, sem o qual não valeria. Chamava-se antenupcial porque só se realizava antes do casamento e nunca depois dele. O Imperador Justino, nosso pai, porque já se tinha permitido aumentar-se o dote, mesmo depois do casamento, foi o primeiro a consentir, por uma constituição que, no caso de aumentar-se o dote, se pudesse também aumentar-se a doação antenupcial na constância do matrimônio. Resultou daí que o nome se tornou impróprio, uma vez que se dizia antenupcial e podia, entretanto, ser aumentada depois do casamento. Querendo implementar as sanções para essa matéria, e dar aos institutos jurídicos a sua exata denominação, resolvemos que tais doações não só se poderiam aumentar, mas até fazer-se na constância do casamento e se chamariam nupciais em vez de antenupcial. Equiparamo-las assim ao dote, para que, como este, pudessem as doações nupciais fazer-se antes ou na constância do casamento.

4. Havia ainda antigamente outro modo civil de aquisição, o direito de crescimento, como neste exemplo: se alguém, tendo em comum com Tício um escravo, o manumita por vindita ou por testamento, perdia a sua parte da propriedade que acrescia a Tício. Sendo, porém, péssimo exemplo de iniqüidade a privação de liberdade ao escravo, e a causa de dano ao senhor mais humano em proveito do mais cruel, resolvemos, por

ejus amittebatur, et socio adcrescebat. Sed cum pessimum fuerat exemplo, et libertate servum defraudari, et ex ea humanioribus quidem dominis dannum inferri, saevioribus autem dominis lucrum adcrescere, hoc, quasi invidia, plenum, pio remedio per nostram constitutionem mederi necessarium duximus; et invenimus viam per quam et manu-missor, et socius ejus, et qui libertatem accepit, nostro beneficio fruantur: libertate cum effectu procedente, cujus favore antiquos legislatores multas et contra commune regulas statuisse manifestum est, et eo qui eam imposuit, suae liberalitatis stabilitate gaudente; et socio indemni con-servato, pretiumque servi, secundum partem domini quod nos definivimus, accipiente.

TITULUS VIII
QUIBUS ALIENARE LICET VEL NON

Accidit aliquando ut qui dominus sit, alienare non possit; et contra, qui dominus non sit, alienandae rei potestatem habeat. Nam dotale praedium maritus, invita muliere, per legem juliam prohibetur alienare, quambis ipsius sit, dotis causa ei datum. Quod nos, legem Juliam corrigentes, in meliorem statum deduximus. Cum enim lex in solis tantummodo rebus locum habebat quae italicae fuerant, et alienationes inhibebat quae invita muliere fiebant, hypotecas autem earum etiam volente: utrique remedium imposuimus, ut et in eas res quae in provinciali solo positae sunt; interdicta fiat alienatio vel obligatio, et neutrum eorum neque consentientibus mulieribus procedat, ne sexus mulieberis fragilitas in perniciem substantiae earum converteretur.

I. Contra autem, creditor pignus ex pactione, quamvis ejus ea res non sit, alienare potest, sed hoc forsitam ideo videtur fieri, quod voluntate debitoris intelligitur pignus alienari, qui ab initio contractus est, ut liceret creditori pignur vendere si pecunia non solvatur. Sed ne creditores jus suum persequi impedirentur, neque debitores temere suarum rerum domonium amittere videantur, nostra constitutuoone consultum est, ac certus modus impositus est per quem pignorum distractio possit procedere; cujus tenore utrique parti, creditorum et debitorumm, satis abunde provisum est.

II. Nunc admonendi sumus, neque pupillum, neque pupillam, ullam rem sine tutoris auctoritate alienare posse. Ideo si mutuam pecuniam alucui sine tutoris auctoritate dederit, non contrahit obligationem, quia

uma constituição, remediar tão odiosa situação. Descobrimos um meio pelo qual favorecemos o manumissor, o seu condômino e o manumitido: a liberdade (em cujo favor os antigos derrogaram muitas vezes as regras do direito comum) tornar-se efetiva; o manumissor se apraz em ver firmada a sua liberdade, e o condômino é indenizado com recebimento do preço do escravo, na proporção de sua parte e na conformidade da tarifa que definimos.

TÍTULO VIII
QUEM PODE OU NÃO ALIENAR

Sucede algumas vezes que o dono de uma coisa não pode aliená-la, ao passo que o não dono a pode alienar. Assim, o marido não pode, pela lei Júlia, sem o consentimento da esposa, alienar o imóvel dotal, embora lhe pertença por lhe ter sido dado em dote. Corrigindo a lei Júlia, reformamo-la deste modo: enquanto essa lei somente se referia aos imóveis itálicos, proibindo aliená-los sem o consentimento da mulher, e hipotecá-los mesmo com o consentimento, resolvemos proibir a alienação ou a garantia dada também sobre o imóvel dotal situado nas províncias, ainda que a mulher consinta, para que a fragilidade do seu sexo não reverta em prejuízo de seu patrimônio.

1. Ao contrário, pode o credor, de acordo com a convenção, alienar o penhor, apesar de não ser proprietário. Pode-se, talvez, dizer que neste caso a alienação do penhor se faz por vontade do vendedor, porque convencionou por ocasião do contrato que o credor, não pago, pudesse vender o penhor. A fim de poderem os credores fazer valer o seu direito, e por outro lado, a fim de não perderem os devedores inconsideravelmente a sua propriedade, a nossa constituição prescreveu para a venda do penhor um modo determinado de processo, que atende amplamente aos interesses dos credores e devedores.

2. Nem o pupilo nem a pupila podem alienar coisa alguma sem intervenção do tutor. Se a alguém emprestarem dinheiro, sem a autorização do tutor, não contraem obrigação porque não lhe transferem a propriedade do dinheiro; e conseqüentemente, podem reivindicá-lo onde se encontre. Se o que recebeu o dinheiro, consumiu-o de boa-fé, pode-se pedir por meio da condição; se o consumiu de má-fé, pode-se pedir por meio da

pecuniam non facit accipientis: ideoque nummi vindicati possunt, sicubi extent. Sed si nummi quos mutuo minor dederit, ab eo qui accepit bona fide consumpti sunt, condici possunt: si mala fide ad exhibendum de his agi potest. At, ex contrario, res omnes pupillo et pupillae sine tutoris auctoritate recte dari possunt. Ideoque, si debitor pupillo solvat, necessaria est debitori tutoris auctoritas: alioquin non liberatur. Sed etiam hoc evidentissima ratione statutum est in constitutione quam ad Caesarienses advocatos, ex suggestionr Triboniani, viri eminetissimi, quaestoris sacri palatii nostri, promulgavimus: qua dispositum est, ita licere tutori vel curatori debitorem pupillarem solverem ut prius sententia judicialis, sine omni damno delebrata, hoc permittat. Quo subsecuto, si et judex pronuntiaverit, et debitor solverit, sequetur hujusmodi solutionem plenissima securitas. Sin autem aliter quam disposuimus solutio facta fuerit, pecuniam autem salvam habeat pupillus, aut ex ea locupletior sit, et adhuc eamdem summam petat per exceptionem dolli mali submoveri poterit. Quod si male consumpserit, aut furto amiserit, nihil proderit debitori doli mali exceptio; sed nihilominus damnabitur, quia temere, sine tutore auctore, et non secundum nostram dispositionem solverit. Sed ex diverso, pupilli vel pupillae solvere sine tutore auctore non possunt, quia id quod solvunt non fit accipientis; cum scilicet nullius rei alienatio eis sine tutoris autoritate concessa sit.

TITULUS IX
PER QUAS PERSONAS CUIQUE ACQUIRITUR

Adquiritur vobis non solum per vosmetipsos, sed etiam per eos quos in potestate habetis: item per eos servos in quibus usumfructum habetis, item per homines liberos et servos alienos, quos bona fide possidetis, de quibus singulis diligentius dispiciamus.

I. Igitur liberi vestri utriusque sexus, quos in potestate habetis, olim quidem, quidquid ad eos pervenerat (exceptis videlicet castrensibus peculiis), hoc parentibus suis adquirebant sine ulla distinctione. Et hoc ita parentum fiebat, ut esset eis licentia, quod per unum vel unam oerum adquisitum est, alii vel extraneo donare, vel vendere, vel quocumque modo oluerint, aplicare. Quod nobis inhumanum visum est; et generali constitutione emissa et liberis pepercimus et patribus honorem debitum servavimus. Sancitum etenim a nobis est, ut si quid ex re patris ei obveniat, hoc secundum antiquam observationem, totum parenti adquiratur. Quae

ação *ad exhibendum*. Inversamente, o pupilo ou pupila pode tudo adquirir sem intervenção do tutor. Por isso, se o devedor paga ao pupilo para que fique exonerado, é necessária a intervenção do tutor. Por motivos de intuitiva evidência resolvemos na constituição, dirigida aos advogados de César por sugestão do eminentíssimo Triboriano, questor do sagrado palácio, que pode o devedor do pupilo exonerar-se, pagando ao tutor ou curador, previamente autorizado por sentença judicial, em processo gratuito. Feito isso, tendo o devedor pago na conformidade da sentença, obtém plena quitação; se, porém, se fizer o pagamento de outro modo, e o pupilo tiver ainda o dinheiro em seu poder, ou se tiver locupletado e tornar a pedir a quantia já recebida, poderá ser-lhe oposta a exceção de dolo. Mas, se tiver malbaratado, ou se a furtaram, não aproveitará ao devedor a exceção de dolo, e será condenado a pagar de novo, visto que pagou imprudentemente, sem autorização do tutor e contra o que ordenamos. Por outro lado, os pupilos ou pupilas não podem pagar sem intervenção dos tutores, e quem recebe não adquire a propriedade do pagamento, por isso que não lhes é lícito alienar coisa alguma sem aquela autorização.

TÍTULO IX
DAS PESSOAS PELAS QUAIS ADQUIRIMOS

Adquirimos não só por nós mesmos, mas também por aqueles que temos sob o nosso poder; pelos escravos de que somos usufrutuários; e pelos homens livres e escravos alheios que possuímos em boa-fé. Trataremos de cada um deles mais detalhadamente.

1. Outrora tudo quanto ganhavam os descendentes de ambos os sexos (exceto o pecúlio castrense) adquiriam os ascendentes sob cujo poder se achavam, de tal modo que podiam dispor dos bens assim adquiridos, doá-los, mesmo a um estranho, vendê-los ou aplicá-los de qualquer outro modo. Por nos parecer isso desumano, promulgamos uma constituição geral, na qual poupamos aos filhos, e ao mesmo tempo, conservamos o respeito devido aos pais, determinando que, se alguma coisa vier aos filhos dos bens do pai, seja tudo adquirido por este como era antigamente. E que injustiça pode haver em caber ao pai aquilo que proveio dele mesmo? Mas tudo quanto o filho adquirir por outra causa pertencerá ao domínio do filho, tendo o pai apenas o usufruto; isso para

enim invidia est, quod ex patris occasione profectum est, hoc ad eum reverti? Quod autem ex alia causa sibi filius familias adquisivit, hujus usumfructum patri quidem adquirat, dominium autem apud eum remaneat; ne quod eis suis laboribus, vel prospera fortuna accessit, hoc in alium perveniens, luctuosum ei procedat.

II. Hoc quoque a nobis dispositum est et in ea specie, ubi parens emancipandum liberum liberum, ex rebus quae adquisitionem effugiunt, sibi partem tertiam retinere si voluerit licentiam ex anterioribus constitutionibus habebat, quasi pro pretio quodammodo emancipationis. Et inhumanum quidam accidebat, ut filius rerum suarum ex hac emancipatione dominii pro parte tertia defraudaretur; et quod honoris ei ex emancipatione additum est, hoc per rerum diminutionem decrescat. Ideosque statuimus ut parens, pro tertia dominii parte quam retinere poterat, dimidiam, non dominii rerum, sed ususfructus, retineat. Ita hae res intactae apud filium remanebunt et pater ampliore summa fruetur, pro tertia dimidia potiturus.

III. Item vobis adquiritur quod servi vestri ex tradicione nanciscuntur, sive quid stipulentur, vel ex qualibet alia causa adquirant: hoc enim vobis ignorantibus et invitis obvenit. Ipse enim (servus) qui in potestate alicujus est, nihil, suum habere potest. Sed et si heres institutus sit, non alias nisi jussu vestro jereditatem adhire potest. Et si vobis juventibus adierit, vobis hereditas adquiritur, perinde ac si vos ipsi heredes instituti essetis: et convenienter scilicet vobis hereditas adquiritur, perinde ac si vos ipsi heredes instituti essetis: et convenienter scilicet vobis legatum per eos adquiritur. Non solum autem proprietas per eos quos in potestate habetis vobis adquiritur, sed etiam possessio. Cujuscumque enim rei possessionem adepti fuerint, id vos possidere videmini, unde etiam per eos usucapio (vel longi temporis possessio), vobis accedit.

IV. De iis autem servis in quibus usumfructum tantum habetis, ita placuit, ut quidquid ex re vestra, vel es operis suis acquirunt, id vobis adjiciatur; quod vero extra eas causas persecuti sunt, id ad dominium proprietatis pertineat. Itaque si is servus heres institutus sit, legatum quid ei, donatumve fuerit, <DJ>Publicado no DJ de usufructuario, sed domino proprietatis adquirit. Item placet et de eo qui a vobis bona fide possidetur, sive is liber sit, sive alienus servus: quod enim placuit de fructuario, idem placet et de bonae fidei possessore. Itaque quod extra istas duas causas acquiritur, id vel ad ipsum pertinet, si liber est, bel ad dominum, si servus est. Sed bonae fidei possessor, cum usuceperit, servum quia eo modo dominus fir, ex omnibus causis per eum sibi adquiere potest: fructuarius vero usucapere non potest: primum, quia non possidet, sed habet jus

que não pese ao filho ver passar para mãos alheias o que logrou por seus serviços ou próspera fortuna.

2. Também dispusemos sobre a faculdade que tinha o pai de família de, ao emancipar o filho, reter um terço dos bens não sujeitos à sua aquisição, como para se pagar da emancipação. Acontecia a desumanidade de ver-se o filho privado da terça parte de seus bens, ganhando em honra por um lado, por se tornar independente, e perdendo por outro, pela diminuição de seu patrimônio. Determinamos por isso que o pai, em vez da terça parte da propriedade dos bens, reserve a metade dos bens, mas em usufruto somente. Deste modo, a propriedade dos bens ficará em favor do filho e o pai gozará de maior parte, pois desfrutará da metade em vez de um terço.

3. Também adquirimos o que os nossos escravos recebem em tradição, quer em virtude de contrato, quer de outra qualquer causa; e isso mesmo sem o sabermos ou querermos, porquanto o escravo, instituído herdeiro, adir a herança sem nossa ordem. Se a adição se fizer com a nossa ordem adquirimos a herança como se tivéssemos sido instituídos; do mesmo modo adquirimos o que tiver legado ao nosso escravo. Por intermédio das pessoas que estão sob o nosso poder, não adquirimos somente a propriedade, mas também a posse. Temos assim a posse de tudo aquilo de que se apropriam e por isso também se opera em nosso favor a usucapião ou a posse de longo tempo.

4. Adquirimos também tudo quanto os escravos, sobre os quais temos somente usufruto, adquirem de nossos bens ou de trabalho seu; mas pertence ao proprietário tudo quanto provier de outra coisa. Assim, se o escravo for instituído herdeiro, ou se lhe fizer doação ou legado, não adquire para o usufrutuário, mas para o senhor. A mesma regra se aplica ao escravo que possuímos de boa-fé, quer seja livre, quer seja escravo alheio, pois vale para o usufrutuário o que dissemos do possuidor de boa-fé: e assim tudo quanto adquirir, por outra causa que não sejam estas duas, ou pertence a ele próprio, se é livre, ou ao seu senhor se é escravo. Há porém, esta diferença: o possuidor de boa-fé, tendo adquirido o escravo pela usucapião, adquirirá por intermédio do escravo qualquer que seja a causa, ao passo que o usufrutuário não pode usucapir, porque não possui, tendo somente o direito de usar e gozar, e também porque sabe que o escravo é alheio. Por meio dos escravos sobre os quais temos usufruto, ou posse de boa-fé, não adquirimos somente a propriedade,

utendi fruendi; deinde, quia scit servum alienum esse. Non solum autem proprietas per eos servos in quibus usumfructum habetis, vel quos bona fide possidetis, vel quos bona fide possidetis, vel per liberam personam quae gona fide vobis servit, adquiritur vobis; sed etiam possesso. Loquimur autem in utriusque persona, secundum definitionem quam proxime possuimus, id est, si quam possessionem ex re vestra, vel ex suis operis adepti fuerint.

V. Ex his itaque apparet, per liberos homines, quos neque vestro juri subjectos habetis, neque bona fide possidetis; item per alienos servos, in quibus neque usumfructum habetis, neque justam possessionem, nulla ex causa vobis adquiriri posse. Et hoc est quod dicitur, per extraneam personam nihil adquiriri posse; excepto eo quod per liberam personam, veluti per procuratorem, placet non solum scientibus sed et ignorantibus adquiriri possessionem, secundum divi Severi constitionem; et per hanc possessionem etiam dominium, si dominus fuit qui tradidit, vel usucapionem, aut longi remporis praescriptionem, si dominus non fuit.

VI. Hactenus tantisper admonuisse sufficit, quomadmodum singulae res vobis adquirintur; nam legatorum jus, quo et ipse singulae res vobis adquiruntur (item fideicommissorum, ubi singulae res vobis relinquuntur), opportunius inferiore loco referemus. Videamus itanque nunc, quibus modis per universitatem res vobis adquirantur. Si cui ergo heredes facti sitis, sive cujus bonorum possessionem petieritis, vel si quen adrogaveritis (vel si cujus bona libertatum conservandarum causa vobis addita fuerint), ejus res onmes ad vos transeunt. Ac prius de hereditatibus discipiamus, quarum duplex conditio est: nam vel ex testamento, vel ab intestato ad vos pertinent. Et prius est, ut de his dispiciamus quae ex testamento vobis obveniunt: qua in re, necessarium est initium de ordinantis testamentis exponere.

TITULUS X
DE TESTAMENTIS ORDENANDIS

Testamentum ex eo appellatur, quod testatio mentis est.

I. Sed ut nihil antiquitatis penitus ignoretur, sciendum est olim quidem duo genera testamentorum in usu fuisse: quorum altero in pace et otio utebantur, quod calatis comitiis appellabatur; altero, cum in praelium exituri essent, quod procinctum dicebatur. Accessit deinde tertium genus testamentorum, quod dicebatur per aces et libram: scilicet

mas também a posse, sempre bem entendido, relativamente a essas pessoas nos limites já assinalados, isto é, se a posse que receberam provém de nossos bens ou do trabalho deles.

5. Do exposto resulta que nada adquirimos, qualquer que seja a causa da aquisição, por meio dos homens livres que não estão sob o nosso poder, ou não são possuídos por nós em boa-fé, nem pelos escravos alheios nos quais não temos usufrutos ou posse justa. Daí vem a regra segundo a qual ninguém pode adquirir por pessoa estranha, regra que se excetua no seguinte caso: pode-se, ciente ou não cientemente, segundo a constituição do imperador Severo, adquirir por meio de pessoa livre, por exemplo, por procurador, a posse, e por essa posse, também o domínio, se foi o proprietário quem a transferiu. Se não foi o proprietário quem a transferiu, pode-se adquirir o domínio pela usucapião ou prescrição de longo tempo.

6. Basta, por ora, o que deixamos dito sobre os modos de aquisição das coisas singulares. Oportunamente nos referiremos às regras dos legados, bem como às dos fideicomissos, pelos quais também as adquirimos. Vejamos agora os modos de aquisição das coisas por universalidade. Se formos instituídos herdeiros de alguém, ou se pedirmos a posse de seus bens, se ad-rogarmos, ou se nos fizerem adição dos bens de alguém para conservação da liberdade, adquirimos todos esses bens respectivamente. Tratemos primeiramente das heranças, que se dividem em duas espécies, testamentárias e legítimas. Vejamos a respeito da herança testamentária. Exporemos primeiramente as formalidades dos testamentos.

TÍTULO X
DAS FORMALIDADES DOS TESTAMENTOS

A palavra testamento vem de *testatio mentis*, atestação da vontade.

1. Para que se não ignore completamente o passado, diremos que antigamente havia duas espécies de testamento: uma se usava na paz e no repouso, e se chamava testamento perante as assembléias convocadas (*calatis comitiis*), e a outra, no momento de partir para o combate, e se chamava de ponto pronto (*procinctum*).

quod per mancipationem, id est, imaginariam quandam venditionem agebatur, quinque testibus et libripende, civibus romanis, puberibus, praesentibus, et eo qui familiae emptor dicebatur. Sed illa quidem (priora) duo genera testamentorum ex veteribus temporibus in desuetudinem abierunt. Quod vero per aces et libram fiebat, liect diutius permansit, attamen partim et hoc in usu esse dessiit.

II. Sed praedicta quidem nomina testamentorum ad jus civile referebantur; postea ex adicto praetoris forma alia faciendorum testamentorum introducia est. Jure enim honorario nulla mancipatio desiderabatur; sed septem testium signa sufficiebant, cum jure civili signa testium non essent necesaria.

III. Sed cum paulatim, tam ex usu hominum quam ex constitutionum emendationibus, coepit in unam consonantiam jus civile et praetorium jungi, constitutum est, et ano eodemque tempore (quod jus civile quodammodo exigebat), septem testibus adhibitis et subscriptione testium, quod ex constitutionibus inventum est, ex edicto praetoris signacula testamentis imponerentur. Ita ut hoc jus tripertitum esse videatur, et testem quidem et eorum praesentia uno contextu, testamenti celebrandi gratia, a jure civili descendant; subscriptiones autem testatoris et testium, ex sacrarum constitutionum observatione adhibeantur; signacula autem et testium numerus, ex edicto praetoris.

IV. Sed his omnibus ex nostra constitutione, propter testamentorum sinceritatem, ut nulla fraus adhibeatur, hoc additum est, ut per manus testatoris vel testium nomen heredis exprimatur, et omnia secundum illius constitutionis tenorem procedant.

V. Possunt autem omnes testes et uno annulo signare testamentum. Quid enim si septem annulli una sculptura fuerint, secundum quod Papiniano visum est? Sed alieno quoque annulo licet signare testamentum.

VI. Testes autem adhiberi possunt ii cumquibus testamenti factio est. Sed neque mulier, neque impubes, neque servus, neque furiosus, neque mutus, neque surdus, nec qui bonis interdictum est, neque is quem leges jubent improbum intestabilemque esse, possunt in numero testium adhiberi.

VII. Sed cum aliquis ex testibus testamenti quidem faciendi tempore liber existimabatur, postea vero servus apparuit, tam divus Hadrianus, Catonio Vero, quam postea divus Severus et Antoninus, rescripserunt, subvenire se ex sua liberalitate testamento, ut sic habeatur,

Introduziu-se mais tarde uma terceira espécie, o testamento chamado por dinheiro a peso (*per aes et libram*), que se fazia pela emancipação, isto é, por uma venda feita na presença de cinco testemunhas, do porta-balança (*libripens*), dos cidadãos romanos e dos púberes, e do chamado comprador da herança (*familiae emptor*). Mas as duas primeiras espécies de testamento, desde os tempos antigos, caíram em desuso e o testamento *per aes et libram*, conquanto durasse mais, deixou também de ser usado em parte.

2. As três formas referidas de testamento provinham do direito civil. Outra forma foi mais tarde introduzida pelo edito do pretor. Pelo direito honorário não se exigia a emancipação, mas bastavam as assinaturas de sete testemunhas, assinaturas essas que, pelo direito civil, não eram necessárias.

3. Harmonizando-se pouco a pouco o direito civil e o pretoriano, já pelos usos e costumes, já pelas constituições imperiais, estabeleceu-se que o testamento seria feito em um único e mesmo ato, com a assistência de sete testemunhas (o que de algum modo exigia o direito civil), com a assinatura das testemunhas (formalidade exigida pelas constituições) e com a aposição dos seus sinetes de conformidade com o edito do pretor. Donde resultou que este instituto jurídico teve tríplice origem: derivou do direito civil a necessidade das testemunhas e a sua presença para a confecção do testamento em um só contexto; das constituições imperiais, a assinatura do testador e das testemunhas; e do edito do pretor, os sinetes e o número das testemunhas.

4. Para garantir a sinceridade dos testamentos e para prevenir fraudes, ordenamos, em uma constituição, que o nome do herdeiro seja declarado por mão do testador, ou das testemunhas, tudo na conformidade da constituição referida.

5. Podem todas as testemunhas usar como sinete do mesmo anel. Que é que se poderia objetar, como observou Papiniano, se os sete anéis tivessem uma só figura? Pode-se também usar como sinete o anel alheio.

6. Podem ser testemunhas no testamento aqueles para os quais tem o testador a capacidade testamentária. Mas, as mulheres, os impúberes, os escravos, os loucos, os mudos, os surdos, os pródigos interditos, e os que as leis declaram ímprobos e incapazes de testar, não podem ser testemunhas.

7. Quando, porém, alguma das testemunhas, ao tempo da confecção do testamento, era considerada livre, mas se verificou mais tarde que era escravo, tanto o imperador Adriano em rescrito a Catão

ac si, ut oportet, factum esset; cum eo tempore quo testamentum signaretur, omnium consensu hic testis loco liberorum fuerit, neque quisquam esset qui ei status quaestionem moveret.

VIII. Pater, nec non is qui in postestare ejus est, item duo fratres qui in ejusdem patris potestate sunt, utrique testes in uno testamento fieri possunt; quia nihil nocet ex una domo plures testes alieno negotio adhiberi.

IX. In testibus autem non debet esse qui in potestate testatoris est. Sed si filius familias de castrensi peculio post missionem faciat testamentum, nec pater ejus recte adhibetur testis, nec is qui in potestate ejusdem patris est; reprobatum est enim in ea re domesticum testimonium.

X. Sed neque heres scriptus, neque is qui in potestate ejus est, neque pater ejus qui habet eum in potestate, neque fratres qui in ejusdem patris potestate sunt, testes adhiberi posunt; quia hoc totum negotium quod agitur testamenti ordinandi gratia, creditur hodie inter testatorem et heredam agi. Licet enim totum jus tale conturbatum fuerat, et veteres quidem familiae emptorem et eos qui per potestatem ei coadunati fuerant, a testamentariis testimoniis repellebant, heredi et iis qui conjuncti ei per potestatem fuerant, concedebant testimonia in testamentis praestare; licet ii qui id permittebant, hoc jure minime abuti eos debere suadebant, tamen nos eamdem observationem corrigentes, et quod ad illis suasum est in legis necessitatem transferentes, ad imitationeni pristini familiae emptotis, merito nec heredi qui imaginem vetustissimi familiae emptoris obtinent, nes aliis personis quae ei, ut dictum est, conjuntae sunt, licentiam concedimus sibi quodammodo testimonia praestare: ideoque nec ejusmodi veteres constitutiones nostro Codici inseri permisimus.

XI. Legatariis autem et fideicommissariis, quia non juris successores sunt, et aliis personas eis conjunctis testimonium non denegamus: imo in quadam nostra constitutione et hoc specialiter concessimus, et multo magis iis qui in eorum potestate sunt, vel qui eos habet in potestate, hujusmodi licentiam damus.

XII. Nihil autem interest, testamentum in tabulis, an in charta membranave, vel in alia materia fiat.

XIII. Sed et unum testamentum pluribus perficere codicibus quis potest, secundum obtinentem tamen observationem omnibus factis: quod interdum etiam necesarium est; veluti si quis navigaturus et secum ferre et domi relinquero judiciorum suorum contestationem velit, vel propter alias innumerabilis causas, quae humanis necessitatibus imminent.

Vero como posteriormente os imperadores Severo e Antonino decidiram que, por sua liberalidade, validavam o testamento, para que se considerasse perfeito desde o começo. E isso porque, ao tempo da confecção do testamento, a referida testemunha era reputada livre, ninguém havendo que lhe contestasse o estado civil.

8. O pai e o que está sob seu poder, bem como dois irmãos sob o poder do mesmo pai, podem ser testemunhas no mesmo testamento, pois nada impede que de uma só casa seja admitidas muitas testemunhas para negócio alheio.

9. Não pode ser testemunha quem se acha sob o poder do testador; e se o filho, depois de sua baixa, quiser testar sobre o seu pecúlio castrense, não lhe pode ser testemunha o pai, nem o que se acha sob o poder do mesmo, porque a lei reprova neste ponto o testemunho doméstico.

10. Não podem ser testemunhas o herdeiro instituído, nem quem se acha sob o poder, nem o pai sob cujo poder está o testador, nem os irmãos sob o poder do mesmo pai, porque se considera hoje o testamento como um ato celebrado inteiramente entre o testador e o herdeiro. Os antigos, por confusão neste instituto, admitiam como testemunhas o herdeiro e as pessoas a ele ligadas pelo pátrio poder, apesar de rejeitarem o testemunho do comprador da herança e de seus parentes em virtude do mesmo pátrio poder. E ao admitir aqueles, advertiam-lhes que de forma alguma abusassem. Nós, porém, reformando esta prática, e transformando o conselho em obrigação legal, à imitação do antigo comprador da herança, proibimos ao herdeiro, que na verdade o representava, e aos seus familiares, como dissemos, figurarem como testemunhas, por assim dizer, de si próprios; e por isso excluímos do nosso Código as antigas constituições contrárias.

11. Os legatários e fideicomissários, que são sucessores do direito do testador, e as pessoas que lhes são conjuntas, não proibimos de serem testemunhas, ao contrário, em uma de nossas constituições expressamente lhes outorgamos essa capacidade, e por mais forte razão, também aos que têm sob o seu poder, ou estão sob o seu poder.

12. Pouco importa que se escreva o testamento em tábuas, em papel, em pergaminho ou em outra matéria.

13. Pode fazer-se também o testamento em muitos exemplares, desde que em cada um se observe as formas legais. É possível que tal se torne necessário, por exemplo, quando alguém, por ter de embarcar, ou por muitas outras causas que ameaçam os destinos humanos, quiser levar

XIV. Sed haec quidem de testamentis quae scriptis conficiuntur. Si quis autem voluerit sine scriptis ordinare jure civili testamentum, septem testibus adhibitis et sua voluntate coram es nuncupata fiet hoc perfectissimum testamentum jure civili, firmumque constitutum.

TITULUS XI
DE MILITARI TESTAMENTO

Supradicta diligens observatio in ordinandis testamentis, militibus propter nimiam imperitiam eorum constitutionibus principalibus remissa est. Nam, quamvis ii neque legitimum numerum testium adhibuerint, neque aliam testamentorum solemnitatem observaverint, recte nihilominus testantur. Videlicet, cum in expeditionibus occupati sunt: quod merito nostra constitutio introduxit. Quoquo enim modo voluntas ejus suprema sive scripta inveniatur, sive sine scriptura, valet, testamentum ex voluntate ejus. Illis autem temporibus, per quae citra expeditionum necessitatem in aliis locis vel suis aedibus degunt, minime ad vindicandum tale privilegium adjuvantur. Sed testari quidem, et si filii familias sunt, propter militiam conceduntar; jure tamen communi eadem observatione in eorum testamentis adhibenda, quam et in testamentis paganorum proxime exposuimus.

I. Plane tie testamentis militum divus Trajanus Statilio Severo ita rescripsi: "Is privilegium quod militantibus datum est, ut quoquo modo facta ab iis testamenta rata sint, sic intelligi debet, ut utique prius constare debeat testamentum factum esse, quod et sine scripture a non militantibus quoque fieri potest. Is ergo miles de cujus bonis apud te quaeritur, si convocatis ad hoc hominibus ut voluntatem suam testaretur, ita locutus est, ut declaret quem vellet sibi heredem esse et cui libertatem tribueret, potest videri sine scripto hoc modo esse testatus, et voluntas ejus rata habenda est. Ceterum, si, ut plerumque sermonibus fieri solet, dixit alicui: EGO TE HEREDEM FACIO, aut BONA MEA TIBI RELINQUO, non oportet hoc pro testamento observari. Nec ullorum magis interest, quam ipsorum quibus id privilegium datum est, ejusmodi exemplum non admitti. Alioquin non difficulter post mortem alicujus militis testes existerent, qui affirmarent se audisse dicentem aliquem, relinquere se bona cui visum sit: et per hoc vera judicia subverterentur."

consigo, e ao mesmo tempo deixar em casa, o documento em que se contêm as suas últimas disposições.

14. O exposto só tem aplicação aos testamentos escritos. Se alguém desejar fazer o testamento não escrito, segundo o direito civil, poderá fazê-lo, perfeita e validamente, na presença de sete testemunhas, declarando verbalmente perante elas a sua vontade.

TÍTULO XI
DO TESTAMENTO MILITAR

As constituições imperiais dispensam os militares, por sua demasiada imperícia, dessa estrita observância na confecção dos testamentos. E testam assim validamente, embora não tenham guardado o número legal de testemunhas, ou outra formalidade testamentária, toda vez que se acham em expedição, o que com razão preceituou uma da sua vontade, quer tenha sido escrita, quer não, desde que se manifeste de qualquer modo.

Quando se acham fora das expedições, em seus lares, ou em outra parte, não gozam desse privilégio. Permite-se-lhes testar, por causa da milícia, ainda que sejam filhos de família, contanto que o façam de acordo com o direito comum, observando as regras há pouco expostas nos testamentos dos paisanos.

1. O imperador Trajano assim respondeu a Statilio Severo a respeito do testamento militar: "O privilégio dado aos soldados de valerem seus testamentos feitos de qualquer modo, exige que se prove, antes de tudo, que houve testamento, o qual podem também fazer mesmo sem escrito os não militares. Se pois, o militar, a respeito de cujos bens se discute perante ti, convocou testemunhas, e declarou perante elas quem queria que fosse seu herdeiro, e a quem dava liberdade, testou validamente sem escrito. Se ao contrário, como muitas vezes acontece, disse a alguém: EU TE FAÇO MEU HERDEIRO ou DEIXO-TE MEUS BENS, não se pode considerar isso como testamento. E ninguém tem mais interesse em se não admitir tal coisa, do que aqueles a quem se concedeu o privilégio; do contrário, não faltariam testemunhas que afirmassem, depois da morte de um militar que, na sua presença, declarara a alguém que lhe deixaria seus bens e assim se burlariam as suas verdadeiras intenções".

II. Quinimo et mutus et surdus miles testamentum facere potest.

III. Sed hactenus hoc illis a principalibus constitutionibus conceditur, quatenus militant et in castris degunt. Post missionem vero veterani, vel extra castra si faciant adhuc militantes testamentum, communi omnium civium romanorum jure facere debent. Et quod in castris facerunt testamentum, non communi jure, sed quomodo veluerint, post missionem intra annum tantum valebit. Quid igitur si intra annum quidem decesserit, conditio autem heredi adscripta post annum exteterit? an quasi testamentum militia valet? Et placet valere quasi militis.

IV. Sed et si quis ante militiam non jure fecit testamentum, et miles factus, in expeditione degens, resignavit illud, et quaedam adjecit sive detraxit, vel alias manifesta est militis voluntas hoc valere volentis, dicendum est alere testamentum, quasi ex noa militis voluntate.

V. Denique si in adrogationem datus fuerit miles, vel filius familias emancipatus, sit, testamentum ejus quasi militis ex nova voluntate valet, nec videtur capitis deminutione irritum fieri.

VI. Sciendum tamen est, quod ad exemplum castrensis peculi, tam anteriores leges quam principales constitutiones quibusdam quasi-castrensia dederunt peculia, et quorum quibusdam permissum erat etiam in potestate degentibus testari. Quod nostra constitutio, latius extendens, permisit omnibus in his tantummodo peculiis testari, sed jure quidem communi. Cujus constitutionis tenore perspecto licentia est nihil eorum quae ad praefatum jus pertinet, ignorare.

TITULUS XII
QUIBUS NON EST PERMISSUM FACERE TESTAMENTUM

Non tamen omnibus licet facere testamentum. Statim enim ii qui alieno juri subjecti sunt, testamenti faciendi, jus non habent, adeo quidem ut, quamvis parentes eis permiserint, nihilo magis jure testari possint: exceptis iis quos antea enumeravimus, et praecipue militibus qui in potestate parentum sunt, quibus de eo quod in castris adquisierunt, permissum est ex constitutionibis principum testamentum facere. Quod quidem jus, initio, tantum militantibus datum est, tam auctoritate divi Augusti, quam Nervae, necnon optimi imperatoris Trajani; postea vero subscriptione divi Hadriani et etiam dimissis a militia, id es veteranis, concessim est. Itaque si quod fecerint de castrensi peculio testamentum,

2. Ainda mais: o militar mudo ou surdo pode fazer o testamento.

3. As constituições imperiais somente concedem este privilégio aos soldados, enquanto militam e se acham nos acampamentos. Os veteranos que obtiveram baixa e os militares de serviço, mas fora dos acampamentos, devem fazer testamento de acordo com as regras de direito comuns a todos os cidadãos. E se nos acampamentos fizeram testamento, não pelo direito comum, mas do modo que preferiram, só valerá até um ano depois da baixa. Daí perguntar-se: caso o testador morra dentro desse ano e a condição imposta ao herdeiro só se realize depois desse prazo, vale o testamento como militar? Decidiu-se que sim.

4. Se alguém, antes de entrar na milícia, fez um testamento irregular e mais tarde, tornado militar, o abriu, acrescentando ou suprimindo alguma coisa, ou manifestou de qualquer outro modo a vontade de que valha, valerá por efeito da vontade nova do militar.

5. Finalmente, se o militar for dado em ad-rogação, ou sendo filho de família, emancipar-se valerá o seu testamento em virtude da nova vontade do militar e não se tornará nulo pela sua mudança de estado.

6. A exemplo do pecúlio castrense, as leis e constituições imperiais anteriores deram a algumas pessoas pecúlios quase castrenses e, a algumas destas, permitiu-se testar sobre eles, apesar de se acharem sob o poder de outrem. Uma nossa constituição ampliou a regra e permitiu a todos testarem sobre tais pecúlios, mas na conformidade do direito comum. Pelo teor dessa constituição pode-se saber tudo quanto se refere a esse direito.

TÍTULO XII
DOS QUE NÃO PODEM TESTAR

Nem todos podem testar. Os sujeitos sob poder de outrem não podem testar, ainda mesmo com a permissão de seus ascendentes; excetuados os já referidos e principalmente os militares que se acham sob o poder dos ascendentes, aos quais as constituições imperiais permitiram testar sobre os bens adquiridos na milícia.

Em princípio, esse direito foi concedido somente aos militares em serviço, pelos imperadores Augusto e Nerva e pelo excelente Trajano; porém, mais tarde, por um aditamento do imperador Adriano, estendeu-se aos que tinham obtido baixa, isto é, aos veteranos. Se, pois, fizerem testamento sobre o pecúlio castrense, pertencerá o pecúlio ao herdeiro

pertinebit hoc ad eum quem heredem reliquerint. Si vero intestati decesserint, nullis liberis vel fratribus supertitibus, ad parentem eorum jure communi pertinebit. Ex hoc intelligere possumus, quod in castris adquisierit miles qui in potestate patris est, neque ipsum patrem adimere posse, neque patris creditores id vendere vel aliter inquietare, neque patre mortuo cum fratribus commune esse, sed scilicet proprium ejus esse qui id in castris adquissierit; quamquam jure civili omnium qui in potestate parentum sunt peculia, perinde in bonis parentum computantur, ac si servorum peculia in bonis dominorum numerantur. Exceptis videlicet iis quae ex sacris constitutionibus, et praecique nostris, propter diversas causas non adquiruntur. Proeter hos igitur, qui castrense vel quasi-castrense habent, si quis alius filius familias testamentum fecerit, inutile est, licet suae potestatis factus decesserit.

I. Proeterea testamentum facere non possunt: impuberes, quia nullum eorum animid judicium est; item furiosi, quia mente carent. Nec ad rem pertinet, si impubes postea pubes, aut furiosus postea compos mentis factus fuerit et decesserit. Furiosi autem, si per id tempus fecerint testamentum quo furor eorum intermisus est, jure testati esse videntur: certe eo quod ante furorem fecerint testamento valente. Nam neque testamentum recte factum, neque ullum, aliud negotium recte gestum, postea furor interveniens perimit.

II. Item prodigus, cui bonorum suorum administratio interdicta est, testamentum facere non potest; sed id quod fecit antequam interdictio bonorunt et fiat ratum est.

III. Item surdus et mutus non semper testamentum facere possunt. Utique autem de eo surdo loquimur qui omnino non exaudit, non eo qui tarde exaudit: nam et mutus is intelligitur qui eloqui nihil potest, non qui tarde loquitur. Saepe enim etiam literati et eruditi homines variis casibus et audiendi et loquendi facultatem amittunt. Unde nostra constitutio etiam is subvenit, ut, certis casibus et modis secundum normam ejus, possint testari, aliaque facere quae els permissa sunt. Sed si quis post factum testamentum, adversa valetudine aut quolibet alio casu mutus aut surdus esse coeperit, ratum nihilominus ejus permanet testamentum.

IV. Caecus autem non potest facere testamentum, nisi per observationem quam lex dim Justini, patris nostri, introduxit.

V. Ejus qui apud hostes est testamentum quod ibi fecit non valet, quamvis redierit. Sed quod, dum in civitate fuerat, fecit, sive redierit, valet jure postliminii; sive illic decesserit, alet ex lege Cornelia.

instituído, mas se morrerem intestados, sem deixar filhos ou irmãos, pertencerá aos seus ascendentes, na conformidade do direito comum. Daí podemos concluir que aquilo que, na milícia, adquirir o militar sujeito, ao pátrio poder, não lhe pode ser tirado por seu pai, nem podem os credores do pai vender ou penhorar. Não se torna também comum aos irmãos por ocasião da morte do pai, mas é exclusivo do militar, muito embora pelo direito civil os pecúlios dos sujeitos ao pátrio poder se contêm entre os bens do chefe de família, do mesmo modo que se contam entre os bens dos senhores os pecúlios dos escravos, salvo os que os chefes de família não podem adquirir em virtude das constituições imperiais, e principalmente das nossas. Se algum outro filho de família, que não tenha pecúlio castrense, ou quase castrense, fizer testamento, é nulo, ainda que tenha morrido *sui juris*.

1. Não podem, além disso, fazer testamento os menores porque não têm juízo e os loucos porque lhes falta a razão, pouco importando que o impúbere tenha morrido púbere ou o louco tenha convalescido. Todavia, o testamento feito pelo louco em lúcido intervalo é válido; e por mais forte vale o testamento feito antes da loucura. Na verdade, a loucura superveniente não pode invalidar o testamento ou outro qualquer ato anterior regularmente cometido.

2. Não pode testar o pródigo, a quem se tirou a administração de seus bens; mas o testamento feito antes da interdição permanece válido.

3. O surdo e o mudo nem sempre podem testar. Entendemos por surdo, não o que ouve dificilmente, mas o que nada ouve; e por mudo o que nada fala, não o que fala com dificuldade. Acontece muitas vezes que mesmo os letrados e instruídos perdem, por várias causas, a faculdade de ouvir e falar. Por isso uma constituição nossa, para os favorecer, permite-lhes testar e praticar outros atos, em certos casos e formas nela declarados. Não deixa de valer o testamento quando, depois dele, o testador ficou surdo ou mudo por moléstia ou qualquer acidente.

4. O cego só pode fazer testamento na forma da constituição de nosso pai, o imperador Justino.

5. Não vale o testamento feito por quem se acha em poder do inimigo, ainda que volte; mas se o testamento foi feito quando ainda se achava na cidade valerá, se voltar, pelo direito de postlimínio e, se morrer, em virtude da lei Cornélia.

TITULUS XIII
DE EXHEREDATIONE LIBERORUM

Non tamen, ut omnino valeat testamentum, sufficit hae observatio quam supra exposuimus; sed qui filium in potestate habet, curare debet ut eum heredem instituat vel exheredem nominatim faciat. Alioquin si eum silentio praeteriet, inutiliter testabitur: adeo quidem ut, et si vivo patre filius mortuus sit, nemo ex eo testamento heres existere possit, quia scilicet ab initio non constiterit testamntum. Sed non ita de filiabus vel aliis per virilem sexum descendentibus liberis utrusque sexus antiquitate fuerat observatum: sed si non fuerant scripti heredes scriptaeve, vel exheredati exheredataeve, testamentum quidem non infirmabatur, sed jus adcrecendi eis praestabatur ad certam portionem. Sed nec nominatim eas personas exheredare parentibus necesse erat, sed licebat inter ceteros facere. Nominatim autem quis exheredari videtur, sive ita exheredetur: TITIUS FILIUS MEUS EXHERES ESTO, sive ita: FILIUS MEUS EXHEREDES ESTO, non adjecto proprio nomine, scilicet si alius filius non extet.

I. Postumi quoque liberi vel heredes institui debent vel exheredari. Et in eo per omnium conditio est, quod et filio postumo, et quolibet ex ceteris liberis sive masculini sexus sive feminini praeterito, valet quidem testamentum; sed postea agnatione postumi sive postumae rumpitur, et ea ratione totum infimatur. Ideoque si mulier, ex qua postumus aut postuim sperabatur, abortum fecerit, nihil impedimento est scriptis heredibus ad hereditatem adeundam. Sed feminini quidem sexus postumae vel nominatim vel inter ceteros exheredari solebant: dum tamen inter ceteros si exheredentur, aliquid eis legetur, ne videantur praeteritae esse per oblivionem. Masculos vero postumos, id est filiume et deinceps, placuit non recte exheredari, nisi nomination exheredentur, hoc scilicet modo: QUICUMQUE MIHI GENITUS FUERIT, EXHERES ESTO.

II. Postumorum autem loco sunt et hi qui in aut heredis loco succedendo, quasi agnascendo fiunt parentibus sui heredes. Ut ecce si quis filium et ex eo nepotem neptemve in potestat habeat: quia filius gradu praecedit, is solus jura sui heredis habet, quamvis nepos quoque et neptis ex eo in eadem potestate sint. Sed si filius ejus vivo eo moriatur, aut qualibet alia ratione exeat de potestate ejus, incipiunt nepos neptisve in ejus loco succedere, et eo modo jura suorum heredum quasi agnatione nanciscuntur. Ne ergo eo modo rumpatur ejus testamentum, sicut ipsum

TÍTULO XIII
DA DESERDAÇÃO DOS DESCENDENTES

Não basta a observância das regras acima expostas para que valha o testamento, porque, quem tem um filho sob o seu poder, precisa instituí-lo herdeiro ou deserdá-lo nomeadamente. Se houver omissão do seu nome, não valerá o testamento; e ainda mesmo que o filho venha a falecer antes do pai, ninguém poderá ser herdeiro em virtude do testamento, porque foi nulo desde o princípio. Outrora não se observava esta regra com relação às filhas e a outros descendentes de ambos os sexos pelo lado masculino. Quando não tinham sido instituídos, nem deserdados, não se anulava por isso o testamento, mas se lhes dava o direito de acrescer certa porção.

Não eram também os ascendentes obrigados a deserdar nomeadamente essas pessoas, bastando incluí-las entre os demais. Entende-se que o testador deserdou nomeadamente quando disse: TÍCIO, MEU FILHO, SEJA DESERDADO, ou simplesmente, MEU FILHO, SEJA DESERDADO, sem lhe acrescentar o nome, no caso de não existir outro filho.

1. Os descendentes póstumos precisam também ser instituídos herdeiros ou deserdados. É igual a condição de todos os póstumos, quer sejam filhos, quer quaisquer outros descendentes, sem distinção de sexo, porque o testamento vale em princípio, mas se rompe e fica sem efeito pela superveniência do póstumo ou póstuma. Se a mulher, de quem se esperava o póstumo ou póstuma, abortar, nada impede que recebam a herança os herdeiros inscritos. Costumavam deserdar os descendentes de sexo feminino nomeadamente ou entre os demais; contanto que neste último caso se lhes deixasse legado, a fim de não parecer que foram omitidos por esquecimento. Quanto aos póstumos masculinos, isto é, ao filho, ao neto, e outros, só podiam ser deserdados nomeadamente, ou seja, deste modo: SEJA DESERDADO QUALQUER FILHO QUE ME SOBREVIER.

2. São equiparados aos póstumos os que, sucedendo no lugar de um herdeiro seu, tornam-se por esta quase agnação herdeiros seus do ascendente. Assim, se alguém tem sob seu poder um filho e um neto ou neta, filhos dele, como o filho é mais próximo em grau, só ele tem direito de ser seu herdeiro, ainda que o neto ou neta, seus filhos estejam sob o poder da mesma pessoa. Mas, se com o pai vivo, morrer o filho ou por

filium vel heredem instituere vel nominatim exheredare debet testator ne non jure faciat testamentmn, ita et nepotem neptemye ex fillo necesse est ei vel heredem instituere vel exheredare, ne forte eo vivo filio mortuo, succedendo in locum ejus nepos neptisve quasi agnatione rumpant testaimnturn. Itaque lege Junia Veleia provisum est, in qua simul exheredationis modus ad similitudinem postumorum demonstratur.

III. Emancipatos liberos jure civili neque heredes instituere, neque exheredare necesse est, quia non aunt sui heredes. Sed praetor omnes tan feminini sexus quam masculini, si heredes non instituantur, exheredare jubet: virilis sexus nominatim, feminini vero inter ceteros. Quod si neque heredes instituti fuerint, neque ita, ut diximus, exheredati, permittit eis praetor contra tabulas testamenti bonorum possessionem.

IV. Adoptivi liberi, quamdiu sunt in potestate patris, ejusdem juris habentur cujus sunt justis nuptiis quaesiti. Itaque herede, instituendi vel exheredandi sunt, secunduin ea quae de naturalibus exposuimus. Emancipati vero a patre adoptivo, neque jure civili neque quod ad edictum praetoris attinet, inter liberos connumerantur. Qua ratione accidit ut, ex diverso, quod ad naturalem parentem ttinet, quamdiu quidem sunt in adoptiva familia, extraneorum numero habeantur, ut eos neque heredes instituere, neque exheredare necesse sit, Cum vero emancipati fuerint ab adoptivo patre, tunc incipiunt in ea causa esse in qua futuri essent, si ab ipso naturali patre emancipati fuissent.

V. Sed haec quidem vetustas introducebat. Nostra vero constitutio nihil inter niasculos et feminas in hoc jure interesse existimans, quia utraque persona in hominum procreatione similiter naturae officio fungitur, et lege antiqua Duodecim Tabularum omnes similiter ad succesionem ab intestato vocabantur, quod et praetores postea secuti esse videntur; ideo simplex ac simili jus et in filiis et in filiabus et in ceteris descendentium per virilem sexum personis, non solum jam natis, sed etiam postumis, introduxjt: ut omnes, sive sui, sive emancipati sint, vel heredes instituantur, vel nominatim exheredentur et eumdem habeant effectum circa testamenta parentum suorum infirmanda et hereditatem auferendam, quem filii sui vel emancipati habent, sive jam nati sint, sive adhuc in utero constituti postea nati sint. Circa adoptivos autem filios certam induximus divisionem quae in nostra constitutione quam super adoptivis tulimus, continetur.

VI. Sed si in expeditione occupatus miles testamentum faciat, et liberos suos jam natos vel postumos nominatim non exheredaverit, sed

qualquer causa sair do seu poder, o neto ou neta toma o seu lugar e adquire por quase agnação o direito de ser seu herdeiro.

Conseqüentemente, para que o testamento não se rompa desse modo, cumpre que o testador institua herdeiro ou deserde nomeadamente o filho e ao mesmo tempo o neto ou neta, filhos do filho, a fim de impedir que, se o filho falecer, sendo ele ainda vivo, os netos, ao tomarem o lugar do filho, não rompam o testamento por quase agnação. Foi o que dispôs a lei Júnia Veléia, em que este modo de deserdação é equiparado ao dos póstumos.

3. Por direito civil não é necessário que o testador institua herdeiros ou deserde os filhos emancipados, porque não são herdeiros seus. Entretanto, o pretor manda deserdar a todos sem distinção de sexo, quando não instituídos nomeadamente os de sexo masculino e entre os mais de sexo feminino. Se não forem instituídos, nem deserdados, como dissemos, o pretor lhes concede a posse dos bens contra a carta testamentária.

4. Os filhos adotivos, enquanto sob o poder do adotante, têm os mesmos direitos que os havidos de justas núpcias; e devem ser instituídos ou deserdados conforme o que expusemos a respeito dos filhos naturais. Se, porém, foram emancipados pelo adotante, não se contam entre os filhos, nem pelo direito civil nem pelo pretoriano. Como conseqüência, e reciprocamente, enquanto se acham na família adotiva, consideram-se estranhos relativamente ao pai natural, que não é obrigado a instituí-los herdeiros nem deserdados. Desde que são emancipados pelo pai adotivo, ficam na mesma condição em que ficariam se tivessem sido emancipados pelo pai natural.

5. Tal era o direito antigo. Uma nossa constituição, porém, julgou que neste ponto não se deve fazer distinção entre os homens e as mulheres, porque uns e outros concorrem, segundo sua natureza, para a procriação da espécie humana, além de que eram todos chamados igualmente à sucessão ab-intestado pela lei das XII Tábuas, observada pelos pretores. Essa constituição introduziu por isso uma legislação simples e uniforme, tanto relativa aos filhos como às filhas e a outros descendentes pelo lado masculino, quer já nascidos, quer póstumos, e ordenou que todos, quer seus herdeiros, quer emancipados, sejam instituídos ou deserdados nomeadamente, e que a omissão invalide o testamento e o chamamento à sucessão, do mesmo modo que a omissão dos filhos herdeiros seus ou emancipados, já nascidos, ou concebidos e nascidos ulteriormente.

Quanto aos adotivos, estabelecemos uma distinção, que se acha numa constituição promulgada a seu respeito.

119

praeterierit, non ignorans an habeat liberos, silentium ejus pro exheredatione nominatim facta valere constitutionibus principum cautum est.

VII. Mater vel avus maternus necesse non habent liberos suos aut heredes instituere aut exheredare; sed possunt eos omittere. Nam silentium matris aut avi materni, ceterorumque per matrem ascendentium, tantum tacit quantum exheredatio patris. Nec enim matri filium filiamve, neque avo materno nepotem neptemve ex filia, si eum eamve heredum non instituat, exredare riecesse est; sive de jure civili quaeramus, sive de edicto praetoris quo practeritis liberis contra tabulas bonorum posses-sionem permittit: sed alius eis adminiculum servatur, quod paulo post vobis nianifestum fiet.

TITULUS XIV
DE HEREDIBUS INSTITUENDIS

Heredes instituere permissum est tam liberos homines quam servos, et ram proprios quam alienos. Proprios autem serves, olim quidem secundum plurium sententias, non aliter quam cum libertate recte instituere licebat. Hodie vero etiam sine libertate ex nostra constitutione heredes eos instituere permissum est. Quod non per innovationem introduximus, sed quoniam aequius erat, et Atilicino placuisse Paulus suis libris, quos tam ad Massurium Sabinum quam ad Plautium scripsit, refert. Proprius autem servus etiam is intelligitur, in quo nudam proprietatem testator habet, aho usumfructum habente. Est autem casus in quo nec cum libertate utiliter servus a domina heres instituitur, ut constitutione divorum Severi et Antonini cavetur, cujus verba hae sunt: "Servum adulterio maculatum, non" jure testamento manumissum ante sententiam ab ea muliere videri, qua rea fuerat ejusdem criminis postulata, rationis est. Quare sequitur, ut in eumdem a domina collata heredis institutio nullius momenti habeatur". Alienus servus etiam is intelligitur, in quo usumfructum testator habet.

I. Servus autem a domino suo heres institutus si quidem in eadem causa manserit, fit ex testamento liber heresque necessarius. Si vero a vino testatore manumissus fuerit, suo arbitrio adire heredidatem potest: quia non fit heres necessarius, cum utrumque ex domini testamento non consequitur. Quod si alienatus fuerit, jussu novi domini adire hereditatem

6. Se o militar em expedição fizer testamento e não deserdar nomeadamente seus descendentes já nascidos ou póstumos, mas silenciar a seu respeito, não lhes ignorando a existência, valerá o seu silêncio, em virtude das constituições imperiais, como deserdação nomeadamente feita.

7. A mãe e o avô materno não precisam instituir herdeiros ou deserdar os seus descendentes, mas podem silenciar a seu respeito; e seu silêncio e o dos outros ascendentes maternos produzem o mesmo efeito que a deserdação feita pelo pai. Com efeito, quer se aplique o direito civil, quer o edito pelo qual o pretor dá aos descendentes omitidos a posse dos bens contra o testamento, não tem a mãe obrigação de deserdar seu filho ou filha, nem o avô materno seu neto ou neta, filhos da filha, quando os não instituíram. Os referidos descendentes têm, todavia, outro recurso que logo diremos.

TÍTULO XIV
DA INSTITUIÇÃO DE HERDEIRO

É permitido instituir herdeiro os livres e os escravos, próprios ou alheios. Outrora, segundo a opinião predominante, só se podia regularmente instituir o escravo próprio dando-lhe a liberdade; mas, hoje, segundo a nossa constituição, podem ser instituídos, mesmo não declarando o testador que lhes dá a liberdade.

Não introduzimos esta regra por inovação, senão porque é mais justa; e Paulo refere, nos livros que escreveu sobre Masúrio Sabino e Plautio, ter sido essa a opinião de Atilicino. Por escravo próprio entende-se também aquele em que o testador tem a nua propriedade e outrem o usufruto. Há, contudo, um caso em que a instituição de um escravo pela sua senhora é nula, ainda mesmo dando-lhe a liberdade, nos termos da constituição dos imperadores Severo e Antonino que assim dispõe:

"Ordena a razão que, antes da sentença, o escravo processado por adultério, não possa ser validamente manumitido pelo testamento daquela que é acusada como sua co-ré; donde se segue que é nula a instituição de herdeiro feita em seu favor pela senhora." Por escravo alheio também se entende aquele de que o testador tem usufruto.

O escravo, instituído herdeiro por seu senhor, se ficar na mesma condição, torna-se livre pelo testamento e herdeiro necessário. Se foi manumitido pelo testador enquanto vivo, pode adir, ou não, a herança; pois não é herdeiro necessário, visto que não adquiriu a liberdade e a

debet, et ea ratione per eum dominus fit heres. Nam ipse alienatus, neque liber neque heres esse potest, etiamsi cum libertate heres institutus fuerit; destitisse enim a libertatis datione videtur dominus, qui eum alienavit. Alienus quoque servus heres institutus, si in eadem causa duraverit, jussu ejus doniini adire hereditatem debet. Si vero alienatus fuerit ab eo, aut vivo testatore, aut post mortem ejus, antequam adeat, debet jussu novi domini adire. At si manumissus est vivo testatore vel mortuo antequam, adeat suo arbitrio adire potest hereditatem.

II. Servus autem alienus post domini mortem recte heres instituitur, quiat et cum hereditariis servis est testamenti factio. Nondum enim adita hereditas, personae vicem sustinet, non heredis futuri, sed defuncti: cum etiam ejus qui in utero est, servus recte heres instituitur.

III. Servus plurium, cum quibus testamenti factio est, ab extraneo, institutus heres, unicuique dominorum cujus jussu adierit, pro portione dominii adquirit hereditatem.

IV. Et unum hominem, et plures in infinitum, quod quis velit heredes facere, licet.

V. Hereditas plerumque dividitur in duodecim uncias, quae assis appellatione continentur. Habent autem et hae partes propria nomina, ab uncias usque ad assem, ut puta hace: uncia, sextans, quadrans, triens, quincunx, semis, septunx, bes, dodrans, dextans, deunx, as. Non autem utique semper duodecim uncias esse oportet: nam tot unciae assem efficiunt, quot testator voluerit et si unum tantum qui ex semisse verbi gratia heredem scripserit, totus as in semisse erit. Neque enim idem ex parte intestatus decedere potest, nisi sit miles, cujus sola voluntas in testando spectatur. Et e contrario potest quis in quantas cumque voluerit plurimas uncias suam hereditatem dividere.

VI. Si plures instituantur, ita demum partium distributio necessaria est, si nolit testator eos ex aequis partibus heredes esse. Satis enim constat, nullis partibus nominatis aequis partibus eos heredes esse. Partibus autem in quorundam personis expressis, si quis anus sine parte nominatus erit, si quidem aliqua pars assi deerit, ex ea parte heres fit: et si plures sine parte scripti sunt omnes in eandem partent concurrent. Si vero totus as completus sit, ii qui nominatim expresas partes habent, in dimidiam partem vocantur, et ille vel illi omnes in alteram dimidiam. Nec

herança pelo testamento do senhor. Se o escravo foi alienado, deve adir a herança por ordem de seu novo senhor, e este, por meio dele, tornar-se herdeiro. Com efeito, o escravo alienado não se pode tornar livre ou herdeiro, ainda que tenha sido instituído herdeiro e libertado no testamento, porque o senhor, pela alienação, mostrou que desistia de lhe dar liberdade.

1. O escravo alheio, instituído herdeiro, se ficar na mesma condição, deve adir a herança por ordem de seu senhor e se houver sido alienado por este em vida do testador ou depois da morte dele, mas antes da adição, deve adir por ordem do novo senhor. Se foi mamunitido em vida do testador ou depois da sua morte, mas antes da adição, poderá adir ou não.

2. Pode-se instituir herdeiro o escravo alheio, mesmo depois da morte do senhor, porque a capacidade testamentária existe para com os escravos de uma herança. A herança, antes de adida, representa a pessoa do defunto, não a do futuro herdeiro. Pode-se instituir também herdeiro o escravo da herança à qual é chamado aquele que se acha ainda no ventre materno.

3. O escravo de muitos senhores que tem capacidade testamentária, sendo instituído herdeiro por um estranho, adquire a herança para os senhores por cuja ordem fizer a adição, na proporção do domínio de cada um.

4. É permitido instituir um herdeiro ou muitos em qualquer número.

5. A herança se divide geralmente em doze partes ou onças, as quais reunidas formam uma unidade superior – o asse. Cada uma dessas partes tem um nome próprio desde a onça até o asse: uncia (1/12), sextans (1/6), quadrans (1/4), triens (1/3), quincunx (5/12), semis (1/2), septunx (7/12), bex (2/3), dodrans (3/4), dextans (5/6), deunx (11/12). Não é necessário que haja sempre doze onças, porque formam o asse quantas onças quiser o testador e, se, por exemplo, instituiu um só herdeiro para seis onças, estas seis onças formarão um asse, pois ninguém pode morrer testado em parte e em parte intestado, salvo o militar em cujo testamento só se atende à sua vontade. Inversamente, pode-se dividir a herança em tantas onças quantas se quiser.

6. Quando há muitos instituídos, entende-se que o testador os instituiu em partes iguais, salvo declaração expressa. Se o testador atribuiu porções determinadas a certas pessoas e instituiu uma terceira sem lhe atribuir porção alguma, esta é instituída sobre a parte que restar da herança.

interest primus an medius an novissimus sine parte heres scriptus sit; ea enim pars data intelligitur, quae vacat.

VII. Videamus, si pars aliqua vacet, nec tamen quisquam sine parte sit heres institutus, quid juris sit; veluti si tres ex quartis partibus heredes scripti sunt. Et constat vacantem partem singulis tacite pro hereditaria parte accedere, et perinde haberi ac si ex tertiis partibus heredes scripti essent. Ex diverso, si plures in portionibus sint, tacite singulis decrescere: ut si, verbi gratia, quatuor ex tertiis partibus heredes scripti sint, perinde habeantur ac si unusquisque ex quarta parte heres scriptus fuisset.

VIII. Si plures unciae quam duodecim distributae sint, is qui sine parte institutus est, quod dupondio deest, habebit. Idemque erit si dupondius expletus sit: quae omnes partes ad assem postea revocantur, quamvis sin plurium unciarum.

IX. Heres et pure et sub conditione institui potest; ex certo tempore, aut ad certum tempus, non purest: veluti, POST QUIN-QUENNIUM QUAM MORIAR, vel EX CALENDIS ILLIS aut USQUE AD CALENDAS ILLAS HERES ESTO. Denique diem adjentum haberi pro supervacuo placet; et perinde esse ac si pure heres institutus esset.

X. Impossibilis conditio in institutionibus et legatis, nec non fideicommissis et libertatibus pro non scripto habetur.

XI. Si plures conditiones institution adscriptae sunt: siquidem conjunctim, ut puta: SI ILLUD ET ILLUD FACTA ERINT, omnibus parendum est: si separatim veluti SI ILLUD AUT ILLUD FACTUM ERIT, cuilibet obtemperare satis est.

XII. Ii quos nunquam testator vidit, heredes institui possunt, veluti si fratris filios peregrinatos, ignorans qui essent, heredes instituerit: ignorantia enim testantis inutilem institutionem non tacit.

TITULUS XV
DE VULGARI SUBSTITUTIONE

Potest autem quis in testamento suo plures gradus heredum facere, ut puta, SI ILLE HERES NON ERIT, ILLE HERES ESTO; et

124

Se forem várias instituídas sem atribuição de partes, todas concorrerão sobre a parte restante. Se não restar parte da herança, aqueles a que se atribuíam porções determinadas concorrerão até a metade da herança, e o outro ou outros concorrerão à outra metade. Pouco importa que o herdeiro a quem se não atribuiu porção determinada tenha sido inscrito em primeiro, segundo, ou último lugar: sempre se entende que lhe foi atribuída a parte vaga.

7. Vejamos como decidir o caso de haver parte vaga e não haver herdeiro instituído sem parte: por exemplo, três herdeiros foram instituídos cada um em uma quarta parte de herança. É claro que a parte vaga deve acrescer tacitamente aos quinhões de cada um, considerando-se como se tivesse atribuído a cada um a terça parte. Inversamente, se forem mais os instituídos do que os quinhões, se deduz de cada um o que faltar: por exemplo, se quatro herdeiros foram instituídos cada um em uma terça parte, considerar-se-ão como instituídos cada um em uma quarta parte.

8. Se o testador distribuiu mais de doze onças, o que foi instituído sem quinhão terá o que restar do segundo monte. O mesmo acontecerá se esgotar este segundo monte; todos os quinhões serão reduzidos a um só monte, ainda que formem mais de doze onças.

9. A instituição de herdeiros pode ser pura ou sob condição; mas não pode ser feita desde certo ou até certo tempo, como por exemplo: SEJA MEU HERDEIRO CINCO ANOS DEPOIS DE MINHA MORTE OU DESDE TAL DIA ATÉ TAL DIA. Considera-se, neste caso, a instituição pura e simples e a designação de dia como de nenhum efeito.

10. A condição impossível nas instituições de herdeiros, nos legados, nos fideicomissos e nas manumissões, considera-se não escrita.

11. Se a uma instituição acrescentarem várias condições, sendo conjuntas, como, por exemplo, SE FIZER ISTO E AQUILO, devem-se cumprir todas; e, sendo separadas, como, por exemplo, SE FIZER ISTO OU AQUILO, basta cumprir uma das condições.

12. O testador pode instituir herdeiro a quem nunca viu, como quando institui os filhos de um irmão, nascidos no exterior, ignorando quais sejam; pois a ignorância do testador não vicia a instituição.

TÍTULO XV
DA SUBSTITUIÇÃO VULGAR

Pode o testador instituir herdeiros em diversos graus, como, por exemplo: SE FULANO NÃO FOR MEU HERDEIRO, SEJA

deinceps, in quantum velit testator substituere. Potest et novissimo loco in subsidium vel servum necessarium heredem instituere.

I. Et plures in unius locum possunt substitui, vel unus in plurium, vel singuli singulis, vel invicum ipsi qui heredes instituti sunt.

II. Et si ex disparibus portionibus heredes scriptos invicem substituerit, et nullum mentionem in substitutione partium habuerit, eas videtur in substitutione dedisse, quas in institutione expressit. Et ita divus Pius rescripsit.

III. Aed si instituto heredi, et coheredi suo substituto dato, alius substitutus fuerit, divi Severus et Antoninus sine distinctione rescripserunt ad utramque partem substitutum admitti.

IV. Si servum alienum quis patrem familias arbitratus, heredem scripserit, et si heres non esset, Maevium ei substituerit, isque servus jussu domini adierit hereditatem, Maevius substitutus in partem admittitur. Illa enim verba SI HERES NON ERIT, in eo quidem quem alieno juri subjectum esse testator scit, sic accipiuntur: si neque ipse heres erit neque alium heredem effecerit. In eo vero qum patrem familias esse arbitratur, illud significant: si hereditatem sibi, eive cujus juri postea subjectus esse coeperit, non adquisierit. Idque Tiberius Caesar in persona Parthenii servi sui constituit.

TITULUS XVI
DE PUPILARI SUBSTITUTIONE

Liberis suis impuberibus quos in potestate quis habet, non solum ita ut supra diximus, substituere potest, is est, ut si heredes ei non extiterint alius ei sit heredes; sed eo amplius, ut et si heredes ei extiterit, et adhuc impuberes mortui fuerint, sit eis alisquis heres: veluti si quis dicat hoc modo: TITIUS FILIUS MEUS HERES MIHI ESTO; ET SI FILIUS MEUS HERES MIHI NON ERIT, SINE HERES ERIT ET PRIUS MORIATUR QUAM IN SUAM TUTELAM VENERIT (id est, pubes factus sit), TUNC SEIUS HERES ESTO. Quo casu si quidem non estiterit heres filius, tunc substtutus patri fit heres; si vero extiterit heres filius et ante pubertatem decesserit, ipsi filio fit heres substitutus. Nam moribus institutum est ut, cum ejus aetatis, filii sint in qua ipsi sibi testamentum facere non possunt, parentes eis faciant.

SICRANO; e assim por diante, substituindo quando quiser, e pode até, em último lugar, instituir herdeiro necessário um de seus escravos.

1. Pode substituir um a muitos, ou muitos a um só, ou cada um a cada um, ou entre si os herdeiros instituídos.

2. Se o testador substituir entre si os herdeiros instituídos em quinhões desiguais, não mencionando os quinhões na substituição, entende-se que lhes quer atribuir os quinhões em que os instituiu. Assim decidiu o rescrito do imperador Pio.

3. Se a um herdeiro instituído substituiu-se seu co-herdeiro e a este um terceiro, decidiram em rescrito os imperadores Severo e Antonino que este último seja admitido a ambos os quinhões indistintamente.

4. Quando o testador nomeou herdeiro o escravo alheio, julgando-o pai de família e acrescentou: caso não seja herdeiro, seja herdeiro Mévio, se o escravo vier a adir por ordem do seu senhor, Mévio será admitido em parte. Com efeito, as palavras CASO NÃO SEJA HERDEIRO, aplicadas a quem o testador sabe estar sujeito ao poder de outrem, significam: se ele mesmo não for herdeiro, ou não fizer outrem herdeiro; mas aplicadas a quem julga o testador ser o pai de família, significam: se não adquirir a herança para si ou para aquele em cujo poder cair posteriormente. Assim o decidiu Tibério César a respeito de seu escravo Partênio.

TÍTULO XVI
DA SUBSTITUIÇÃO PUPILAR

Quem tem sob seu poder descendentes impúberes não só os pode substituir, como acima dissemos, isto é, determinar que, se eles não forem seus herdeiros, seja herdeiro um terceiro, como também pode ordenar que, se seus herdeiros falecerem na puberdade, fique-lhes substituído o terceiro. Como neste caso: TÍCIO, MEU FILHO, SEJA MEU HERDEIRO; SE NÃO FOR MEU HERDEIRO, OU SE O FOR E MORRER ANTES DE CHEGAR À PUBERDADE, SEJA ENTÃO HERDEIRO SEIO. Neste caso, se o filho não foi herdeiro, o substituto torna-se herdeiro do pai; mas se o filho foi herdeiro e faleceu ainda impúbere, o substituto torna-se herdeiro do filho; porque os costumes estabeleceram que os ascendentes testem pelos descendentes quando a idade destes não permitir fazê-lo por si mesmos.

I. Qua ratione excitati, etiam constitutionem possuimus in nostro Codice, qua prospectum est ut, si mente captos habeant filios vel nepotes vel pronepotes cujus cumque sexus vel gradus, liceat eis et si puberes sint, ad exemplum pupillaris substitutionis certas personas substituere: sin autem resipuerint, eamdem substitutionem infirmari, et hoc ad exemplum pupillaris substitutionis, quae postquam pupillus adoleverit, infirmatur.

II. Igitus in pupillari substitutione secundum praefatum modum ordinata duo quodammodo sunt testamenta, alterum patris, alterum filii, tanquam si ipse filius sibi heredem instituisset: aut certe unum testamentum est duarum causarum, id est duarum hereditatum.

III. Sin autem quis ita formidolosus sit, ut timeret ne filius ejus, pupillus adhuc, ex eo quod palam substitutum accepit, post obitum ejus pericula insidiarum subjiceretur, vulgarem quidem substitutionem palam facere, et in primis quidem testamenti partibus ordinare debet; illam autem substitutionem per quam et si heres extiteris pupillus et intra pubertatem decesserit, substitutus vocatur, separatim in inferioribus partibus scribere, eamque partem proprio lino propriaque cera consignare; et in priore parte testamenti cavere debet, ne inferiores tabulae vivo filio et adhuc impubere aperiantur. Illum palam est, non ideo minus valere substitutionem impuberis filii quod in iisdem tabulis scripta sit quibus sibi quisque heredem instituisset, quamvis hoc pupillo periculosum sit.

IV. Non solum autem heredibus institutis impuberibus liberis ita substituere parentes possunt, ut si heredes eis extiterint et ante pubertatem mortui fuerint, sit eis heres in quem voluerit, sed etiam exheredatis. Itaque eo casu, si quid pupilo ex hereditatibus legatisve aut donationibus propinquorum atque aniicorum adquisitum fuerit, id onine ad substitutum pertinet. Quaecumque diximus de substitutione impuberum liberorum vel heredum institutorum, vel exheredatorum, eadem etiam de postumis intelligimus.

V. Liberis autem suis testamentum nemo facere potest, nisi et sibi faciat; nam pupillare testamentum pars et sequela est paterni testamenti: adeo ut si patris testamentum non valeat, nec filii quidem valebit.

VI. Vel singullis autem liberis, vel ei qui eorum novissimus impubes morietur, substitui potest: singulis quidem, si neminem eorum intestato decedere voluerit; novissimo si jus legitimarum hereditatum integrum inter eos custodii velit.

1. Determinados por estes motivos, incluímos no Código de uma constituição, segundo a qual os que têm descendentes mentecaptos, de qualquer sexo ou grau, ainda mesmo púberes, podem lhes substituir certas pessoas, a exemplo da substituição pupilar; e se recuperarem a razão ficará sem efeito a substituição, do mesmo modo perde efeito a substituição pupilar quando o pupilo chega à puberdade.

2. Na substituição pupilar, feita pelo modo acima exposto, parece haver dois testamentos, um do pai, outro do filho, se considerarmos que este último institui herdeiro a si próprio. Mas há, na verdade, um só testamento com duas causas, isto é, com duas heranças.

3. Se alguém temer que seu filho, ainda impúbere, fique exposto a ciladas, por ter substituto conhecido, deve fazer publicamente, e na primeira parte do testamento, uma substituição vulgar, e escrever separadamente, no fim do testamento, a substituição pela qual é chamado o substituto, se o pupilo for herdeiro e morrer impúbere, fechando esta com linha e sinete próprio, e determinando na primeira parte do testamento que se não abra a segunda em vida do filho e enquanto for impúbere. Evidentemente isto não impede a validade da substituição pupilar, escrita no mesmo documento em que o foi a instituição de herdeiro, ainda que seja perigosa para o pupilo.

4. A substituição pela qual o chefe de família indica a seus descendentes, no caso de morrerem impúberes, quem deseja para seu herdeiro, pode recair tanto sobre os herdeiros como sobre os deserdados. Neste caso, pertencerá ao substituto tudo quanto o pupilo adquirir por herança, legado ou doação de parentes e amigos.

Tudo quanto dissemos a respeito da substituição dos descendentes impúberes instituídos ou deserdados entende-se também dos póstumos.

5. Ninguém pode fazer testamento para seus descendentes, sem o fazer também para si próprio, porque o testamento pupilar é parte e acompanha o testamento paterno, de modo que, se o testamento paterno não valer, não valerá também o do filho.

6. Pode o testador nomear substituto não só a cada um dos seus descendentes, como também ao último deles que morrer impúbere: nomeará substituto a cada um, se quiser que nenhum morra intestado; nomeará ao último deles, se quiser conservar intacto entre eles o direito de sucessão legítima.

VII. Substituitur autem impuberi aut nominatim, veluti TITIUS HERES ESTO; aut generaliter, ut QUISQUIS MIHI HERES ERIT. Quibus verbis vocantur ex substitutione, impubere filio mortuo, qui et scripti aunt heredes et extiterunt, pro qua parte et heredes facti sunt.

VIII. Masculo igitur usque ad quatuordecim annos sustitui purest; heminae, usque ad duodecim annos: et si hoc tempus excesserint substitutio evanescit.

IX. Extraneo vero, vel filio puberi heredi instituto, ita substituere nemo potest, ut si heres extiterit et intra aliquod tempus decesserit, alius et sit heres. Sed hoc solum permissum est, ut eum per fideicommissum testator obliget alii hereditatem ejus vel totam vel proparte restituere: quod jus quale sit, suo loco trademus.

TITULUS XVII
QUIBUS MODIS TESTAMENTA INFIRMANTUR

Testamentum jure factum usque adeo, valet, donec rumpatur, irritumve fiat.

I. Rumpitur autem testamentum, cum in eodem statu manente testatore ipsius testamenti jus vitiatur. Si quis enim post factum testamentum adoptaverit sibi fillium, per imperatorem, eum qui sui juris est, aut per practorem secundum nostram constitutionem, eum qui in potestate parentis fuerit, testamentum ejus rumpitur, quasi agnatione sui heredis.

II. Posteriore quoque testamento quod jure perfectum est, superius rumpitur. Nec interest an extiterit aliquis heres ex eo, an non extiterit: hoc enim solum spectatur, an aliquo casu existere potuerit. Ideoque si quis aut noluerit heres esse aut vivo testatore, aut post mortem ejus antequam hereditatem adiret, decesserit; aut conditions sub qua heres institutus est, defectus sit: in his casibus pater familias intestatus moritur. Nam et prius testamentum non valet, ruptum a posteriors; et posterius acque nullas habet vires, cum ex eo nemo heres extiterit.

III. Sed si quis priore testamento jure perfecto, posterius acque jure fecerit, etiamsi ex certis rebus in eo heredem instituerit, superius tamen testamentum sublatum esse divi Severus et Antoninus rescripserunt. Cujus constitutionis verba inseri jussimus, rum ibud quoque praeterea in ea constitutione expressum est: "Imperatores Severus et Antoninus

7. Dá-se substituto ao impúbere, ou nominalmente, como quando se diz: TÍCIO SEJA MEU HERDEIRO, ou em termos gerais, como quando se diz: QUEM QUER QUE SEJA MEU HERDEIRO. Por estas palavras, morrendo o filho impúbere, são chamados à substituição os herdeiros instituídos que herdaram e na proporção do que herdaram.

8. Pode-se dar substituto ao descendente do sexo masculino até os 14 anos, e ao do sexo feminino até os 12 anos. Depois dessa idade a substituição é sem efeito.

9. Ao estranho, ou ao filho púbere, instituídos herdeiros, ninguém pode dar substituto que seja herdeiro, se morrerem dentro de certo tempo. O testador pode somente obrigá-los, por fideicomisso, a restituir a outrem a herança total ou parcial, direito que exporemos oportunamente.

TÍTULO XVII
DE QUE MODO SE INVALIDAM OS TESTAMENTOS

O testamento legalmente feito vale até que se rompa ou se torne nulo.

1. Rompe-se o testamento quando se altera em suas conseqüências, sem o testador mudar de estado: por exemplo, quando o testador, depois de feito o testamento, adota como filho, por um rescrito do príncipe, uma pessoa *sui juris*, ou por autorização do pretor, um filho de família, rompe-se o testamento pela quase agnação de um herdeiro seu.

2. Também se rompe o testamento por um outro posterior validamente feito. Pouco importa que haja ou não, neste último, herdeiro instituído, porque se considera que poderia haver. Se, pois, o instituído repudiar a herança ou falecer antes, ou mesmo depois do testador, sem adir a herança, ou se faltar à condição sob a qual foi instituído, o pai de família morre intestado em todos os casos, porquanto o primeiro testamento é nulo por ter sido rompido pelo testamento posterior, e o posterior não vale porque não institui herdeiro.

3. Se alguém fizer regularmente um testamento, e depois fizer outro igualmente regular, ainda que neste só institua herdeiro para determinadas coisas, fica revogado o primeiro, de acordo com o rescrito dos imperadores Severo e Antonino. Aqui reproduziremos o seu teor, pois acrescenta alguma coisa ao que dissemos: "Os imperadores Severo e Antonino a Coceio Campano. O segundo testamento, ainda que o

Augusti, Cocceio Cam et Antoninus Augusti, Cocceio Campano. Testamentum secundo loco factum, fleet in eo certarum rerum heres seriptus sit, perinde jure valere ac si rerum mentio facta non esset; sed tenen heredem scriptum, ut contentus rebus sibi datis, aut suppleta quarta ex lege Falcidia, hereditatem restituat his qui in priore testamento scripti fuerant, propter inserta verba secundo testamento, quibus, ut valeret prius testamentum expressum est, dubitari non oportet". Et ruptum quidem testamentum hoc modo efficitur.

IV. Alio autem modo testamenta jure facta infirmantur: veluti, cum is qui fecit testamentum, capite deminutus sit. Quod quibus modis accidat, primo libro retulimus.

V. Hoc autem casu irrita fieri testamenta dicuntur, com alioquin et quae umpuntur irrita fiant; et quae statim ab initio non jure fiunt, irrita sunt; et ea quae jure facta sunt, et postea propter capitis deminutionem irrita fiunt, possumus nihilominus rupta dicere. Sed quia sane commodius erat singulas causas singulis appellationibus distingui, ideo quaedam non jure facta dicuntur; quaedam jure facta rumpi vel irrita fieri.

VI. Non tamen per omnia inutilia sint ea testamenta, quae ab initio jure acta per capitis deminutionem irrita facta sunt. Nam si septem testium signis signata sunt, potest scriptus heres SECUNDUM TABULAS bonorum possessionem agnoscere, si modo defunctus et civis romanus et suae potestatis mortis tempore fuerit. Nam, si ideo irritum factum sit testamentum, quia civitatem vel etiam libertatem testator amiserit, aut quia in adoptionem se dederit et mortis tempore in adoptivi patris potestate sit, non potest scriptus heres SECUNDUM TABULAS bonorum possessionem petere.

VII. Ex eo autem solo non potest infirmari testamentum, quod postea testator id noluit valere: usque adeo, ut, siquis post factum prius testamentum posterius facere coepirit, et aut mortalitate praeventus, aut quia eum ejus rei poenituit non perfecerit, divi Pertinacis oratione cautum sit, ne alias tabulae priores jure factae irritae fiant, nisi sequentes jure ordinatae et perfectae fuerint: nam imperfectum testamentum sine dubio nullum est.

VIII. Eadem oratione expressit, non admissurum se hereditatem ejus qui litis causa principem reliquerit heredem; neque tabulas non legitime factas, in quibus ipse ob eam causam heres institutus erat, probaturum; neque ex nuda voce heredis nomen admissurum, neque ex ulla scripture cui juris auctoritas desit, aliquid adepturum. Secundum hoc, divi quoque

herdeiro nele instituído o fosse somente para certos fins, vale como se não houvesse mencionado esses fins. O herdeiro, todavia, se deve contentar com o que lhe foi deixado, ou completando a quarta Falcídia, restituir a herança aos instituídos no primeiro testamento, desde que o testador tenha exprimido a vontade de continuar a valer o primeiro testamento". Assim mesmo deste modo, rompe-se o testamento.

4. De outro modo, ainda se invalidam os testamentos regularmente feitos, por exemplo, quando o testador sofre diminuição de capacidade. Referimos no primeiro livro como isto ocorre.

5. Neste caso, diz-se que os testamentos se tornam írritos. Os testamentos rotos, assim como os feitos irregularmente desde o começo, são também írritos pela diminuição de capacidade. Como, porém, é mais cômodo distinguir cada coisa com seu nome, diz-se de uns testamentos que não foram regularmente feitos e de outros, que foram regularmente feitos e se tornaram rotos ou írritos.

6. Não são entretanto absolutamente inúteis os testamentos regularmente feitos, que depois ficaram írritos pela diminuição da capacidade. Porque, se foram assinados e selados por sete testemunhas, pode o herdeiro instituído tomar posse dos bens, conforme o teor do testamento, se o defunto, ao tempo da morte, era cidadão romano e pai de família. Ao contrário, se o testamento ficou írrito por ter o testador perdido a cidadania, ou a liberdade, ou por se ter dado em adoção, encontrando-se por ocasião da morte sob o poder do pai adotivo, não poderá o herdeiro instituído pedir a posse dos bens na conformidade do testamento.

7. Não se pode invalidar o testamento só pelo fato de o testador ter querido que não valesse. Não basta este fato, mesmo quando o testador, tendo feito um primeiro testamento, começou um segundo que ficou inacabado, ou por o ter surpreendido a morte, ou por ter mudado o seu propósito. O imperador Pertinax declarou em um discurso que o primeiro testamento regularmente feito só fica írrito quando o segundo testamento estiver regularmente feito e acabado, pois o testamento inacabado é nulo.

8. No mesmo discurso declarou o imperador que não admitiria a disposição testamentária daquele que instituiu herdeiro o príncipe, a fim de que com ele corresse a demanda; nem o testamento irregular em que o príncipe foi instituído justamente para sanar as irregularidades; nem aceitaria o nome de herdeiro por simples palavras, ou por escrito sem valor jurídico. Os imperadores Severo e Antonino muitas vezes

Sevenis et Antoninus saepissime rescripserunt. "Licet enim, inquiunt, legibus soluti simus, attamen legibus vivimus".

TITULUS XVIII
DE INOFICIOSO TESTAMENTO

Quia plerumque parentes sine causa liberos suos exheredant vel omittunt, inductum est ut de inofficioso agere possint liberi, qui queruntur aut inique se exheredatos, aut inique practerios hoc coloro, quasi non sanae mentis fuerint, cum testamentum ordinarent. Sed hoc dicitur non quasi vere furiosus sit, sed recte quidem fecerit testamentum, non autem ex officio pietatis. Nam si vere furiosus sit, nullum testa-mentum est.

I. Non autem liberis tantum permissum est testamentum paren-tum inofficiosum accusare, verum etiam parentibus liberorum. Soror autem et frater, turpibus personis scriptis heredibus, ex sacris cons-titutionibus praelati sunt. Non ergo contra omnes heredes agere possunt. Ultra fratres igitur et sorores, coguati nullo modo aut agere possunt, aut agentes vincere.

II. Tam autem naturales liberi, quam secundum nostrae cons-titutionis divisionem adoptati, ita demum de inofficioso testamento agere possunt, si nullo alio jure ad bona defuncti venire possunt. Nam qui ad hereditatem totam vel partem ejus alio jure veniunt, de inofficioso agere non possunt. Postumi quoque qui nullo alio jure venire possunt, de inofficioso agere possunt.

III. Sed haec ita accipienda sunt si nihil eis penitus a testatoribus testamento relictum est: quod nostra constitutio ad verecundiam naturae introduxit. Si vero quantacumque pars hereditatis vel res eis fuerit relicta, de inofficioso querela quiescente, in quo eis de est usque ad quartam legitimae partis repleatur, licet non fuerit adjectum boni viri arbitratu debere eam compleri.

IV. Si tutor nomine pupilli cujus tutelam gerebat, ex testamento patris sui legatum acceperit, cum nihil erat ipsi tutori relictum a patre suo, nihilominus poterit nomine suo de inofficioso patris testamento agere.

V. Sed si, e contrario, pupilli nomine cui nihil relictum fuerit, de inofficioso egerit et supratus est, tutos quod sibi in eodem testamento legatum relictum non amittit.

declaram em rescrito: "Ainda que colocados acima das leis, vivemos na sua observância".

TÍTULO XVIII
DO TESTAMENTO INOFICIOSO

Muitas vezes os ascendentes deserdam ou omitem os descendentes sem motivo. Permitiu-se por isso que possam intentar ação de inoficiosidade do testamento os que foram injustamente deserdados ou omitidos, sob o fundamento de que o testador não se achava em seu juízo, quando testou. A ação tende a demonstrar que o testador, em pleno gozo de suas faculdades mentais, fez testamento regular, mas contrário aos sentimentos naturais; porque, se houvesse verdadeira loucura, o testamento seria nulo.

1. Tanto os descendentes podem intentar ação contra o testamento dos ascendentes, como estes contra o daqueles. As constituições imperiais preferem o irmão ou irmã aos herdeiros instituídos que forem pessoas torpes. Segue-se daí que não podem intentar contra os demais herdeiros. Os parentes mais afastados do que o irmão ou irmã podem de modo algum intentá-la ou vencê-la.

2. Os filhos naturais e adotivos (observada a distinção introduzida pela nossa constituição), somente podem intentar a ação de inoficiosidade, quando não tenham outro meio legal de chegar à herança do defunto; pois quem pode haver por outro meio legal a totalidade ou parte da herança não tem esta ação. Têm-na porém, os póstumos, que não podem, por outra razão, ser herdeiros.

3. As regras precedentes só se aplicam às pessoas a quem o testador nada deixou; e isso preceituou a nossa constituição em respeito aos direitos naturais. Se, ao contrário, lhes for deixada uma parte qualquer da herança, ou uma coisa determinada, não tem lugar a ação de inoficiosidade, mas se completará o que lhes faltar até a quarta parte da legítima, ainda que não declarasse o testador que devia ser completada a arbítrio de um homem de bem.

4. Se o tutor, em nome do pupilo, cuja tutela administrativa geria, recebeu legado do testamento de seu próprio pai, poderá intentar a ação de inoficiosidade do mesmo testamento, se nele nada lhe foi deixado.

5. E, reciprocamente, se em nome do pupilo a quem nada foi deixado, intentou ação de inoficiosidade do testamento e foi vencido, não perde por isso o legado que no mesmo testamento lhe foi deixado.

VI. Igitur quartam quis debet habere, ut de inofficioso testamento agere non possit, sive jure hereditario sive jure legati aut fideicommissi, vel si mortis causa ei quarta donata fuerit; vel inter vivos in iis tantummodo casibus quorum mentionem facit nostra constitutio; vel aliis modis qui constitutionibus continentur. Quod autem de quarta diximus, ita intelligendum est ut, sive unus fuerit sive plures quibus agere de inofficioso testamento permittitur, una quarta eis dari possit, ut pro rata eis distribuatur, id est pro virilli portione quarta.

TITULUS XIX
DE HEREDUM QUALITATE ET DIFFERENTIA

Heredes autem aut necessarii dicuntur, aut sui et necessarii, aut extranei.

I. Necessarius heres est servus heres institutus: ideo sic appellatus quia, sive velit sive nolit, omnimado post mortem testatoris protinus liber et necessarius heres fit. Unde qui facultates suas suspectas habent, solent servum suum primo vel secundo vel etiam ulteriore gradu heredem instituere, ut si, creditoribus satis non fiat, potius ejus heredis bona quam ipsius testatoris a creditoribus possideantar, vel distrahantur vel inter eos dividantur. Pro hoc tamen incommodo illud ei commodum proestatur, ut ea quae post mortem patroni sui sibi adquisierit, ipsi reserventur. Et quamvis non sufficient bona defuncti creditoribus, tamen ex alia causa quas sibi res adquisivit, non veneunt.

II. Sui autem et necessarii heredes sunt, veluti filius, filia, nepos neptisque ex filio, et deinceps ceteri liberi, qui modo in potestate morientis fuerint. Sed ut nepos neptisve sui heredes sint, non sufficit eum eamve in potestate avi mortis tempore fuisse; sed opus est ut pater ejus vivo patre suo desierit suns heres esse, aut morte interceptus, aut qualibet alia ratione liberatus potestate: tunc enim nepos neptisve in locum patris sui succedit. Sed sui quidem heredes ideo apellantur, quia domestici heredes sunt, et vivo quoque patre quodammodo domini existimantur. Unde etiam si quis intestatus mortuus sit, prima causa est in successione liberorum. Necessarii vero ideo dicuntur, quia onmi niodo sive vehnt sive nolint, tam ab intestato quam ex testamento heredes flunt. Sed his praetor permittit volentibus

6. Assim, para se achar alguém na impossibilidade de intentar ação de inoficiosidade, deve ter a quarta parte, a título de herança, legado, fideicomisso, doação causa mortis, doação inter vivos (mas somente nos casos previstos por nossa constituição), ou por qualquer modo referido nas leis imperiais.

Quando dizemos – a quarta parte – deve-se entender que, qualquer que seja o número de pessoas admitidas a exercer a ação de inoficiosidade, pode somente lhes ser dada a quarta parte para dividirem entre si proporcionalmente, cabendo a cada uma a quarta parte de sua porção viril.

TÍTULO XIX
DAS DIFERENTES ESPÉCIES DE HERDEIROS

Os herdeiros são necessários, ou seus e necessários, ou estranhos.

.1. Herdeiro necessário é o escravo instituído herdeiro. É assim chamado porque, quer queira, quer não, torna-se livre e herdeiro necessário, desde a morte do testador. Daí vem que os senhores que duvidam da sua solvabilidade costumam instituir herdeiro o escravo em primeiro ou segundo grau ou mesmo em grau inferior, a fim de serem pelos credores não pagos, tomados, alienados ou divididos os bens do herdeiro, e não os do testador. Em compensação deste ônus, concede-se-lhes a vantagem de conservar para si todos os bens adquiridos desde a morte do patrono; e embora os bens do defunto não bastem para seus credores, nem por isso são vendidos também os que o liberto para si adquiriu.

2. Herdeiros seus e necessários são o filho, a filha, o neto ou a neta, filhos de um filho, e sucessivamente os demais descendentes, que ao mesmo tempo da morte do testador estiverem sob seu poder. Não basta para o neto ou neta serem herdeiros do avô ou estarem em seu poder ao tempo da morte: é ainda mister que seu pai, em vida do avô, tenha deixado de ser herdeiro deste, ou por ter morrido, ou por ter saído de outro de seu poder; só então o neto ou a neta sucedem em lugar do pai.

Estes herdeiros denominam-se seus porque são de casa, e, mesmo durante a vida do ascendente, consideram-se de algum modo donos; e, se o ascendente vem a falecer intestado, são chamados em primeiro lugar à sucessão. Chamam-se herdeiros necessários, porque quer queiram, quer

abstinere se ab hereditate, ut potius parentis quam ipsorum bona similiter a creditoribus possideantur.

III. Ceteri qui testatoris juris subjecti non sunt extranei heredes appellantur. Itaque liberi quoque nostri qui in potestate nostra non sunt, heredes a nobis instituti, extranei heredes videntur. Qua de causa et qui heredes a matre instituuntur, eodem numero sunt, quia feminae in potestate liberos non habent. Servus quoque heres institutus a domino et post testamentum factum ab eo manumissus, eodem numero habetur.

IV. In extraneis heredibus illud observatur, ut sit cum ei testamenti factio, sive ipsi heredes instituantur, sive hi qui in potestate eorum sunt. Et id duobus temporibus inspicitur: testamenti quidem, ut constiterit institutio; mortis vero testatoris, ut effectum habeat. Hoc amplius et cum adit hereditatem, esse debet cum eo testamenti factio, sive pure sive sub conditione heres institutus sit, nam jus heredis eo maxime vel tempore inspiciendum est, quo adquirit hereditatem. Medio autem tempore, inter factum testamentum et mortem testatoris vel conditionem institutionis existentem, mutatio juris heredi non nocet; quia, ut diximus, tria tempora inspici debent. Testamenti autem factionem non solum is habere videtur qui testamentum facere potest, sed etiam qui ex alieno testamento vel ipse capere potest vel alii adquirere, licet non possit facere testamentum. Et ideo furiosus, et mutus, et postumus, et infans, et filius familias, et servus alienus, testamenti factionem habere dicuntur. Licet enim testamentum facere non possint, attamen ex testamento vel sibi vel alii adquirere possunt.

V. Extraneis autem heredibus deliberandi potestas est de adeunda hereditare vel non adeunda. Sed sive is cui abstinendi potestas est, inmiscuerit se bonis hereditatis; sive extraneus cui de adeunda hereditate deliberare licet adierit, postea relinquendae hereditatis facultatem non habet, nisi minor sit viginti quinque annis. Nam hujus aetatis hominibus, sicut in ceteris onmibus causis, deceptis, ita et si temere damnosam hereditatem susceperit, praetor succurrit.

VI. Sciendum tamen est divum Hadrianum etiam majori viginti quinque annis veniam dedisse, com post aditam hereditatem grande aes allenum quod aditae hereditatis tempore latebat, emersisset. Sed hoc quidem divas Hadrianus speciali beneficio praestitit. Divus autem Gordianus postea in militibus tantummodo hoc extendit. Sed nostra benevolentia commune omnibus subjetis imperio nostro hoc beneficium

não, são herdeiros testamentários ou ab-intestado; mas o pretor lhes permite abster-se da herança, a fim de lhes não tomarem os credores os seus bens, mas os do ascendente.

3. Os outros herdeiros, que se não acham sujeitos ao poder do testador, têm o nome de herdeiros estranhos; assim os nossos próprios descendentes, quando não se acham sujeitos ao nosso poder, consideram-se estranhos. Estão no mesmo caso os filhos instituídos herdeiros pela mãe, porque as mulheres não têm pátrio poder; e também o escravo instituído pelo senhor e por ele manumitido depois da confecção do testamento.

4. É regra, quanto aos herdeiros estranhos, que o testador deve ter a seu respeito a capacidade testamentária, quer sejam eles próprios instituídos, quer as pessoas sob cujo poder se acham. A capacidade testamentária deve existir em duas épocas: por ocasião da confecção do testamento, para que valha a instituição; e por ocasião da morte do testador, para que tenha efeito. E ainda mais: a capacidade testamentária deve existir por ocasião de adição da herança pelo herdeiro instituído, ou pura e simplesmente, ou com condição; porque, sobretudo, se deve considerar o direito do herdeiro no momento em que adquire a herança. A incapacidade superveniente no espaço de tempo entre a confecção do testamento e a morte do testador ou a realização da condição não prejudica ao herdeiro, porque, como dissemos, atendemos aos três tempos. Tem capacidade testamentária não somente quem pode fazer o testamento, mas também quem pode, por testamento alheio, adquirir para si ou para outrem, ainda que não possa testar. O louco, o mudo, o póstumo, a criança, o filho de família, e o escravo alheio têm capacidade testamentária, porque, embora não possam testar, adquirem por testamento para si ou para outrem.

5. Os herdeiros estranhos podem deliberar sobre a adição ou renúncia da herança. Mas, se o que renunciar se imiscui nos bens da herança, ou se o estranho, que tem o direito de deliberar, a aceita, não pode mais renunciá-la, salvo se for menor de 25 anos. As pessoas dessa idade o pretor socorre, como nos outros casos em que sofrem prejuízo, se inconsideravelmente aceitaram uma herança danosa.

6. Todavia, o imperador Adriano considerou válida a renúncia feita por um maior de vinte e cinco anos, por terem aparecido depois da adição grandes dívidas, antes ignoradas. Constituiu isso, porém, um favor pessoal; o imperador Gordiano estendeu também essa renúncia aos militares. A nossa benevolência ampliou esse benefício a todos os súditos do Império, e publicamos uma constituição justa e grandiosa, cujas disposições permitem a quem as observar fazer adição da herança e

praestitit, et constitutione tam aequissimam quam nobilem acripsit, cujus tenorem si observaverint homines, licet eis adire hereditatem, et in tantum teneri quantum valere bona hereditatis, contingit; ut ex hac causa neque deliberationis auxilium eis fiat necessarium, nisi omissa observatione nostrae constitutionis et deliberandum existimaverint, et sese veteri gravamini aditionis supponere maluerint.

VII. Item extraneus heres testamento institutus; aut ab intestato ad legitimam hereditatem vocatus, potest aut pro herede gerendo, aut etiam nuda voluntate suscipiendae hereditatis, heres fleri. Pro herede autem gerere quis videtur, si rebus hereditariis tanquam heres utatur, aut vendendo res hereditarias, aut praedia colendo locandove, et quoquo modo, si voluntatem suam declaret vel re vel verbis de adeunda hereditate: dummodo sciat eum in cujus bonis pro herede gerit, testatum in testatumve obiisse et se et heredem esse. Pro herede anim gerere est pro domino gerere; veteres enim heredes pro dominis apellabant. Sicut autem nuda voluntate extraneus heres fit, ita contraria destinatione statim ab hereditate repellitur. Eum qui surdus vel mutus natus, vel postea factus est, nihil prohibet pro herede gerere et adquirere sibi hereditatem, si tamen intelligit quod agitur.

TITULUS XX
DE LEGATIS

Post haec videamus de legatis. Quae pars juris extra propositam quidem materiam videtur; nam loquimur de iis juris figuris quibus per universitatem res nobis adquiruntur. Sed cuin omnino de testamentis, deque heredibus qui testamento instituuntur, locuti sumus, non sine causa sequenti loco potest haec juris materia tractari.

I. Legatum itaque est, donatio quaedam a defuncto relicta.

II. Sed olim quidem erant legatorum genera quatuor: per vindicationem, per damnationem, sinendi modo, per praeceptionem; et certa quaedam verba cuique generi legatorum assignata erant, per quae singula genera legatorum significabantur. Sed ex constitutionibus divorum principum solemnitas hujus modi verborum penitus sublata est. Nostra auten constitutio, quam cum magna fecimus lucubratione, defunctorum voluntates validiores esse cupientes, et non verbis, sed voluntatibus eorum faventes, disposuit, ut omnibus legatis una sit natura, et, quibuscumque

responder somente até o valor dos bens. Não é mister, por isso, deliberar, salvo se deixando de se conformar com a nossa constituição, preferir deliberar sujeitando-se aos riscos da antiga adição.

7. O herdeiro estranho, instituído por testamento, ou chamado ab-intestado à herança legítima, pode tornar-se herdeiro, quer portando-se como tal, quer simplesmente manifestando a vontade de aceitar a herança. Considera-se que alguém se porta como faria um herdeiro, se usa como tal das coisas da herança, vendendo-as, cultivando ou alugando as terras, ou se manifesta por palavras, ou por atos, a vontade de adir a herança, contanto que saiba que aquele cujos bens administra na qualidade de herdeiro morreu com ou sem testamento e que é herdeiro. Administrar na qualidade de herdeiro é administrar como dono, porquanto, entre os antigos, herdeiro quer dizer proprietário. Do mesmo modo que a simples vontade basta ao estranho para se tornar herdeiro, também a manifestação em contrário o afasta da herança. Nada impede ao surdo ou mudo de nascença, ou por fato posterior, administrar na qualidade de herdeiro e adquirir a herança, contanto que saiba o que faz.

TÍTULO XX
DOS LEGADOS
(De legatis)

Trataremos agora dos legados. Esta matéria parece estranha ao nosso assunto, porque tratamos das aquisições por título universal. Mas, depois de esgotar a matéria dos testamentos e dos herdeiros testamentários, não é sem razão que passemos à exposição da doutrina dos legados.

1. O legado é uma espécie de doação deixada pelo defunto.

2. Havia antigamente quatro espécies de legados: de reivindicação (per vindicationem), de condenação (per damnationem), de tolerância (simendi modo) e de antecipação (per praeceptionem) e havia, para cada espécie, certas palavras determinadas que as distinguiam uma das outras. As constituições imperiais aboliram inteiramente essas fórmulas verbais. Uma nossa constituição, profundamente meditada, desejando dar mais eficiência à vontade do defunto, considerando-lhe mais a intenção do que as palavras, dispôs que todos os legados, quaisquer que sejam as expressões nele usadas, tenham a mesma natureza e possam

verbis aliquid derelictum sit, liceat legatiriis id persequi, non solum per actiones personales, sed etiam per in rem, et per hypothecariam: cujus constitutionis perpensum modum ex ipsius tenore perfectissime accipere possibile est.

III. Sed non usque ad eam constitutionem standum esse existimavimus. Cum enim antiquitatem invenimus legata quidem stricte concludentem, fideicommissis autem, quae ex voluntate magis descendebant defunctorum, pinguiorem naturam indulgentem: necessarium esse diximus, omnia legata fideicommissis exaequare, ut nulla sit inter ea differentia; sed, quod de est legatis, hoc repleatur ex natura fideicommissorum, et, si quid amplius est in legatis, per hoc crescat fideicommissi natura. Sed, ne in primis legum cunabulis, permixte de his exponendo, estudiosis adolescentibus, quandam introducamus difficultatem, operae pretium esse diximus, interim separatim prius de legatis, et postea de fideicommissis tractare, ut, natura utriusque juris cognita, facile possint permitixtionem eorum eruditi subtilioribus auribus accipere.

IV. Non slum autem testatoris vel heredis res, sed et aliena legari potest: ita ut heres cogatur redimere eam et praestare, vel, si non potest redimere, aestimationem ejus dare. Sed si talis res sit, cujus non est commercium, nec aestimatio ejus debetur, sicuti, si campum Martium, vel basilica, vel templa, vel quae publico usui destinata sunt, legaverit: nam nullius momenti legatum est. Quod autem diximus, alienam rem posse legari, ita intelligendum est, si defunctus sciebat alienam rem esse, non et, si ignorabat: forsitan enim, si scisset alienam, non legasset. Et ita divus Pius rescripsit; et verius esse, ipsum qui agit, id est legatarium, provare oportere, scisse alienam rem legare defunctum; non jeredem provare oportere, ignorasse alienam: quia semper necessitas probandi incumbit illi qui agit.

V. Sed et si rem obligatam creditori aliquis legaverit, necesse habet heres luere. Et hoc quoque casu idem placet quod in re aliena, ut ita demum luere necesse habeat heres, at sciebat defunctus rem obligatam esse: et ita divi Severus et Antoninus rescripserunt. Si tamen defunctus voluit legatarium luere, et hoc expressit, non debet heres eam luere.

VI. Si res aliena legata fuerit, et ejus vivo testatore legatarius dominus factus fuerint: si quidem ex causa emptionis, ex testamento actione pretium consequi potest; si vero ex causa lucrative, veluti ex donations, vel ex alia simili causa agere non potest. Nam traditum est, duas lucrativas causas in eundem hominem et in eandem rem concurrere

142

os legatários havê-los não só pelas ações pessoais, como pela real e pela hipotecária. A sabedoria dessa constituição será facilmente apreciada pelo seu próprio teor.

3. Julgamos que não nos devíamos limitar a essa constituição e vendo os antigos encerrarem em estreitos limites os legados, concederem maior amplitude aos fideicomissos, por decorrerem mais diretamente da vontade do defunto, reputamos necessário equiparar os legados aos fideicomissos, de modo a não haver entre eles diferença; de maneira que, se faltar alguma coisa aos legados, supram-se nos fideicomissos e estes aproveitem daqueles as vantagens que tiverem. Contudo, para evitar que, desde os primeiros passos no estudo das leis, a exposição simultânea dessas matérias ocasione alguma dificuldade aos jovens estudiosos, julgamos melhor tratar primeiro dos legados e depois dos fideicomissos a fim de que, melhor conhecendo os discípulos a natureza de uns e de outros, possam mais completamente apreciar a sua síntese.

4. O testador pode legar não somente a coisa que lhe pertence ou que pertence ao herdeiro, mas ainda a coisa alheia. Neste caso, o herdeiro fica obrigado a adquiri-la para a entregar, ou não podendo adquiri-la, a dar o seu valor. O valor da coisa não é devido quando ela se acha fora do comércio, como se o testador legou o Campo de Marte, basílicas, templos, ou logradouros públicos, porque o legado é nulo. Quando dizemos que se pode legar a coisa alheia, isso só se refere ao caso de o defunto saber que pertencia a outrem, e não ao caso de o ignorar; porque, talvez, se o soubesse, não a legaria. Ao decidir neste sentido, o imperador Pio declarou, em rescrito, que incumbe ao autor, isto é, ao legatário, provar que o defunto sabia deter a coisa alheia, e não aos herdeiros provar a ignorância do testador, porque a obrigação da prova cabe sempre ao autor.

5. Quando a coisa legada constitui garantia de uma dívida, deve o herdeiro desempenhá-la. Neste caso, dá-se o mesmo que no legado de uma coisa alheia, isto é, o herdeiro fica somente obrigado a desempenhar a coisa, quando o defunto conhecia que havia sido dada em garantia da dívida, e assim resolveram os imperadores Severo e Antonino. Todavia, se o testador manifestou a vontade de que a coisa fosse desempenhada pelo legatário, o herdeiro não fica obrigado a desempenhá-la.

6. Se o legatário de coisa alheia se tornou proprietário dela antes da morte do testador por compra, pode pedir o preço da coisa pela ação de testamento. Se, porém, a adquiriu por título gratuito, como por doação ou outro semelhante, não pode pedir, porque é assente que dois títulos gratuitos não concorrem sobre uma mesma coisa em favor da mesma

non posse. Hac ratione, si ex duobus testamentis eadem res eidem debeatur, interest, utrum, rem an aestimationem, ex testamento consecutus est: nam si rem, agere non potest, quia habet eam ex causa lucrativa; si aestimationem, agere potest.

VII. Ea quoque res, quae in rerum natura non est, si modo futura est, recte legatur, veluti fructus qui in illo fundo nati erunt, aut quod ex illa ancilla natum erit.

VIII. Si eadem res duobus legata sit, sive conjunctim sive disjunctim, si ambo perveniant ad legatum, scinditur inter eos legatum; si alter deficiat, quia aut spreverit legatum, aut vivo testatore decesserit, aut alio quolibet modo defecerit, totum ad collegatarium pertinet. Conjunctim autem legatur, veluti si quis dicat: Titio et Seio hominem Stichum do lego; disjunction ita: Titio hominem Stichum do lego. Seio Stichum do lego. Sed et, si expreserit, eundem hominem Stichum, aeque disjunction legatum intelligitur.

IX. Si cui fundus alienus legatus fuerit, et emerit proprietatem detracto usufructu, et ususfructus ad eum pervenerit, et postea ex testamento agat: recte eum agere et fundum petere Julianus ait, quia usufructus in petitione servitutis locum obtinet; sed officio judicis continent, ut, deducto usufructu, jubeat aestimationem praestari.

X. Sed si rem legatarii quis ei legaverit, inutile legatum est, quia, quod proprium est ipsius, amplius ejus pert non potest; et, licet alienaverit eam, non debetur nec ipsa, nec aestimatio ejus.

XI. Si quis rem suam quasi adenam legaverit, valet legatum: nam plus valet quod in veritate est quam quod in opinione. Sed et si legatarii putavit, valere constat, quia exitum voluntas defuncti potest habere.

XII. Si rem suam legaverit testator, posteaque eam alienaverit, Celsus existimat, si non adimendi animo vendidit, nihilominus deberi, idque divi Severus et Antoninus rescripserunt. Iidem rescripserunt eum qui post testamentum factum, praedia quae legata erant pignori dedit, ademisse non legatum videri, et ideo legatarium cum herede agere posse, ut praedia a creditore luantur. Si vero quis partem rei legatae alineavit, pars quae non est alienata omnimodo debetur, pars autem alienata ita debetur, si non adimendi animo alienata sit.

XIII. Si quis debitori suo liberationem legaverit, legatum utile est; et neque ab ipso debitore, neque ab herede ejus potest here petere,

144

pessoa. Conseqüentemente, se a mesma coisa for devida ao mesmo legatário em virtude de dois testamentos, cumpre saber se recebeu pelo primeiro a coisa ou o valor; se recebeu a coisa, não a pode pedir, pois a tem por título gratuito, mas se recebeu o valor, pode pedir a coisa.

7. Lega-se validamente a coisa que ainda não existe de fato, mas deve existir, como os frutos que nascerem de tal campo, o filho que nascer de tal escrava.

8. Sendo legada uma coisa a duas pessoas conjunta ou separadamente, se ambas aceitam o legado, parte-se entre ambas. Se faltar uma delas por não querer o legado, ou por ter morrido em vida do testador, ou por qualquer outra causa, a coisa pertencerá por inteiro ao co-legatário. O testador lega separadamente quando declara: Dou, lego a Tício e a Seio o escravo Sticho; dou, lego a Seio o escravo Sticho. O legado é também feito separadamente quando o testador usa da expressão o mesmo escravo Sticho.

9. Se o legatário de um terreno de outrem comprar a nua propriedade e, em seguida, lhe vier o usufruto, Juliano diz que o legatário pode pedi-la em virtude do testamento, porque na sua petição o usufruto figura como servidão; mas deve o juiz ex-ofício mandar pagar-lhe o valor do terreno, deduzido o usufruto.

10. Se alguém deixar a um legatário uma coisa do próprio legatário, é nulo o legado, porque o que é seu, não se pode tornar mais seu; e ainda que o legatário a tenha alienado, não se lhe deve nem a coisa, nem o seu valor.

11. Se alguém legar a coisa própria, julgando-a alheia, vale o legado, porque prevalece a verdade sobre a suposição; se a julgou pertencente ao legatário, também vale o legado, porque a vontade do defunto pode ter efeito.

12. Quando o testador legou uma coisa sua e depois a alienou, segundo Celso, o legado é devido, se a vendeu sem intenção de o revogar; o mesmo decidiram em rescrito os imperadores Severo e Antonino. E também em rescrito decidiram que o testador, quando empenha os imóveis legados, não se entende revogar o legado e que, por conseguinte, o legatário pode acionar o herdeiro para os desempenhar. Quando o testador aliena parte da coisa legada, a parte não alienada fica sempre devida; mas a parte alienada é somente devida quando a alienação foi feita sem a intenção de revogar o legado.

13. Se alguém legar a dívida ao seu devedor, vale o legado e o herdeiro não pode exigi-la do mesmo devedor, de seu herdeiro ou outro sucessor. E pode ser citado pelo devedor para lhe dar quitação. Pode

neque a balio qui beredis loco est, sed et purest a debitore conveniri, ut liberet eum. Potest autem quis vel ad tempus jubere, ne heres petat.

XIV. Ex contrario, si debitor creditori suo, quod debet legaverit, inutile est legatum si nihil plus est in legato quam in debito, quia nihil amplius habet per legatum. Quod si in diem vel sub conditione debitum ei pure legaverit, utile est legatum propter repraesentationem. Quod si vivo testatore dies venerit, aut conditio extiterit, Papinians scripsit, utile esse nihilominus legatum quia semel constitit. Quod et verum est: non enim placuit sententia existimantium, extinctum esse legatum, quia ni eam causam pervenit, a qua incipere non potest.

XV. Sed si uxori maritus dotem legaverit, valet legatum, quia plenius est legatum quam de dote actio. Sed si, quam non acceperit, dotem legaverit, divi Severus et Antoninus rescripserunt, si quidem simpliciter legaverit, inutile esse legatum; si vero certa pecunia, vel certum corpus, aut instrumentum dotis in praelegando demonstrate sunt, valere legatum.

XVI. Si res legata sine facto heredis perierit, legatario decedit. Et si servus alienus legatus, sine facto heredis manumissus fuerit, non tenetur heres. Si vero heredis servus legatus fuerit, et ipse eum manumiserit, tenerit eum Julianus scripsit, nec interest scierit an ignoravit, a se legatum esse. Sed et si alii donaverit servum, et is, cui donatus est, eum manumisserit, tenetur heres, quamvis ignoraverit a se eum legatum ese.

XVII. Si quis ancillas cum sus natis legaverit, etiamsi ancillae mortuae fuerit, partus legato cedunt. Idem est, et si ordinarii servi eum vicariis legati fuerint, et licet mortui sint ordinarii tamen vicarii legato cedunt. Sed si servus cum peculio fuerit legatus, mortuo servo, vel manumisso, vel alienato, et peculii legarum extinguitur. Idem est, si fundus instructus vel com instruments legatus fuerit, nam fundo alienato et instrumenti legatum extinguitur.

XVIII. Si grex legatus fuerit, posteaque ad unam ovem pervenerit, quod superfuerit vindicari potest. Grege autem legato, etiam eas oves, quae post testamentum factum gregi adjiciuntur, legato cedere, Julianus ait, est enim gregis unum corpus, ex distantibus capitibus, sicuti aedium unum corpus est, ex cohaerentibus lapidibus.

146

também o testador mandar que o herdeiro não cobre a dívida até certo tempo.

14. Ao contrário, quando o devedor lega ao credor o que lhe é devido, faz um legado inútil, se nada mais contém do que dívida, porque o legatário não tem vantagem alguma. Quando, porém, lega puramente o que é devido no termo ou sob condição, o legado é útil por causa da antecipação. Se o termo ou a condição se realizaram em vida do testador, vale ainda o legado, porque era válido na sua origem. Assim escreveu justamente Papiniano. Não vingou, portanto, a opinião dos que julgavam extinguir-se o legado pela realização ulterior das circunstâncias, que teriam impedido a sua validade primitiva.

15. Se o marido legar o dote à mulher, vale o legado, porque é mais eficaz que a ação do dote. Quando o marido lega o dote que não recebeu, decide um rescrito dos imperadores Severo e Antonino que, se legou simplesmente o dote, o legado é inútil; se, porém, ao legá-lo indicou certa quantia em dinheiro, um corpo certo, ou contrato dotal, vale o legado. Perecendo a coisa legada sem ação do herdeiro, perderá o legatário. Se o escravo alheio legado for manumitido, sem intervenção do herdeiro, este nada deve. Quando, porém, o escravo pertencia ao herdeiro, e este o mamunitiu, Juliano diz que o herdeiro o deve, sem distinguir se sabia ou não que o testador legara. Do mesmo modo, se o herdeiro deu o escravo a um terceiro, que o manumitiu, fica ainda obrigado, mesmo ignorando a existência do legado.

16. Se a coisa legada perecer sem fato do herdeiro, perece para o legatário. Se o escravo de outrem, que foi legado, vier a ser manumitido sem fato do herdeiro, este a nada fica obrigado. Mas, se foi legado o escravo do herdeiro e este o manumitiu, fica, segundo Juliano, obrigado, sem distinguir se sabia ou não do legado. O mesmo tem lugar quando o herdeiro doou escravo e o donatário o manumitiu.

17. Quando o testador legou uma escrava com seus filhos, a morte da escrava não impede que seus filhos se compreendam no legado. Dá-se mesmo quando são legados escravos vicários com escravos ordinários: ainda que morram aqueles, estes entram no legado. Quando se lega um escravo com seu pecúlio, o legado do pecúlio extingue-se pela morte, pela manumissão, ou pela alienação do escravo. Do mesmo modo, quando se legam terras guarnecidas de instrumentos, a alienação das terras extingue igualmente o legado dos instrumentos.

18. Sendo legado um rebanho que fique depois reduzido a uma ovelha, pode o legatário reinvidicá-la. O legado de um rebanho compreende também, segundo Juliano, as ovelhas que se lhe ajuntarem depois

XIX. Aedibus denique legatis, columnas et marmora, quae post testamentum factum adjecta sunt, legato cedere.

XX. Si peculium legatum fuerit, sine dubio quidquid peculio accidit vel decidit vivo testatore, legatarii lucro vel damno est. Quod si post mortem testatoris, ante aditam hereditatem, servus acquisierit, Julianus ait, si quidem ipsi manumisso peculium legatum fuerit, omne quod ante aditam hereditatem acquisitum est, legatario cedere, quia dies hujus legati ab adita hereditate cedit; sed si extraneo peculium legatum fuerit, non cedere ea legato, nisi ex rebus peculiaribus auctum fuerit. Pecullum autem, nisi legatum fuerit, manumisso non debetur, quamvis, si vivus manumisserit suficit si non adimatur; et ita divi Severus et Antonimus rescripserunt. Idem rescripserunt, peculio legato, non videri id relictum, ut petitionem habeat pecuniae quam in rationes dominicas impendit. Idem rescripserunt, peculium videri legatum, cum rationibus redditis liber esse jussus est, et ex eo reliquas inferre.

XXI. Tam autem corporales res quam in corporales legari possunt. Et ideo, et quod defuncto debetur, potest alicui legari, ut actiones suas heres legatario praestet, nisi exegerit vivus testator pecuniam: nam hoc casu legatum extinguitur. Sed et tale legatum valet: DAMNAS ESTO HERES, DOMUM ILIUS REFICERE, VEL ILLUM AERE ALIENO LIBERARE.

XXII. Si generaliter servus vel alia res legatur, electio legatarii est, nisi aliud testator dixerit.

XXIII. Optionis legatum, id est ubi testator ex servis suis vel aliis rebus optare legatarium jusserat, habebat in se conditionem, et ideo, nisi ipse legatarius vivus optaverat, ad heredem legatum non trans-mittebat. Sed ex constitutione nostra, et hoc ad meliorem statum reformatum est, et data est licentia et heredi legatarii optare, licet vivus legatarius hoc non fecit. Et, diligentiore tractatu habito, et hoc in nostra constitutione additum est, ut sive plures legatarii existant quibus optio relicta est, et dissentiant in corpore eligendo, sive unius legatarii plures heredes, et inter se circa optandum dissentiant alio aliud corpus eligere cupiente, ne pereat legatum (quod plerique prudentium contra benevolentiam introducebant), fortunam esse hujus optionis judicem, et sorte esse hoc dirimendum, ut ad quem sors pervenia, illius sententia in optione praecellat.

148

da confecção do testamento. Com efeito, o rebanho forma um só corpo composto de cabeças distintas, como o edifício forma um só corpo composto de pedras reunidas.

19. O legado de um edifício compreende também as colunas e mármores que se lhe ajuntarem depois de feito o testamento.

20. Sendo legado um pecúlio, tudo quanto lhe acrescer ou decrescer em vida do testador é em vantagem ou prejuízo do legatário. Sendo legada a um escravo a liberdade com o pecúlio, tudo quanto ele adquirir entre a morte do testador e adição da herança lhe pertence, diz Juliano, porque o vencimento do legado coincide com a adição da herança. Mas, sendo o pecúlio legado a outra pessoa, o que lhe acrescer não pertence ao legatário, se não for fruto das coisas do mesmo pecúlio. De resto, o escravo manumitido por testamento só tem direito ao pecúlio quando lhe foi legado, ao passo que relativamente ao manumitido entre vivos basta que não lhe tenham negado expressamente; assim decidiu o rescrito dos imperadores Severo e Antonino. Segundo os mesmos imperadores, o legado do pecúlio não dá ao escravo o direito de haver as quantias que adiantou por conta de seu senhor.

Entende-se que o testador legou o pecúlio quando ordena que fique livre o escravo depois de prestadas as contas e de pago o saldo devedor com o pecúlio do escravo.

21. Podem-se legar coisas corpóreas e incorpóreas. Por conseguinte, pode o testador legar o que lhe foi devido e, neste caso, o herdeiro transfere ao legatário suas ações, salvo se o testador em vida recebeu o seu crédito, porque, neste caso, extingue-se o legado. Vale também o legado nestes termos: SEJA MEU HERDEIRO CONDENADO A REPARAR A CASA DE FULANO, OU A PAGAR AS DÍVIDAS DE SICRANO.

22. Sendo legado um escravo, ou outra coisa genericamente designada, a escolha pertence ao legatário, se o testador não dispôs o contrário.

23. O legado de opção, isto é, aquele em·que o testador ordena que o legatário escolha um de seus escravos, ou uma de suas coisas, continha antigamente uma condição; se o legatário vinha a falecer sem ter optado, o legado não se transmitia aos seus herdeiros. Mas, por uma nossa constituição reformamos este ponto e permitimos a escolha ao herdeiro do legatário, quando este em vida não optou. E dispondo com maior minúcia, preceitua a nossa constituição que, no caso de existirem

XXIV. Legari autem illis solis potest, com quibus testamenti factio est.

XXV. Incertis vero personis neque legata neque fide commissa olim relinqui concessum erat: nam nec miles quidem incertis personis poterat relinquere, ut divus Hadrianus rescripsit. Incerta autem persona videbatur, quam incerta opinione animo suo testator subjiciebat, veluti si quis ita dicat. QUICUMQUE FILIO MEO IN MATRIMONIUM FILIAM SUAM DEDERIT, EI HERES MEUS ILLUM FUNDUM DATO. Illud quoque quod his relinquebatur qui post testamentum scriptum primi consules designati erunt aequè incertae personae legari videbatur: et denique multae aliae hujusmodi species sunt. Libertas quoque non videbatur posse incertae personae dari, quia placebat nominatim servos liberari. Tutor quoque certus dari debebat. Sub certa vero demonstratione, id est, ex certis personis incertae personae, recte legabatur, veluti: EX COGNATIS MEIS, QUI NUNC SUNT, SI QUIS FILIAM MEAM UXOREM DUXERIT, EI HERES MEUS ILLAM REM DATO. Incertis autem personis legata vel fideicommissa relicta et per errorem soluta repeti non posse, sacris constitutionibus cautum erat.

XXVI. Postuma quoque alieno inutiliter legabatur: est aurem alienus postumus qui, natus, inter suos heredes testatoris futurus non est; ideoque ex emancipato filio conceptus nepus extraneus erat postumus avo.

XXVII. Sed nec hujusmodi species penitus est sine justa emendatione derelicta cum in nostro Codice constitutio posita est, per quam et huic parti medevimus, non solum in hereditatibus, sed etiam in legatis et fideicommissis; quod evidenter ex ipsius constitutionis lectione clarescit. Tutor autem nec per nostram constitutionem incertus dari debet, quia certo judicio debet quis pro tutela suae posteritati cavere.

XXVIII. Postumus autem alienus heres institui et antea poterat, et nunc potest, nisi in uteru ejus sit quae jure nostro uxor esse non potest.

XXIX. Si quis in nomine, cognomine, praenomine legatarii erraverit testator, si de persona constat, nihilominus valet legatum; idemque in heredibus servatur, et recte: nomina enim significandorum hominum gratia reperta sunt, qui si quolibet alio modo intelligatur, nihil interest.

vários legatários com direito de opção, ou vários herdeiros de um mesmo legado, que não cheguem a acordo sobre a escolha, seja a escolha decidida pela sorte, prevalecendo a opinião daquele que a sorte designar, a fim de evitar que o legado se extinga, como, contra a eqüidade, admitia a maioria dos jurisconsultos.

24. O testador só pode legar àqueles com quem tem capacidade testamentária.

25. Outrora, ninguém podia deixar legados ou fideicomissos a pessoas incertas, nem mesmo o militar, como decidiu um rescrito do imperador Adriano. Considerava-se pessoa incerta aquela que o testador não tinha presente ao espírito de uma maneira precisa, por exemplo, quando dizia: MEU HERDEIRO DARÁ TAIS TERRAS A QUEM CASAR SUA FILHA COM MEU FILHO; ou quando legava aos que primeiros fossem eleitos cônsules depois do testamento e em muitos outros casos semelhantes. Não podia o testador dar liberdade a uma pessoa incerta, porque era regra que os escravos fossem manumitidos nominalmente. Também só se podia nomear tutor pessoa certa. Legava-se, porém, validamente sob designação certa, isto é, a uma pessoa incerta a escolher entre pessoas determinadas, por exemplo, DÊ MEU HERDEIRO TAL COISA ÀQUELE DE MEUS PARENTES, HOJE EXISTENTES, QUE CASAR COM MINHA FILHA. As constituições imperiais dispunham que não se pudessem reaver os legados ou fideicomissos deixados a pessoas incertas e pagos por engano.

26. Era também nulo o legado feito ao póstumo estranho, isto é, ao que, ao nascer, não se achara no número dos herdeiros seus do testador, e tal é, em relação ao avô, o neto concebido de filho emancipado.

27. Este ponto não ficou também sem as necessárias reformas: incluímos no nosso código uma constituição que modifica essa proibição sobre pessoas incertas, não só relativamente às heranças, como aos legados e fideicomissos, o que pela sua leitura se verá facilmente. Mas, a referida constituição proíbe ainda a nomeação de pessoa incerta como tutor, porque todos devem dispor com absoluta certeza sobre a tutela dos seus descendentes.

28. O póstumo estranho podia antigamente, como pode hoje, ser instituído herdeiro, a menos que não se ache no ventre de uma mulher com quem o testador não pode casar.

29. Vale o legado, ainda quando o testador tenha errado o nome, sobrenome, ou prenome do legatário, contanto que a pessoa seja notória.

XXX. Huic proxima est illa juris regula falsa demonstratione legatum non perimi, veluti si quis ita legaverit: STICHUM SERVUM MEUM VERNAM DO LEGO: licet enim non verna, sed emptus sit, de servo tamen constat, utile est legatum. Et convenienter, si ita demonstraverit: STICHUM SERVUM QUEM A SEIO EMI, sitque ab alio emptus, utile est legatum, si de servo constat.

XXXI. Longe magis legato falsa causa non nocet, veluti cum ita quis dixerit: TITIO, QUIA, ABSENT, ME, NEGOTIA MEA CURAVIT, STICHUM DO LEGO; vel ita: TITIO, QUIA PATROCINIO EJUS CAPITALI CRIMINE LIBERATUS SUM, STICHUM DO LEGO, licet enim neque negotia testatoris unquam gessit Titius, neque patrocinio ejus liberatus est, legatum tamen valet. Sed si conditionaliter enuntiata fuerit causa, aliud juris est, veluti hoc modo: TITIO, SI NEGOTIA MEA CURAVERIT, FUNDUM DO LEGO.

XXXII. An servo heredis recte legamus, quaeritur. Et constat, pure inutiliter legari; nec quidquam proficere, si vivo testatore de potestate heredis exierit, quia, quod inutile foret legatum si statim post factum testamentum decessisset testator, hoc non debet ideo valere quia diutius testator vixerit. Sub conditione vero recte legatur,-ut requiramus, na quo tempore dies legati cedit, in potestate heredis non sit.

XXXIII. Ex diverso, herede instituto servo, quin domino recte etiam sine conditione legetur, non dubitatur. Nam, et si statim post factum testamentum decesserit testator, non tamen apud eum, qui heres sit, dies legati cedere intelligitur, cum hereditas a legato separata sit, et possit per eum servum alius heres effici, si pius quam jussu domini adeat, inalterius potestatem translatus sit, vel manumissus ipse heres efficitur: quibus casibus utile est legatum; quod si in eadem causa permanserit, et jussu lagatarii adierit, evanescit legatum.

XXXIV. Ante heredis institutionemn inutiliter antea legabatur, scilicet quia testamenta vim ex institutione heredum accipiunt, et ob id veluti caput atque fundamentum intelligitur totius testamenti heredis institutio. Pari ratione nec libertas ante heredis institutionem dari poterat. Sed quia incivile esse putavi mus ordinem quidem scripturae sequi (quod et ipse antiquitati vituperandum fuerat visum), sperni autem testatoris voluntatem: per nostram constitutionem et hoc vitium emendavimus, ut liceat, et ante heredis institutionem, et inter medias heredum institutuones,

O mesmo se observa quanto aos herdeiros. E com razão, porque os nomes foram inventados para designar os homens e pouco importa que se indiquem de outra maneira.

30. Análoga a esta é a regra segundo a qual não se anula o legado pela falsa designação, como neste exemplo: LEGO STICHO QUE NASCEU MEU ESCRAVO. Ainda que Sticho não tenha nascido no domínio do testador, mas tenha sido comprado, desde que haja certeza sobre sua identidade, o legado é válido. Do mesmo modo se disser: O ESCRAVO STICHO QUE COMPREI A SEIO, e o houver comprado a outrem, valerá o legado, desde que se saiba qual é o escravo.

31. Por mais forte razão, a falsa causa não impede a validade do legado, como neste exemplo: LEGO STICHO A TÍCIO, PORQUE ADMINISTROU MEUS NEGÓCIOS DURANTE MINHA AUSÊNCIA, ou: LEGO STICHO A TÍCIO, PORQUE POR SUA DEFESA, ME FEZ ABSOLVER DE UMA ACUSAÇÃO CAPITAL. Ainda que Tício não tenha tratado dos negócios do testador, nem o tenha libertado com sua defesa, vale o legado. Mas, não será assim, se a causa for enunciada sob forma condicional, deste modo; LEGO TAL PROPRIEDADE A TÍCIO, SE CUIDOU DOS MEUS NEGÓCIOS.

32. Duvidou-se sobre se o testador pode legar ao escravo do herdeiro. É corrente que não vale o legado feito pura e simplesmente e não aproveita mesmo que o escravo tenha saído do poder do herdeiro em vida do testador, porque o legado que seria nulo, se o testador morresse logo depois de feito o testamento, não deve valer, pois ele viveu mais tempo. Vale o legado feito sob condição, contanto que se indague se no vencimento do legado, o escravo está ou não em poder do herdeiro.

33. Pelo contrário, mesmo sem condição, vale o legado deixado ao senhor do escravo instituído herdeiro. E ainda que, logo depois de feito o testamento, houvesse morrido o testador, nem por isso se considera vencido o legado em relação ao herdeiro, poque a herança é distinta do legado e por intermédio do escravo pode ser herdeiro um terceiro, se for alienado antes de adir a herança por ordem do senhor, ou se, manumitido, tornar-se herdeiro. Nestes casos vale o legado; mas se o escravo continuar na mesma condição e adir por ordem do legatário, desaparece o legado.

34. Outrora, era nulo o legado feito antes da instituição de herdeiro, porque é a instituição que dá força a todo o testamento, e por isso se considera como seu princípio e base. Pela mesma razão não se podia dar a liberdade antes da instituição. Considerando absurdo (e os antigos já o julgavam censurável) que se atribua maior valor à ordem da

legatum relinquere, et multo magis libertatem, cujus usus favorabilior est.

XXXV. Post mortem quoque heredis aut legatarii simili modo inutiliter legabatur; veluti si quis ita dicat: CUM HERES MEUS MORTUUS ERIT, DO LEGO: item: PRIDIE QUAM HERES AUT LEGATARIUS MORIETUR. Sed simili modo et hoc correximus, firmitatem hujusmodi legatis ad fideicommissorum similitudinem praestantes, ne vel in hoc casu deterior causa legatorum quam fideicommissorum inveniatur.

XXXVI. Poenae quoque nomine inutiliter legabatur et adimebatur vel transferebatur. Poenae autem nomine legari videtur, quod coercendi heredis causa relinquitur, quo magis is aliquid faciat, aut non faciat: veluti si quis ita scripserit: HERES MEUS, SI FILIAM SUAM IN MATRIMONIUM TITIO COLLOCAVERIT (vel ex diverso, SI NON COLLOCAVERIT), DATO DECEM AUREOS SEIO; aut si ita scripserit: HERES MEUS, SI SERVUM STICHUM ALIENAVERIT (vel ex diverso, SI NON ALIENAVERIT), TITIO DECEM AUREOS DATO. Et in tantum haec regula observatur, ut perquam pluribus principalibus constitutionibus significetur, nec principem quidem agnoscere, quod ei poenae nomine legatum sit. Nec ex militis quidem testamento talia legata valebant, quamvis alia militum voluntates in ordinandis testamentis valde observentur. Quin etiam nec libertatem poenae nomine dari posse placebat; eo amplius nec heredem poenae nomine adjici posse. Sabinus existimabat, veluti si quis ita dicat: TITIUS HERES ESTO; SI TITIUS FILIAM SUAM SEIO IN MATRIMONIUM COLLOCAVERIT, SEIUS QUOQUE HERES ESTO; nihil enim intererat, qua ratione Titius coerceatur, utrum legati datione, na coheredis adjectione. Sed hujusmodi scrupulositas nobis non placuit, et generaliter ea quae relinquuntur, licet poenae nomine fuerint relicta, vel adempta, vel in alios translata, nihil distare a ceteris legatis constituimus, vel in dando, vel in adiamendo, vel in transferendo; exceptis his videlicet, quae impossibilia sunt, vel legibus interdicta, aut alias probrosa; hujusmodi enim testatorum dispositiones valere secta temporum meorum non patitur.

redação do que à vontade do testador, reformamos esta anomalia por uma constituição, em que permitimos que se deixem validamente legados antes das instituições de herdeiro, ou no meio delas, e por mais forte razão, se deixe a liberdade, que é sempre mais favorecida.

35. Do mesmo modo, era nulo o legado para depois da morte do herdeiro ou do legatário, como, por exemplo: LEGO QUANDO MEU HERDEIRO MORRER, ou: NA VÉSPERA DA MORTE DO MEU HERDEIRO, OU LEGATÁRIO. Também corrigimos este ponto dando valor a tais legados, à semelhança dos fideicomissos, de modo a não ficarem neste ponto os legados em posição inferior à dos fideicomissos.

36. Era também nulo o legado, bem como a sua revogação, ou transferência, a título de pena. Legado a título de pena é a coação do herdeiro para obrigar a fazer ou a não fazer alguma coisa, como por exemplo, SE O MEU HERDEIRO DER (OU NÃO DER) SUA FILHA EM CASAMENTO A TÍCIO, DÊ MEU HERDEIRO DEZ MOEDAS E OURO A SEIO; ou então: SE O MEU HERDEIRO ALIENAR (OU NÃO ALIENAR) O ESCRAVO STICHO, DÊ DEZ MOEDAS DE OURO A TÍCIO. Esta regra era tão vigorosamente observada que várias constituições imperiais declaravam que o próprio imperador não aceitaria legados que lhe fossem feitos a título de pena e que tais legados seriam nulos mesmo nos testamentos militares, apesar do favor de que gozam as disposições testamentárias dos soldados. E ainda mais: a própria liberdade não podia ser deixada a título de pena, nem, segundo a opinião de Sabino, a esse título adicionar-se um herdeiro, como neste exemplo: SEJA TÍCIO MEU HERDEIRO; SE TÍCIO DER SUA FILHA EM CASAMENTO A SEIO, SEJA SEIO TAMBÉM SEU HERDEIRO, pois pouco importava que o meio de constranger Tício fosse a concessão de um legado ou a adjunção de um co-herdeiro. Não aprovamos semelhante rigorismo e dispusemos em geral que os legados feitos, revogados ou transferidos a outrem, ainda mesmo a título de pena, em nada se diferenciem dos demais, quer na maneira de serem revogados ou transferidos, salvo se forem impossíveis, ilegais ou indecorosos, porque a moral de nossos tempos não permite disposições semelhantes.

TITULIS XXI
DE ADEMPTIONE ET TRANSLATIONE LEGATORUM

Ademptio legatorum, sive eodem testamento adimantur legata, sive codicillis, firma est, sive contrariis verbis fiat ademptio, veluti si quod ita quis lefaverit: DO LEGO, ita adimatur: NON DO, NON LEGO; sive non contrariis, id est aliis quibuscumque verbis.

I. Transferri quoque legatum ab alio ad alium potest, veluti si quis ita dixerit: HOMINEM STICHUM QUEM TITIO LEGAVI, SEIO DO, LEGO; sive in eodem testamento, sive in codicillis hoc facerit. Quo casu simil Titio adimi videtur, et Seio dari.

TITULUS XXII
DE LEGE FALCIDIA

Superest ut de lege Falcidia dispiciamus, qua modus novissime legatis impositus est. Cum enim olim lege Duodecim Tabularum libera erat legandi potestas, ut ficeret vel totum patrinionium legatis erogare (quippe ea lege ita cautum esset, UTI LEGASSIT SUAE REI ITI JUS ESTO), visum est hanc legandi licentiam coartare. Idque ipsorum testatorum gratia provisum est, ob id quod plerumque intestato moriebantur, recusantibus scriptis heredibus pro nullo aut minimo lucro hereditates adire. Et cum super hoc tam lex Furia, quam lex Voconia, latae sunt, quarum ncutra sufficiens ad rei consumationem videbatur, novissime lata est lex Falcidia qua cavetur ne plus legare liceat quam dodrantem totorum bonorum, id est, ut sive unus heres institutus esset, sive plures, apud eum cosve pars quarta remaneret.

I. Et cum quaesitum esset, duobus heredibus institutis, veluti Titio et Seio, si Titii pars aut tota exhausta sit legatis quae nominatim ab eo data sunt, aut nulla relicta sint legata, aut quae partem ejus dumtaxat in partem dimidiam minuant, an quia is quartam partem totius hereditatis aut amplius habet Titio nihilex legatis quae ab eo relicta aunt, retinere becat, ut quartam partem suae partis salvam habeat? placuit posse retinere. Etenim in singulis heredibus ratio legis Falcidiae ponenda est.

TÍTULO XXI
DA REVOGAÇÃO E TRANSFERÊNCIA DOS LEGADOS

É válida a revogação do legado feita tanto no próprio testamento quanto em codicilo: quer seja feita por palavras contrárias como se o que alguém legou dizendo – DOU, DEIXO, revogar dizendo – NÃO DOU, NÃO DEIXO; quer por palavras não contrárias, isto é, por quaisquer outras.

1. Pode também transferir-se o legado de uma para outra pessoa, como quando o testador, no mesmo testamento ou em condicilo, diz - DOU, DEIXO A SEIO, O ESCRAVO STICHO QUE EU TINHA DEIXADO A TÍCIO. Neste caso, dá-se revogação relativamente a Tício o legado relativamente a Seio.

TÍTULO XXII
DA LEI FALCÍDIA

Falta-nos falar da lei Falcídia, a última que limitou os legados. Antigamente pela lei das XII Tábuas era de tal modo ilimitada a faculdade de legar que o testador podia dissipar em legados todo o seu patrimônio. Com efeito, nela se lia: AQUILO QUE LEGAR SOBRE SEUS BENS SEJA LEI. Cuidou-se, por isso, de restringir essa liberdade excessiva no interesse dos próprios testadores, pois morriam muitas vezes intestados, por se recusarem os herdeiros inscritos a adir a herança, quando não viam na adição nenhuma ou significativa vantagem. Foram promulgadas a respeito as leis Fúria e Vocônia, nenhuma das quais atingiu completamente o seu alvo, e finalmente a lei Falcídia, que proíbe legar mais de três quartos da herança, isto é, ordena que fique sempre a quarta parte para os herdeiros instituídos, quer seja um só, quer muitos.

1. Controverteu-se, instituídos dois herdeiros, por exemplo, Tício e Seio, foi o quinhão de Tício de todo esgotado, ou excessivamente onerado por legados, ao passo que no de Seio não houve legados, ou somente os houve até a metade do seu quinhão, de modo que Seio recebeu a quarta parte de toda a herança ou mais. Poderá Tício reter, ou não, alguma coisa dos legados deixados na sua parte? Decidiu-se que pode reter a quarta parte do seu quinhão, porque o cálculo da lei Falcídia deve-se aplicar a cada herdeiro separadamente.

II. Quantitas autem patrimonii, ad quam ratio legis Falcidiae redigitur, mortis tempore spectatur. Itaque si, verbi gratia, is qui centum aureoruin patrirmonium in bonis habeat, centum aureo legaverit, nihil legatariis prodest, si ante aditam hereditatem per servos hereditarios aut ex partu ancillarum hereditarium aut ex foetu pecorum tantum accesserit hereditati, ut centum (aureis) legatorum nonline erogatis heres quartam (partem bereditatis) babiturus sit; sed necesse est ut nihilominus quarta pars legatis detrahatur. Ex diverso, si septuaginta quinque legaverit et ante aditam hereditatem in tantum decreverint bona, incendiis forte aut naufragüs aut morte servorum, ut non amplius quam septuaginta quinque (aureorum substantia) vel etiam minus relinquatur, solida legata debentur. Nec ea res damnosa est heredi, cui liberum est non adire hereditatem. Quae res efficit ut necesse sit legataris, ne destitute testamento nihil consequantur, eum herede in portionem pacisci.

III. Cum autem ratio legis Falcidiae ponitur, ante deducitur aes alienum; item funeris impensa et pretia servorum manumissorum: tunc demum in reliquio ita rario habetur, ut ex eo quarta pars ad heredes remaneat, tres vero partes inter legatarios distribuantur, pro rata scilicet portione ejus quod cuique eorum legatum fuerit. Itaque si fingamus quadrigentos aureos legatos esse, et patrimonii quantitatem ex qua legata erogari oportet quadringentorum esse, quarta pars singulis legatariis debet detrahi. Quod si quingentos legaverit, initio quinta, deinde quarta detrahi debet. Ante enim detrahendum est quod extra bonorum quantitatem est; deinde quod ex bonis apud heredem remanere oportet.

TITULUS XXIII
DE FIDEICOMMISSARIIS HEREDITATIBUS

Nunc transeamus ad fideicommissa. Et prius est ut de hereditatibus fidelcommissariis videamus.

I. Sciendum itaque est omnia fideicommissa prirnis temporibus infirma esse, quia nemo invitus cogebatur praestare id de quo rogatus erat. Quibus enim non poterant hereditatem vel legata relinquere, si relinquebant, fidei committebant eorum qui capere ex testamento poterant. Et ideo FIDEICOMMISSA appellata sunt, quia nullo vinculo juris, sed

2. O patrimônio sobre o qual se deve aplicar a computação da lei Falcídia é o existente ao tempo da morte. Assim, se o testador, que tinha um patrimônio de cem moedas, legou cem moedas, não é vantajoso aos legatários o fato de, antes da adição da herança, em virtude das aquisições dos escravos, ou pelos partos das escravas, ou pelas crias dos rebanhos, ter ela aumentado tanto que, distribuídas as cem moedas como legados, tenha o herdeiro a receber ainda a quarta parte da herança; mas, deve-se, apesar disso, deduzir um quarto dos legados. E inversamente, se o testador tiver legado setenta e cinco moedas, e antes da adição da herança diminuírem os bens, por incêndio casual, naufrágio, ou pela morte dos escravos, de modo a ficarem reduzidos ao valor de setenta e cinco moedas, ou menos, os legados são sempre devidos integralmente. Nem isso prejudica o herdeiro, porque pode deixar de adir a herança, o que obriga os legatários a transigirem com ele, a fim de evitarem o abandono do testamento que lhes faria perder tudo.

3. Para se fazer o cálculo da lei Falcídia, deduzem-se primeiro as dívidas, as despesas dos funerais, e o valor dos escravos manumitidos. Do que restar, retira-se uma quarta parte para os herdeiros, e as outras três distribuem-se aos legatários na proporção dos valores legados a cada um. Suponhamos que foram legadas quatrocentas moedas, e que o patrimônio do qual se devem tirar é também de quatrocentas: é preciso deduzir de cada legatário uma quarta parte. Se supusermos que foram legadas trezentas e cinqüenta, é preciso deduzir, primeiro, um quinto e, depois, um quarto, porque se deve deduzir antes de tudo o que excede ao valor dos bens e, em seguida, a porção de bens que deve caber ao herdeiro.

TÍTULO XXIII
DAS HERANÇAS FIDEICOMISSÁRIAS

Passemos agora aos fideicomissos e tratemos primeiro das heranças fideicomissárias.

1. Nos primeiros tempos, os fideicomissos não tinham valor algum, porque ninguém era obrigado a fazer o que neles se lhe pedia. Quando o testador queria deixar a herança, ou legado, a pessoa incapaz de os receber, confiava-se à fé das pessoas capazes; tais disposições chamavam-se FIDEICOMISSOS, precisamente porque não se calcavam

tantum pudore eorum qui rogabantur, continebantur. Postea divus Augustus semel iterumque, gratia personarum motus, vel quia per ipsius salutem rogatus qui diceretur, aut ob insignem quorundam perfidiam; suam interponere. Quod, quia justum videbatur et populare erat, paulatim conversum est in assiduam jurisdictionem; tantusque eorum favor factus est, ut paulatim etiam praetor proprius crearetur, qui de fideicommissis jus diceret, quem FIDEICOMMISSARIUM appellabant.

II. In primis igitur sciendum est, opus esse ut aliquis recto jure testamento heres instituatur, ejusque fidei committatur ut eam hereditatem alii restituat: alioquin inutile est testamentum, in quo nemo heres instituitur. Cum igitur aliquis scripserit: LUCIUS TITIUS HERES ESTO, poterit adjicere: ROGO TE, LUCI TITI, UT CUM PRIMUM POSSIS HEREDITATEM MEAM ADIRE, EAM GAIO SEIO REDDAS, RESTITUAS. Potes autem quis et de parte restituenda heredem rogare; et liberum est vel pure vel sub conditione relinquere fideicommissum, vel ex certo die.

III. Restituta autem hereditate, is quidem qui restituit, nihilominus heres permanet, is vero qui recipit hereditatem, aliquando heredis, aliquando legatarii loco habebatur.

IV. Et Neronis quidem temporibus, Trebelio Maximo et Annaco Seneca consulibus, senatus-consultum factum est: quo cautum est ut, si hereditas ex fideicommissi causa restituta sit (omnes) actiones quae jure civili heredi et in heredent competerent, ei et in eum darentur cui ex fideicomisso restituta sit hereditas. Post quod senatus-consultum praetor utiles actiones ei et in eum qui recepit hereditatem, quasi heredi et in heredem dare coepit.

V. Sed quia herederes scripti cum aut totam hereditatem aut pene totam plerunque restituere rogabantur, adire hereditatem ob nullum vel minimum lucrum recusabant, atque ob id extinguebantur fideicommissa: postea Vespasiani Augusti temporibus, Pegasio et Pusione consulibus, senatus censuiit, ut ei, qui rogatus est hereditatem partem retinere, atque lege Falcidia ex legatis retinere conceditur. Ex singulis quoque rebus quae per fideicommissum relinquuntur, eadem retentio permissa est. Post quod senatus-consultum, ipse heres onera hereditaria sustinebat: ille autem qui ex fideicommisso recepit partem hereditatis, legatarii partiarii loco erat, id est, ejus legatarii cui pars bonorum legabatur. Quae species legati partitio vocabatur, quia cum herede legatarius partiebatur hereditatem. Unde quae solebant stipulationes inter heredem

160

em nenhum laço jurídico, mas somente na fé daqueles a quem se pedia. Mais tarde, o imperador Augusto, por duas vezes, mandou que os cônsules interpusessem a sua autoridade, por considerações pessoais, ou porque se dizia que o testador havia feito jurar a restituição pela vida do imperador, ou por causa da extraordinária perfídia de certos indivíduos. Como essa medida pareceu justa e de acordo com a opinião.pública, converteu-se pouco a pouco a intervenção em jurisdição permanente, e tal foi o favor dispensado aos fideicomissos que se criou para eles um pretor especial, que teve o nome de FIDEICOMISSÁRIO.

2. A primeira regra a observar é instruir no testamento um herdeiro direto, ao qual se confia o encargo de restituição da herança a um terceiro, do contrário, o testamento será nulo por falta de herdeiro restituído. Quando, pois, o testador Tício escreveu – Lúcio Tício seja meu herdeiro, – poderá acrescentar – ROGO-TE, LÚCIO TÍCIO, QUE, LOGO QUE POSSAS ADIR A MINHA HERANÇA, A ENTREGUES E RESTITUAS A CAIO SEIO. Pode também o testador pedir ao herdeiro que restitua uma parte da herança somente, e pode deixar o fideicomisso com ou sem condição, ou desde certo dia.

3. Restituída a herança, quem a restitui continua não obstante a ser herdeiro; aquele que a recebe era, porém, considerado já herdeiro, já legatário.

4. No tempo de Nero, sob o consulado de Trebélio Máximo e Aneo Sêneca, promulgou-se um senatus-consulto, o qual dispunha que, restituída a herança fideicomissária, todas as ações que, segundo o direito civil, competem ao herdeiro ou contra ele, competissem também contra ou a favor do fideicomissário a quem a herança foi restituída. Depois deste senatus-consulto, o pretor concedeu ações úteis ao fideicomissário e contra ele, como se fosse herdeiro.

5. Como, porém, as mais das vezes se pedia aos herdeiros inscritos que restituíssem toda ou quase toda herança, eles recusavam adi-la em vista da nenhuma ou diminuta vantagem e assim caducavam os fideicomissos. Por isso, no reinado de Vespasiano Augusto, e nos consulados de Pegásio e Pusião, resolveu o senado que o rogado para restituir uma herança pudesse reter a quarta parte, do mesmo modo que pode reter a quarta parte dos legados pela lei Falcídia. Permitiu-se o mesmo direito de retenção a respeito das coisas singulares, deixadas em fideicomisso. Depois deste senatus-consulto, o herdeiro inscrito suportava os encargos da herança e o fideicomissário ficava como legatário parcial.

et partiarium legatarium interponi, eadem interponebantur inter eum qui ex fideicommiso recepit hereditatem et heredem: id est, ut et lucrum et damnum hereditarium pro rata parte inter eos commune esset.

VI. Ergo si quidem non plus quam dodrantem hereditatis scriptus heres rogatus sit restituere, tunc ex Trebelliano senatus-consulto restituebatur hereditas, et in utrumque actiones hereditariae pro rata parte dabantur: in heredem quidem jure civili; in eum vero qui recipiebat hereditatem, ex senatus-consulto Trebelliano, tamquam in heredem. At si plus quam dodrantem vel etiam totam hereditatem restituere rogatus esset, locus erat Pegasiano senatus-consulto; et heres qui semel adierit hereditatem, si modo sua voluntate adierit, sive retinuerit, quartam partem, sive retinere noluerit, ipse universa onera hereditaria sustinebat. Sed quarta quidem retenta, quasi partis et pro parte stipulationes interponebantur, tanquam inter partiarum legatarium et heredem; si vero totam hereditatem restitueret, emptae et venditae hereditatis stipulationes interponebantur. Sed si recuset scriptus heres adire hereditatem, ob id quod dicat eam sibi suspectam esse quasi damnosam, cavetur Pegasiano senatus-consulto ut, desiderante eo qui restituere rogatus est, jussu praetoris adeat et restituat hereditatem, perindeque ei et in eum qui recipit hereditatem actiones dantur, ac juris est ex Trebelliano senatus-consulto. Quo casu nullis stipulationibus est opus, quia simil et huic qui restituit securitas datur, et actiones hereditariae ei et in cuin transferuntur qui recepit hereditatem; utroque senatus-consulto in hac specie concurrente.

VII. Sed qui stipulationes ex senatus-consulto Pegasiano descendentes et ipsi antiquitati displicuerunt, et quibusdam casibus captiosas eas homo excelsi ingenii Papinianus upellat, et nobis in legibus niagis simplicitas quam difficultas placet: ideo, omnibus nobis suggestis tam similitudinibus quam differentiis utriusque senatus-consulti, placuit, exploso senatus-consulto Pegasiano quod postea supervenit, onmem auctoritatem Trebelliano senatus-consulto praestare, ut exeo fideicommissariae hereditates restituantur, sive habeat heres ex voluntate testatoris quartam, sive plus, sive minus, sive nihil penitus, ut tunc, quando vel nihil vel minus quarta apud eum remanet, liceat et vel quartam vel quod deest ex nostra auctoritate retinere vel repetere solutum, quasi ex Trebelliano senatus-consulto pro rata portione actionibus tam in heredem quam in fideicommisarium competentibus. Si vero totam hereditatem sponte restituerit, onmes hereditariae actiones fideicommissario et adversus eum

Chamava-se legatário parcial aquele a quem se legava uma parte dos bens e esta espécie de delegado chamava-se partição (partio), porque o legatário partilhava a herança com o herdeiro. Por isso as estipulações usadas entre o herdeiro e o legatário parcial utilizar-se-ão também entre o herdeiro e o fideicomissário que recebia a herança: pactuava dividir proporcionalmente entre si as vantagens e ônus da herança.

6. Assim, quando a restituição confiada ao herdeiro instituído não excedia a três quartas partes da herança, era esta restituída em virtude do senatus-consulto Trebeliano, e concediam-se ações hereditárias contra cada um na proporção de sua parte: contra o herdeiro, pelo direito civil, e contra o fideicomissário, pelo senatus-consulto Trebeliano, como se fosse herdeiro. Se porém, o fideicomisso abrangia a totalidade da herança, ou mais de três quartas partes, tinha lugar o senatus-consulto Pegasiano, e o herdeiro, uma vez feita a adição voluntariamente, quer tivesse renunciado, quer retido a quarta parte, suportava pessoalmente todos os encargos hereditários. A retenção da quarta parte dava lugar às estipulações de partes e porções respectivas (partis et pro parte), como entre o legatário parcial e o herdeiro: a restituição total da herança dava lugar a estipulações de herança vendida e comprada (emptae et venditae hereditatis). Se o herdeiro inscrito se recusar a adir a herança, alegando suspeitar que lhe é onerosa, dispõe o senatus-consulto Pegasiano que, a requerimento do fideicomissário, faça o herdeiro adição por ordem do pretor, e restitua a herança, competindo a favor e contra o fideicomissário ações, como no caso do senastus-consulto Trebeliano. Neste caso, não há necessidade de estipulação alguma, porque, pelas disposições de um e outro senatus-consulto, fica simultaneamente garantido quem restitui a herança, e se transferem as ações hereditárias a favor e contra quem a recebe.

7. As estipulações a que dava lugar o senatus-consulto Pegasiano tinham desagradado já os antigos, e o genial Papiniano as chama de capciosas em alguns casos. Quanto a nós, preferimos a simplicidade à dificuldade nas leis e, por isso, tendo considerado todas as semelhanças e diferenças entre os dois senatus-consultos, resolvemos abolir o senatus-consulto Pegasiano, que é o mais recente, para dar toda a autoridade ao senatus-consulto Trebeliano, a fim de que regule a restituição das heranças fideicomissárias, sem distinguir se o testador deixou ao herdeiro a quarta parte, ou mais, ou menos ou coisa alguma. Por conseguinte, se não ficar ao herdeiro coisa alguma, ou menos do que a quarta parte, poderá por

163

competant. Sed etiam id quod praecipumm Pegasiani senatus-consulti fuerat, ut quando recusabat heres scriptus sibi datam hereditatem adire, necessitas ei imponeretur totam hereditatem volenti fideicommissario restituere, et omnes ad eum et contra eum transire actiones; et hoc transponimus ad senatus-consultum Trebellianum, ut ex hoc solo necesitas heredi imponatur, si, ipso nolente adire, fideicommissarius desiderat restitui sibi hereditatem, nullo nec damno nec commodo apud heredem remanente.

VIII. Nihil autem interest utrum aliquis ex asse beres institutus, aut totam hereditatem, aut pro parte restituere rogatur, an ex parte heres institutus, aut totam partem cam partem, aut partis partem restituere rogatur: nam et hoc casu eadem observari praecipimus, quae in totius hereditatis restitutione diximus.

IX. Si quis una aliqua re deducta sive praccepta quae quartam continet, veluti fundo vel alia re rogatus sit restituere hereditatem, simili modo ex Trebelliano senatus-consulto restitutio fiat, perinde ac si quarta parte retenta rogatus esset relinquam hereditatem restituere. Sed illud interest, quod altero casu, id est cum deducta sive praecepta aliqua re vel pecunia restituitur hereditas, in solidun ex eo senatus-consulto actiones transferentur; et res quae remanent, apud heredent, sine ullo onere hereditario, apud eum remanet, quasi ex legato ei adquisita. Altero vero casu, id est cum quarta parte retenta rogatus est heres restituere hereditatem et restituere, scinduntur actiones, et pro dodrante quidem transferuntur ad fideiconudssarium; pro quadrante remanem apud heredem. Quin etiam, liect una re aliqua deducta aut praecepta restituere aliquis hereditatem rogatus est, qua maxima pars hereditatis contineatur; aeque in solidum transferuntur actiones, et secum deliberare debet is cui restituitur hereditas, an expediat sibi restitui. Eadem scilitet interveniunt, et si duabus pluribusve deductis praeceptisve rebus restituere hereditatem rogatus sit. Sed et sit certa summa deducta praeceptave, quae quarta vel etiam maximam partem hereditatis continet, rogatus sit aliquis hereditatem restituere, idem juris est. Quae autem diximus de eo qui ex asse heres institutus est, eadem transferemus et ad eum qui ex parte heres scriptus est.

X. Praeterea intestatus quoque moriturus potest rogare eum ad quem bona sua vel legitimo jure vel honorario pertinere intelligit, ut hereditatem suam totam partemve ejus, aut rent aliquam veluti fundum,

nossa autoridade reter a quarta parte, ou o que faltar para completá-la, e mesmo poderá reaver o que tiver pago em excesso, e competirão ações, como no caso do senatus-consulto Trebeliano, tanto contra o herdeiro, como contra o fideicomissário, na proporção de suas partes. Se, porém, o herdeiro restituir espontaneamente toda a herança, todas as ações hereditárias competirão ao fideicomissário e contra ele. Transportamos para o senatus-consulto Trebeliano a principal disposição do senatus-consulto Pegasiano, segundo a qual, recusando-se o herdeiro a adir, pode ser obrigado a restituir ao fideicomissário, a seu pedido, toda herança, transmitindo-se a este todas as ações ativas e passivas. Somente por este senatus-consulto é o herdeiro obrigado, quando o não quer, a adir a herança cuja restituição deseja o fideicomissário, ficando o herdeiro sem ônus nem proveito algum.

8. Pouco importa que o herdeiro tenha sido instituído na totalidade da herança e rogado a restituí-la total ou parcialmente, ou que tenha sido instituído numa parte e rogado a restituir essa parte total ou parcialmente, pois neste último caso observar-se-á o que dissemos sobre a restituição de toda a herança.

9. Se o herdeiro foi rogado a restituir toda a herança, deduzindo ou tirando antes uma coisa equivalente à sua quarta parte, como um terreno, ou outra coisa, far-se-á a restituição de acordo com o senatus-consulto Trebeliano, como se tivesse sido rogado a restituir a herança, reservando-se a quarta parte. Mas há esta diferença: no primeiro caso, isto é, quando o herdeiro é autorizado a deduzir ou a tirar uma coisa ou quantia determinada, todas as ações passam ao fideicomissário e contra ele, em virtude do senatus-consulto, adquirindo o herdeiro a coisa livre de qualquer ônus como se fosse legatário. No segundo caso, isto é, quando o herdeiro é rogado a restituir herança retendo a sua quinta parte, as ações se dividem, passando ao fideicomissário na razão de três quartas partes e ao herdeiro na de uma quarta parte. E mais ainda; embora a coisa, que o herdeiro está autorizado a deduzir ou retirar, forme a maior parte da herança, as ações hereditárias passam todas ao fideicomissário e contra ele, é o fideicomissário quem deve decidir se deve ou não aceitar a restituição. O mesmo ocorre quando o herdeiro é rogado a restituir a herança, deduzindo ou tirando diferentes coisas, ou a quarta parte, ou outra maior da herança; e também quando o herdeiro foi instituído somente em parte.

10. Pode também alguma pessoa, em caso de morte sem testamento, rogar àquele a quem caberão os bens, segundo o direito civil ou

hominem, pecuniam, aliqui restituat: cum alioquin legata, nisi ex testamento, non valeant.

XI. Eum quoque cui aliquid restituitur, potest rogareut id rursum alii, aut totum aut pro parte, vel etiam aliquid aliud restituat.

XII. Et quia prima fideicommissorum cunabula a fide heredum pendent, et tam nomen quam substantiam acceperunt, ideo divus Augustus ad necessitatem juris ea detraxit; nuper et nos eundem principem superare contendentes, ex facto quod Tribonianus, vir excelsus, quaestor sacri palatii, suggessit, constitutionem facimus per quam disposuimus: si testator fidei heredis sid commisit ut vel hereditatem vel speciale fideicommissum restituat, et neque ex scriptura neque ex quinque testium numero, qui in fideicommissis legitimus esse noscitur, possit res manifestari, sed vel pauciores quam quinque vel nemo penitus testis intervenerit; tunc sive pater heredis sive alius quicumque sit qui fidem heredis elegerit, et ab eo restitui aliquid voluerit, si heres perfidia tentus adimplere fidem recusat negando rem ita esse subsecutam; si fideicommissarius jusjurandum ei detulerit, cum prius ipse de calumnia juravit, necesse eum habere vel jusjurandum subire quod nihil tale atestatore audiverit, vel recusantem ad fideicommissi vel universitatis vel specialis solutionem coarctari, ne depereat ultima voluntas testatoris fidei heredis commissa. Eadem observari censuimus et si a legatario vel fideicommissario aliquid similiter relictum sit. Quod si is a quo relictum dicitur, postquam negaverit, confiteatur quidem aliquid a se relictum esse, sed ad legis subtilitatem decurrat, omnimodo cogendus est solvere.

TITULUS XXIV
DE SINGULIS REBUS PER FIDEICOMMISSUM RELICTIS

Potest autem quis etiam singulas res per fideicommissus relinquere, veluti fundum, hominem, vestem, aurum, argentum, pecuniam numeratam; et vel ipsum heredem rogare ut alicui restituat, vel legatarium quamvis a legatario legari non possit.

I. Potest autem non solum proprias res testator per fideicommissum relinquere, sed heredis aut legatarii aut fideicommissarii aut

pretoriano, que restitua a um terceiro total ou parcialmente a herança, ou uma coisa determinada, como um terreno, um escravo, uma quantia em dinheiro, apesar de não valerem os legados sem testamento.

11. Pode rogar-se também ao fideicomissário que, por seu turno, restitua a outrem o que lhe foi restituído, no todo ou em parte, e até mesmo outra coisa diferente.

12. Na sua origem os fideicomissos dependiam da fidelidade dos herdeiros. Daí lhes veio o nome e a natureza e também a intervenção do imperador Augusto, que os tornou obrigatórios. Tentando excedê-lo neste ponto por ocasião de um fato que nos apresentou o excelso Triboriano, questor do sagrado palácio, fizemos uma constituição, na qual dispusemos que se o testador confiou ao herdeiro a restituição da herança, ou de um objeto particular, sem que tal fato se possa provar por escrito ou por cinco testemunhas, número exigido nos fideicomissos (ou por ter sido praticado o ato sem testemunhas ou por ter sido praticado perante menos de cinco), e se o herdeiro, rogado pelo pai, ou por outrem, a restituir, se torna fiel e se recusa perfidamente à restituição, negando que tenha sido rogado, poderá o fideicomissário lhe deferir juramento depois de ter jurado sobre a própria fé. O herdeiro fica então obrigado a jurar que não foi rogado pelo testador ou, em caso de recusa, a pagar o fideicomisso universal ou particular, para que a vontade do testador, confiada à fidelidade do herdeiro, não se venha a frustrar. A mesma regra observar-se-á a respeito do legatário e do fideicomissário, rogados a restituir alguma coisa. Se aquele que se pretende ter sido encarregado de um fideicomisso, o confessa depois de o ter negado, mas ao mesmo tempo recorre às sutilezas da lei, deve ser obrigado a pagar em todo o caso.

TÍTULO XXIV
DAS COISAS SINGULARES DEIXADAS EM FIDEICOMISSO

Podem-se também deixar por fideicomisso coisas singulares, como um terreno, um escravo, um vestido, ouro, prata, dinheiro. Pode-se confiar a restituição ao herdeiro ou legatário, ainda que se não possa encarregar de um legado o legatário.

1. O testador pode deixar em fideicomisso não somente coisas próprias, mas também as pertencentes ao herdeiro, ao legatário, ao

cujuslibet alterius. Itaque et legatarius et fideicommissarius non solum de ea re rogari potest, ut eam alicui restituat, quae ei relicta sit; sed etiam de alia, sive ipsius sive aliena sit. Hoc solum observandum est, ne plus quisquam rogetur alicui restituere, quam ipse ex testamento ceperit; nam quod amplius est, inutiliter relinquitur. Cum autem aliena res per fideicommissum relinquitur, necesse est ei qui rogatus est aut ipsam redimere et praestare, aut aestimationem ejus solvere.

II. Libertas quoque servo per fideicommissum dari potest, ut heres eum rogetur manumittere, vel legatarius vel fideicommissarius. Nec interest utrum de suo proprio servo testator roget, an de eo qui ipsius heredis aut legatarii vel etiam extranei sit. Itaque et alienus servus redimi et manumitti debet. Quod si dominus eum non vendat, si modo nihil ex judicio ejus qui reliquit libertatem, recepit: non statim extinquitur fideicommissaria libertas, sed differtur; quia possit tempore prooedente, ubicumque occasio servi redimendi fuerit, praestari libertas. Qui autem ex causa fideicommissi manumittitur, non testatoris fit libertus, etiamsi testatoris servus sit, sed ejus qui manumittit. At is qui directo testamento liber esse jubetur, ipsius testatoris libertus fit, qui etiam Orcinus appellatur. Nec alius ullus directo ex testamento libertatem habere potest, quam qui utroque tempore testatoris fuerit, et quo faceret testamentum, et quo moreretur. Directa autem libertas tunc dari viditur, cum non ab alio servum manumitti rogat, sed velut ex suo testamento libertatem ei competere vult.

TITULUS XXV
DE CODICILLIS

Ante Augusti tempora constat codicillorum jus in usu non fuisse; sed primus Lucius Lentulus, ex cujus persona etiam fideicommissa coeperunt, codicillos introduxit. Nam cum decederet in Africa, seripsit codicillos testamento confirmatos, quibus ab Augusto petiit per fideicommissum, ut faceret aliquid. Et cum divus Augustus voluntatem ejus implesset, deinceps reliqui ejus auctoritatem secuti fideicommissa praestabant; et filia Lentuli legata quae jure non debebat solvit. Dicitur autem Augustus convocasse sapientes viros, inter quos Trebatium quoque, cujus tunc auctoritas maxima erat, et quaesisse an posset hoc recipi, nec absonans a-juris ratione codicillorum usus esset; et Trebatium suasisse

fideicomissário, ou a terceiro. O legatário ou o fideicomissário pode ser rogado a restituir a coisa que lhe foi deixada, ou outra diferente, quer seja própria ou alheia. Deve-se, porém, observar que ninguém seja rogado a restituir mais do que recebeu, pois o fideicomisso ficará nulo no excesso. Sempre que em fideicomisso se deixa a coisa alheia, deve o fideicomissário comprá-la e entregá-la, ou pagar o seu valor.

2. Pode-se também dar a liberdade a um escravo por fideicomisso, rogando a sua manumissão ao herdeiro, legatário, ou fideicomissário. Pouco importa que o escravo pertença ao testador, ao herdeiro, ao legatário ou a um estranho. Se pertencer a um estranho, deve ser comprado e manumitido. Se o dono não quiser vendê-lo, e no caso de não ter recebido coisa alguma da herança do testador, não se extingue imediatamente a liberdade fideicomissária, mas fica adiada, porque, com o tempo, pode oferecer-se ocasião de ser comprado e manumitido. O escravo manumitido em virtude de um fideicomisso torna-se liberto, não do testador mas do manumissor; ao contrário, o manumitido diretamente pelo testador torna-se seu liberto e chama-se escravo orcino. Somente pode ser manumitido diretamente por testamento o escravo que se achava em poder do testador por ocasião da confecção do testamento e da morte. Diz-se que liberdade é dada diretamente quando o testador não encarrega pessoa alguma de manumitir o escravo, mas quer que fique livre em virtude do próprio testamento.

TÍTULO XXV
DOS CODICILOS

Antes do tempo de Augusto não havia codicilos. Foi Lúcio Lêntulo, o mesmo que introduzido os fideicomissos, quem primeiro os pôs em prática. Com efeito, estando para morrer na África, escreveu codicilos, confirmados por testamento nos quais solicitou em forma de fideicomisso a Augusto que cumprisse o que pedia. Augusto deu execução à sua vontade, e em seguida os mais, a seu exemplo, cumpriram também os fideicomissos, e a filha de Lêntulo pagou os legados que por direito não deviam. Dizem que Augusto convocou homens ilustres entre os quais Trebácio, que gozava então de grande autoridade e lhes perguntou se poderia fazer tal inovação, e se os codicilos se não achavam em desarmonia com os princípios do direito. Trebácio foi de parecer e o declarou a

Augusto, quod diceret utilissimum et necessarium hoc civibus esse propter magnas et longas peregrinationes quae apud veteres fuissent, ubi, si quis testamentum facere non posset, tamen cillos posset. Post quae tempora, cum et Labeo codicillos tecisset, jam nemini dubium crat quin codicilli jure optimo admitterentur.

I. Non tantum autem testamento facto potest quis codicillos facere, sed intestato quis decendens fideicommittere codicillis potest. Sed ante testamentum factum codicilli cum facti erant, Papinianus ait non aliter vires habere, quam si speciali postea voluntate confirmentur. Sed divi Severus et Antoninus rescripserunt, ex iis codicillis qui testamentum praecedunt, posse fideicommissum peti, si apparet eum qui postea testamentum fecit, a voluntate quam codicillis expresserat, non necessisse.

II. Codicillis autem hereditas neque dari neque adimi potest, ne confundatur jus testamentorum et codicillorum, et ideo nec exheredatio scribi. Directo autem hereditas codicillis neque dari neque adimi potest, nam per fideicommissum hereditas codicillis jure relinquitur. Nec conditionem heredi instituto codicillis adjicere neque substituere directo potest.

III. Codicillos autem etiam plures quis facere potest, et nullam solemnitatem ordinationis disiderant.

Augusto, que os codicilos eram utilíssimos e necessários ao cidadãos em virtude das longas e demoradas jornadas que então faziam, durante as quais, não podendo fazer testamento, poderiam valer-se dos codicilos. Mais tarde, como próprio Labeão fizesse codicilos, ninguém mais duvidou que fossem perfeitamente admissíveis em direito.

1. Pode-se fazer codicilos, tendo-se feito testamento, e também deixar fideicomissos em codicilo, sem fazer testamento. Segundo Papiniano, os codicilos feitos antes do testamento somente valem quando confirmados mais tarde por disposição especial. Os imperadores Severo e Antonino decidiram em um rescrito que se pode pedir um fideicomisso em virtude de codicilo anterior ao testamento, provando que o testador não se afastara da vontade primeiramente manifestada.

2. Não se pode no codicilo dar nem tirar uma herança e, portanto, deserdar; isso equivaleria a confundir o testamento com o codicilo. Não se pode dar ou tirar uma herança diretamente por codicilo, mas pode ser deixada validamente em forma de fideicomisso. No codicilo não se pode também impor condição ao herdeiro instituído, nem lhe dar substituto diretamente.

3. Podem-se fazer muitos codicilos, e não se exige na sua confecção solenidade alguma.

LIVRO III

TITULUS I
DE HEREDITATIBUS QUAE AB INTESTATO DEFERUNTUR

Intestatus decedit, qui aut ormino testamentum non fecit, aut non jure fecit; aut id quod fecerat, ruptum irritumve factum est, aut nemo ex eo heres extitit.

I. Intestatorum autem hereditates ex lege Duodecim-Tabularum primum ad suos heredes pertinent.

II. Sui autem heredes existimantur, ut supra diximus, qui in potestate morientis fuerint: veluti filius, filia, nepos neptisve ex filio, pronepos proneptisve ex nepote, ex filio nato prognatus prognatave. Nec interest utrum naturales sint liberi an adoptivi. Quibus connumerari necesse est etiam eos qui ex legitimis quidem matrimoniis non sunt progeniti, curüs tamen civitatum dati, secumdum divalium constitutionum quae super his positae sunt tenorem, heredum suorum jura nanciscuntur. Necnon eos quos nostrae amplexae sunt constitutiones, per quas jussimus, si quis mulierem in suo contubernio copulaverit, non ab initio affectione maritali, eam tamen cum qua poterat habere conjugium, ex ea liberos sustulerit; postea vero affectione procedente etiam nuptialia instrumenta cum ea fecerit et filios vel filias habuerit, non solum eos ħiberos qui post dotem editi sunt, justos et in potestate patris esse, sed etiam anteriores qui et eis qui postea nati sunt, occasionem legitimi nominis praestiterunt. Quod obtinere censuimus, etsi non progeniti fuerin post dotale instrumentum confectum liberi, vel etiam nati ab hac luee fuerint subtracti. Ita demum tamen nepos neptisve, pronepos pronepstive, suorum, heredum numero sunt, si praecedens persona desierit in potestate parentis esse; sive morte id accident, sive alia ratione, veluti emancipatione. Nam si per id tempus quo quis moreretur, filius in potestate ejus sit, nepos ex eo suus heres esse non potest. Idque et in ceteris deinceps liberorum personis dictum intelligimus. Postumi quoque que si vivo parente nati essent, in potestate ejus futuri forente, sui heredes sunt.

III. Sui autem etiam heredes ignorantes fiunt, et licet furiosi sint heredescs possunt existere: quia quibus ex causis ignorantibus nobis

LIVRO III

TÍTULO I
DAS HERANÇAS DEFERIDAS AB-INTESTADO

Morre intestado quem não fez testamento, ou o fez ilegalmente, ou fez testamento que veio a tornar-se roto, írrito, ou sem herdeiro.

1. Pela Lei das XII Tábuas, a herança dos intestados pertence, em primeiro lugar, aos herdeiros seus.

2. Consideram-se herdeiros seus, como dissemos anteriormente, os que, por ocasião da morte do testador, estavam sob o seu poder, como o filho, a filha, o neto ou a neta, filhos de um filho, e o bisneto ou a bisneta, filhos de um neto, filho de um filho, quer tais descendentes o sejam por natureza, quer por adoção. Entre eles devem incluir-se também os que não sendo nascidos de casamento legítimo, mas tendo sido oferecidos às cúrias das cidades, na forma das constituições imperiais, adquiriram os direitos de herdeiros seus. E também se devem incluir os compreendidos nas constituições em que ordenamos que, se alguém, sem afeição marital, coabitar com uma mulher, com quem se poderia casar, e dela houver filhos, e se mais tarde sobreviver a afeição marital, fixe com ela os instrumentos nupciais, e tiver mais outros filhos ou filhas, fiquem legítimos, e sob o pátrio poder, não somente os nascidos depois da constituição do dote, mas também os anteriores, que deram ocasião a nascerem aqueles legítimos. O mesmo ordenamos que se observe, ainda quando não haja filhos depois da confecção do instrumento dotal, ou quando os filhos tenham morrido. Todavia, os netos ou netas, bisnetos ou bisnetas, somente se contam entre os herdeiros seus, quando a pessoa que os precede deixou de estar sob o poder do ascendente, ou por morte, ou por qualquer outra causa, como, por exemplo, por emancipação. Porque, se, por ocasião da morte de um cidadão, o seu filho se acha ainda sob o seu poder, o neto, filho do filho, não pode ser herdeiro seu, e do mesmo modo os outros descendentes. Os póstumos que, se houvessem nascido em vida do ascendente, teriam estado sob o poder dele, são também herdeiros seus.

3. Os herdeiros seus tornam-se tais, mesmo sem o saberem e ainda que sejam loucos; porque os loucos podem adquirir pelas mesmas

adquiritur, ex his causis et furiosis adquiri potest, et statim a morte parentis quasi continuatur dominium. Et ideo nec tutoris auctoritate opus est pupillis, cum etiam ignorantibus adquiratur suis heredibus hereditas, nec curatoris consensu adquiritur furioso, sed ipso jure.

IV. Interdum autem, licet in potestate mortis tempore surs heres non fuerit, tamen suus heres parenti efficitur: veluti si ab hostibus reversus qui fuerit post mortem patris. Jus enim postliminii hoc facit.

V. Per contrarium autem evenit ut, licet quis in familia defuncti sit mortis tempore, tamen suus heres non fiat: veluti si post mortem suam pater judicatis fuerit perduellionis seus, ac per hoc memoria ejus damnata fuerit. Suum enim heredem habere non potest, cum fiscus ei succedit; sed potest dici ipso jure suum heredem esse, sed desinere.

VI. Cum filius filiave, et ex altero filio nepos neptisve extant, pariter; ad hereditatem avi vocantur; nec qui gradu proximior est, ulteriorem exclucit. AEquum enim esse videtur nepotes neptesque in patris aut locum succedere. Pari ratione, et si nepos neptisve sit ex filio, et ex nepote pronepos proneptisve, simul vocantur. Et quia placuit nepotes neptesque, item pronepotes et proneptes in parentis sui locum succedere, conveniens esse visum est non in capita, sed in stirpes hereditatem dividi: ut fillus partem dimidiam hereditatis habeat, et ex altero filio duo pluresve nepotes alteram dimidiam. Item, si ex duobus filiis nepotes neptesve extant, ex altero unus fort aut duo, ex altero tres aut quatuor, ad unum aut duos dimidia pars pertinet, ad tres vel quatuor altera dimidia.

VII. Cum autem quaeritur an qui suns heres existere possit, eo tempor e quaerendum est quo certum est aliquem sine testamento deces- sisse, quod accidit et destituto testamento. Hac ratione, si filius exheredatus fuerit et extianeus heres institutus; et filio mortuo postea certum fuerit heredem institutum ex testamento non fieri heredem, aut quia noluit esse heres, aut quia non potuit, nepos avo suns heres existet: quia, quo tempore certum est intestatum decessisse patrem familias, solus invenitur nepos: et hoc certum est.

VIII. Et licet post mortem avi natus sit, tamen avo vivo con- ceptus, mortuo patre ejus, posteaque deserto avi testamento, suus heres efficitur. Plane, si et conceptus et natus fuerit post mortem avi, mortuo patre suo desertoque postea avi testamento, suus heres avo non existet,

causas pelas quais adquirimos ainda sem o sabermos, há como que uma continuação do domínio, logo que o ascendente morre. Donde se segue que o pupilo não precisa da autoridade do tutor, nem o louco da do curador para a aquisição da herança, que se realiza ainda que o não saibam e de pleno direito.

4. Às vezes, o descendente que não se achava sob o poder do ascendente ao tempo da sua morte, torna-se herdeiro seu, por exemplo, quando volta do poder do inimigo depois da morte do pai, porque é esse o efeito do direito de poslimínio.

5. E, inversamente, o descendente que se acha na família do defunto ao tempo da morte deste, pode não ser herdeiro seu, por exemplo, se depois de morto, o pai for julgado réu de alta tradição e, por isso, condenada a sua memória. Não pode neste caso ter herdeiro seu, porque lhe sucede o fisco; ou melhor, teve por direito um herdeiro seu que o deixou de ser.

6. Havendo um filho ou uma filha, e um neto ou neta, filhos de outro filho, são chamados igualmente à herança do avô, e o de grau mais próximo não exclui o de remoto. É justo que os netos e netas sucedam no lugar de seu pai. Por razão de igualdade, havendo um neto ou neta, filhos de um filho e um bisneto ou bisneta, filhos de um neto, são chamados conjuntamente. E desde que se admitiu sucederem os netos, netas, bisnetos, bisnetas, em lugar de seus pais, julgou-se conveniente dividir a herança, não por cabeças, mas por estirpes, de modo que um filho tenha a metade da herança e os dois ou mais netos, filhos de outro filho, tenham a outra metade.

7. Para saber se alguém pode ser herdeiro seu, cumpre indagar o tempo em que se adquiriu a certeza do falecimento sem testamento, ou com testamento que foi abandonado. Portanto, se, tendo sido deserdado o filho e instituído herdeiro um estranho, morrer o filho, e se verificar depois que o instituído, ou porque não quis, ou porque não pôde, não se tornou herdeiro pelo testamento, o neto ficará herdeiro do avô, pois é o único herdeiro por ocasião da morte intestada; e isto não oferece dúvida.

8. O neto, concebido durante a vida do avô, ainda que nascido depois de sua morte, pela morte do pai e pelo abandono posterior do testamento do avô, torna-se seu herdeiro. É evidente que, se foi concebido depois da morte do avô, a morte do pai e o abandono posterior do testamento não o tornam herdeiro seu, porque nunca teve laço de parentesco com o pai de seu pai. Pela mesma razão não se conta entre os descendentes do avô o filho adotivo do filho emancipado. Esses descendentes, porque não se contam como tais em relação à herança,

quia nullo jure cognationis patrem sui patris tetigit. Sic nec ille est inter liberos avi, quem filius emancipatus adoptaverat. Hi autem, cum non sint quantum ad hereditatem liberi, neque bonorurum possessionem petere possunt quasi proximi cognati. Hacs de suis heredibus.

IX. Emancipati autem liberi, jure civili nihil juris habent: neque enim sui heredes sunt, quia in potestate parentis esse desierunt, neque ullo alio jure per legem Duodecim Tabularum vocantur. Sed praetor, naturali aequitate motus, dat eis bonorum possessionem UNDE LIBERI, perinde ac si in potestate parentis tempore mortis fuissent: sive soli sint, sive cum sive heredibus concurrant. Itaque, duobus liberis extantibus, emancipato et qui tempore mortis in potestate fuerit, sane quidem is qui in potestate fuerit, solus jure civili heres est, id est, solus suus heres. Sed, cum emancipatus beneficio praetoris in partem admittitur, evenit ut suus heres pro parte heres fiat.

X. At hi qui emancipati a parente in adoptionem se dederunt, non admittuntur ad bona naturalis patris quasi liberi: si modo, cum is moreratur, in adoptiva familia fuerint. Nam vivo eo emancipati ab adoptivo patre, perinde admittuntur ad bona naturalis patris, ac si eman-cipati ab ipso essent, nec unquam in adoptiva familia fuissent. Et conve-nienter quod ad adoptivum patrem pertinet, extraneorum loco esse incipiunt. Post mortem vero naturalis patris emancipati ab adoptivo, et quantum ad hunc aeque extraneorum loco fiunt; et quantum ad naturalis parentis bona pertinet, nihilo magis liberorum gradum nanciscuntur. Quod ideo sic placuit, quia iniquum erat esse in potestate patris adoptivi, ad quos bona naturalis patris pertinerent, utrum ad liberos ejus, an ad agnatos.

XI. Minus ergo juris habent adoptivi quam naturales: namque naturales emancipati beneficio praetoris gradum liberorum retinent, licet jure civili perdant; adoptivi vero emancipati, et jure civile perdunt gradum liberorum, et a praetore non adjuvantur: et recte. Naturalia enim jura civilis ratio perimere non potest; nec quia dessinunt sui heredes esse, desinere possunt filii filieve, aut nepotes neptesve esse. Adoptivi vero emancipati extraneorum loco incipiunt esse, quia jus nomenque filii filiaeve, quod per adoptionem consecuti sunt, alia civili ratione, id est emancipatione, perdunt.

XII. Ea dem heac observantur et in ea bonorum possessione, quam contra tabulas testamenti parentis liberis praeteritis, id est, neque

176

não podem também pedir a posse dos bens como cognados mais próximos. Isto quanto aos herdeiros seus.

9. Os descendentes emancipados não têm o direito algum pela lei civil, pois nem são herdeiros seus, porque deixaram de estar sob o poder do ascendente, nem a Lei das XII Tábuas os chama por algum outro título. Mas o pretor, inspirado na justiça natural, dá-lhes a posse dos bens como a descendentes (*unde liberi*), como se estivessem sob o poder do testador ao tempo da morte deste, quer sejam sós, quer concorram com herdeiros seus. Assim, havendo ao morrer o ascendente, dois descendentes, um emancipado e o outro não, este é, indubitavelmente, o herdeiro único pelo direito civil, isto é, o único herdeiro seu. Como, porém, o emancipado é admitido a uma parte da herança pelo benefício do pretor, o seu herdeiro torna-se herdeiro de uma parte.

10. Os emancipados por um ascendente, que se deram em adoção, não são admitidos à herança do pai natural como descendência, se, ao tempo da morte deste, estavam ainda na família adotiva. Mas, se o pai adotivo os emancipa, em vida do pai natural, são admitidos aos bens deste último, como se depois da emancipação não tivessem passado para a família adotiva. Conseqüentemente, em relação ao pai adotivo, depois da morte do pai natural, ficam estranhos relativamente ao pai adotivo desde a emancipação, mas não adquirem direito algum a concorrer à herança do pai por natureza. Estabeleceu-se esta regra porque seria iníquo que dependesse do arbítrio do pai adotivo determinar que os bens do pai natural passassem aos descendentes ou aos agnados deste.

11. Os adotivos têm, pois, menos direito que os filhos naturais, porque estes, na condição de emancipados, posto que percam pelo direito civil a qualidade de descendentes, todavia, conservam-na pelo benefício do pretor; ao passo que os adotivos emancipados não só perdem aquela qualidade pelo direito civil, mas também o socorro do pretor e com razão. Com efeito, a lei civil não pode destruir os direitos naturais, e esses descendentes não deixam de ser filhos ou filhas, netos ou netas, pelo fato de deixarem de ser herdeiros seus. Quanto aos filhos adotivos, uma vez emancipados, tornam-se estranhos, porque perdem o nome e o direito de filhos ou filhas, que adquiriram por adoção em virtude de uma outra instituição civil: a emancipação.

12. As mesmas regras observam-se relativamente à posse dos bens que o pretor promete contra o conteúdo do testamento (*contra tabulas*) do ascendente aos descendentes preteridos, isto é, não instituídos,

177

heredibus institutis, neque ur oportet exheredatis, praetor pollicetur. Nam eos quidem qui in potestate parentis mortis tempore fuerint, et emancipatos, vocat praetor ad eam bonorum possessionem, eos vero, qui in adoptiva familia fuerint per hoc tempus quo naturalis parens moreretur, repellit. Item, adoptivos liberos emancipatos ab adoptivo patre, sicut ab intestato, ita longe minus contra tabulas testamenti ad bona ejus non admitit; quia desinunt numero liberorum esse.

XIII. Admonendi tamen summus, eos qui in adoptiva familia sunt, qui post mortem naturalis parentis ab adoptivo patre emancipati fuerint, intestato parente naturali mortuo, licet ea parte edicti qua liberi ad bonorum possessionem vocantur, non admittantur, alia tamen parte vocari, id est, qua cognati defuncti vocantur. Ex qua parte ita admittuntur, si neque sui heredes liberi, neque emancipati obstent, neque agnatus quidem ullus interveniat. Ante enim praetor liberos vocat tam suos heredes quam emancipatos, deinde legitimos heredes, deinde proximos cognatos.

XIV. Sed ea omnia antiquitati quidem placuerunt, aliquam autem emendationem a nostra constitutione acceperunt, quam super his personas posuimus, quae a patribus suis naturalibus in adoptionem aliis dantur. Invenimus et enim nonnullos casus, in quibus filii et naturalium parentum successionem proper adoptionem amittebant, et, adoptione facile per emancipationem soluta, ad neutrius patris successionem vocabantur. Hoc solito more corrigentes, constitutionem scripsimus per quam definivimus quando parens naturalis filium suum adoptandum alii dederit: integra omnia jura ita servari atque si in patris naturalis potestate permansisset, nec penitus adoptio fuisset, subsecuta: nisi in hoc tantum – modo casu, ut possit ab intestato ad patris adoptivi venire successionnem. Testamento autem ab eo facto, neque jure civili neque practorio ex hereditate ejus aliqud persequi potest; neque contra tabulas bonorum possessione agnita, neque inofficiosi querela instituta; cum nec necessitas patrio adoptivo imponatur vel heredem eum instituere vel exheredatum facere, utpote nullo vinculo naturali corpulatum neque si ex Sabinano senatus-consulto ex tribus maribus fuerit adoptatus. Nam et in ejusmodi casu neque quarta et servatur, neque ulla actio ad ejus persecutionem et competit. Nostra autem constitutione exceptus est is, quam parens nationalis adoptandum susceperit. Utroque enim jure, tam naturali quam legitimo, in hac perso-nam concurrente pristina jura tali adoptioni servavimus, quemadmodum si pater familias sese dederit adrogandum. Quae specialiter et singulatim ex praefatae constitutionis tenore possunt colligi.

nem deserdados regularmente. Com efeito, o pretor chama a essa posse dos bens não só os que se achavam sob o poder do ascendente no dia de sua morte, como também os emancipados; mas exclui os que a esse tempo se achavam na família adotiva. Do mesmo modo, os filhos emancipados pelo pai adotivo, porque não são chamados ab-intestado aos bens deste, por maioria de razão, não se admitem à posse contra a letra do testamento (*contra tabulas*), porque deixaram de ser descendentes.

13. Cumpre, contudo, advertir que aqueles que estão na família adotiva, ou são emancipados depois de morto o pai natural, bem que, morrendo este intestado, não sejam admitidos à posse dos bens pela disposição do edito que a ela chama os cognados do defunto. Esta última os admite quando não há nem herdeiros seus, nem emancipados, nem agnados, pois o pretor chama primeiro os descendentes herdeiros seus ou emancipados, depois os herdeiros legítimos, depois os agnados mais próximos.

14. Tal era o direito antigo em que nossa constituição realiza várias modificações no que diz respeito aos filhos dados em adoção pelo pai natural. Na verdade, encontramos casos em que o filho perdia o direito de suceder a seu pai natural em virtude da adoção e, pela extinção desta, tão fácil por meio da emancipação, não sucedia nem ao pai natural nem ao adotivo. Corrigindo este ponto como de costume, determinamos em uma constituição que, quando o pai natural der o filho em adoção a outrem, conservem-se intatos todos os direitos do filho, como se continuasse sob o poder do pai por natureza, salvo somente o caso de suceder ab-intestado ao pai adotivo. Mas, se o pai adotivo fez testamento, o filho adotivo nada poderá pretender da herança, nem por direito civil, nem por direito pretoriano, nem pela posse dos bens contra a letra do testamento (*contra tabulas*), nem pela querela de inoficiosidade, porque o pai adotivo não tem obrigação de instituir ou de deserdar a quem lhe não está ligado por laço algum natural e isso mesmo quando se tratar de um filho adotado dentre três varões na forma do senatus-consulto Afiniano. Mesmo neste último caso, o filho adotivo não tem direito à quarta parte da herança, nem ação alguma para havê-la. Nossa constituição excetuou, entretanto, o adotado por um ascendente natural, pois, concorrendo na sua pessoa o vínculo natural e o civil, conservamos a essa adoção os seus antigos efeitos, como os conservamos também à ad-rogação de um pai de família, o que tudo melhor se pode ver, e mais minuciosamente, do texto de nossa constituição.

XV. Item vetustas ex masculis progenitos plus diligens, solos nepotes qui ex virili sexu descendant, ad suorum vocabat successionem; et jure agnatorum eos anteponebat; nepotes autem qui ex filiabus nati aunt, et pronepotes ex neptibus, cognatorum loco numerans post agnatorum lineam eos vocabat, tam in avi vel proavi materni, quam in aviae vel proaviae sive paternae sie matemae successionem. Divi autem principes non passi sunt talem contra naturam injuriam sine competenti emendatione relinquere: sed cum nepotis et prenepotis nomen commune est utrisque qui tam ex masculis quam ex feminis descendunt, ideo eundem gradum et ordinem successionis eis donaverunt. Sed ut amplius aliquid sit eis qui non solum naturae, sed etiam veteris juris suffragio muniuntur, portionem nepotum vel neptum vel deinceps de quibus supra diximus, paulo minuendam esse existimaverunt: ut minus tertiam partem acciperent, quam mater eorum vel avia fuerat acceptura, vel pater eorum vel avus paternus sive maternus, quando femina mortua sit cujus de hereditate agitur: iisque, licet soli sint, adeuntibus agnatos minime ocabant. Et quemadmodum lex Duodecim Tabularum filio mortuo nepotes vel neptes, pronepotes vel pronepotes in locum patris sui ad successionem avi vocat, ita et principalis dispositio in locum matris suae vel aviae, cum jam designate partis tertiae deminutione vocat.

XVI. Sed nos, cum adhuc dubitatio manebat inter agnatos et memoratos nepotes, quartam partem substantiae defuncti agnatis sibi vindicantibus ex cujusdam constitutionis auctoritate, memoratam quidem constitutionem a nostro Codice segregavimus, neque insert eam ex Theodosiano Codice in eo concessimus. Nostra autem constitutione promulgata, toti juri ejus derogatum est; et sanximus, talibus nepotibus ex filia vel pronepotibus ex nepte et deinceps superstitious, agnatos nullam partem mortui successionis sibi vindicare; ne hi qui ex transverse linea veniunt, potiores iis habeantur qui recto jure descendunt. Quam constitutionem nostram obtinere secundum sui vigorem et tempora et nunc sancimus: ita tamen, ut quemadmodum inter filios et nepotes ex filio antiquitas statuit non in capita sed in stirpes dividi hereditatem; similiter nos inter filios et nepotes ex filia distributionem fieri jubemus, vel inter onmes nepotes et neptes et alias deinceps personas: ut utranque progenies matris suae vel patris, áviae vel avi portionem sine ulla deminutione consequatur: ut si forte unus vel duo ex una parte, ex altera tres aut quatuor extens, unus aut duo dimidiam, alteri tres aut quatuor alteram dimidiam hereditatis habeant.

15. Os antigos, por favorecerem os ascendentes masculinos, somente chamavam à sucessão dos ascendentes os netos ou netas em linha masculina, antepondo-os aos agnados. Os netos, nascidos de uma filha, e os bisnetos, nascidos de uma neta, incluíam-se entre os cognados e somente eram chamados à sucessão do avô ou bisavô materno, ou da avó ou bisavó paterna ou materna, em seguida aos agnados. Os imperadores não admitiram que ficasse sem a devida correção tamanha violação do direito natural, e como o nome do neto ou bisneto se aplica do mesmo modo aos descendentes em linha masculina e feminina, deram a uns e outros o mesmo grau na sucessão. Mas, para que tivessem a mesma vantagem os que se apóiam na natureza como no direito antigo, julgaram dever ser um pouco menor o quinhão dos netos ou bisnetos, e outros descendentes em linha feminina, de modo a receberem um terço menos do que receberia sua mãe ou avó, ou seu pai ou avô paterno ou materno, quando se tratar da sucessão de uma mulher. Quando não havia outros descendentes, bastava-lhes fazer adição para excluir os agnados. E assim, como a lei das XII Tábuas chama os netos ou netas, bisnetos ou bisnetas, a ocupar na sucessão do avô o lugar de seu pai pré-morto, uma constituição imperial os chama também, mediante a dedução do terço referido, a ocupar o lugar de sua mãe ou avó.

16. Rejeitamos essa constituição e não permitimos que passasse do Código Teodosiano para o nosso, porque se levantavam dúvidas entre os agnados e os descendentes acima referidos, pretendendo os agnados ter direito à quarta parte da herança em virtude da mesma constituição imperial. Por uma nossa constituição, derrogamos todo esse direito, e ordenamos que, existindo netos ou bisnetos, nascidos da filha ou da neta, e assim por diante, os agnados não poderão concorrer à sucessão, não devendo os colaterais ser preferidos aos descendentes em linha reta. E ordenamos de novo que a nossa referida constituição se cumpra segundo seu teor desde sua data. Todavia, como no caso de concorrer um filho com os filhos de outro filho, a herança se dividia, não por cabeças, mas por estirpe, queremos que do mesmo modo se divida quer entre um filho e os filhos de uma filha, quer entre vários descendentes do mesmo grau, como os netos, as netas e outros. Assim, os descendentes de ambos os lados receberão, sem dedução alguma, o quinhão integral de seu pai ou mãe, avô ou avó, e se, por exemplo, houver de um lado um ou dois descendentes e três ou quatro de outro, aquele ou aqueles receberão uma metade da herança e os outros, três ou quatro, a outra metade da herança.

TITULUS II
DE LEGITIMA AGNATORUM SUCCESSIONE

Si nemo suus heres, vel eorum quos inter suos heredes practor vel constitutiones vocant, extat, qui successionem quoquo modo amplectatur, tunc ex lege Duodecim Tabularum ad agnatum proximum pertinet hereditas.

I. Sunt autem agnati, ut primo quoque libro tradidimus, cognati per virilis sexus personas cognatione conjuncti, quasi a patre cognati. Itaque eodem patre nati fratres, agnati sibi sunt, qui et consanguinei vocantur, nec requiritur an etiam eandem matrem habuerint. Item patruus fratris fillo, et invicem is illi agnatus est. Eodem numero sunt fratres patrules, id est, qui ex duobus fratribus procreati sunt, qui etiam consobrini vocantur. Qua ratione etiam ad plures gradus agnationis pervenire poterimus. It quoque qui post mortem patris nascuntur, jura consangunitatis nanciscuntur. Non tamen omnibus simul agnatis dat lex hereditatem; sed iis qui tunc proximiore gradu sunt, cum certum esse coeperit aliquem intestatum decessisse.

II. Per adoptionem quoque agnationis jus constant, veluti inter filios naturales, et eos quos pater eorum adoptavit. Nec dubium est quin improprie consanguinei appellentur. Item, si quis ex ceteris agnatis tuis, veluti frater aut patruus, aut denique is qui longiore gradu est, adoptaverit aliquem, agnatos inter suos esse non dubitatur.

III. Ceterum inter masculos quidem agnationis jures hereditas, etiam longissimo gradu, ultro citroque capitur. Quod ad feminas vero, ta placebat, ut ipsae consanguinitatis jure tantum capiant hereditatem, si sorores sint; ulterius non capiant: masculi autem ad aerum hereditates, etiamsi longissimo gradu sint, admittantiir. Qua de causa, fratris tui aut patrui tui filiae, vel amitae tuae hereditas ad te pertinet; tua vero ad illas non pertinebat. Quod ideo ita constitutum erat, quia commodius videbatur ita jura constitui, ut plerumque hereditates ad masculos confluerent. Sed quia sane iniquum erat in universum eas quasi extraneas repelli, praetor eas ad honorum possessionem admittit ea parte qua proximitatis nomine honorum possessionem pollicetur. Ex qua parte ita scilicet admittuntur, si neque agnatus nuns, neque proximior cognatus interveniat. Et haec quidem lex Duodecim Tabularum nullo modo introducit; sed simplicitatem legibus amicam amplexa, simili modo omnes agnatos sive masculos sive

TÍTULO II
DA SUCESSÃO LEGÍTIMA DOS AGNADOS

Se não houver herdeiro seu, ou nenhum dos que, entre os seus herdeiros, são chamados pelo pretor ou pelas constituições, que de qualquer modo suceda, a herança pertence ao agnado mais próximo segundo a Lei das XII Tábuas.

1. Agnados são, como já no primeiro livro dissemos, os parentes pela linha masculina, isto é, os cognados ou parentes pelo pai. Assim, os filhos de um mesmo pai, ainda que não tenham a mesma mãe, são agnados, e chamam-se também consangüíneos. Do mesmo modo, o tio paterno e o sobrinho, filho de seu irmão, são agnados um do outro, como o são também os irmãos primos, isto é, os filhos nascidos de dois irmãos, que se chamam primos co-irmãos, e assim em seguida quanto aos graus mais afastados da agnação. São igualmente consangüíneos os filhos nascidos depois da morte do pai. A lei não dá a herança a todos os agnados conjuntamente, mas aos mais próximos em grau, no momento em que se verifica que o defunto morreu intestado.

2. A adoção estabelece também o direito de agnação, por exemplo, entre os filhos naturais e os que o pai adotou, os quais são chamados impropriamente consangüíneos. Também se um de seus agnados, por exemplo, teu irmão, teu tio paterno, ou outro em grau mais afastado, adotar alguém, este último entra indubitavelmente no número dos teus agnados.

3. Entre os varões, a agnação até no grau mais afastado, dá direito recíproco à herança. Quanto às mulheres, entendiam que herdassem pelo direito de consangüinidade, só as irmãs e não as de grau mais afastado; ao passo que os varões, mesmo os de grau mais remoto, eram admitidos a herdarem delas. Assim, tu sucederias à filha de teu irmão, ou de teu tio paterno, ou de tua tia paterna, porém elas não te sucederiam. Tinha-se introduzido essa regra por parecer mais vantajoso que a maior parte das heranças coubesse aos varões. Mas, como era muito injusto que todas as mulheres fossem excluídas, o pretor as admite à posse dos bens que, pelo seu edito, promete por ordem de proximidade, quando não existiu agnado ou cognado algum, mais próximo em grau. De resto, a Lei das XII Tábuas não introduziu nenhuma destas distinções, mas adotando a simplicidade que convém às leis, chamava indistintamente à

feminas cujuscumque gradus, ad similitudinem suorum, invicem ad successionem vocabat. Media autem jurisprudentia, quae erat quidem lege Duodecim Tabularum junior, imperiali autem dispo-sitione anterior, subtilitate quadam excogitata praefatam differentiam inducebat, et penitus eas a successione agnatorum repellebat, omni alia successione incognita: donec praetores paulatim asperitatem juris civilis corrigentes, sive quod decerat implentes, humano proposito alium ordinem suis edictis addiderunt; et cognationis linea proximitatis nomine introducta, per bonorum possessionem eas adjuvavant, et pollicebantur his bonorum possessionem quae UNDE COGNATI appellatur. Nos vero legem Duodecim Tabulatum sequentes, et ejus vestigia in hac parte conservantes, laudamus quidem praetores suae humanitatis, non tamen eos in plenum causar mederi invenimus. Quare etenim uno eodemque gradu naturali concurrente, et agnationis titulis tam im masculis quam in feminis aequa lance constitutis, masculis quidem dabatur ad succes-sionem venire omnium agnatorum, ex agnatis autem mulieribus nulli penitus, nisi soli sorori, ad agnatorum successionem patebat aditus? Ideo in plenum omnia reducentes, et ad jus Duodecim Tabularum eandem dispositionem exaequantes, nostra constitutione sancimus omnes legitimas personas, id est per virilem sexum descendentes, sive masculini generis sive feminini sint simili modo ad jura sucessionis legitimae ad intestato vocari secundum sui gradus praerogativam; nes ideo exclu-dendas; quia consanguinitatis jura, sicut fermanae, non habent.

IV. Hoc etiam addendum nostrae constitutioni exismavimus, ut transferatur unus tantum modo gradus a jure cognationis in legitimam successionem: ut non solum fratris filius et filia, secundum quod jam definivimus, ad successionem patrui sui vocentur; sed etiam germanae consanguinae vel sororis uterinae filius et filia soli, et non deinceps personae, una cum his ad jura avunculi sui perveniant: et mortuo eo qui patuus quidem est sui fratris filiis, avunculus autem sororis suae soboli, simili modo ab utroque latere succedant, tanquam si omnes ex masculis descendentes legitimo jure veniant, scilicet ubi frater et soror superstites non sunt. His etenim personis praecedentibus et successionem admittentibus, ceteri gradus remanent penitus semoti, videlicet hereditate non in stirpes, sed in capita dividenda.

V. Si plures sint gradus adnatorum, aperte lex Duodecim Tabularum proximum vocat. Itaque si, verbi gratia, sit defuncti frater et

sucessão uns dos outros, à semelhança dos herdeiros seus, todos os agnados, varões e mulheres, em qualquer grau. Foi a jurisprudência que, por pura sutileza, fazendo prevalecer a distinção referida, negou inteiramente às mulheres a sucessão dos agnados, pois não se conhecia naquele tempo outra espécie de sucessão. Mais tarde, os pretores, corrigindo pouco a pouco o rigor do direito civil ou suprindo suas lacunas, por humanidade, acrescentaram aos editos uma nova ordem de sucessão. Admitida a linha dos cognatos segundo o grau de proximidade, vieram em socorro das mulheres pela posse dos bens e lhes prometeram a posse chamada dos cognados (*unde cognati*). Nós, voltando à Lei das XII Tábuas e restaurando neste ponto as suas disposições, ainda que louvemos aos pretores a sua humanidade, julgamos que não trouxeram remédio completo ao mal. E, com efeito, desde que os parentes foram colocados pela natureza no mesmo grau e o nome de agnados se aplica aos homens e às mulheres, por que conceder aos varões o direito de concorrer à sucessão de todos os agnados, e ao mesmo tempo recusar esse direito às mulheres, com exceção somente da irmã? Foi por isso que, restabelecendo os direitos em toda a plenitude, e adotando as disposições da Lei das XII Tábuas, ordenamos em nossa constituição que, guardada a precedência do respectivo grau, sejam igualmente chamados à sucessão legítima ab-intestado todos os herdeiros legítimos, isto é, os varões e mulheres descendentes pelo sexo masculino, sem excluir as mulheres que não têm, como as irmãs, direito de consangüinidade.

4. Julgamos dever acrescentar em nossa constituição que os cognados de um só e único grau se incluirão no número dos herdeiros legítimos, isto é, que o filho ou filha de um irmão, serão chamados, como dissemos, à sucessão de seu tio paterno, conjuntamente com o filho e a filha da irmã consangüínea, ou uterina, e estes, por um privilégio de que não gozam os outros cognados, sucederão a seu tio materno. Assim morrendo aquele que para os filhos de seu irmão é tio paterno, e para os filhos de sua irmã e tio materno, os dois sucederão igualmente, como se, descendendo todos na linha masculina, fossem herdeiros legítimos, bem entendido, se não houver irmão ou irmã, vivos. Quando há irmãos ou irmãs que aceitem a herança, os parentes de outros graus ficam excluídos da herança, que se divide por cabeças e não por estirpes.

5. Dentre diversos graus de agnados, a Lei das XII Tábuas chama expressamente o mais próximo. Assim, por exemplo, havendo um irmão do defunto e um filho de outro irmão, ou um tio paterno, o irmão é

185

alterius fratris filius, aut patruus, frater portior habetr. Et quamvis, singulari número usa, lex proximum vocet, tamen dubium non est quin, etsi plures sin ejusdem gradus, omnes admittantur. Nam et proprie proximus ex pluribus gradibus intelligitur: et tamen non dubium est quin licet unus sit gradus agnatorum, pertineat ad eos gereditas.

VI. Proximus autem, si quidem nullo testamento facto quisquam decesserit, per hoc tempus requiritur, quo mortuus est is cujus de hereditate quaeritur. Quod si gacto testamento quisquan decesserit, per hoc tempus requiritur, quo certum esse coeperit nullum ex testamento heredem extiturum; tunc enim proprie quisque intestato decessisse intelligitur. Quod quidem aliquando longo tempore declaratur: in quo spatio temporis saepe accidit ut, proximiore mortuo, proximus esse incipiat, qui moriente testatone non erat proximus.

VII. Placebat autem in eo genere percipiendarum hereditatum successionem non esse; id est, ut quamvis proximus qui, secundum ea quae diximus, vocatur ad hereditatem, aut spreverit hereditatem, aut antequam adeat decesserit, nihilo magis legitimo jure sequentes admittantur. Quod iterum praetores, imperfecto jure corrigentes, non in totum sine adminiculo relinquebrant; sed ex cognatorum ordine eos vocabant, utpote agnationis jure eis recluso. Sed nos nihil perfectissimo juri deesse cupientes, nostra constitutione, quam de jure patronatus humanitate sufferente protulimus, sancimus successionem in agnatorum hereditatibus non esse eis denegandam; cum satis absurdum erat, quod cognatis a praetore apertum est, hoc agnatis esse réclusum; maxime cum in nere quidem tutelarum et primo gradu deficiente sequens succedit, et quod in onere obtinevat, non erat in lucro permissum.

VIII. Ad legitimam successionem nihilominus vocatur etiam parens qui contracta fiducia filiam, nepotem vel neptem ac deinceps emancipat. Quod ex nostra constitutione omnimodo inducitur, ut emancipationes liberorum semper videantur contracta ficudia fieri; cum apud veteres non aliter hoc obtinebat, nisi specialiter contracta fiducia parens manumisisset.

preferido. Bem que a lei use do singular, preferindo o grau mais próximo, não há dúvida que, existindo muitos no mesmo grau, todos devam ser admitidos. Quem diz mais próximo supõe, na verdade, vários graus; e, não obstante, se os agnados se acharem todos no mesmo grau a herança lhes pertence indubitavelmente.

6. A proximidade, quando o defunto não fez testamento, regula-se pelo tempo da sua morte. Se fez testamento, regula-se pela época em que se adquire a certeza de que não haverá herdeiro testamentário, porque é então, em rigor, que se verifica que o defunto morreu intestado. A referida verificação só se faz, muitas vezes, depois de longo tempo da data da morte, e nesse intervalo acontece que, vindo a falecer o mais próximo em grau, vem a tornar-se mais próximo quem o não era por ocasião da morte do testador.

7. Não se admitia nessas heranças devolução alguma, e assim, se o mais próximo em grau chamado, como dissemos, à herança, repudiava-a ou morria sem ter adido, o direito civil não admitia os seguintes em grau. Os pretores introduziram ainda nesse ponto uma reforma que, sem ser completa, não deixava, entretanto, o mal absolutamente sem remédio: chamavam na ordem dos cognados os que não podiam concorrer à herança como agnados. Desejando que a lei seja tão completa quanto possível, na constituição que um sentimento de humanidade nos inspirou sobre o patronato, estabelecemos que se desse a devolução na herança dos agnados. Era absurdo que um direito concedido pelo pretor aos cognados lhes fosse negado, sobretudo quando, no ônus da tutela, na falta do grau mais próximo, se passa ao seguinte, de modo que não se admitiria em relação às vantagens o que vigorava em relação ao ônus.

8. O ascendente que emancipa, sob reserva de fidúcia, a um filho ou filha, neto ou neta, ou outro descendente, é, não obstante, chamado à sua sucessão legítima. A emancipação dos descendentes sempre se entende feita sob fidúcia, pela nossa constituição; entre os antigos, o ascendente somente se podia prevalecer da fidúcia quando a havia reservado expressamente.

TITULUS III
DE SENATUS-CONSULTO TERTULIANO

Lex Duodecim Tabularum ita stricto jure utebatur, et praeponebat masculorum progeniem, et eos qui per feminini sexus necessitudinem sibi junguntur adeo expelebat, ut ne quidem inter matrem et filium filiamve ultro citroque hereditatis capiendae jus daret; nisi quod praetores ex proximitate cognatorum eas personas ad successionem, vonorum possessione UNDE COGNATI accommodata, vocabant.

I. Sed hae juris angustiae postea emendatae sunt. Et primus quidem divus Claudius matri, ad solatium liberorum amissorum, legitimam eorum detulit hereditatem.

II. Postea autem senatus-consulto Tertuliano, quod divi Hadriani temporibus factum est, plenissime de tristi successione matri non etiam aviae, deferenda cautum est: ut mater ingenua trium liberorum jus habens, libertina quotuor, ad bona filiorum filiarumve admittatur in testato mortuorum, licet in potestate parentis sit: ut scilicet cum alieno juri subjecta est, jussu ejus adeat hereditatem cujus juri subjecta est.

III. Praeferuntur autem matri, liberi defuncti qui sui sunt, quive suorum looo sunt, sive primi gradus, sive ulterioris. Sed et filiae suae mortuae filius vel filia opponitur ex constitutionibus matri defunctae, id est aviae suae. Pater quoque utriusque, non etiam avus et proavus, matri anteponitur, scilicet cum inter eos solos de hereditate agitur. Frater autem consanguineus tam filii quam filiae excludebat matrem; soror autem consanguinea pariter cum matre admittebatur. Sed si fuerat frater et soror consanguinei, et mater liberis honorata, frater quidem matrem excludebat; communis autem erat hereditas ex aequis partibus fratri et sorori.

IV. Sed nos constitutione quam in Codice nostro nomine decorato posuimus, matri subveniendum esse existimavimus, respicientes ad naturam et puerperium et periculum et saepe mortem ex hoc casu matribus illatam. Ideoque impium esse credidimus casum fortuitum in ejus admitti detrimentum. Si enim ingenua ter, vel libertina quater non peperit immerito defraudabatur successione suorum liberorum. Quid enim pec-cavit, si non plures sed paucos peperit? Et dedimus jus legitimum plenum matribus, sive ingenius, sive libertinis, etsi non ter enixae fuerint vel quater, sed eum tantum vel eam qui quaeve morte intercepti sunt; ut et sic vocentur in liberorum suorum legitimam successionem.

TÍTULO III
DO SENATUS-CONSULTO TERTULIANO

A Lei das XII Tábuas era de tal modo rigorosa e de tal modo preferia a descendência por linha masculina, excluindo os parentes pela linha feminina, que não concedia, mesmo entre a mãe e o filho, ou a filha, o direito de concorrer à sucessão um do outro. Tais pessoas somente eram chamadas à sucessão como cognados mais próximos, dando-se-lhes a posse dos bens como cognados (*unde cognati*).

1. Esse rigor foi mais tarde corrigido e o imperador Cláudio conferiu à uma mãe, para a consolar da perda dos filhos, a sucessão legítima dos mesmos.

2. Mais tarde, no tempo do imperador Adriano, o senatus-consulto Tertuliano estabeleceu em geral a sucessão em favor da mãe aflita, porém, não da avó; isto é, estabeleceu que a mãe ingênua que tivesse três filhos ou a liberta que tivesse quatro, seriam admitidas aos bens de seus filhos ou filhas, mortos sem testamento, ainda mesmo que ela estivesse sob o pátrio poder. Neste caso, a adição deveria ser feita por ordem daquele a cujo poder estivesse sujeita.

3. São preferidos à mãe os filhos do defunto, herdeiros seus, ou considerados tais, quer em primeiro grau, quer em outro qualquer. O filho, ou filha da filha morta, é também preferido pelas constituições à mãe da defunta, isto é, à avó. O pai do defunto ou da defunta é preferido à mãe; contanto que sejam os dois os únicos pretendentes à herança. Não acontece o mesmo com o avô ou o bisavô. O irmão consangüíneo do defunto ou da defunta excluía a mãe, e esta concorria com a irmã consangüínea. Se, porém, concorriam um irmão e uma irmã, consangüíneos, com a mãe com o direito de suceder em razão dos filhos, o irmão excluía sem dúvida a mãe, mas a herança se dividia em partes iguais entre o irmão e a irmã.

4. Quanto a nós, julgamos dever favorecer à mãe por uma constituição nossa que se acha no Código, atendendo ao sexo, ao parto, ao seu perigo, e, não raro, à morte que acarreta, e à desumanidade de sofrerem prejuízo por um caso fortuito. Na verdade, a ingênua, por não ter tido três partos, ou a liberta, quatro, ficava injustamente privada de suceder a seus filhos. Que culpa lhes caberia de terem poucos em vez de muitos filhos? Por isso concedemos à mãe ingênua ou liberta o direito de sucessão legítima em toda a sua plenitude, mesmo quando não teve três ou quatro filhos, mas somente o falecido, de modo que em todos os casos seja chamada à sucessão legítima dos filhos.

V. Sed cum antea constitutiones jura legitimae successionis perscrutantes, partim eam praegravabant, et non in solidum eam vocabant; sed in quibusdam casibus tertiam partem abstrahentes, certis legitimis dabant personis; in aliis autem contrariam faciebant: novis visum est recta et simplici via matren omnibus personis legitimis anteponi, et sine ulla deminutione filiorum suorum successionem accipere: excepta fratris et sororis persona; sive consanguinei sint, sive sola cognationis jura habentes; ut quemadmodum eam toti alii ordini legitimo praeposuimus, ita omnes fratres et sorores, sive legitimi sint sive non, ad capiendas hereditates simul vocemus: ita tamen ut, si quidem solae sorores agnatae vel cognatae, et mater defunct vel defunctae supersint, dimidiam quidem mater, alteram vero dimidiam partem omnes sorores habeant. Si vero matre superstite et fratre vel fratribus solis, vel etiam cum sororibus sive legitima, sive sola cobnationis jura habentibus, intestatus quis vel intestata moriatur, in capita distribuatur ejus hereditas.

VI. Sed quemadmodum nos matribus prospeximus, ita eas oportet suae sobili consulere; scituris eis quod, si tutores liberis non petierint, vel in locum remoti vel excusati intra annum petere neglexerint, ab eorum impuberum morientium successione merito repullentur.

VII. Licet autem vulgo quaesitus sin filius vel filia, potest tamen ad bona ejus mater ex Tertuliano senatus-consulto admitti.

TITULUS IV
DE SENATUS-CONSULTO ORPITHIANO

Per contrarium autem ut liberi ad bona matrum intestarum admittantur senatus-consulto Orphitiano, Orphito et Rufo consulibus, effectum est, quod latum est divi Marci temporibus; et data est tam filio quam filiae legitima hereditas, etiamsi alieno juri subjecti sunt, et praeferuntur consanguineis et agnatis defuncta matris.

I. Sed cum ex hoc senatus-consulto nepotes ad aviae successionem legitimo jure non vocabantur, postea hoc constitutionibus principalibus emendatum est, ut ad similitudinem filiorum filiarunque et nepotes et neptes vocentur.

II. Sciendum est autem hujusmodi successiones, quae a Tertuliano et Orphitiano senatus-consultis deferentur, capitis deminutione

5. Antigamente as constituições, relativas ao direito de sucessão legítima, mostravam-se de um lado favoráveis e do outro desvantajosas à mãe. Em vez de admitirem pela totalidade, ora lhe tiravam um terço para o dar a certos herdeiros legítimos, ora faziam o contrário. Nós resolvemos que a mãe, pura e simplesmente preferida a todos os herdeiros legítimos, receba sem dedução alguma a sucessão de seus filhos, salvo havendo irmão ou irmã consangüíneos, ou simplesmente cognados. Assim, como preferimos a mãe a toda a série de herdeiros legítimos, também chamamos todos os irmãos e irmãs, admitidos ou não pelo direito antigo, a concorrerem à herança, observadas as seguintes regras. Se o defunto ou a defunta não deixou com sua mãe senão irmãs agnadas ou cognadas, a mãe receberá a metade e as irmãs a outra metade, qualquer que seja o seu número. Se, ao contrário, sobreviverem a mãe e um irmão, ou somente irmãos, ou com estes também irmãs, quer agnados, quer cognados e morrer algum ou alguma intestados, a herança dividir-se-á por cabeças.

6. Mas, por isso mesmo que atendemos, às mães, cumpre que cuidem de seus filhos, sendo certo que, se não pedirem dentro de um ano tutor para os filhos, ou substituto ao tutor removido ou escusado, serão com justiça excluídas da sucessão dos que morrerem impúberes.

7. Pelo senatus-consulto Tertuliano a mãe pode herdar do filho ou filha, ainda que sejam vulgo-quesitos.

TÍTULO IV
DO SENATUS-CONSULTO ORFITIANO

Ao contrário, os descendentes foram admitidos à herança de sua mãe intestada, pelo senatus-consulto Orfitiano, sob o consulado de Orfito e Rufo, no tempo do Imperador Marco Aurélio. A herança legítima é concedida a seus filhos e filhas, ainda mesmo que estejam sob o poder de outrem, com exclusão dos consangüíneos e agnados da defunta.

1. Como este senatus-consulto não chamava os netos à sucessão legítima da avó, as constituições imperiais vieram corrigir este ponto, e chamaram os netos e netas do mesmo modo que os filhos e as filhas.

2. A diminuição de capacidade não extingue as sucessões deferidas pelos senatus-consultos Tertuliano e Orfitiano, pela regra segundo

non perimi, propter illam regulam qua novae hereditates legitimae e capitis deminutione non pereunt, sed illae solae quae ex lege Duodecim Tabularum deferuntur.

III. Novissime sciendum est, etiam illos liberos qui vulgo quaesiti sunt, ad matris hereditatem ex hoc senatus-consulto admitti.

IV. Si ex pluribus legitimis heredibus quidam omiserint hereditatem, vel morte vel alia causa impediti fuerint quominus addeant, reliquis qui adierint, acrescit illorum portio; et licet ante decesserint, ad heredes tamen eorum pertinet.

TITULUS V
DE SUCCESSIONE COGNATORUM

Post suos heredes eosque quos inter suos heredes praetor et constitutiones vocant; et post legitimos quorum numero sunt agnati, et ii, quos in locum agnatorum ram supra dicta senatus-consulta quam nostra erexit constitutio, proximos cognatos practor vocal.

I. Qua parte, naturalis cognatio spectatur, nam agnati capite deminuti, quique ex his progeniti sunt, ex lege Duodecim Tabularum inter legitimos non habentur, sed a praetercio ordine vocantur. Excerptis sobs tantummodo fratre et sorore emancipatis, non etiam liberis eoruin, quos lex Anastasiana cum fratribus integri juris constitutis vocat quidem ad legitimam fratris hereditatem, sive sovoris; non aequis tamen partibus, sed eum aliqua deminutione quam facile est ex ipsius constitulionis verbis cobigere. Aliis vero agiiatis inferioris gradus, licet capitis deminutionem passi non sunt, tamen eos anteponit, et procul dubio cognatis.

II. Hos etiam qui per feminini sexus personas ex transversa cognatione junguntur, tercio gradu proximitatis nomine praetor ad successionem vocal.

III. Liberi quoque, qui in adoptiva familia sunt, ad naturalium parentum hereditatem hoc eodem gradu vocantur.

IV. Vulgo quaesitos nullum habere agnatum manifestum eat; cum agnatio a patre, cognatio a matre sit; hi autem nullum patrem habere intelliguntur. Eadem ratione nec inter se quidem possunt videri consanguinei esse, quia consanguinitatis jus species est agnationis. Tantum igitur cognati sunt sibi, sicut ex mate cognati. Itaque omnibus istis ex ea

a qual a diminuição de capacidade não extingue as sucessões legítimas do direito novo, mas somente as fundadas na Lei das XII Tábuas.

3. Os filhos ilegítimos são por este senatus-consulto admitidos à herança materna.

4. Existindo vários herdeiros legítimos, se um deles repudiar a herança, ou se achar, por morte ou qualquer outro motivo, na impossibilidade de adi-la, a sua parte acresce aos que aceitaram. Se estes já forem mortos, acresce aos seus herdeiros.

TÍTULO V
DA SUCESSÃO DOS COGNADOS

Na falta dos herdeiros seus, e daqueles que o pretor ou as constituições imperiais chamam como tais, e na falta dos herdeiros legítimos (compreendendo-se entre estes os agnados, e os que referidos senatus-consultos, e a nossa constituição, elevaram à posição de agnados), o pretor chama os cognados mais próximos.

1. Nesta matéria tem-se em consideração somente o parentesco natural, e assim os agnados que sofreram diminuição de capacidade, e seus descendentes, a Lei das XII Tábuas não os considera herdeiros legítimos e são chamados pelo pretor em terceiro lugar. Excetuam-se o irmão ou a irmã emancipados, porém, não os seus filhos. Uma constituição do Imperador Anastácio chama estes últimos, conjuntamente com os irmãos que estiverem na plenitude de seus direitos, à herança legítima de seu irmão ou irmã, porém, não em partes iguais, mas mediante certa diminuição, que facilmente se conhecerá do teor da mesma constituição. A mesma lei prefere o irmão e a irmã emancipados aos outros agnados mais remotos em grau, mesmo que não tenham sofrido diminuição de capacidade; por mais forte razão, prefere-os aos cognados.

2. O pretor chama também à sucessão em terceiro grau de proximidade os colaterais pelo sexo feminino.

3. Os descendentes que se acham numa família adotiva são também chamados em terceiro lugar, à sucessão do ascendente por natureza.

4. Os vulgo-quesitos não têm evidentemente agnado, porque é do pai que provém a agnação, provindo de mãe somente a cognação. Ora, os vulgo-quesitos consideram-se como não tendo pai. Pela mesma razão, não são consangüíneos, mesmo entre si, porque a consangüinidade

parte competit bonorum possessio, qua proximitatis nomine cognati vocantur.

V. Hoc loco et illud necessario admonendi sumus, agnationis quidem jure admitti aliquem ad hereditatem, etsi decimo gradu sit, sive tie lege Duodecim Tabularumi quaeramus, sive de edicto quo praetor legitimis heredibus daturum se bonorum possessionem pollicetur. Proximitatis vero nornine iis solis praetor promittit bonorum possessionem qui usque ad sextum gradum cognationis sunt; et ex septimo, a sobrino sobrinaque nato nataeve.

TITULUS VI
DE GRADIBUS COGNATIONUM

Hoc loco necessarium est exponere quemadmodum gradus cognationis numerentur. Quare imprimis admonendi sumus cognationem aliam supra numerari, aliam infra, aliam ex transverso, quae etiam a latere dicitur. Superior cognatio est parentum: inferior, liberorum: ex transverse, fratrum sororumve, corumque qui quaeve ex his progene-rantur; et convenienter patriui, amitae, avunculi, materterae. Et superior quidem et inferior cognatio a primu gradu incipit, at ea quae ex transverse numeratur, a secundo.

I. Primo gradu est supra pater, mater; infra filius, filia.

II. Secundo supra avus, avia; infra ncpos, neptis; ex transverse frater, soror.

III. Tertio supra proavus, proavia: infra pronepos, proneptis: ex transverso fratris sororisque filius, filia: et convenienter patruus, amita, avunculus, matertera. Patruus est frater patris, qui vocatur. Avunculus est frater matris, qui apud Graecos proprie et promiscue dicitur. Amita matris sorur; utraque, vel, apud quosdam, appellatur.

IV. Quarto gradu, supra abavus, abava: infra abnepos abneptis: ex tranverso fratris sororisque nepos, neptis; et convenienter patruus magnus, amita magna, id est, aviae frater et soror; consobrinus, consobrina, id est, qui quaeve ex fradici putant, qui ex duabus sororibus progeneratur, quasi consobrinos; eos vero qui ex duobus fratribus progenerantur, proprie fratres patrueles vocari; si autem ex duobus fratribus filiae nascuntur, sorores patrueles appellari; at eos qui ex fratre et sorore propagantur,

194

é uma espécie de agnação; são cognados entre si, por serem parentes pelo lado materno. Todos eles têm, pois, a posse dos bens pela parte do edito em que os cognados são chamados como mais próximos herdeiros.

5. Devemos aqui necessariamente notar que os agnados são chamados à herança mesmo em décimo grau, tanto pela Lei das XII Tábuas como pelo edito pretoriano que dá a posse dos bens aos herdeiros legítimos. A título de cognados mais próximos, porém, o pretor só promete a posse dos bens até o sexto grau, ou até o sétimo, sendo filho ou filha de primo ou prima, nascidos de irmãos.

TÍTULO VI
DOS GRAUS DE COGNAÇÃO

É necessário explicar aqui como se contam os graus de cognação. A cognação é ora superior, ora inferior e ora transversal, também chamada colateral. Cognação superior é a dos ascendentes; a inferior é a dos descendentes; e colateral, a dos irmãos ou irmãs, e dos que deles provêm, e assim também dos tios e tias paternos ou maternos. As cognações superior e inferior começam pelo primeiro grau; a cognação colateral começa pelo segundo grau.

1. No primeiro grau superior estão o pai e a mãe; no inferior, o filho e a filha.

2. No segundo grau superior estão o avô e avó; no inferior, o neto e a neta; no colateral, o irmão e irmã.

3. No terceiro grau superior estão o bisavô e bisavó; no inferior o bisneto e a bisneta; no colateral o filho e a filha do irmão ou da irmã, e por conseguinte, o *patrus*, a *amita*, o *avunculus* e *matertera*. *Patruus* é o irmão do pai; *avunculus* é o irmão da mãe. Em grego, o primeiro chama-se *patrôos*; o segundo, *métrôos*, e um e outro, indistintamente, *theios*. *Amita* é a irmã do pai; *matertera* é a irmã da mãe; uma e outra chamam-se indistintamente *theia* e, segundo alguns, *thithis*.

4. No quarto grau superior estão o trisavô e a trisavó; no inferior o trisneto e a trisneta; no colateral, o neto e a neta do irmão ou da irmã, o tio-avô e a tia-avó paterna, isto é, o irmão e a irmã do avô; os tios-avós maternos; isto é, o irmão ou a irmã da avó; e o primo ou a prima (*consobrini*) filhos de irmãos ou irmãs. Pensam alguns que se chamem propriamente primos, os filhos de duas irmãs, como se dissesse

amitinos proprie dici: amitae tuae filii consobrinum te appellant, tu illos amitinos.

V. Quinto supra atavus, atavia: infra adnepos, adnepis: ex transverso fratris sororisque pronepos, proneptis; et convenienter proapatruus, promita, id, est, proavi frater et soror. Item fratris patruelis, consobrini, consobrinae, amitini, amitinae filius, filia proprior sobrino, proprius sobrina: hi sunt patrui magni, amitae magnae, avunculi magni, materterae magnae filius, filia.

VI. Sexto gradu supra tritavus, tritavia infra trinepos, trineptis: ex transverso fratris sororisque abnepos, abneptis; et convenienter abpatruus, abamita, id est, abavi frater et soror; abavunculus, abmatertera, id est, abaviae frater et soror. Item sobrini sobrinaeque, id est, qui quaeve ex fratribus vel consobrinis vel amatinis progenerantur.

VII. Hactenus ostendisse sufficiat, quemadmodum gradus cognationis numerentur. Namque ex his palam est intelligere, quemadmodum ulteriores quoque gradus numerare debeamus; quippe semper generata persona gradum adjiciat, ut longe facilius sit respondere quoto quisque gradu sit, quam propria cognationis appellatione quemquam denotare.

VIII. Agnationis quoque gradus eodem modo numerantur.

IX. Sed cum magis veritas oculata fide quam per aures animis hominum, infigitur, ideo necessarium duximus; post narrationem graduum etiam eos praesenti libro inscribi, quatenus possint et auribus et oculorum inspections adolescente perfectissimam graduum doctrinam adipisci.

X. Illud certum est, ad serviles cognationes illiam partem edicti, qua proximitatis nomine bonorum possessio promittitur, non pertinere, nem nec ulla antiqua lege talis cognatio computabatur. Sed nostra constitutione, quam pro jure patronatus fecimus (quod jus usque ad nostra tempora satis obscurum atque nube plenum et undique confusum fuerat) et hoc humanitate suggerente concessimus ut, si quis in servili consortio constitutus liberum vel liberos habuerit, sive ex libera sive ex servilis conditionis muliere, vel contra serva mulier ex libero vel servo habuerit liberos ecujuscumque sexus, et ad libertatem his pervenientibus, et ii qui ex servili ventre nati sunt, libertatem meruerint, vel, dum mulieres liberae erant, ipsi in servitute eos habuerint et postea ad libertatem pervenerint: ut hi onmes ad successionem patris vel matris veniant, patronatus jure in hac parte sopito. Hos enim liberos nos solum in suorum parentum

consororini; denominando-se irmãos-primos os filhos dos dois irmãos; irmãs-primas, as filhas de dois irmãos, e primos co-irmãos os filhos de um irmão e de uma irmã. Os filhos de tua tia (*amita*) chamam-te primo, e tu os chamas primos co-irmãos.

5. No quinto grau superior estão o tataravô e a tataravó; no inferior, o tataraneto e a tataraneta; no colateral, o bisneto ou a bisneta do irmão ou da irmã, e por conseguinte os irmãos e as irmãs dos bisavôs e bisavós. Estão no mesmo grau os filhos e filhas dos primos e primas chamados *patrueles, consobrinos* e *amitinos*, aquele ou aquela que precede um grau ao primo segundo ou à prima segunda, ou seja, o filho ou a filha do tio-avô paterno, ou da tia-avó paterna ou materna.

6. No sexto grau superior estão o quinto avô e a quinta avó; no inferior, o quinto neto e a quinta neta; no colateral, o trisneto e a trisneta do irmão ou da irmã, e por conseguinte os irmãos e as irmãs dos trisavôs e das trisavós paternos ou maternos. Do mesmo modo, os primos segundos e primas segundas, isto é, os dos primos ou primas *patrules*, consobrinos ou amitinos.

7. Basta que tenhamos mostrado como se contam os graus de cognação até o sexto. Compreeder-se-á facilmente, pelo que deixamos dito, como se contam os outros graus, pois em cada geração conta-se sempre um grau. E é mais fácil dizer em que grau se acha uma pessoa do que dar o nome próprio do respectivo parentesco.

8. Os graus de agnação contam-se também do mesmo modo.

9. Como, porém, a verdade se fixa melhor no espírito dos homens pelos olhos do que pelos ouvidos, julgamos necessário, depois da explicação dos graus, apresentá-lo em quadros, a fim de poderem os moços apreender perfeitamente a doutrina pelos ouvidos e pelos olhos.

10. É certo que a parte do edito do pretor que promete a posse dos bens aos parentes mais próximos não se aplica à cognação servil, que não era reconhecida por nenhuma das leis antigas. Mas, numa constituição que promulgamos sobre o direito de patronado, direito até os nossos tempos tão obscuro, incerto e confuso, fizemos novas concessões, inspirados em razões de humanidade. Assim, quando um escravo tiver um ou vários filhos de uma mulher, livre ou escrava, e reciprocamente, quando uma escrava tiver de um homem, escravo ou livre, filhos de um ou outro sexo, nesses dois casos, se o pai e a mãe adquirirem liberdade, e os filhos de mãe escrava se tornarem igualmente livres, ou se os filhos de mãe livre tiverem por pai um escravo que posteriormente adquiriu liberdade,

successionem, sed etiam alterum in alterius mutuam successionem vocavimus: ex illa lege specialiter eos vocantes, sive soli inveniantur qui in servitute nati et postea manumissi sunt, sive una com aliis qui post libertatet parentom concepti sunt, sive ex eodem patre vel ex eadem matre, sive ex aliis, ad similitudinem eorum qui ex justis nuptiis procreati sunt.

XI. Repetiti itaque omnibus quae jam tradidimus, apparet non semper eos qui parem gradum cognationis obtinent, pariter vocari; eoque amplius nec eum quidem qui proximior sit cognatus, semper potiorem esse. Cum enim prima causa sit suorum heredum, et eorum quos inter suos heredes enumeravimus apparet pronepotem vel adnepotem defuncti potiorem esse, quam fratrem aut patrem matremque defuncti: cum alioquin pater quidem et mater, ut supra quoque primum gradum cognationis obtineant, frater vero secundum; pronepos autem tertio gradu sit cognationis et adnepos quarto. Ned interest in potestate morientis fuerit, an non, quod vel emancipatus vel ex emancipato, aut feminino sexu propagatus est.

XII. Amotis quoque suis heredibus, et quos inter suos heredes vocari diximus, agnatus qui integrum jus agnationis habet, etiamsi longissimo gradu sit plerumque potior habetur quam proximior cognatus. Nam patrui nepos vel pronepos, avunculo vel materterae praefertur. Totiens igitur dicimus, aut potiorem haberi eum qui proximiorem gradum cognationis obtinet, aut pariter vocari eos qui cognati sunt, quotiens neque suorum heredum, quique inter suos heredes sunt; neque agnationis jure aliquis praeferri debeat secundum ea quae tradidimus: exceptis fratre et sorore emancipatis, qui ad successionem fratrum vel sororum vocantur; et si capite deminuti sunt, tamen praeteruntur ceteris ulteriori gradua agnatis.

TITULUS VII
DE SUCCESSIONE LIBERTORUM

Nunc de libertorum bonis videamus. Olim itaque licebat liberto patronum suum impune testamento praeterire; nam ita demum lex Duodecim Tabularum ad hereditatem liberti vocabat patronum, si intestatus mortuus esset libertus nullo suo herede relicto. Itaque intestato quoque mortuo liberto, si is suum heredem reliquisset, nihil in bonis ejus

os filhos virão todos à sucessão de seu pai ou mãe, cessando o direito de patronado. Os filhos mencionados não sucedem a seu pai ou mãe, mas entre si; e, em virtude da constituição referida, são chamados à sucessão, quer sejam todos escravos de nascença que depois se manumitiram, quer alguns deles tenham sido concebidos depois da manumissão de seus pais, quer tenham o mesmo pai e a mesma mãe, quer somente o mesmo pai ou a mesma mãe, sucedendo do mesmo modo como se tivessem nascido de justas núpcias.

11. Recapitulando as noções acima expostas, vê-se que os cognados do mesmo grau não são sempre chamados em pé de igualdade, e mais ainda, que nem sempre é preferido o cognado mais próximo. Com efeito, como a lei chama em primeiro lugar os herdeiros seus, e as pessoas que lhes são equiparadas, o bisneto e o trisneto preferem o irmão, ao pai e à mãe do defunto, ainda que o pai e a mãe se achem no primeiro grau, o irmão no segundo, o bisneto no terceiro, e o trisneto no quarto. Pouco importa que estes últimos se achassem sob o poder do defunto, ou não se achassem por terem sido emancipados, ou por descendentes de um filho emancipado ou de uma filha.

12. Na falta de herdeiros seus e dos que com eles são chamados, o agnado, que conservou seu direito de agnação, tem preferência por mais afastado que seja a qualquer cognado mais próximo; assim o neto ou bisneto do tio paterno prefere ao tio e à tia materna. Logo, quando dizemos que o cognado mais próximo em grau tem preferência, ou que os cognados são chamados em pé de igualdade, isso se entende no caso de não existirem herdeiros seus, nem os que são chamados com eles, nem agnados com direito de preferência como deixamos dito. Excetuam-se desta regra o irmão e a irmã emancipados, chamados à sucessão de seu irmão ou irmã, os quais, ainda que tendo sofrido diminuição de capacidade, preferem aos agnados de grau inferior.

TÍTULO VII
DA SUCESSÃO DOS LIBERTOS

Tratemos agora dos bens dos libertos. Antigamente podia impunemente, em seu testamento, preferir o patrono, porque a Lei das XII Tábuas somente chamava este à sucessão ab-intestado e na falta de herdeiro seu. Quando o liberto, morrendo intestado, deixava herdeiro

patrono juris erat. Et si quidem ex naturalibus liberis aliquem suum heredem reliquisset, nulla videbatur querela; si vero adoptivus filius fuisset, aperte iniquum erat nihil juris patrono superesse.

I. Qua de causa, postea praetoris edicto haec juris iniquitas emendata est. Sive enim faciebat testamentum libertus, jubebatur ita testari ut patrono partem dimidiam bonorum suorum relinqueret; et si aut nihil aut minus parte dimidia reliquerat, dabatur patrono contra tabulas testamenti partis dimidiae bonorum possessio. Sive intestates moriebatur, suo herede relicto filio adoptivo, dabatur acque patrono contra hunc suum heredem partis dimidiae bonorum possessio. Prodesse autem liberto solebant ad excludendum patronum naturales liberi, non solum quos in potestate mortis tempore habehat, sed etiam emanipati et in adoptionem dati: si modo ex aliqua parte scripti heredes erant, aut praeteriti contra tabulas bonorum possessionem ex edicto petierant, nam exheredati nullo modo repellebant.

II. Postea vero lege Papia adaucta sunt jura patronorum qui locupletiores libertos habebat. Cautum est enim ut ex bonis ejus qui sextertium centum millium patrimonium reliquerat, et pauciores quam tres liberos habebat, sive is testamento facto, sive intestates mortuus erat, virilis pars patrono deberetur. Itaque, cum unum quidem filium filiamve heredem reliquerat libertus, perinde pars dimitia patrono debe-batur, ac si is sine ullo filio filiave testatus decessisset: cum duos duasve heredes reliquerat, tertia pars debebatur (patrono): si tres reliquerat, repellebatur patronus.

III. Sed nostra constitutio, quam pro omnium notione graeca lingua compendioso tractatu habito composuimus, ita hujusmodi causas definivit: ut, si quidem libertus vel liberta minores centenariis sint, id est, minus centum aureis habeant substantiam (sic enim legis Papiae summam interpretati sumus, ut pro mille sextertiis onus aureus com-putetur) nullum locum habeat patronus in eorum successionem, si tamen testamentum fecerint. Sin autem intestati decesserint nullo liberorum relicto, tunc patronatus jus quod erat ex lege Duodecim Tabularum, integrum reservavit. Cum vero majores centenariis sint, si heredes vel bonorum possessores liberos habeant, sive unum sive plures cujuscumque sexus vel gradus, ad eos successionem parentum deduximus, patronis omnibus modis una cum sua progenie semotis. Sin autem sine liberis decesserint, si quidem intestati, ad omnem hereditatent patronos patronasque

seu, não tinha o patrono direito algum. O patrono não tinha direito mesmo quando o herdeiro do liberto era seu filho natural, mas, quando o filho era adotivo seria manifestamente iníquo despojar o patrono do direito de suceder.

1. Por este motivo o pretor corrigiu mais tarde essa iniqüidade. O liberto, ao testar, devia deixar ao patrono a metade de seus bens. Quando não deixava coisa alguma, ou menos da metade, dava-se ao patrono a metade de seus bens, contra o conteúdo do testamento (contra tabulas). Quando o liberto, morrendo intestado, deixava por herdeiro seu um filho adotivo, o patrono obtinha ainda contra esse herdeiro seu a posse da metade dos bens. Os descendentes naturais do liberto excluíam o patrono, não só quando se achavam sob o poder do defunto por ocasião da morte, mas também quando haviam sido emancipados ou dados em adoção, contanto que tivessem sido instituídos em uma parte qualquer da herança ou que, preteridos, tivessem pedido a posse dos bens contra a letra do testamento. Os deserdados nunca excluíam o patrono.

2. Mais tarde a lei Pápia aumentou os direitos dos patronos, de acordo com a riqueza dos libertos. Segundo essa lei, o patrono devia ter uma parte viril nos bens do liberto, quando este deixava um patrimônio de cem mil sestércios e menos de três descendentes, quer morresse testado, quer intestado. Assim, quando o liberto deixava por herdeiro único seu filho ou filha, o patrono devia receber a metade, como se o defunto tivesse morrido testado, sem filho ou filha. Dois herdeiros, ou herdeiras reduziam o patrono a um terço, e três herdeiros o excluíam da sucessão do liberto.

3. Uma de nossas constituições que, para compreensão de todos redigimos concisamente em grego, estabeleceu sob este ponto as seguintes regras. Se o liberto ou liberta forem menos que centenários, isto é, se a sua fortuna não exceder cem moedas (valor em que fixamos a quantia referida pela lei Pápia, contando uma moeda por mil sestércios), o patrono não terá direito à sua sucessão, quando fizeram testamento. Se não fizeram testamento, e não têm descendentes, mantivemos o direito de patronado integralmente, tal qual o havia estabelecido a Lei das XII Tábuas. Quando o liberto, mais que centenário, tiver um ou muitos herdeiros, ou possuidores de bens, de qualquer sexo ou grau, nós o chamaremos à sucessão de seu ascendente, com exclusão do patrono e de sua descendência. No caso de o liberto morrer sem descendentes e intestado, concedemos toda a herança ao patrono ou patrona. Se o liberto fez testamento e preteriu o patrono ou a patrona, não tendo descendentes,

vocavimus. Si vero testamentum quidem fecerint, patronos autem aut patronas praeterierint, cum nullos liberos haberent, vel habentes eos exheredaverint, vel mater sive avus maternus eos practerierint, ita ut non possint argui inofficiosa corum testamenta: tunc ex nostra constitutione per bonorum possessionem contra tabulas, non dimidiam (ut antea) sed tertiam partem bonorum liberti consequantur; vel quod deest eis ex constitutione nostra repleatur, si quando minus tertia parte bonorum suorum libertus vel liberta eis reliquerit: ita sine onere, ut nec liberis liberti labertoeve ex ea parte legata vel fideicommisa proestentur, sed ad coheredes eorum hoc onus redundaret: multis aliis casibus a nobis in praefata constitutione congregatis quos necessarios esse ad hujusmodi juris dispositionem perspeximus, ut tam patroni patronacque quam liberi eorum, nec non qui ex transverso latere veniunt usque ad quintum gradum, ad successionem libertorum libertarumve vocentur, sicut ex ea cons-titutione intelligendum est. Ut si ejusdem patroni vel patronae, vel duorum duarumque pluriumve liberi sint, qui proximior est, ad liberti vel libertae vocetur successionem; et in capita non in stirpes, dividatur successio: eodem modo et in iis qui ex transverse latere veniunt, servando. Pene enim consonantia jura ingenuitatis et libertinatis in successionibus fecimus.

IV. Sed haec de iis libertinis hodie dicenda sunt, qui in civitatem romanam pervenerunt; cum nec sint alii liberti simul deditiis et latinis sublatis: cum latinorum legitimae successiones nullae penitus erant, qui licet ut liberi vitam suam peragebant, attamen in ipso ultimo spiritu simul animam atque libertatem amittebant, et quasi servorum ita bona eorum jure quadrammodo peculii ex lege Junia manumissores detinebant. Postea vero senatus consulto Largiano cautum fuerat, ut liberi manumissoris non nominatim exheredati facti extraneis heredibus eorum in bonis latinorum praeponerentur. Quibus supervenit etiam divi Trajani edictum, quod eundem hominem, si invito vel ignorante patrono ad civitatem romanam venire ex beneficio principis festinabat, faciebat quidem vivum civem romanum, latinum vero morientem. Sed nostra constitutione propter hujusmodi conditionum vices et alias difficultates, cum ipsis latinis etiam legem Juniam et senatus-consultum Largianum et edictum divi Trajani in perpetuum deleri censuimus, ut omnes liberti civitate romana fruantur; et mirabili modo quibusdam adjectionibus ipsas vias quae in latimtatem ducebant, ad civitatem romanam capiendam transposuimus.

ou deserdando os que tinha, ou, sendo mãe ou avó maternos, preteriu-os de modo que não se possa argüir de inoficioso o testamento, nesse caso, segundo nossa constituição, e apesar do testamento, o patrono ou a patrona obtém, não como outrora a posse da metade, mas a da terça parte dos bens do liberto. O patrono poderá obter o que faltar para completar essa terça parte, se o liberto lhe deixou menos que a terça parte. Essa terça parte será livre de qualquer ônus, de modo que mesmo os legados ou fideicomissos deixados aos descendentes do liberto ou liberta não serão pagos por essa terça parte, mas serão suportados exclusivamente pelos co-herdeiros do patrono. Reunimos na nossa constituição várias outras decisões que julgamos necessárias para completar esse instituto. Assim o patrono e a patrona, seus descendentes e colaterais até o quinto grau, são chamados à sucessão dos libertos, como se pode ver da mesma constituição. Se existirem descendentes de um só ou de vários patronos, ou patronas, o mais próximo será chamado à sucessão do liberto, a qual será dividida por cabeças e não por estirpes. O mesmo observar-se-á com relação aos colaterais, pois quase uniformizamos, quanto à sucessão, os direitos dos ingênuos e dos libertos.

4. O que deixamos dito, entende-se com relação aos libertos que se tornaram cidadãos romanos. Na verdade, não há outra espécie de libertos, desde que não existem mais latinos nem deditícios. Os latinos, aliás, não tinham sucessão legítima, porque, embora livres durante a vida, perdiam ao dar o último suspiro à liberdade e à vida, e seus bens constituíam, como os dos escravos, uma espécie de pecúlio que, em virtude da lei Júnia, cabia ao manumissor. Mais tarde, o senatus-consulto Largiano ordenou que os descendentes do manumissor, não deserdados nomea-damente, fossem preferidos, quanto aos bens do liberto latino, aos herdeiros estranhos do patrono. Veio depois um edito do imperador Trajano relativo aos libertos que obtinham do príncipe o título de cidadão romano, contra a vontade, ou sem conhecimento do patrono. Neste caso, o liberto ficava cidadão romano durante a vida e latino ao morrer. Mas, na nossa constituição, em virtude dessas vicissitudes do estado das pessoas e de outras dificuldades, resolvemos suprimir para sempre os latinos e com eles a Lei Júnia, o senatus-consulto Largiano e o edito do imperador Trajano. Deste modo, os libertos gozarão de todos os direitos de cidadãos romanos, e por uma admirável combinação, por meio de algumas disposições completamentares, transformamos em meios de adquirir a qualidade de cidadão romano os mesmos que davam em resultado a condição de latinos.

TITULUS VIII
DE ADSIGNATIONE LIBERTORUM

In summa, quod ad bona libertorum, admonendi sumus censuisse senatum, ut quamvis ad omnes patroni liberos qui ejusdem gradus sunt, aequaliter bona libertorum pertineant, tamen liceret parenti uni ex liberis adsignare libertum: ut post mortem ejus solus is patronus habeatur cui adsignatus est; et cetera liberi qui ipsi quoque ad cadem bona, nulla adsignatione intervertiente, pariter admitterentur, nihil juris in his bonis habeant. Sed ita demum pristinum jus recipiunt, si is cui adsignatus est decesserit nullis liberis relictis.

I. Nec tantum libertum, sed etiam libertam; et non tantum filo nepotive, sed etiam filiae neptive adsignare permititur.

II. Datur autem haec adsignandi facultas ei qui duos pluresse liberos in potestate habebit, ut eis quos in potestate habet adsignare libertum libertamve liceat. Unde quaerebatur, si eum cui adsignaverit postea emancipaverit, num evanescat adsignatio. Set placuit evanescere, quod et Juliano et allis plerisque visum est.

III. Nec interest testamento quis adsignet, an sine testamento; sed etiam quibuscumque verbis, patronis hoc permittitur facere ex ipso senatus-consulto, quod Claudianis temporibus factum est, Suillo Rufo et Osterio Scapula consulibus.

TITULUS IX
DE BONORUM POSSESSIONIBUS

Jus bonorum possessionis introductum est a praetore, emendandi veteris juris gratia. Nec solum in intestatorum hereditatibus vetus jus eo modo praetor emendavit, sicut supra dictum est, sed in eorum quoque qui testamento facto decesserint. Nam si alienus postumus heres fuerit institutus, quamvis hereditatem jure civili adire non poterat: cum institutio non valebat, honorario tamen jure bonorum possessor efficiebatur, videlicet a praetore adjuvabatur. Sed is a nostra constitutione hodie recte heres instituitur, quasi et jure civili non incognitus.

TÍTULO VIII
DA ASSIGNAÇÃO DOS LIBERTOS

Para terminar o que diz respeito aos bens dos libertos, notaremos que, segundo um senatus-consulto, embora só descendentes do patrono, sendo todos do mesmo grau, sejam igualmente chamados à sucessão dos bens, pode o ascendente assignar o liberto a um de seus descendentes, de modo que, por morte do ascendente, seja o descendente o único patrono, e os outros, que seriam chamados se não tivesse havido assignação, não terão direito algum aos bens do liberto. Os mais descendentes somente recuperam o direito que tinham, quando o descendente, em cujo favor a assignação foi feita, vem a falecer sem posteridade.

1. Pode assignar-se um liberto ou liberta, e não somente ao filho ou neto, mas também à filha ou neta.

2. Dá-se a faculdade de assignar ao ascendente que tem dois descendentes sob o seu poder, permitindo-se-lhe que assigne o liberto relativamente a esses descendentes. Daí surge a questão: se o filho a quem se fez a assignação, for emancipado, fica a assignação sem efeito? Fica sem efeito; essa é a opinião de Juliano e da maioria dos jurisconsultos.

3. Pouco importa que a assignação seja feita por testamento ou não. Os patronos podem também usar de quaisquer expressões, em virtude do referido senatus-consulto, do tempo do Imperador Cláudio, sob o consulado de Suílo Rufo e Ostério Escápula.

TÍTULO IX
DAS POSSES DOS BENS

O instituto da posse dos bens foi introduzido pelos pretores para modificar o antigo direito. E modificaram-no não somente, como ficou dito, nas disposições relativas à herança do intestado, mas também no caso de ter o defunto deixado testamento. Na verdade, quando alguém instituía um póstumo estranho, este não podia, pelo direito civil, fazer adição da herança, pois não valia a instituição; mas podia obter, pelo direito honorário, a posse dos bens, porque o pretor vinha em seu socorro. Hoje, porém, a nossa constituição permite instituir validamente o póstumo estranho, estando como que reconhecido pelo direito civil.

I. Aliquando tamen neque emendandi neque impugnandi veteris juris, sed magis confirmandi gratia, pollicetur bonorum possessionem. Nam illis quoque, qui recte testamento facto heredes instituti sunt, dat secundum tabulas bonorum possessionem. Item ab intestato suos heredes et agnatos ad bonorum possessionem vocat; sed et remota quoque bonorum possessions, ad eos pertinet hereditas jure civili.

II. Quos autem praetor solus vocat ad hereditatem, heredes quidem ipso jure non fiunt, nam praeter heredem facere non potest. Per legem enim tantum vel similem juris constitutionem heredes fiunt veluti per senatus — consulta et constitutiones principales; sed cum eis praetor dat bonorum possessionem loco heredum constituuntur et vocantur bonorum possessores. Adhuc autem et alios complures gradus praetor fecit in bonorum possessionibus dandis dum id ageat ne quis sine successore moreretur. Nam angustissimis finibus constitutum per legem Duodecim Tabularum jus percipiendarum hereditatum praetor ex bono et aequo dilatavit.

III. Sunt autem bonorum possessiones ex tratamento quidem haec: prima, quae praeteritis liberis datur, vocaturque CONTRA TABULAS; secunda, quam omnibus jure scriptis heredibus praeter pollicetur, ideoque vocatur SECUNDUM TABULAS testamenti. Et cum de testamentis prius locutus est, ad intestatos transitum fecit; et primo loco suis heredibus, et iis qui ex edicto praetoris intersuos heredes connumerantur, (data do julgamento).

Ministro bonorum possessionem quae vocatur UNDE LIBERI. Secundo, legitimis heredibus. Tertio, decem personis quas extraneo manumissori praeferebat. Sunt autem decem personae hae: pater, mater, abus, avia, tam paterni quam materni; item filius, filia, nepos, neptis, tam ex fillio quam ex filia; frater, soror, sive consanguinei sive uterini. Quarto, cognatis proximis. Quinto, TUM QUEM EX FAMILIA. Sexto, patrono et patronae, liberis que eorum et parentibus. Septimo, viro et uxori. Octavo, cognatis manumissoris.

IV. Sed eas quidem praetoria introduxit jurisdictio: a nobis tamen nihil incuriosum praetermissum est; sed nostris constitutionibus omnia corrigentes, CONTRA TABULAS quidem et SECUNDUM TABULAS bonorum possessiones admisimus, utpote necessarias constitutas, nec non ab intestato UNDE LIBERI et UNDE LEGITIMI bonorum possesiones. Quae autem in praetoris edicto quinto loco posita fuerat, id est UNDE DECEM PERSONAE, eam pio proposito et compendioso sermone

1. Algumas vezes, todavia, o pretor promete a posse dos bens, não para modificar ou revogar o direito antigo, senão para o confirmar. Assim, o pretor dá aos herdeiros instituídos em testamento regular a posse dos bens, na conformidade do teor do testamento (secundum tabulas). Do mesmo modo, na falta do testamento, chama à posse dos bens os herdeiros seus e os agnados, os quais recebem a herança por direito civil, independente da posse dos bens.

2. Os que são chamados à herança somente pelo pretor não se tornam diretamente herdeiros, porque este título não pode ser conferido pelo pretor, mas somente pela lei, ou por um ato legislativo, como um senatus-consulto, uma constituição imperial. Aqueles que recebem do pretor a posse dos bens, consideram-se em lugar dos herdeiros e chamam-se possuidores de bens. O pretor estabeleceu outros muitos casos de posses de bens, a fim de que ninguém morresse sem sucessor. Na verdade, o direito de concorrer à herança, muito restrito pela Lei das XII Tábuas, foi ampliado pelo pretor por eqüidade.

3. As posses dos bens testamentários são: em primeiro lugar, a posse conferida aos herdeiros omitidos, chamada POSSE CONTRA A LETRA DO TESTAMENTO (contra tabulas); em segundo lugar, a posse que o pretor promete a todos os herdeiros legalmente instituídos, e que por isso mesmo chama-se POSSE NA CONFORMIDADE DO TESTAMENTO (secundum tabulas). Depois de tratar dos testamentos, o pretor passa a se ocupar dos intestados: em primeiro lugar dá a posse dos bens aos herdeiros seus e aos que a estes se equiparam pelo edito, e então a posse chama-se DOS DESCENDENTES (unde liberi); em segundo lugar, aos herdeiros legítimos; em terceiro lugar, a dez pessoas que ele prefere ao manumissor estranho, ou seja, ao pai e à mãe, ao avô e à avó paternos e maternos, ao filho e à filha e seus descendentes, ao irmão e à irmã, consangüíneos ou uterinos; em quarto lugar, aos cognados mais próximos; em quinto lugar, ao parente mais próximo do liberto (tum quam ex familia); em sexto lugar, ao patrono e à patrona, a seus descendentes ou ascendentes; em sétimo lugar, ao marido e à mulher; em oitavo lugar, aos cognados do patrono.

4. Tais são as posses dos bens introduzidas pelo pretor. Com intuito de tudo examinar e corrigir, conservamos por nossas constituições, como necessárias, as posses dos bens *contra tabulas et secundum tabulas* e as posses dos bens *unde liberi* e *unde legitimi*, quando não há testamento. Reconhecemos em poucos palavras, e por uma disposição benévola, que a posse que vinha em quinto lugar no edito do pretor, isto é, a posse *unde*

supervacuam ostendimus. Cum enim praefata bonorum possessio decem personas praeponebat extraneo manumissori, nostra constitutio quam de emancipatione liberorum fecimus, omnibus parentibus eisdemque manumissoribus contracta fiducia manumissionem facere dedit, ut ipsa manumissio eorum hoc in se habeat privilegium, et supervacua fiat supradicta bonorum possessio. Sublata igitur praefata quinta bonorum possessione, in gradum ejus sextam antea bonorum possessionem induximus, et quintam fecimus, quam praetor proximis cognatis pollicetur.

V. Cumque antea fuerat septimo loco bonorum possessio TUM QUEM EX FAMILIA, et octavo UNDE LIBERI PATRONI PATRONAEQUE ET PARENTES EORUM, utramque per constitutionem nostram quam de jure patronatus fecimus, penitus vacuavimus. Cum enim ad similitudinem successionis ingenuorum, libertinorum successiones posuimus, quas usque ad quintum tantummodo gradum coarctavimus, ut si aliqua inter ingenuos et libertinos differentia, sufficit eis tam CONTRA TABULAS bonorum possessio quam UNDE LEGITIMI et UNDE COGNATI, ex quibus possunt sua jura vindicare; omni scru-pulositate et inextricabili errore istarum duarum bonorum possessionum resoluto.

VI. Aliam vero bonorum possessionem, quae UNDE VIR ET UXOR appellatur, et nono logo inter veteres bonorum possessiones posita fuerat, et in suo vigore servavimus, et altiore loco, id est sexto, eam possuimus: decima veteri bonorum possesione, quae erat UNDE COGNATI MANUMISSORIS, propter causas enarratas merito sublata, ut sex tantum modo bonorum possessiones ordinariae permaneant, suo vigore pollentes.

VII. Septima eas secuta, quam optima ratione praetores introduxerunt. Novissime enim promittitur edicto iis etiam bonorum possessio, quibus ut detur lege bel senatus-consulto vel constitutione comprehensum est. Quam neque bonorum possessionibus quae ab intestato veniunt, neuqe iis quae ex testamento sunt praetor stabili jure connumeravit; sed quasi ultimum et extraordinarium auxilium, prout res exegit, accommodavit, scilicet iis qui ex legibus, senatus-consultis, constitutionibusve principum ex novo jure, vel ex testamento, vel ab intestato veiunt.

VIII. Cum igitur plures species successionum praetor introduxisset, easque per ordinem disposuisset et in unaquaque specie successionis soepe plures extent dispari gradu personae, ne actiones creditorum differentur, sed haberent quos convenirent, et ne facile in possessionem bonorum defuncti mitterentur, et eo modo sibi consulerent,

decem personae era supérflua. Com efeito, essa posse dos bens preferia dez pessoas ao patrono estranho, mas a constituição, que fizemos sobre a emancipação dos descendentes, dá a todos os ascendentes a vantagem de manumitir com a fidúcia, a qual se transforma numa cláusula tácita da manumissão e torna supérflua esta quinta posse dos bens. Por tais razões a suprimimos, pondo em seu lugar a sexta, que é a prometida pelo pretor aos cognados mais próximos e assim se torna quinta.

5. Em sétimo lugar achava-se anteriormente a posse dos bens *tum quam ex familia*, e em oitavo lugar a posse que o edito promete aos descendentes, e ao pai e à mãe do patrono ou patrona (unde liberi patroni patronaeque et parentes corum). Mas, uma e outra posse foram inteiramente suprimidas pela nossa constituição sobre o direito de patronato. Tendo nós assimilado a sucessão dos libertos à dos ingênuos, restringindo-a somente ao quinto grau, para manter a diferença entre os ingênuos e os libertos, estes pelas posses dos bens *contra tabulas, unde legitimi e unde cognati* poderão perfeitamente exercer seus direitos, sem recorrer às sutilezas e às inextricáveis complicações daquelas duas espécies de posses de bens.

6. Outra posse de bens, denominada unde vir et uxor ocupava antigamente o nono lugar. Conservamo-la em pleno vigor, fazendo-a subir para o sexto lugar. A posse dos bens que vinha em décimo lugar, e que se dava aos cognados do patrono, foi justamente suprimida pelos motivos acima enumerados. Existem, pois, em vigor seis posses de bens.

7. Há uma sétima posse de bens que os pretores introduziram com muita razão. Com efeito, o edito do pretor ao terminar, promete a posse dos bens àqueles a quem uma lei ou um senatus-consulto, ou uma constituição ordenam expressamente que lhes dê. Essa posse de bens o pretor não a colocou em nenhum lugar determinado nas heranças testamentárias ou ab-intestado. Constitui um recurso extraordinário e último que concede, de acordo com as circunstâncias, às pessoas chamadas, por testamento ou ab-intestado, pelas leis por um senatus-consulto, ou, no direito novo, pelas constituições imperiais.

8. O pretor distinguiu várias ordens de sucessão, fixando-lhes os lugares; mas, muitas vezes, a mesma ordem compreende parentes de graus diferentes. Ora, importava que a ação dos credores não ficasse indefinidamente retardada, que tivessem contra quem demandar, e que não se apossassem facilmente dos bens do defunto para garantirem seus interesses. O pretor fixou por isso um prazo para pedirem a posse dos

ideo pretendae possessioni certum tempus praefinivit. Liberis itaque et parentibus, tam naturalibus quam adoptivis, in petenda bonorum possessione annum spatium, ceteris centum dierum dedit.

IX. Et si intra hoc tempus aliquis bonorum possessionem non petierit, ejusdem gradus personis adcrescit, vel si nemo sit, deinceps ceteris bonorum possessionem perinde ex sucessorio edicto pollicetur, ac si is qui praecedebat ex eo numero non esset. Si quis itaque delatam sibi bonorum possessionem repudiaverit, non quosque tempus bonorum possessioni praefinitum excesserit expectatur; sed statim ceteri ex eodem admittuntur.

X. In petenda autem bonorum possessione, dies utiles singuli considerantur. Sed bene anteriores principes et huic causae providerunt, ne quis pro petenda bonorum possessione curet; ser quocumque modo si admittendis etiam indicium intra sta tu tamen tempora ostenderit, plenum habeat earum beneficium.

TITULUS X
DE ACQUISITIONE PER ADROGATIONEM

Est et alterius generis per universitatem successio, quae neque lege Duodecim Tabularum, neque praetoris edicto, sed eo jure quod consensu receptum est, introducta est.

I. Ecce enim cum paterfamilias sese in adrogationem dat, omnes res ejus corporales et incorporales, quaeque ei debitae sunt, adrogatori antea quidem pleno jure adquirebantur, exceptis iis quae per capitis deminutionem pereunt, quales sunt operarum obligationes (er jus agnationis). Usus etenim et usufructus, licet his antea connumerabantur, attamen capitis deminutione minima, eos tollis nostra prohibuit constitutio.

II. Nunc autem nos easdem adquisitionem quae per adrogationem fiebat coarctavimus ad similitudinem naturalium parentium. Nijhil etenim aliud nisi tantummodo ususfructus, tam naturalibus parentibus quam adoptivis per filios familias adquiritur in iis rebus quae extrinsecus filiis obveniunt, dominio eis integro servato. Mortuo autem filio adrogato in adoptiva familia, etiam dominium ejus ad adrogatorem pertransit, nisi supersint aliae personae quae ex constitutione nostra patrem in iis quae adquiri non possunt, antecedunt.

bens. O prazo fixado é de um ano para os descendentes e ascendentes, naturais ou adotivos, e de cem dias para os demais.

9. Quando um dos chamados deixa expirar o prazo sem pedir a posse dos bens, ela acresce às outras pessoas do mesmo grau. Quando não existirem pessoas do mesmo grau, a posse, segundo o edito sucessório, passa ao grau seguinte, como se o precedente não existisse. Se um repudia a posse de bens que lhe foi deferida, não é mister que os outros esperem a expiração do prazo dentro do qual se deve pedir a posse, mas são imediatamente admitidos a ela em virtude do mesmo edito.

10. No prazo fixado para pedir a posse dos bens, somente se consideram os dias úteis. A esse respeito, os príncipes que nos precederam sabiamente, decidiram que não é indispensável pedir-se a posse dos bens, mas que a intenção de aceitar, por qualquer modo manifestada, no prazo fixado, será o bastante para se conseguir o benefício em toda a sua plenitude.

TÍTULO X
DA AQUISIÇÃO POR AD-ROGAÇÃO

Existe outra espécie de sucessão por título universal, a qual foi introduzida, não pela Lei da XII Tábuas, nem pelo edito do pretor, mas pelo direito costumeiro.

1. Quando um pai de família se dava em ad-rogação, todos os seus bens corpóreos ou incorpóreos, assim como todos os seus créditos, passavam de pleno direito para a propriedade do ad-rogador, com exceção somente, dos bens que se extinguem pela diminuição de capacidade, que são a obrigação de serviços e o direito de agnação. Tais eram também, anteriormente, o uso e o usufruto; mas uma de nossas constituições impediu que se extinguissem pela diminuição mínima de capacidade.

2. Hoje a aquisição resultante da ad-rogação acha-se restrita nos mesmos limites que a relativa aos ascendentes naturais. O ascendente natural ou adotivo adquire somente o usufruto sobre as coisas que, de estranhos, provêm ao filho, sendo que a propriedade dos bens passa ao ad-rogador, salvo se existir uma das pessoas que, segundo a nossa constituição, são preferidas ao pai sobre os bens não suscetíveis de serem por este adquiridos.

III. Sed ex diverso, pro eo quod is debuit qui se in adoptionem dedit, ipso quidem jure adrogator non tenetur; sed nomine filii voncenietur. Et si noluerit eum defendere permittitur creditoribus per competentes nostros magistratus, bona quae ejus cum usufructu futura fuissent, si se alieno juri non subjecisset, possidere et legitimo modo ea disponere.

TITULUS XI
DE EO CUI LIBERTATIS CAUSA BONA ADDICUNTUR

Accesit novus casus successionis ex constitutione divi Marci. Nam si ii qui libertatem acceperunt a domino in testamento, ex quo non aditur hereditas, velint bona sibi addici, libertatum conservandarum causa, audiuntur.

I. Et ita divi Marci rescripto ad Popilium Rufum continetur. Verba rescripti ita se habent: "Si Virginio Valenti, qui testamento suo libertatem quibusdam adscripsit, nemine sucessore ab intestato existente, in ea causa bona ejus esse coeperunt ut veniri debeant; is cujus de ea re notio est, aditus, rationem desiderii tui habebit, ut libertatum, tam earum quae directo quam earum quae per speciem fideicommissi relictae sunt, tuendarum gratia addicantur tibi si idonee creditoribus caveris de solido quod cuique debetur solvendo. Et aii quidem quibus directa libertas data est, perinde liberi erunt ac si hereditas adita esset. Ii autem quos heres manumittere rogatus est, a te libertatem consequantur: ita ut si non alia conditione velis bona tibi addici, quam ut etiam qui directo libertatem acceperunt, tui liberti fiant. Nam huic etiam voluntati tuae, si ii quorum de statu agitur consentiant, auctoritatem nostram accommodamus. Et ne hujus rescriptionis nostrae emolumentum alia ratione irritum fiat: si fiscus bona agnoscere voluerit, et ii qui rebus nostris attendunt, scient commodo pecuniario praeferendam libertatis causam, et ita bon acogenda ut libertas ii salva sit, qui eam adipisci potuerunt si hereditas ex testamento addita esset."

II. Hoc rescripto subventum est et libertatibus, et defunctis, ne bona eorum a creditoribus possideantur et veneant. Certe si fuerint hac

3. E inversamente, se o ad-rogado tem dívidas, o ad-rogador não responde por elas, segundo o direito civil, mas pode ser demandado em nome do filho. E se não quiser responder pelo ad-rogado, os bens de que este teria pela propriedade, e também o usufruto, poderão, por mandado dos juízes competentes, ser penhorados pelos credores para serem vendidos na forma da lei.

TÍTULO XI
DAQUELE A QUEM SÃO ADJUDICADOS OS BENS EM FAVOR DA LIBERDADE

Um novo caso de sucessão foi criado por uma constituição do imperador Marco Aurélio. Os escravos manumitidos por seu senhor em um testamento, quando não se dá a adição da herança, podem pedir que se lhes adjudiquem os bens para se manterem as manumissões.

1. Tal é a disposição de um rescrito do imperador Marco Aurélio a Popílio Rufo, do seguinte teor: "Se Virgínio Valente, que em seu testamento manumitiu vários escravos, ficar sem nenhuma sucessão ab-intestado, de modo que se torne necessário vender-lhe os bens, o juiz competente, a quem te dirigirás, deverá atender o pedido que lhe fizeres de te serem adjudicados os bens, para manter as manumissões feitas, quer diretamente, quer fideicomisso, desde que dês garantia suficiente aos credores quanto ao pagamento integral a cada um. Os escravos a quem a liberdade foi deixada diretamente ficarão livres como se tivesse dado a adição da herança, e os que o herdeiro era rogado a manumitir serão manumitidos por ti, salvo se somente quiseres a adjudicação dos bens com a condição de teres como teus libertos os mesmos a quem a liberdade foi deixada diretamente. Neste último caso, se aqueles, cujo estado se acha em questão, aquiescerem ao teu pedido, nós, de nossa parte, permitimo-lo. E para que não venhas a perder, por motivo do fisco, o benefício deste rescrito, ordenamos que os agentes fiscais, que quiserem apoderar-se dos bens, devem ter em consideração que o favor da liberdade deve ser preferido ao interesse pecuniário, e que somente os bens devem ser recolhidos pelo fisco desde que se conserve a liberdade àqueles que a adquiririam se tivesse havido adição da herança em virtude do testamento".

2. Este rescrito favorece ao mesmo tempo a liberdade e o defunto, evitando que os credores se apossem dos bens e os vendam. E,

de causa bona addicta, cesat bonorum venditio: extitit enim defuncti defensor, et quidem idoneus, qui de solido creditoribus cavet.

III. In primis hoc rescriptum totiens locum habet, quotiens testamento libertates datat sunt. Quid ergo si quis intestatus decedens codicillis libertates dederit, neque adita sit abintestado hereditas? favor constitutionis dehebit locum habere. Certe si testatus decedat, et codicillis dederit libertatem, competere eam nemini dubium est.

IV. Tunc enim constitutioni locum esse verba ostendunt, cum nemo successor abintestado existat. Ergo quamdiu incertum erit utrum existat at non, cessabit constitutio. Si certum esse coeperit (neminem extre), tunc erit constitutioni locus.

V. Si iis qui integrum restitui potest, abstinuerit se hereditate, quamvis potest in integrum restitui, potest admitti constitutio et bonorum addictio fieri. Quid ergo si, post addictionem libertatum conservandarum causa factam, in integram sit restitutus? Utique non erit dicendum revocari libertates, quia semel competierunt.

VI. Haec oonstitutio libertatum tuendarum causa introducta est. Ergo si libertates nullae sint datae, cessat constitutio. Quid ergo si vivus dederit libertates vel mortis causa, et ne de hoc quaeratur utrum in fraudem creditororum, an non, factum sit, idcirco vent sibi abdici bona: an audiendi sunt? Et magis est ut audiri debeant, etsi deficiat verba constitutionis.

VII. Sed cum multas divisiones ejusmodi constitutioni deesse perspeximus, lata est a nobis plenissima constitutio, in qua multae species coliatae sunt, quibus jus hujusmodi successionis plenissilectionis constitutione potest comum est efectum: quas ex ipsa gnoscere.

TITULUS XII
DE SUCCESSIGNIBUS SUBLATIS, QUAE FIERANT PER BONORUM VENDITIONEM. ET EX S.C. CLAUDIANO

Erant ante praedictam successionem olim et aliae per universitatem successiones: qualis fuerat bonorum emptio, quae de bonis

mediante essa adjudicação, não é mister vender os bens, desde que exista um defensor idôneo do defunto que garanta aos credores a totalidade dos créditos.

3. Este restrito aplica-se a todos os casos em que a liberdade foi dada por testamento. Mas se o senhor, falecido intestado e sem herdeiro legítimo, deu a liberdade por codicilo? O benefício da constituição tem lugar. De resto, a liberdade dada por codicilo é indubitavelmente mantida, quando o defunto fez testamento.

4. Vê-se dos termos da constituição que ela se refere ao caso de não existir sucessor ab-intestato. Portanto, enquanto não se tem a certeza se existe ou não sucessor, não tem aplicação. Desde que se tenha a certeza de que não existirá, aplica-se sem dúvida.

5. Quando aquele, em cujo valor se pode dar a restituição in integrum, se abstém da herança, a possibilidade da restituição impede que se aplique a constituição e que se faça a adjudicação? E se depois de feita a adjudicação, para se manterem as manumissões, operar-se a restituição in integrum? Não se pode pretender que a liberdade se ache revogada, porque, uma vez dada, torna-se irrevogável.

6. Esta constituição tem por fim a manutenção das manumissões, e assim, se não tiver havido manumissão alguma, não se aplica. Mas, se a liberdade foi dada entre vivos ou *causa mortis*, e os libertos, para impedir que se discuta se as manumissões foram feitas em fraude de credores, pedirem a adjudição dos bens? Devem ser atendidos? Ainda que a constituição seja omissa, impõe-se a afirmativa.

7. Reconhecendo que este rescrito deixava a desejar muitas distinções, em uma constituição muito minuciosa reunimos várias decisões que completam a legislação sobre esta espécie de sucessão, e cujo conhecimento é fácil pela leitura do seu texto.

TÍTULO XII
DA REVOGAÇÃO DAS SUCESSÕES QUE TINHAM LUGAR PELA VENDA DOS BENS E PELO SENATUS-CONSULTO CLAUDIANO

Antigamente, antes da sucessão a que nos referimos, existiam outras sucessões a título universal. Entre elas havia a compra dos bens,

debitoris vendendis per multas ambages fuerat introducta, et tunc locum habebat quando judicia ordinaria in usu fuerunt. Sed cum extraordinariis judiciis posteritas usa est, ideo cum ipsis ordinariis judiciis etiam bonorum venditiones expiraverunt: et tantummodo creditoribus datur officio judicis bona possidere, et prout utile eis visum fuerit ea disponere: quod ex latioribus Digestorum libris perfectius apparebit.

I. Erat et ex senatus-consulto Claudiano miserabilis per universitatem acquitio, cum libera mulier, servili amore bacchara, ipsam libertatem per senatur-consultum amitteant, et cum libertate substantiam. Quod indignum nostris temporibus existimantis, et a nostra civitate deleri, et non inseri nostris Digestis concedimus.

TITULUS XIII
DE OBLIGATIONIBUS

Nunc transeamus ad obligationes. Obligatio est juris vinculum, quo necessitate adstringitur alicujus solvendae rei, secundum nostrae civitatis jura.

I. Omnium autem obligationum summa divisio in duo genera deducitur; namque aut civiles sunt aut praetoriae. Civiles sunt, quae aut legibus constitutae aut certo jure civili comprobatae sunt. Praetoriae sunt, quas pretor ex sut jurisdictione constitituit, quae etiam honorariae vocantur.

II. Sequens divisio in quatuor species deducitur: aut enim ex contractu sunt aut quasi ex contractu; aut ex maleficio aut quasi ex maleficio. Prius est ut de iis quae ex contractu sunt dispiciamus. Harum acque quatuor sunt species; aut enim re contrahuntur, aut verbis, aut litteris, aut consensu: de quibus singulis dispiciamus.

TITULUS XIV
QUIBUS MODIS RE CONTRAHITUR OBLIGATIO

Re contrahitur obligatio, veluti muted datione. Mutui autem datio in iis rebus consistit quae pondere, numero mensurave constant, veluti

cuja origem se relaciona, com a das numerosas formalidades pelas quais se procedia a venda dos bens do devedor, a qual tinha lugar quando estavam em uso os processos ordinários. Mais tarde, introduziram-se os processos extraordinários, e as vendas dos bens desaparecem com os processos ordinários, e desde então os credores podem somente penhorar os bens por mandado do juiz para dispor deles como julgarem útil, como melhor se verá nos livros mais minuciosos do Digesto.

1. O senatus-consulto Claudiano estabelecia ainda uma deplorável aquisição a título universal, quando uma mulher livre, embriagada de amor por um escravo, perdia, em virtude do senatus-consulto, a liberdade, e com ela seus bens. Suprimimos essa disposição por julgá-la indigna de nosso século, e proibimos que se reproduzisse no Digesto.

TÍTULO XIII
DAS OBRIGAÇÕES
(De obligationibus)

Passemos agora às obrigações. A obrigação é um veículo de direito, formado segundo o nosso direito civil, que nos coage a pagar alguma coisa.

1. Há duas espécies de divisão das obrigações: civis ou pretorianas. Obrigações civis são as estabelecidas pelas leis, ou reconhecidas pelo direito civil. Obrigações pretorianas são as que o pretor constituiu em virtude de sua jurisdição, e chamam-se também honorárias.

2. Outra divisão as classifica em quatro espécies, segundo nascem de um contrato, ou como de um contrato (*quasi-contracto*), de um delito, ou como de um delito (*quasi-delicto*). Tratemos primeiramente das obrigações que nascem de um contrato, as quais, por sua vez, dividem-se em quatro espécies, segundo se formam pela tradição da coisa (*re*), ou por palavras (*verbis*), ou por escrito (*litteris*) ou pelo consentimento (*consensu*). Examinemos cada uma delas.

TÍTULO XIV
COMO SE CONTRAI A OBRIGAÇÃO PELA TRADIÇÃO DA COISA

A obrigação contrai-se pela tradição da coisa, por exemplo, na dação em mútuo. O mútuo recai sobre as que se podem pesar, contar e

vino, oleo, frumento, pecunia numerata, aere, argento, auto; quas res aut numerando, aut metiendo, aut adpendendo in hoc damus ut accipientum fiant. Et quando que nobis non eaedem res, sed aliae ejusdem naturae et qualitatis redduntur: unde etiam mutuum appellatum est, quia ita a me tibi datur, ut ex pico tuum fiat. Et ex eo contractu nascitur actio quae vocatur condictio.

I. Is quoque qui non debitum accepit ab eo qui per errorem solvit, re obligatur, daturque agenti contra eum propter repetitionem cmdictitia actio. Nam perinde ab eo condici potest SI PARET EUM DARE OPORTERE, ac si mutuum accepisset. Unde pupillus, si et sine tutoris auctoritate non debitum per errorem datum est, non tenebitur indebiti condictione magis quam mutui datione. Sed haec species obligationis non videtur ex contractu cosistere, cum is qui solvendi animo dat, magis distrahere voluit negotium quam contrahere.

II. Item is cui res aliqua utenda datur, id est commodatur, re obligatur, et tenetur commodati actione. Sed is ab eo qui mutuum accepit, longe distat; namque non ita res datur ut ejus fiat, et ob id de ea re ipsa restituenda tenetur. Et is quidem qui mutuum accepit, si quolibet fortuito casu amiserit quod accepit, veluti incendio, ruina, naufragio, aut latronum hostiumve incursu, nihilhominus obligatus permanet. A is qui utendum accepit, sane quidem exactam diligentiam custodiendae rei praestare jubetur; nec sufficit ei tantam diligentiam adhibuise; quantam in suis rebus adhibere solitus est, si modo alius diligentior poterit eam rem custodire; sed propter majorem vim majoresve casus non tenetur, si modo non hujus ipsius cuipa is casus intervenerit. Alioquin, si id quod tibi commodatum est peregire tecum ferre nialueris, et, vel incursu hostium praedonumve, vel naufragio, amiseris, dubium non est quin de restituenda ea re tenearis. Commodata autem res tunc proprie intelligitur, si, nulla mercede accepta vel constituta, res tibi utenda data est; alioquin, mercede interveniente locatus tibi usus rei videtur; gratitum enimdebet esse commodatum.

III. Praeterea et is apud quem res aliqua de ponitur re obligatur et actione depositi; quia et ipse de ea re quam accepit restituenda tenetur. Sed is ex eo solo tenetur, siquid dolo commiserit; culpae autem nomine, id est desidiae ac negligentiae non tenetur. Itaque securus est, qui parum diligenter custoditam rem furto amiserit, quia qui negligenti amico rem custodiendam tradidit, suae facilitati id imputare debet.

medir, como o vinho e o óleo, o trigo, o dinheiro, o cobre, a prata, o ouro. Quando essas coisas são dadas por peso, número e medida, entram na propriedade daquele que as recebe, o qual não as deve restituir ulteriormente, porém, outras da mesma natureza e qualidade. Daí veio o nome de mútuo, porque eu te dou o meu para que ficasse teu. Deste contrato nasce uma ação que se chama condição (*condictio*).

1. Também fica obrigado pela tradição quem recebeu um pagamento que lhe não era devido, e que lhe foi feito por engano. Dá-se contra ele, para se reaver o pagamento, a condição. A condição SE PARECE QUE DEVE DAR (*si paret eum dare opportere*) pode ser intentada contra ele como se tivesse recebido em mútuo. Assim, quando por erro, e sem autorização do tutor, pagou-se a um pupilo o que se lhe não devia, o pupilo não responde pela condição de coisa indevida do mesmo modo que não responderia por uma doação em mútuo. Todavia, esta espécie de obrigação não é considerada como resultante de um contrato, porque quem entrega com a intenção de pagar quer antes extinguir a obrigação do que formá-la.

2. Aquele que recebe uma coisa em comodato, isto é, para se servir dela, fica obrigado pela tradição e responde pela ação de comodato. O comodatário difere muito do mutuário, porque ao receber a coisa não se torna dono, e deve restituir a mesma coisa recebida. O mutuário que perde a coisa por caso fortuito, por exemplo, por incêndio, ruína, naufrágio, ataque de ladrões e de inimigos, continua obrigado do mesmo modo. Quanto ao comodatário, ainda que deva guardar a coisa com todo cuidado, não bastando mesmo a diligência que costuma com suas coisas, quando outra pessoa mais cuidadosa poderia ter evitado a perda, todavia, não responde por força maior ou fortuito, sobrevindos sem sua culpa. Mas, se levares em viagem a coisa que te foi dada em comodato, e a perderes, quer em um ataque de inimigos ou de ladrões, quer em naufrágio, incêndio, ficas obrigado a restituí-la. Há propriamente comodato quando recebes uma coisa para te utilizares dela sem remuneração alguma; se houver remuneração, há locação do uso da coisa, pois o comodato deve ser gratuito.

3. Aquele que recebe em depósito uma coisa fica obrigado por tradição, e responde pela ação de depósito, porque fica obrigado a restituir a coisa que recebeu. O depositário responde somente por dolo; não responde por desídia ou negligência. Nada tem a temer, se, por falta de cuidado, deixou roubar a coisa, pois quem entrega uma coisa à guarda de um amigo negligente, só de sua própria imprudência pode se queixar.

IV. Creditor quoque qui pignus accepit re obligatur; quia et ipse de ea re quam accepit restituenda tenetur actione pigneratita. Sed quia pignus utriusque gratia datur: et debitoris quo magis pecunia ei crederetur; et creditoris quo magis ei in tuto sit creditum placuit sufficere quod ad eam rem custodiendam exactam diligentiam adhiberet: quam si praestiterit, et aliquo fortuito casu eam rem amiserit, securum esse nec impediri creditum petere.

TITULUS XV
DE VERBORUM OBLIGATIONE

Verbis obligatio contrahitur ex interrogations et responsione, cum quid dari fierive nobis stipulamur; ex qua duae proficiscuntur actiones, tam condictio si certa sit stipulatio, quam ex stipulatu si incerta. Quae hoc nomine inde utitur, quia stipulum apud veteras firmum appellabatur, forte a stipide descendens.

I. In hac re olim talia verba tradita fuerunt: SPONDES? SPONDEO. — PROMITIS? PROMITTO. — FIDEPROMITTIS? FIDEPROMITTO. — FIDEJUBES? FIDEJUBEO. — DABIS? DABO. — FACIES? FACIAM. Utrum autem latina an graeca vel qui alia lingua stipulatio concipiatur, nihil interest: scilicet si uterque stipulantium intellectum hujus linguae habeat. Nec necesse est eadem lingua utrumque uti, sed sufficit congruenter ad interrogate respondere. Quinetiam, duo Graeci latina lingua obligationem contrahere possunt. Sed haec solemnia verba olim quidem in usu fuerunt; postea autem Leoniana constitutio lata est, quae solemnitate verborum sublata sensum et consonantem intellectum ab utraque parte solum desideat, licet quibuscumque verbis expressum est.

II. Omnis stipulatio aut in diem, aut sub conditione fit. Pure, veluti: QUINQUE AUREOS DARE RESPONDES? Idque confestim peti potest. In diem, cum adjecto die quo pecunia solvatur, stipulatio fit, veluti: DECEM AUREOS PRIMUS CALENDIS MARTIIS DARE SPONDES? Id autem quid in diem stipulamur statim quidem debetur; sed peti priusquam dies venerit non potest. Ac ne eo quidem ipso die in quem stipulatio facta est peti potest, quia totus is dies arbitrio solventis tribui

4. O credor que recebe um penhor fica igualmente obrigado pela tradição e responde pela ação pignoratícia para restituição da coisa. Mas como o penhor é constituído no interesse das duas partes contratantes, ou melhor, no interesse do devedor para lhe facilitar o crédito, e no interesse do credor para melhor o garantir, decidiu-se que basta ao credor o ter guardado a coisa com grande cuidado. Se, apesar desse cuidado, a coisa se perde por caso fortuito, fica ao abrigo de toda responsabilidade, e nada impede que cubra seu crédito.

TÍTULO XV
DA OBRIGAÇÃO VERBAL
(De verborum obrigatione)

Contrai-se uma obrigação verbal por pergunta e resposta, quando estipulamos que se nos dê ou faça alguma coisa. A obrigação verbal dá lugar a duas ações: à condição, se a estipulação é certa; à ação de estipulação (ex stipulatu), se a estipulação é incerta. A palavra estipulação deriva de stipes, que quer dizer, o tronco.

1. Para formar a obrigação verbal usavam-se antigamente estas palavras: RESPONDES? RESPONDO. PROMETES? PROMETO. GARANTES? GARANTO. AFIANÇAS? AFIANÇO. DARÁS? DAREI. FARÁS? FAREI. Pouco importa que a estipulação seja em latim, em grego, ou em qualquer outra língua, contanto que seja compreendida por ambos os contratantes. Não é mister que ambos falem na mesma língua; basta que a resposta corresponda à pergunta. Ainda mais: dois gregos podem contrair uma obrigação em latim. Essas expressões que referimos eram usadas antigamente. Sobreveio uma constituição do imperador Leão, a qual suprimiu aquelas palavras solenes e exigiu apenas a intenção e o conhecimento concordes, fossem quais fossem as palavras de que usassem.

2. Toda estipulação pode ser pura e simples, ou a termo, ou sob condição. É pura e simples neste exemplo: PROMETES DAR CINCO MOEDAS? Neste caso, podem exigir-se as moedas imediatamente. A estipulação é a termo quando indica o dia em que uma quantia será paga, por exemplo: PROMETES DAR DEZ MOEDAS NAS PRIMEIRAS CALENDAS DE MARÇO? O que se estipulou a termo é devido desde o momento da estipulação, mas o pagamento não pode ser exigido antes do vencimento do termo. O credor não pode exigir também no dia indicado pela estipulação, porque o devedor deve ter esse dia inteiro para pagar, e

debet; neque enim certum est eo die in quem promissum est, daum non esse, priusquam is praeterierit.

III. Ad si ita stipuleris: DECEM AUREOS ANNUOS QUOD VIVAM DARE SPONDES? Et pure facta obligatio intelligitur et perpetuatur, quia ad tempus deberi non potest; sed heres petendo pacti exceptione submovebitur.

IV. Sub conditione stipulatio fit, cum in aliquem casum diffetur obligatio, ut si aliquid factum fuerit aut non fuerit, stipulatio committatur; veluti: SI TITIUS CONSUL FUERIT FACTUS, QUINQUE AUREOS DARE SPONDES? Si quis ita stipuletur: SI IN CAPITOLIUM NON ASCENDERO DARE SPONDES? perinde erit ac si stipulatus esset cum morietur sibi dari. Ex conditionali stipulatione tantum spes est debitum iri, eamque ipsam spem in heredem transmittimus, si priusquam conditio existat, mors nobis contigerit.

V. Loca enim inseri stipulationi solent, veluti: CARTHAGNE DARE SPONDES? Quae stipulatio, licet pure fieri videatur, tamen re ipsa habet tempus injectum, quo promissor utatur ad pecuniam Carthagine dandam. Et ideo si quis Romae ita stipuletur: HODIE CARTHAGINE DARE SPONDES? inutilis erit estipulatio, cum impossibilis sit repromissio.

VI. Conditiones quae ad praeteritum vel praesens tempus referuntur, aut statim infirmant obligationem, aut omnio non differunt, veludi: SI TITIUS CONSUL FUI, VEL SI MAEVIUS VIVIT DARE SPONDES? Nam siea ita non sunt, nihil valet stipulatio; sin autem ita se habent, statim valet; quae enim per rerum naturam sunt certa, non morantur obligationem, licet apud non incerta sint.

VII. Non solum res in stipulatum deduci possunt, sed etiam facta, ut stipulemus aliquid fieri vel non fieri. Et in hujusmondi stipulationibus optimum erit poenam subjicere, ne quantitas stipulationis in incerto sit, ac necesse sit actori probare quid ejus intersit. Itaque si quis ut fiat aliquid stipuletur, ita adjici poena debet: SI ITA FACTUM NON ERIT, TUNC POENAE NOMINE DECEM AUREOS DARE SPONDES? Sed si quaedam fieri, quaedam non fieri, una eademque conceptione adjicienda: SI ADVERSUS EA FACTUM NON ERIT, TUNC POENAE ONMINE DECEM AUREOS DARE SPONDES?

enquanto não passar não se pode dizer que o pagamento não foi feito no dia prometido.

3. A estipulação nestes termos: PROMETES DAR-ME DEZ MOEDAS POR ANO ENQUANTO EU VIVER? – é pura e simples, e perpétua, porque ninguém pode dever temporariamente. Todavia, exigindo-a o herdeiro, pode ser repelido com a exceção de pacto.

4. A estipulação é feita sob condição quando a obrigação é subordinada a um acontecimento incerto, devendo valer a estipulação se tal fato acontecer, ou não acontecer, por exemplo, PROMETES DAR-ME CINCO MOEDAS, SE TÍCIO FOR FEITO CÔNSUL? Se alguém estipulou nestes termos: PROMETES DAR-ME SE EU NÃO SUBIR AO CAPITÓLIO? É como se estipulasse para a época da morte. A estipulação condicional dá somente a esperança de um crédito (*spes debitum iri*), e essa esperança se transmite aos herdeiros do estipulante quando vem a falecer antes de realizada a condição.

5. Muitas vezes também a estipulação designa um lugar, por exemplo, PROMETES DAR-ME EM CARTAGO? Esta estipulação parece pura e simples, mas, na realidade, dá ao devedor o tempo necessário para pagar em CARTAGO. Por conseqüência, se em Roma, estipular alguém assim: PROMETES DAR-ME HOJE EM CARTAGO? – esta estipulação será nula porque se promete o impossível.

6. As condições que se referem a uma época presente ou passada, por exemplo, PROMETES DAR-ME SE TÍCIO FOR CÔNSUL, OU SE MÉVIO ESTIVER VIVO? – ou invalidam imediatamente a obrigação, ou não têm valor algum. Na verdade, se o fato não se realiza, a estipulação é nula, e se o fato se realiza, a estipulação vale desde o momento em que se fez, porquanto um fato certo na ordem dos acontecimentos não suspende a obrigação, ainda que seja incerto relativamente a nós.

7. A estipulação pode ter por objeto não somente coisas, mas também fatos, por exemplo, quando estipulamos que algum ato se pratique ou não. Nessa estipulação é conveniente acrescentar uma pena, a fim de que a importância do interesse do estipulante não fique incerta e que este não se veja obrigado a provar qual seja ela. Quando alguém estipula que algum ato será praticado deve acrescentar uma pena deste modo: SE TAL NÃO FOR FEITO, PROMETES DAR-ME DEZ MOEDAS A TÍTULO DE PENA? Mas, quando estipula ao mesmo tempo a execução de certos fatos e a inexecução de outros, deve acrescentar deste modo: SE APESAR DISSO TAL COISA SE FIZER, OU TAL OUTRA NÃO SE FIZER, PROMETES DAR-ME DEZ MOEDAS A TÍTULO DE PENA?

TITULUS XVI
DE DUOBUS REIS STIPULANDI ET PROMITENDI

Et stipulandi et promittendi duo pluresve rei fieri possunt. Stipulandi ita, si, post omnius interrogationem, promissor respondeat: SPONDEO; ut puta, cum duobus separatim stipulantibus, ita promissor respondeat: UTRIQUE VESTRUM DARE SPONDEO. Nam si prius Titio spoderit, deinde, alio interrogante, spondeat, alia atque alia erit obligatio, nec creduntur duo rei promittendi ita fiunt: MAEVI, QUINQUE AUREOS DARE SPONDES? SEI, EOSDEM QUINQUE AUREOS DARE SPONDES? Si respondent singuli separatim: SPONDEO.

I. Ex hujus modi obligationibus, et stipulantibus solidum singulis debetur, et promittentes singuli in solidum tenentur. In utraque tamen obligatione una res vertitur, et vel alter debitum accipiendo, vel alter solvendo, omnium perimit obligationem et omnes liberat.

II. Ex duobus reis promittendi alius pure, alius in diem vel sub conditione obligari potest; nec impedimento erit dies aut conditio, quominus ab eo qui pure obligatus est, petatur.

TITULUS XVII
DE STIPULATIONE SERVORUM

Servus ex persona domini jus stipulandi habet. Sed hereditas in plerisque personae defuncti vicem sutinet: ideoque quod servus hereditarius ante aditam hereditatem stipulatur, adquirit hereditati, ac per hoc etiam heredi postea facto adquiritur.

I. Sive autem domino, sive sibi, sive conservo suo, sive impersonaliter servus stipuletur, domino adquirit. Idem juris est, et in liberis qui in potestate patris sunt, ex quibus causis adquirere possunt.

II. Sed cum factum stipulatione continebitur, omnimodo persona stipulantis continetur; veluti si servus stipuletur ut sibi ire, agere liceat. Ipse enim tantum prohiberi non debet, non etiam dominus ejus.

TÍTULO XVI
DAS CO-ESTIPULANTES E CO-PROMITENTES
(De duobus reis stipulandi vel promittendi)

Duas ou mais pessoas podem concorrer na mesma estipulação ou na mesma promessa. Concorrem na mesma estipulação, quando o devedor, por todas interrogado, responde EU PROMETO, por exemplo, quando o promitente, interrogado separadamente por dois estipulantes, responde: EU PROMETO A CADA UM DE VÓS. Mas, se promete primeiro a Tício e depois a outro interrogante, haverá duas estipulações e não haverá co-estipulantes. Para que duas ou mais pessoas concorram na mesma promessa, devem ser assim interrogadas: MÉVIO, PROMETES DAR-ME CINCO MOEDAS? SEIO, PROMETES DAR-ME ESSA MESMA QUANTIA? E cada uma responderá: EU PROMETO.

1. Nestas obrigações, a totalidade é devida a cada um dos estipulantes e cada um dos promitentes deve a totalidade. Entretanto, de um lado e de outro existe uma só dívida: o pagamento recebido por um dos co-estipulantes extingue o crédito de todos e o pagamento feito por um dos co-promitentes os libera de todos.

2. Um dos co-promitentes pode obrigar-se pura e simplesmente a outro a termo ou sob condição, mas esse termo ou condição não impedem a ação contra o que se obrigou pura e simplesmente.

TÍTULO XVII
DA ESTIPULAÇÃO DOS ESCRAVOS
(De stipulatione servorum)

O escravo tira da pessoa de seu senhor o direito de estipular. E do mesmo que a herança na maior parte dos casos representa a pessoa do defunto, assim, a estipulação, feita pelo escravo hereditário antes da adição da herança, faz com que a herança adquira e, por conseguinte, que adquira o futuro herdeiro.

1. O escravo adquire sempre para o Senhor, quer estipule para este quer para si próprio, quer para um outro escravo do mesmo senhor, quer em designação de pessoa. As mesmas regras aplicam-se aos descendentes sob o pátrio poder, nos casos em que podem adquirir.

2. Quando se estipula que algum ato se faça, a estipulação é restrita à pessoa do estipulante, por exemplo, quando o escravo estipula

III. Servus communis, stipulando, unicuique dominorum proportione dominii adquirit, nissi jussu anius eorum, aut nominatim cui eorum stipulatus est; tunc ei enim soli adquiritur. Quod servus comunis stipulatur, si alteri ex dominis adquiri non potest, solidum alteri adquiritur veluti si res quam dari stipulatus est unius dominit sit.

TITULUS XVIII
DE DIVISIONES STIPULATIONUM

Stipulationum aliae sunt judiciales, aliae praetoriae, aliae conventionales, aliae cominnes, tam practoriae quam judiciales.

I. Judiciales sunt dumtaxat quae a mero judicis officio proficiscuntur: veluti de dolo cautio, vel de persequendo servo qui in fuga est, restituendove pretio.

II. Praetoriae sunt, quae a mero praetoris officio proficiscuntur, veluti damni infecti, vel legatorum. Praetoriae autem stipulationes sic exaudiri oportet, ut in his contineantur etiam aedilitae; nam et haec a jurisdictione veniunt.

III. Conventionales sunt, quae ex conventione utriusque partis concipiuntur, hoc est, neque jussu judicis, neque jussu praetoris, sed ex conventione contrahentium. Quarum totidem genera sibit quod, pene dixerim, rerum contrehendarum.

IV. Communes stipulationes sunt, veluti rem solvam fore pupillo: nam et praetor jubet rem salvam fore pupillo caveri, et interdum judex, si aliter expediri haec res non potest; vel de rato stipulatio.

TITULUS XIX
DE INUTILIBUS STIPULATIONIBUS

I. At si quis res quae in rerum nature non est, aut esse non potest, dari stipulatus fuerit, veluti: Stichum qui mortuus sit, quem vivere credebat, aut hippocentaurum qui esse non possit, inutilis erit stipulatio.

que lhe será permitido passar, somente o escravo, e não o senhor, tem direito de passar.

3. Se um escravo tem diversos senhores, estipula para cada um razão das partes que respectivamente lhes pertencem, salvo quando estimula por ordem de um só, ou por um deles nomeadamente, pois em tal caso só este último adquire. Se um dos senhores se acha na impossibilidade de adquirir a coisa estipulada pelo escravo comum, o outro a adquire em sua totalidade, o que acontece, por exemplo, quando a coisa pertence a um deles.

TÍTULO XVIII
DA DIVISÃO DAS ESTIPULAÇÕES

As estipulações são judiciárias, ou pretorianas, ou convencionais, ou comuns, isto é, simultaneamente judiciárias e pretorianas.

1. Estipulações judiciárias são as que derivam exclusivamente do ofício do juiz, tais como a caução de dolo, a promessa de perseguir o escravo fugido, ou de restituir o preço.

2. Estipulações pretorianas são as que derivam exclusivamente do ofício do pretor, tais como as relativas ao dano iminente (*damni infecti*) e aos legados. Sob o nome de estipulações pretorianas compreendem-se também as Estipulações edilícias, pois derivam também da jurisdição.

3. Estipulações convencionais são as que se originam do só acordo das partes, isto é, sem mandado do juiz, nem do pretor, mas em virtude da livre convenção dos contratantes. Pode-se dizer que há tantas espécies dessas obrigações quantos são os objetos dos contratos.

4. Estipulações comuns são, por exemplo, a ressalva dos interesses do pupilo, a qual é ordenada pelo pretor, e também, algumas vezes, pelo juiz, quando não é possível proceder de outro modo, e a promessa de ratificação (*de rato*).

TÍTULO XIX
DAS ESTIPULAÇÕES NULAS

1. Todas as coisas sujeitas ao nosso domínio, quer móveis, quer imóveis, podem constituir objeto de estipulação. Quando alguém estipula a doação de uma coisa que não existe, ou que não pode existir, por

II. Idem juris est, si rem sacram aut religiosam quam humani juris esse credebat, vel publicam quae usibus populi perpetuo exposita sit, ut forum vel theatrum, vel liberum hominem quem servum esse credebat vel cujus commercium non habuerit, vel rem suam dari quis stileputur. Nec in pendente erit stipulatio ob id quod publica res in privatum deduci, et ex libero servus fieri potest, commercium adipsci stipulator potest, et res stipulatoris esse desinere potest; sed protinus inutilis est. Item contra, licet initio utiliter res in stipulatum deducta sit; si postea in earum qua causa de quibus supra dictum est, sine facto promissoris devenerit, stinguitur stipulatio. At nec statim ab initio talis stipulatio velebit, LUCITUM TITIUM CUM SERVUS ERIT DARE SPONDES? et similia; quia quae, natura sui, dominio nostro exempta sunt, in oblitationem deduci nullo modo possunt.

III. Si quis alium daturum facturumve quid sponderit, non obligabitur; veluti si spondeat Titium quinque aureos daturum. Quod si effeeturum se ut Titius daret, sponderit, obligatur.

IV. Si quis alli quam cupus juri subjectus sit stipletur, nihil agit. Plane solutio etiam in extraneam personam conferri potest: veluti si quis ita stipuletur: MIHI AUT SEIO DARE SPONDES? ut obligatio quidem stipulation adquiratur solvi tamen Seio etiam invito eo recte possit; ut liberatio ipso jure contingat; sed ille adversus Seium habeat mandati actionem. Quod si quis sibi et alii cuyus juri subjectus non sit, dari decem aureos stipulatus est, valebit quidem stipulatio; sed utrum totum debeatur quod in stipulationem deductum est an verso pars dimidia, dubitaturri est. Sed placet non plus quam dimidiam partem ei adquiri. Et qui juri tuo subjectus est si stipulatus sis, tibi adquiris; quia vox tua tanquam filii sit sicut filii vox tanquam tua intelligitur in is rebus quae tibi adquiri possunt.

V. Praeterea inutilis est stipulatio, si quis ad ea quae interrogatus fuerit, non respondent: veluti, si decem aureos a te dari stipuletur, tu quinque promittas, vel contra; aut si ille pure stipuletur, in sub conditions promittas, vel contra; si modo scilicet id exprimas, id est, si cut sub conditione vel in diem stipulanti tu respondeas: PRAESENTI DIE SPONDEO. Nam si hoc solum respondeas: PROMITTO, breviter videris in eandem diem vel conditionem spopondisse; neque enim necesse est in respondendo eadem omnia repeti, quae stipulator expresserit.

exemplo, de Sticho que já é morto e que julgava vivo, ou de hipocentauro cuja existência é impossível, a estipulação é nula.

2. O mesmo acontece se alguém estipula a doação de uma coisa sagrada ou religiosa, que julgava profana, ou de uma coisa pública, destinada ao uso perpétuo do povo, como uma praça, um teatro, ou a dação de um homem livre que julgava escravo, ou de uma coisa que não pode dispor, ou que já lhe pertence. É ainda que a coisa pública se possa tornar privada, que o homem livre se possa tornar escravo, ainda que o estipulante venha a adquirir o direito de dispor da coisa e que a coisa que agora lhe pertence venha a sair do seu domínio, nem por isso a estipulação fica em suspenso, mas é desde logo nula. Do mesmo modo, e em sentido inverso, ainda que a coisa tenha sido validamente estipulada em princípio, se, mais tarde, e, sem fato algum do promitente, incidir em um dos casos precedentemente enumerados, a estipulação extingue-se. É igualmente nula, desde a origem, a estipulação seguinte, ou outra semelhante: PROMETES DAR-ME LÚCIO TÍCIO QUANDO SE TORNAR ESCRAVO? E isso porque as coisas que por sua natureza se acham fora de toda propriedade não podem constituir objeto de obrigação.

3. Se alguém prometer que outrem dará ou fará alguma coisa, por exemplo, que Tício dará cinco moedas, não ficará obrigado. Fica, porém, obrigado, se prometer fazer que Tício dê.

4. É nula a estipulação feita em favor de um terceiro, a cujo poder não se acha sujeito o estipulante. Isso não impede que se estipule poder ser feito o pagamento a um terceiro, por exemplo, PROMETER DAR A MIM OU A SEIO? Neste caso, o estipulante adquire a obrigação, mas o pagamento feito a Seio, mesmo contra a vontade do estipulante, é válido e exonera completamente o devedor, e o estipulante tem apenas ação de mandato contra Seio. Se alguém estipular para si e para um terceiro, a cujo poder não se acha sujeito, a dação de dez moedas, a estipulação é certamente válida. Mas, em tal caso, deve-se a quantia total ao estipulante, ou somente a metade? Decidimos que só se deve a metade. Se estipulares para pessoa sujeita ao teu poder, adquires para ti mesmo, porque se considera que teu filho fala por tua boca e tu pela dele, em relação às coisas que podes adquirir.

5. A estipulação é também nula quando a resposta não concorda com a pergunta, por exemplo, se estipular que pagues dez moedas, ou reciprocamente; ou quando se estipula pura e simplesmente, e prometes sob condição e reciprocamente. Isso tem lugar quando houve declaração tua, ou melhor, quando alguém estipulou contigo sob condição ou a termo, e respondeste: PROMETO PARA HOJE; pois se respondeste somente: PROMETO, considera-se que, por uma só palavra, prometeste sob a

VI. Item inutilis est stipulatio, si vel ab eo stipuleris qui tuo juri subjectus est, vel si is a te stipuletur. Sed servus quidem, non solum domino suo obligari non potest, sed ne alli quidem ulli; filii vero families aliis obligari possunt.

VII. Mutum neque stipulari, neque promittere posse palam est. Quod et in surdo receptum est; quia et is qui stipulatur, verba promittentis, et is qui promittit, verba stipulantis, audire debet. Unde apparet, non de eo nos loqui qui tardius exaudit, sed de eo qui omnino non audit.

VIII. Furiosus nullum negotium gerere potest, quia non intelligit quae agit.

IX. Pupillus omne negotium recte gerit; ut tamen sicubi tutoris auctoritas necessaria sit, adhibeatur tutor, veluti si ipse obligetur; nam alium sibi obligare etiam sine tutoris auctoritate potest.

X. Sed quod diximus de pupillis, utique de iis verum est qui jam aliquem intellectum havent: nam infans et qui infanti proximus est non multum a furioso distant, quia hujus aetatis pupilli nullum habent intelectum. Sed in proximis infanti, propter utilitatem eorum, benignior juris interpretatio facta est, ut idem juris habeant quod pubertati proximi. Sed qui in potestate parentis est impubes; nec auctore quidem patre obligatur.

XI. Si imposibilis conditio obligationibus adjiciatur, nihil valet stipulatio. Imposibili autem conditio habetur, cui natura impediments est quominus existat, veluti si quis ita dixerit: SI DIGITO COELUM ATTIGERO, DARE SPONDES? At si ita stipuletur: SI DIGITO COELUM NON ATTIGERO, DARE SPONDES? pure facta obligatio intelligitur, ideoque statim petere potest.

XII. Item verborum obligatio inter absentes concepta inutilis est. Sed cum hoc materiam litium contentiosis hominibus praestabat, forte post tempus tales allegationes opponentibus; et non praesentes esse vel se vel adversarios suos contendentibus, ideo nostra constitutio propter celeritatem dirimendarum litium introducta est, quam ad Caesarienses advocatus scripsimus: per quam disposuimus tales scripturas quae praesto esse partes indicant, omnimodo esse credendas, nisi ipse qui talibus utitur improbis allegationibus, manifestissimus probationibus vel per scripturam vel per testes idoneos adprobaverit, in ipso toto die quo conficiebatur instrumentum, sese vel adversarium suum in aliis locis esse.

mesma condição ou termo. Não é necessário repetir na resposta todas as expressões do estipulante.

6. É nula a estipulação quando estipulas com quem se acha sob o teu poder, ou quando ele estipula contigo. O escravo não se pode obrigar, não somente para com seu senhor, mas também para com qualquer outro, ao passo que o filho de família se pode obrigar para com estranhos.

7. O mudo não pode evidentemente estipular nem prometer. O mesmo diremos do surdo, porque o estipulante deve ouvir as palavras do promitente e o promitente as do estipulante. Evidentemente que não nos referimos às pessoas que ouvem dificilmente, mas às que nada ouvem.

8. O louco não pode praticar ato jurídico algum, porque não sabe o que faz.

9. O pupilo pratica validamente qualquer ato, contanto que intervenha o tutor, quando a sua autorização é necessária, isto é, quando o pupilo se obriga, pois, sem autorização do tutor, pode o pupilo obrigar os outros para com ele.

10. O que dizemos do pupilo aplica-se aos que já têm alguma compreensão, porque a criança ou o indivíduo próximo à infância diferem pouco do louco, porque não têm compreensão de coisa alguma. Todavia, a interpretação menos rigorosa das regras de direito, admitida no interesse dos pupilos, têm assemelhado os próximos à infância aos próximos à puberdade. Os impúberes, filhos de família, não se podem obrigar, mesmo com autorização paterna.

11. Quando se subordinou a obrigação a uma condição impossível, a estipulação é nula. Condição impossível é aquela cuja realização se opõe à natureza, por exemplo, PROMETES DAR-ME SE EU TOCAR O CÉU COM O DEDO? Mas, se a estipulação for nestes termos, SE EU NÃO TOCAR O CÉU COM O DEDO, PROMETES DAR-ME? - considera-se a obrigação pura e simples, e imediatamente exigível.

12. É nula a obrigação verbal contraída entre ausentes. A aplicação deste princípio oferecia aos demandistas uma fonte de pleitos judiciários, porquanto, passado algum tempo, podiam alegar que eles próprios ou os seus adversários não tinham estado presentes. Para acelerar a decisão das questões, nossa constituição, dirigida aos advogados de Cesaréia, decidiu que os instrumentos que indicarem a presença das partes terão inteira fé, se aquele que alegar o contrário não provar, do modo mais evidente, quer por escrito, quer por testemunhas fidedignas, que ele ou seu adversário esteve em lugar diferente, durante todo o dia em que o instrumento foi feito.

XIII. Post mortem suam dari sibi nemo stipulari poterat, non magis quam post ejus mortem a quo stipulabatur. Ac nec is qui in alicujus potestate est, post mortem ejus stipulari poterat, quia patris vel domini voce loqui videtur. Sed et si quis ita stipuletur: PRIDIE QUAM MORIAR VEL PRIDIE QUAM MORIERIS DABIS, inutilis erat stipulatio. Sed cum (ut jam dictum est) ex consensu contrahentium stiptdationes valent, placuit nobis etiam in hunc articulum necessariam inducere emendationem; ut sive, post mortem, sive, pridie quam morietuir stipulator sive promissor, stipulatio concepta est, valeat stipulatio.

XIV. Item si quis ita stipulatus erat, SI NAVIS EX ASIA VENERIT, HODIE DARE SPONDES? inutilis erit stipulatio, quia praespostere concepta est. Sed cum Leo, inclytae recordationis, in dotibus eandem stipulationem quae praepostera nuncupatur, non esse rejiciendam existimavit, nobis placuit et huic perfectum robur accomodare: et non solunt in dotibus, sed etiam in omnibus valeat hujusmodi conceptio stipulationis.

XV. Ita autem concepta stipulatio, veluti si Titius dicat: CUM MORIAR, DARE SPONDES? vel CUM MOREIRIS? et apud veteres utilis erat, et nunc valet.

XVI. Item post mortem alterius, recte stipulatur.

XVII. Si scriptum in instrumento fuerit promississe aliquem, perinde habetur ac si interrogatione praecedente responsum sit.

XVIII. Quoties plures res una stipulations comprehenduntur, siquidem promissor simpliciter respondent: DARE SPONDEO, propter omnes tenetur. Si vero unam ex his, vel quasdam daturum se respondent, obligatio in iis pro quibus sponderit contrahitur. Ex pluribus enim stipulationibus una vel quaedum videntur esse perfectae; singulas enim res stipulari, et ad singulas respondere debemus.

XIX. Alien stipulari (ut supra dictum est) nemo potest. Inventae sunt enim hujusmodi obligationes ad hoc ut unusquisque sibi adquirat quod sua interest: ceterum ut alii deter, nihil interest stipulations. Plane si quis vent hoc facere, poenam stipulari conveniet, ut nisi ita factum sit ut comprehensum est, committatur poenae stipulatio etiam et cujus nihil interest. Poenam enim quum stipulatur quis, non ibud inspicitur quid intersit cjus, sed quae sit quantitas in conditione stipulationis. Ergo, si quis stipuletur TITIO DAR, nihil agit; sed si addident poenam: NISI

13. Ninguém podia estipular que lhe fosse dada alguma coisa depois da sua morte, ou depois da morte do promitente. O que se achava sujeito ao poder de outrem não podia também estipular que lhe dessem alguma coisa depois da morte de seu ascendente ou de seu senhor, porque se considera que estes falam pela boca do estipulante. Era também nula a estipulação nestes termos: PROMETES DAR-ME NA VÉSPERA DA MINHA MORTE, OU, NA VÉSPERA DA TUA MORTE? Como já ficou dito, é o acordo das partes que valida as estipulações, e por isso fizemos neste ponto uma reforma necessária, segundo a qual valerá a estipulação com vencimento depois da morte, ou na véspera da morte, do estipulante ou do promitente.

14. Uma estipulação nestes termos: SE TAL NAVIO CHEGAR UM DIA DA ÁSIA, PROMETES DAR-ME HOJE? - era nula porque feita às avessas. Como o imperador Leão, de gloriosa memória, ordenasse que tal estipulação, que tem o nome de *prepostera*, valesse em matéria dotal, resolvemos dar-lhe validade absoluta, e assim valerá não só no dote, mas em qualquer outro caso.

15. Uma estipulação nestes termos, dizendo Tício: PROMETES DAR-ME QUANDO EU MORRER, ou, QUANDO MORRERES? - era válida entre os antigos e o é também atualmente.

16. Também vale a estipulação pela qual se dará alguma coisa depois da morte de um terceiro.

17. Quando constar do instrumento que uma pessoa prometeu, considera-se que respondeu a uma interrogação prévia.

18. Quando a mesma estipulação compreende vários objetos, o promitente; que responde simplesmente, PROMETO, fica obrigado por todos. Quando promete somente um ou alguns dos objetos estipulados, deve apenas aqueles aos quais se aplica a resposta. Há, na verdade, várias estipulações das quais uma ou algumas somente se acham completas, pois cada objeto requer uma estipulação e uma resposta.

19. Ninguém pode, como dissemos acima, estipular por outrem. Com efeito, as estipulações foram criadas para dar a cada um a possibilidade de fazer as aquisições que lhe interessarem. Ora, importa pouco ao estipulante que se dê alguma coisa a outrem. Todavia, se alguém quiser estipular por outrem, deve fazê-lo com uma pena, para que, se o promitente não fizer o que disse, possa o estipulante exigir a pena, embora não tenha interesse; porque, quando alguém estipula uma pena, se considera, não o seu interesse, mas a importância da cláusula penal. Assim, se alguém estipular, PROMETES DAR A TÍCIO? - a estipulação é nula.

DEDERIS, TOT AUREOS DARE SPONDES? tunc commititur stipulatio.

XX. Sed et si quis stipuletur alii, cum ejus interesset, placuit stipulationem valere. Nam si is quid pupili tutelam administrare, coeperat, cessit administratione cotutori suo, et stipulatus est rem pupilli salvam fore; quoniam interest stipulations fieri quod stipulatus est, cum obbgatus futurus esset pupillo si male gesserit tened obligatio. Ergo et si quis procuratori suo dari stipulatis sit, stipulatio fires habebit. Et si creditor dari stipulatus sit, quod sua interest, ne forte vel poena committetur, vel praedia distrahantur quae pignori erant, valet stipulatio.

XXI. Versa vice, qui alium facturum promissit videtur in ea esse causa ut non teneatur, nisi poenam ipse promisserit.

XXII. Item nemo rem suam futuram in eum casum quo sua sit utiliter stipulatur.

XXIII. Si de alia re stipulator senserit, de alia promissor, perinde nulla contrahitur obligatio, ac si ad interrogatum responsum non esset; veluti, si hominem Stichum a te quis stipulatus fuerit, tu de Pamphilo senseris quem Stichum vocari credideris.

XXIV. Quod turpi ex causa promissum est, veluti si quis homicidium vel sacrilegium se facturum promittat, non valet.

XXV. Cum quis sub aliqua conditione stipidatus fuerit, licet ante conditionem decesserit, postea existente conditione, heres ejus agere potes. Idem est es ex promissoris parte.

XXVI. Qui hoc anno aut hoc mense dari stipulatus est, nisi omnibus partibus anni vel mensis praeteritis, non recte petet.

XXVII. Si furdum dari stipuleris vel hominem, non poteris continuo agere, nisi tantum spatium praeterierit quo traditio fieri possit.

TITULUS XX
DE FIDEJUSSORIBUS

Pro eo qui promittit solent alii obligari, qui fidejussores apellantur; quos homines accipere solent, dum curant ut diligentius sibi cautum sit.

Mas, se disser: SE LHE NÃO DERES, PROMETES DAR-ME TANTAS MOEDAS? a estipulação terá efeito.

20. Estipula-se validamente por outrem quando se tem interesse. Assim, quando um tutor, depois de ter começado a gerir a tutela, cede a administração a seu co-tutor, e estipula que este guardará fielmente os bens do pupilo, a obrigação é válida, porque o cedente tem interesse na boa administração, visto que responde para com o pupilo pela má gestão do co-tutor. Pela mesma razão, se alguém estipula que uma coisa seja dada a seu procurador, a estipulação é válida. Também vale a estipulação pela qual alguma coisa será dada ao credor do estipulante, porque este tem interesse em evitar a pena, ou a venda dos imóveis dados em garantia da dívida.

21. Reciprocamente, quem promete que outrem fará alguma coisa nada promete, senão acrescentar uma pena.

22. Ninguém pode estipular validamente sobre coisa que deve pertencer um dia ao estipulante, no caso de vir a pertencer-lhe.

23. Se a intenção do estipulante recaiu sobre uma coisa e a do promitente sobre outra, não há obrigação, como não há no caso de ficar a pergunta sem resposta; por exemplo, quando alguém estipulou contigo sobre o escravo Sticho, e tu prometeste o escravo Pânfilo, julgando que se chamasse Sticho.

24. A promessa feita por causa torpe, por exemplo, a de cometer um homicídio, ou um sacrilégio, não é válida.

25. Na estipulação condicional à morte do estipulante, que falece antes de realizada a condição, não impede o herdeiro de exigir a obrigação, desde que a condição se tenha realizado. O mesmo acontece a respeito do promitente.

26. Quem estipulou para tal mês, ou para tal ano, não pode exigir o objeto da estipulação antes de expirado o mês ou o ano.

27. Se estipulares a dação de um terreno, ou de um escravo, não podes exigi-la imediatamente, mas deves esperar que o tempo necessário para operar-se a tradição tenha decorrido.

TÍTULO XX
DOS FIADORES

O promitente encontra muitas vezes outras pessoas que se obrigam por ele e que têm o nome de fiadores, as quais os credores aceitam para aumentar as suas garantias.

I. In omnibus autem obligationibus adsumi possunt, id est, sive re, sive verbis, sive litteris, sive consensu contractac fuerint. At ne illud quidem interest utrum civilis an naturalis sit obligatio cui adjiciatur fidejussor; adeo quidem ut pro servo quoque obligatur, sive extraneus sit qui fidejussorem a servo accipiat, sive ipse dominus in quod sibi naturaliter debetur.

II. Fidejussor non tantum ipse obligatur, sed etiam heredem obligatum relinquit.

III. Fidejussor et praccedere obligationem et sequi potest.

IV. Si plures sint fidejussores, quotquot erunt numero, singuli in solidum tenentur; itaque liberum est creditori a quo vent solidum petere. Sed ex epistola divi Hadriani compellitur creditor a singulis, qui modo solvendo sunt litis contestatae tempore, partes petere. Ideoque, si quis ex fidejussoribus eo tempore solvendo non sit, hoc ecteros onerat. Sed si ab uno fidejussore creditor totum consecutus fuerit, hujus solius detrimentum crit, si is pro quo fidejussit solvendo non sit; et sibi imputare debet; eum potuerit adjuvari ex epistola divi Hadriani, et desiderare ut pro parte in se detur actio.

V. Fidejussores ita obligari non possunt ut plus debeant quam debet is pro quo obligmtur. Nam eorum obligatio accessio est principalis obligations; nec plus in accessione purest esse quam in principali re. At ex diverso, ut minus debeant, obligari possunt. Itaque si reus decent aureos promisserit, fidejussor in quinque reete obligatur; contra vero obligari non purest. Item si ille pure promisserit, fidejussor sub conditione promittere purest; contra vero non potest: non solum enim in quantitate, sed etiam in tempore minus et plus intelligitur; plus est enim sttatim aliquir dare, minus post tempus dare.

VI. Si quid autem fidejussor pro reo solverit, e,ius recuperandi causa habet cum eo mandati judicium.

VII. Grace fidejussor ita accidixerit, pro eo erit ac si dixerit.

VIII. In stipulationes fidejussorum sciendum est generaliter hoc accipi, ud quodcumque scriptum sit quasi actum, videatur etiam actum. Ideoque constant, si quis scripserit se fidejussisse, videri omnia solemniter acta.

1. Os fiadores podem aceder a todas as obrigações, quer tenham sido contraídas por tradição da coisa (*re*), quer por palavras, quer por consentimento. Pouco importa também que a obrigação seja civil ou natural, de modo que um fiador se pode obrigar por um escravo, quer relativamente a um estranho, quer relativamente ao próprio senhor do escravo, pelo que lhe for devido naturalmente.

2. O fiador não obriga somente a si próprio, mas também a seus herdeiros.

3. A fiança pode preceder ou seguir-se à obrigação.

4. Quando existem muitos fiadores, cada um responde pela totalidade, qualquer que seja o seu número. Por isso o credor pode pedir a totalidade de qualquer dos fiadores. Mas, uma epístola do imperador Adriano obriga o credor a demandar por parte cada um dos fiadores que se acharem solváveis ao tempo da litiscontestação. Por conseguinte, se nessa época um dos fiadores se achar insolvente, a sua parte recairá sobre os demais; porém, se um dos fiadores pagar toda a dívida, suportará sozinho a perda resultante da insolvabilidade do devedor, e só de si se deve queixar, porquanto podia invocar a epístola de Adriano e pedir que a ação só competisse em parte contra ele.

5. Os fiadores não se podem obrigar de maneira a dever mais do que afiançado, porque a sua obrigação é acessória da obrigação principal, e o acessório não pode conter mais que o principal. Ao contrário, podem os fiadores se obrigar de a deverem menos que o afiançado. Se, por exemplo, o afiançado prometeu dez moedas de ouro, o fiador pode-se obrigar validamente por cinco; todavia, o caso inverso não tem lugar. Do mesmo modo, se o afiançado prometeu pura e simplesmente, o fiador pode prometer sob condição; mas o inverso não é possível. Considera-se que alguém dá mais, ou dá menos, não só relativamente à quantidade, mas também, relativamente ao tempo, quem dá imediatamente, dá mais; quem dá ao cabo de certo tempo, dá menos.

6. O fiador que pagou pelo afiançado tem contra este, para se reembolsar, a ação de mandato.

7. O fiador obriga-se em grego nestes termos *tê emipistei Keleúô* ("ordeno sob minha palavra"), *lêgô* ("digo"), *thelô* ou *boúlomai* ("quero", "quero muito"). Se disser: *phêmi* ("pretendo") é como se tivesse dito *legô* ("digo").

8. Nas estipulações dos fiadores considera-se ter sido feito tudo quanto constar do instrumento. E quando alguém, em um escrito, se reconhece fiador, presume-se que todas as formalidades necessárias foram praticadas.

TITULUX XXI
DE LITERARUM OBLIGATIONE

Olim scriptura fiebat obligatio, quae nominibus fieri dicebatur; quae nomina hodie non sunt in usu. Plane si quis debere se scripserit quod ei numeratum non est, de pecunia mimine numerata post multum temporis exceptionem opponere non potest; hoc enim saepissime constitutum est. Sic fit ut hodie, dum queri non potest, scriptura obligetur, et eo ea nascitur condictio, cessante scilicet verborum obligatione. Multum autem tempus in hae exceptione, antea quidem ex principalibus constitutionibus usque ad quinquennium proce debat. Sed ne creditores diutius possint suis pecuniis forsitam defraudari, per constitutionem nostram tempus coarctatum est, ut ultra bienni metas hujusmodi exceptio mine extendatur.

TITULUS XXII
DE CONSENSU OBLICATIONE

Consensu fiunt obligationes in emptionibus-venditionibus, locationibus conductionibus, societatibus, mandatis. Ideo autem istis modis consensu dicitur obligatio contrahi, quia neque scripture, neque praesentia omnimodo opus est; ac nec dari quidquain necesse est ut substantiam capiat obligatio: sed sufficit eos qui negotia gerunt, censentire. Unde inter absentes quoque taba negotia contrahuntur, veluti per epistolam vel per nuntium. Item in his contractibus alter alteri obligatur in id quod alterum alteri ex bono et acqueo praestare oportet, cum alioquin in verborum obligationibus aliu stipuletur, alius promittat.

TITULUS XXIII
DE EMPTIONE ET VENDITIONE

Emptio et venditio contrahitur simul atque de pretio convenerit, quamvis nondum pretium numeratum sit, ac ne arrha quidem data fuerit; nam quod arrhae nomine datur argumentum est emptionis et venditionis

TÍTULO XXI
DA OBRIGAÇÃO LITERAL

Contraía-se antigamente, por escrito, uma obrigação que se dizia feita por nomes, os quais hoje não são usados. Todavia, se alguém se confessou por escrito devedor de quantia que não recebeu, não poderá, depois de longo trato de tempo, apresentar a exceção de não ter sido paga (*exceptio de non numerata pecunia*). Este ponto é muito assentado nas constituições. Assim, acontece que, não podendo mais excepcionar, fica obrigado pelo escrito e cabe contra ele uma condição, bem entendido, não havendo obrigação verbal. O longo trato de tempo marcado pelas constituições imperiais para a referida exceção era de cinco anos; mas, para que os credores não fiquem muito tempo expostos à perda de seu dinheiro, a nossa constituição, restringindo o tempo, não permitiu excepcionar passados dois anos.

TÍTULO XXII
DA OBRIGAÇÃO CONSENSUAL

As obrigações formam-se pelo só consenso das partes na venda, na locação, na sociedade e no mandato. Nestes casos, diz-se que se formam pelo só consenso porque não se exige escrito, nem a presença das partes. Tais obrigações formam-se mesmo sem dação, bastando o consentimento das partes. Por conseguinte, contraem-se mesmo entre ausentes, por cartas ou por intermediários, e apreciam-se segundo a eqüidade. Nas obrigações verbais, ao contrário, um dos contratantes estipula e o outro promete.

TÍTULO XXIII
DA COMPRA E VENDA

Há compra e venda desde que as partes se acordam sobre o preço, ainda que se não ache pago e que não tenha sido dado o sinal, porque o que é dado a título de sinal serve apenas para atestar que o contrato se realizou. Mas estas regras só se aplicam à compra e venda

contractae. Se haec quidem de emptionibus et venditionibus quae sine scripture consistunt, obtinere oportet; nam nihil a nobis in hujusmodi venditionibus innovatus est. In his autem quae scriptura conficiuntur, non aliter perfectam esse venditionem et emptionem constituimus, nisi et instrumenta emptionis fuerint conscripta, vel manu propria contrahentium, vel ab alio quidem scripta, a contrahentibus autem subscripta; et si per tabelliones fiunt, nisi et completiones acceperint, et fuerint partibus absoluta. Donce enim aliquid deest ex his, et poenitentiae locus est, et potest emptor vel venditor sine poena recedere ab emptione. Ita tamen impune eis recedere concedimus, nisi jam arrharum nomine aliquid fuerit datum. Hos etenim subsecuto, sive in scriptis sive sine scriptis venditio celebrate est, is qui recusat adimplere contractum, si quidem est emptor, perdit quod dedit; si vero venditor, duplum restituere compellitur: licet super arrhis nihil expressum est.

I. Pretium autem constitui oportet, nam nulla emptio sine pretio esse potest. Sed et certum esse debet: alioquin si inter aliquos ita convenerit, ut quanti Titius rem aestimaverit, tanti sit empta, inter veteres satis abundeque hoc dubitabatur, sive constat venditio sive non. Sed nostra decisio ita hoc constituit, ut quotiens sic compositta sit venditio: QUANTI ILLE AESTIMAVERIT, sub hac conditione staret contractus: ut, si quidem ipse qui nominatus est pretium definierit, omnimodo secundum ejus aestimationem et pretium persolvatur et res tradatur, et venditio ad affectum perducatur, emptore quidem ex empto actione, venditore ex vendito agente. Sin autem ille qui nominatus est, vel voluerit vel non potuerit predito agente. Sin autem ille qui nominatus est, vel voluerit vel non potuerit pretium definire, tunc pro nihilo esse venditionem, quasi nullo pretio statuto. Quod jus, cum in venditionibus nobis placuit, non est absurdum et in locationibus et conductionibus trahere.

II. Item pretium in numerata pecunia consistere debet; nam in ceteris rebus na pretium esse possit, veluti na homo ant fundus aut toga alterius rei pretium esse possit valde quaerebatur. Sabinus et assius etiam in alia reputant posse pretium consistere. Unde illud est quod vulgo dicebatur, permutatione rerum emptionem et venditionem contrahi, eamque speciem emptionis et venditionis vetustissimam esse; argumentoque utebantur graeco poeta Homero, qui aliqua parte exercitus Achivorum vinum sibi comparasse ait permutatis quibusdam rebus, his verbis.

que se celebra sem instrumento escrito, a respeito da qual nada inovamos. Decidimos na nossa constituição que a compra e venda, que se faz por instrumento escrito, somente é concluída quando o instrumento é passado pelo próprio punho dos contratantes ou é escrito por um terceiro e assinado por ambos, ou por tabelião, sendo completamente acabado e aceito pelas partes; pois, faltando qualquer desses requisitos, pode haver retratação e o comprador e o vendedor podem desistir da venda, sem sofrer pena alguma. Todavia, só lhes permitimos que se retratem impunemente, quando nada houver sido dado a título de sinal. Porque se houver sinal, quer a venda se tenha feito por instrumento ou sem instrumento inscrito, o comprador não se pode recusar a cumprir o contrato sem perder o que deu, e o vendedor sem restituir em dobro o que recebeu, independente de qualquer convenção feita a respeito do sinal.

1. É preciso convencionar o preço, porque não há compra sem preço. O preço deve ser determinado. Entre os antigos era ponto extremamente controvertido saber se havia ou não venda quando se convencionava vender uma coisa pelo preço que Tício arbitrava. Decidimos que em toda venda feita pelo preço que Fulano indicar, se a pessoa designada fixar o preço, valerá o que disser relativamente ao pagamento do preço e à tradição da coisa; a venda será válida, tendo o comprador ação de compra (*ex empto*) e o vendedor ação de venda (*ex vendito*). Se, ao contrário, a pessoa designada não quiser, ou não puder, fixar o preço, a venda será nula por falta de preço. Era decisão, que admitimos relativamente à venda; deve com razão aplicar-se à locação.

2. O preço deve consistir em moeda. Muito se discutia se o preço poderia consistir em outros objetos, por exemplo, em um escravo, em um terreno, em uma toga. Sabino e Cássio sustentavam a afirmativa. Vulgarmente se dizia que a venda se opera pela troca das coisas, e que essa forma de venda é a mais antiga, e tiravam o argumento do poeta grego Homero, que nos diz algures que o exército dos gregos comprava vinho, trocando-o por outras coisas:

> Os gregos de cabelos longos
> Compravam vinho,
> Trocando-o alguns por cobre, outros por ferro,
> Estes por couro de animal bovino,
> Aqueles pelos bois, ou por escravos.

Autores da escola oposta, abraçando a opinião contrária, consideravam a compra e venda e a troca dois contratos diferentes. A

Diversae scholae autores contra sentiebant, aliudque esse existimabant, permatutationem rerum, aliud emptionem et venditionem: alioquim non posse rem expediri permutatis rebus, quae videatur res venisse et quae pretii nomine data esse; nam utranque videri et venisse et pretii nomine datam esse, tationem non pati. Sed Proculi sententia dicentis, permutationem propiam esse speciem contractus a venditione separatam, merito praevaluit; cum et ipsa aliis Homericis versibus adjuvatur, et validioribus rationibus argumentatur. Quod et anteriores divi principes admiserunt, et in nostris Digestis latius significatur.

III. Cum autem emptio et venditio contracta sit, quod effici diximus simul atque de pretio convenerit, cum sine scriptura res agitur, periculum rei venditae statim ad emptorem pertinet, tametsi adhuc ea res emptori tradita non sit. Itaque si homo mortuus sit vel aliqua parte corporis laesus fuerit; aut aedes totac vel aliqua ex parte incendio consumptac fuerint; aut fundus vi fluminis totus vel aliqua ex parte ablatus sit, sive etiam inundatione at;uae aut arboribus turbine tiejectis longe rdnor aut deterjor esse coeperit, emptoris dannum est, cui necesse est, licet rem non fuerit nactus, pretium solvere. Quidquid enim sine dolo et culpa enditoris accidit, in eo venditor securus est. Sed et si post emptionem fundo aliquid per alluvionem accesit, ad emptoris commodum pertinet, nam et commodum ejus esse debet cujus periculum est. Quod si fugerit homo qui veniit, aut subreptus fuerit, ita ut neque dolus neque culpa venditoris interveniat, animadvertendum erit na custodiam ejus usque ad traditionem venditor susceperit: sane enim si suscepit, ad ipsius periculum is casus pertinet; si non suscepit, securus est. Idem et in ceteris animalibus ceterisque rebus intelligimus. Utique tamen vindicationem rei et condictionem exhibere debebit emptori; quia sane qui nondum rem emptori tradidit, adhuc ipse dominus est. Idem etiam est de furti et de damni injuriae actione.

IV. Emptio tam sub conditione, quam pure contrahi potest; sub conditione veluti: SI STICHUS INTRA CERTUM DIEM TIBI PLACUERIT, ERIT TIBI EMPTUS AUREIS TOT.

V. Loca sacra vel religiosa, item publica, veluti forum, basilicam, frustra quis sciens emit. Quae tamen si pro profanis vel privatis deceptus a venditore emerit, habebit actionem ex empto quod non habere ei liceat, ut consequatur quod sua inteest deceptum non esse. Idem juris est, si hominem liberum pro servo emerit.

não ser assim, diziam, não se poderia na troca distinguir a coisa vendida da que forma o preço, e a razão não admitia que ambas se considerassem como sendo ao mesmo tempo o objeto e o preço da venda. A opinião de Próculo, sustentando que a troca é um contrato particular, distinto da venda, prevaleceu com razão, por se fundar em outros versos de Homero, e em razões mais sólidas. E tendo sido aceita pelos imperadores que nos precederam, acha-se mais amplamente desenvolvida no Digesto.

3. Desde que a compra e venda seja perfeita (isto é, desde que se tenha ajustado o preço, quando o contrato for sem instrumento escrito), os riscos da coisa correm por conta do comprador, ainda que lhe não tenha sido feita a tradição. Assim, se o escravo falece, ou é mutilado em alguma parte do corpo; se a casa é destruída total ou parcialmente por um incêndio; se o terreno se perde no todo ou em parte pela violência de um rio; ou se deteriora por uma inundação, ou por uma tempestade que derrube as árvores, a perda é sofrida pelo comprador, que, embora, não receba a coisa, fica obrigado a pagar o preço. Com efeito, tudo quanto sucede sem dolo, ou culpa do vendedor, não afeta a este. Também, se depois da venda, o terreno é acrescido por aluvião, quem lucra é o comprador, pois quem suporta os riscos, deve ter vantagens. Quando os escravos vendidos vêm a fugir, ou são furtados, sem dolo nem culpa do vendedor, cumpre examinar se este se havia encarregado de os guardar até a tradição, pois em tal caso corre o risco por sua conta, ao passo que, no caso contrário, não fica responsável. O mesmo acontece relativamente aos animais e a quaisquer outros objetos. Todavia, o vendedor deverá ceder ao comprador a reivindicação e a condição, porque aquele que não entregou a coisa é ainda proprietário. O mesmo diremos das ações de furto (*furti*) e de dano injusto (*damni injuriae actione*).

4. A venda pode ser feita sob condição ou pura e simplesmente. Faz-se condicionalmente nestes termos. Se dentro de tal tempo Sticho te convier, ser-te-á vendido por tantas moedas.

5. Quem compra cientemente um terreno sagrado, religioso, ou público, por exemplo, uma praça, uma basílica, pratica um ato nulo. Se, porém, enganado pelo vendedor, as comprou, julgando que eram profanas ou privadas, terá a ação de compra (*ex empto*), com fundamento de não poder haver a coisa, a fim de obter assim a satisfação do interesse que tinha em não ser enganado. O mesmo diremos no caso de ter comprado um homem livre, julgando-o escravo.

TITULUS XXIV
DE LOCATIONE ET CONDUCTIONE

Locatio et conductio proxima est emptioni et venditioni, iisdemque juris regulis consistit. Nam ut emptio et venditio it contrahitur si de pretio convenerit, sic et locatio et conductio ita contrahi intelligitur si merces constituta sit, et competit locatori quidem locati actio, conductori vero conducti.

I. Et que supra divimus, si alieno arbitrio pretium promissum fuerit, eadem et de locatione et conductione dicta esse intelligamus, si alieno arbitrio merces promissa fuerit. Qua de causa, si fulloni polienda curandave, aut sarcinatori sarcienda vestimenta quis dederit, nulla statim mercede constituta, sed postea tantum daturus quantum inter eos convenerit, non proprie locatio et conductio contrahi intelligitur, ser eo nomine actio praescriptis verbis datur.

II. Praeterea, sicut vulgo quaerebatur, na permutatis rebus emptio et venditio contrahitur, ita quaeri solebat de locatione et conductione, si forte rem aliquam tibi utendam sive fruendam quis dederit, et invicem a te aliam rem utendam sive fruendam acceperit. Et placuit non esse locationem et conductionem, sed proprium genus esse contractus. Veluti si, cum unum bovem quis haberet et vicinus ejus unum, plaquerit inter eos ut per denos dies invicem boves commodarent ut opus facerent, et apud alterum bos periit, neque locati, neque conducti, neque commodati competit actio, quia non fuit gratuitum commodatam; verum praescriptis verbis agendum est.

III. Adeo autem aliquam familiaritatem inter se havere vindentur emptio et venditio, item locatio et conductio, ut in quibusdam causis quaeri soleat, utrum emptio et venditio contrahatur, na locatio et conductio; ut ecce de praediis quae perpetuo quibusdam fruenda traduntur, id est, ut quamdiu pensio sive reditus prohis domino praetetur, neque ipsi conductori neque heredi ejus, cuive conductor heresve ejus id praedium vendiderit aut donaverit, aur dotis nomine dederit, aliove quoquo modo alienaverit, aufere liceat. Sed talis contractus quia inter veteres dubitabatur, et a quibusdam locatio, a quibusdam venditio existimabatur, lex Zenoniana lata est, quae emphuyteuseos contractus propriam statuit naturam, neque ad locationem neque ad venditionem, inolinamtem sed suis pactionibus furciendam; et si quidem aliquid pactum fuerit, hoc ita obtinere ac si natura talis esset contractus: sin autem nihil de periculo rei fuerit pactum, tunc si quidem totius rei interitus accesserit, ad dominum super hoc

TÍTULO XXIV
DA LOCAÇÃO

A locação assemelha-se muito à venda e as mesmas regras lhe são aplicáveis. Do mesmo modo que o contrato de venda se forma desde que haja convenção sobre o preço, assim também, desde que o aluguel tenha ajustado, existe o contrato de locação, e dá ao locador a ação *locati*, e ao locatário a ação *conducti*.

1. O que acima dissemos sobre a venda cujo preço foi deixado ao arbítrio de terceiro, aplica-se igualmente à locação. Por isso, quando se levam ao tintureiro roupas para as lavar, ou ao alfaiate para as consertar, sem fixar imediatamente o preço, mas com a intenção de pagar a quantia que as partes mais tarde convencionarem, não há propriamente um contrato de locação, mas se dá, neste caso, a ação *praescriptis verbis*.

2. Do mesmo modo que se discutia dava-se compra e venda pela troca de duas coisas, também se discutia se ocorria locação quando uma pessoa te entregasse uma coisa com a faculdade de usares ou de gozares dela e receberes de ti outra coisa com a mesma faculdade. Decidiu-se que não se dava nesse caso a locação, mas um contrato especial. Por exemplo, se dois vizinhos, que têm um boi cada um, convencionaram que o emprestarão alternativamente por dez dias para trabalhar, e se o boi de um deles vem a morrer em casa do outro, não haverá a ação *locati*, nem a ação *conducti*, nem a ação de comodato, porque não se emprestou gratuitamente, mas haverá a ação *praescriptis verbis*.

3. Há tamanha afinidade entre a venda e a locação, que em certos casos se discute se o contrato é uma locação ou uma venda. Tal é o caso dos terrenos que certas pessoas recebem para deles desfrutar perpetuamente, de sorte que o proprietário, enquanto lhe for paga a pensão ou renda, não os poderá tirar ao locatário, ou a seu herdeiro, nem a quem os adquirir do locatário ou de seu herdeiro, a título de venda, de doação, de dote, ou a qualquer outro. Como entre os antigos se duvidava sobre tal contrato, considerando-o uns como locação, e outros como venda, uma constituição do imperador Zenão fez da *enfiteuse* um contrato especial, distinto da locação e da venda, com regras derivadas da convenção que lhe deu origem.

As convenções que se fizerem serão observadas como se derivassem da natureza do contrato, e, na falta de convenção sobre os

redundare periculum; sin particularis, ad emphyteuticarium hujusmondi damnum venire. Quod jure utimur.

IV. Item quaeritur, si cum aurifice Titius conveniret ut is ex auro suo certi ponderis certaeque formae annulos ei faceret et acciperet, verbi gratia aureos decem, utrum emptio et venditio na locatio et conductio contrahi videatur. Cassius ait, materiae quidem emptionem et venditionem contrahi, operae autem locationem et conductionem; sed placuit tantum emptionem et venditionem contrahi. Quod si suum aurum Titius dederit, mercede pro opera constituta, dubium non est quin locatio et conductio sit.

V. Conductor omnia secundum legem conductionis facere debet; et si quid in lege praetermissum fuerit, id ex bono et aequo debet praestare. Qui pro usu aut vestimentorum aut argenti aut jumenti mercedem aut dedit aut promisit, ab eo custodia talis desideratur, qualis diligentissimus pater familias suis rebus exhibet: quam si rpaestiterit, et aliquo casu eam rem amiserit, de restituenda ea re non tenebitur.

VI. Mortuo conductore intra rempora conductionis, heres ejus eodem jure in conductione succedit.

TITULUS XXV
DE SOCIETATE

Societatem coire solemus aut totorum bonorum, quam Graeci specialiter appellant, aut unius alicujus negotiationis, veluti mancipiorum emendorum vendendorumque, aut olei, vini, frumenti, emendi vendendique.

I. Et quidem si nihil de partibus lucri et damni nominatim convenerit, aequales scilicet partes et in lucro et in damno spectantur. Quod si expressae fuerint partes, hae servari debent. Nec enim unquam dubium fuit quim valeat conventio, si duo inter se pacti sunt ut ad unum quidem duae partes et lucri et damni pertineant, ad alium tertia.

II. De illa sane conventione quaesitum est, si Titius et Seius inter se pacti sunt ut ad Titium lucri duae partes pertineant, damni tertia; ad Seium duae partes damni, lucri tertia, an rata debeat haveri conventio? Quintus Mutius contra naturam societatis talem pactionem esse existimavit, et ob id non esse ratam habendam. Servius Sulpitius, cujus sententia praevaluit, contra sensit: quia saepe quorundam ita pretiosa est opera in societate, ut eos justum sit conditione meliore in societatem

riscos da coisa, o proprietário suportará a perda total, e o *enfiteuta* a perda parcial. Tal é o direito de gozarmos.

4. Igualmente se pergunta: quando Tício convenciona com um ourives que este, fornecendo o ouro, lhe faça anéis de certa forma e peso, mediante o pagamento, por exemplo, de dez moedas, há venda ou locação? Cássio diz que há venda da matéria e locação da mão-de-obra: mas, na verdade, há uma venda. Se Tício der o ouro e convencionar remuneração pelo trabalho, há evidentemente locação.

5. O locatário deve-se confirmar em tudo com a lei do contrato, e nos pontos as suas obrigações se regem pela eqüidade. Quem recebe roupas, prataria, ou animais para deles se utilizar mediante remuneração paga ou convencionada, deve ter diligência que tem o pai de família mais cuidadoso com as suas coisas. Quando, apesar dessa diligência, a coisa perece por acidente, não fica obrigado a restituí-la.

6. Se o locatário morre durante o contrato, o herdeiro sucede na locação.

TÍTULO XXV
DA SOCIEDADE

Forma-se sociedade ou de todos os bens (o que os gregos chamam *koino praxtam*) ou para um negócio especial, como, por exemplo, para comprar e vender escravos, óleo, vinho e trigo.

1. Quando não existe convenção expressa sobre a participação de cada um nos lucros ou nas perdas, repartem-se igualmente. Se houver convenção, será observada; nunca se duvidou da validade da cláusula pela qual dois sócios convencionaram que um terá dois terços do ganho ou das perdas, e o outro um terço.

2. Duvidou-se da validade da cláusula pela qual Tício e Seio convencionaram que o primeiro terá dois terços do ganho e um terço das perdas, e o segundo, dois terços das perdas e um terço do ganho. Quinto Múcio considerava tal cláusula contrária à natureza da sociedade, e, conseqüentemente, nula. Sérvio Sulpício, cuja opinião prevaleceu, sustentava o contrário, porque muitas vezes a indústria de certos negócios é de tal modo preciosa à sociedade que é justo admiti-los com maiores vantagens. Ninguém duvida que se possa formar uma sociedade, entrando um sócio, e não entrando outro sócio, com dinheiro, e repartindo-se os

admitti. Nam et ita coiri posse societatem non dubitatur, ut alter pecuniam conferat, alter non conferat, et tamen lucrum inter eos commune sit; quia saepe opera alicujus pro pecunia valet. Et adea contra Quinti Mutii sententia obtinuit, ut illud quoque constiterit, posse convenire ut quis lucri partem frat, de damno non teneatur, quod et ipsum Servius convenienter sibi existimavit. Quod tamen ita intelligi oportet, ut si in aliqua re lucrum, in aliqua damnum, allatum sit, compensatione facta solum quod superest intelligatur lucri esse.

III. Illud expeditum est, si in una causa pars fuerit expressa, veluti in solo lucro vel in solo damno, in altera vero omissa, in eo quoque quod praetermissum est, eamdem partem servari.

IV. Manet autem societas quosque donec in eodem consensu perseveraverint; at cum aliquis renuntiaverit societati, solvitur societas. Sed plane si quis callide in hoc renuntiaverit societati, ut obveniens aliquod lucrum solus habeat: veluti si tutorum vonorum socius, cum ab aliquo heres esset relictus, in hoc renuntiaverit societati ut hereditatem solus lucrifaceret, cogitur hoc lucrum communicare. Si quid vero aliud lucrifaciat quod non captaverit, ad ipsum solum pertinet. Ei vero cui renuntiatum est, quidquid omnimo post renuntiatam societatem adquiritur, soli conceditur.

V. Solvitur adhuc societas etiam morte socii; quia qui societatem contrahit, certam personam sibi elegit. Sed etsi consensu plurium societas contracta sit, morte unius socii solvitur, etsi plures supersint; nisi in coeunda societate aliter convenerit.

VI. Item si alicujus rei contracta societas sit, et finis negotio impositius est, finitur societas.

VII. Publicatione quoque distrahi societatem manifestum est, scilicet si universa bona socii publicentur. Nam cum in ejus locum alius succedit, pro mortuo habetur.

VIII. Item si quis ex sociis-mole debiti praegravatus bonis suis cesserit, et ideo propter publica aut privata debita substantia ejus vendeat, solvitur societas. Sed hoc casu, si adhuc consentiant in societatem, nova videtur incipere societas.

IX. Socius socio utrum eo nomine tantum teneatur pro socio actione, si quid dolo commiserit, sicut is qui deponi apud se passus est; na etiam culpae id est desidiae atque negligentiae nomine, quaesitum est? Praevaluit tamen etiam culpae nomine teneri eum. Culpa autem non ad exactissimam diligentiam dirigenta est. Sufficit enim talem giligentiam in communibus rebus adhibere socium, qualem suis rebus adhihere solet. Nam qui parum diligentem socium sibi adsumit, de se queri, hoc est, sibi imputare debet.

248

lucros, porque freqüentemente a indústria de um sócio equivale a dinheiro. E adotou-se a opinião de Sérvio, contrária à de Quinto Múcio, mesmo para reconhecer a validade da convenção que atribua a um dos sócios uma parte nos lucros, sem atribuir-lhe participação nas perdas. Esta regra deve-se, entretanto, entender nesses termos: se houve aqui lucro e ali perda, compensam-se para se considerar como lucro somente o saldo.

3. É regra incontestável que a participação, estabelecida num só caso, isto é, no lucro ou nas perdas, se aplica igualmente ao caso omisso.

4. A sociedade dura enquanto vigora o acordo dos sócios; e a renúncia de um só a dissolve. Se, todavia, renunciou de má fé, para aproveitar sozinho de um lucro em perspectiva, por exemplo, se o sócio por todos os bens renuncia à sociedade para receber sozinho uma herança, deverá trazer essa herança à comunhão. Mas, se lhe sobrevier um lucro não visado na sua renúncia, somente o renunciante aproveitará. O sócio do renunciante adquire sozinho tudo o que lhe advém posteriormente à renúncia.

5. A sociedade dissolve-se também pela morte de um dos sócios, porque quem forma sociedade se liga a uma certa e determinada pessoa de sua escolha. A sociedade de mais de dois sócios dissolve-se igualmente pela morte de um deles, ainda que sobrevivam muitos, salvo se no contrato social se tiver convencionado o contrário.

6. A sociedade formada para uma determinada empresa cessa com o término desta.

7. A sociedade dissolve-se evidentemente pelo confisco de todos os bens de um sócio, porque este, tendo sucessor, se considera morto.

8. Quando um sócio, estando insolvente, faz cessão de bens, e se lhe vendem os bens para pagar as dívidas públicas e privadas, a sociedade dissolve-se. Mas, neste caso, se os outros sócios concordam em continuar associados, forma-se uma nova sociedade.

9. Responde o sócio para com o seu consórcio pela ação *pro socio*, por dolo somente, como o depositário, ou também por culpa, isto é, por desídia ou negligência? Esta questão foi controvertida, e prevaleceu a opinião de que responde também por culpa. Contudo, essa culpa não tem por medida a máxima diligência, bastando que o sócio tenha prestado às coisas da sociedade os mesmos cuidados que presta às coisas próprias, pois quem se associa com um negligente só de si se deve queixar.

TITULUS XXVI
DE MANDATO

Mandatum contrahitur quinque modis, sive sua tantum gratia aliquis, tibi mandet, sive sua et tua, sive aliena tantum, sive sua et aliena, sive tua et aliena. At si tua tantum gratia mandatum sit, supervacuum est; et ob id nulla obligatio, nec mandati inter vos actio nascitur.

I. Mandantis tantum gratia intervenit mandatum: veluti, si quis tibi mandet ut negotia ejus gereres, vel ut fundum ei emeres, vel ut pro eo sponderes.

II. Tua et mandantis: veluti, si mandet tibi, ut pecuniam sub usuris crederes et qui in rem ipsius mutuaretur; aut si, volente te agere cum eo ex fidejussoria causa, tibi mandet ut cum reo agas periculo mandantis; vel ut ipsius periculo stipuleris ab eo quem tibi deleget, in id quod tibi debuerat.

III. Aliena autem causa intervenit mandatum, veluti, si tibi mandet ut Titii negotia gereres, vel ut titio fundum emeres, vel ut pro Titio sponderes.

IV. Sut et aliena, veluti, si de communibus suis et Titii negociis gerendis tibi mandet, vel ut sibi et titio fundum emeres, vel ut pro eo Titio sponderes.

V. Tua et aliena, veluti, si tibi mandet ut Titio sub usuris crederes. Quod si ut sine usuris crederes, aliena tantum gratia intercedit mandatum.

VI. Tua gratia intervenit mandatum, veluti, si tibi mandet ut pecunians tuas in emptiones potius praediorum colloces, quam foeneres; vel ex diverto, ut foeneres potius quam in emptiones praediorum colloces. Cujus generis mandatum, magis consilium quam mandatum est, et ob id non est obligatorium; quia nemo ex consilio obligatur, etiamsi non expediat ei cui dabatur, cum liberum cuique sit apud se explorare na expediat consilium. Itaque si otiosam pecuniam domi te habentem hortatus fuerit aliquis, ut rem aliquam emeres; vel eam crederes; quamvis none xpediat tibi eam emisse vel crediisse, non tamen tibi mandati tenetur. Et adeo haec ita sunt, ut quaesitum sit na mandati teneatur, qui mandavit tibi ut pecuniam Tito foenerares? Sed obtinuit Sabini sententia, obligatorium esse in hoc casu mandatum; quia non aliter Titio credidisses, quam si tibi mandatum esset.

VII. Illud quoque mandatum non est obligatorium, quod contra bonos mores est; veluti, si Titius de furto aut de camno faciendo, aut de

TÍTULO XXVI
DO MANDATO

Contrai-se mandato de cinco formas: se alguém te outorgou mandato só no seu interesse, ou no seu e no teu ou só no interesse de outrem, ou no seu e no de outrem, ou no teu e no de outrem. O mandato só no teu interesse é supérfluo e, conseqüentemente, não produz nem obrigação, nem a ação de mandato.

1. O mandato forma-se só no interesse do mandante, por exemplo, quando te encarrega de administrar seus negócios, ou de lhe comprares um terreno, ou de o afiançares.

2. O mandato forma-se no teu interesse e no mandante, quando, por exemplo, manda que emprestes dinheiro a juros a quem o toma para os negócios do próprio mandante; quando um fiador a quem queres demandar como tal, ordena que por sua conta e risco aciones o devedor principal, ou quando por sua conta e risco manda que estipules: sobre o que te deve, com um seu devedor, que ele te delega.

3. O mandato forma-se no interesse de terceiro, por exemplo, quando te ordena que administres os negócios de Tício, que compres um terreno, para Tício, ou que afiances a este.

4. O mandato forma-se no interesse do mandante e de terceiro, quando, por exemplo, te ordena que administres os negócios que tens em comum com Tício, que compres um terreno para ele e para Tício, ou que afiances a ambos.

5. O mandato forma-se no teu interesse e no de terceiro, quando te ordena que te emprestes a juros a Tício. O mandato para emprestar sem juros é só no interesse de terceiro.

6. O mandato forma-se só no teu interesse, por exemplo, quando te ordena que empregues o teu dinheiro na aquisição de imóveis e não em empréstimos, a juros; ou, ao contrário, que emprestes a juros, e não o empregues na aquisição de imóveis. Tal mandato é antes um conselho do que um mandato, e por isso não obriga, pois ninguém se obriga por um conselho, mesmo prejudicial ao mandatário, devendo cada um por si mesmo apreciar se lhe convém ou não segui-lo. Por conseguinte, se tendo contigo quantias por empregar, alguém te persuadir a que com elas faças uma compra ou um empréstimo, ainda que a compra, ou o empréstimo, não te traga vantagem alguma, não terás a ação de mandato contra ele. E chegou-se mesmo a duvidar se tens a ação de mandado contra a pessoa que te ordenou que emprestasses teu dinheiro a Tício. Adotou-se a opinião de Sabino, isto é, que esse mandato é obrigatório, porque não terias emprestado a Tício se não te houvesse sido ordenado.

injuria facienda tibi mandet. Licet enim poena istius facti nomine praestiteris, non tamen ullam haves adversus Titium actionem.

VIII. Is qui exequitus mandatum debet excedere finem mandati. Ut ecce, si quis usque ad centum aureos mandaverit tibi ut fundum emeres, vel ut pro Titio sponderes, neque pluris emere debes, neque in ampliorem pecuniam fidjubete; alioquin non habebis cum eo actionem; quoniam qui quidem ut Sabino et Casio placuerit, etiam si usque ad centum aureos cum eo agere volueris, inutiliter te acturum. Diversae scholae auctores recte usque ad centum aureos te actorum existimant; quae sententia sane benignior est. Quod si minoris emeris, habebis scilicet cum eo actionem; quoniam qui mandat ut sibi centum aureorum fundus emerentur, is utique mandasse intelligitur, si possit, emeretur.

IX. Recte quoque mandatum contractum, si dum adhuc integra res sit revocatum fuerit, evanescit.

IX. Recte quoque mandatum contractum, si dum adhuc integra res sit revocatum fuerit, evanescit.

X. Item si adhuc integro mandato mors alterius interveniat, id est, vel ejus qui mandaverit, vel illius qui mandatum susceperit, solvitur mandatum. Sed utilitatis causa receptum est, si eo mortuo qui tibi mandaverat, tu ignorans eum decessisse, executus fueris mandatum, posse te agere mandati actione: alioquin justa et probabili ignorantia tibi damnum adferret. Et juic simile est quod placuit, si devitores, manumisso dispensatore Titii, per ignorantiam libero solverint, liberari eos, cum alioquin stricta juris ratione non possent liberati, quia alii solvissent quam cui solvere debuerint.

XI. Mandatum non suscipere cuilibet liberum est; susceptum autem consumandum est, aut quam primum renuntiandum, ut per semetipsum aut per alium eandem rem mandatos exequatur. Nam nisi ita renuntiatur ut integra causa mandatori reservetur eandem rem explicandi, nihilominus mandati actio locum habet: nisi justa causa intercessit, aut non renuntiandi, aut intempestive renuntiandi.

XII. Mandatum et in diem differri, et sub conditione fieri potest.

XIII. In summa sciendum est, mandatum nisi gratuitum sit, in aliam formam negoti cadere; nam mercede constituta, incipit locatio et conductio esse. Et, ut generaliter dixerimus, quibus casibus sine mercede suscepto officio mandati aut depositi contrahitur negotium, iis casibus interveniente mercede locatio et conductio contrahi intelligitur. Et ideo si fulloni polienda curandave vestimenta quis dederit, aut sarcinatori sarcienda, nulla mercede constituta neque promissa, mandati competit actio.

7. O mandato contrário aos bons costumes não é obrigatório, por exemplo, se Tício mandar que cometas um furto, um dano, uma injúria. E se sofresses uma pena por esse fato, não tens ação alguma contra Tício.

8. O mandatário não deve exceder os limites do mandato. Assim, se te ordenara que comprasses um terreno, ou que afiançasses a Tício, até a concorrência de cem moedas, não deves comprar, nem afiançar por maior quantia, pois não terás a ação de mandato. Sabino e Cássio entendiam que não tens ação de mandato, nem mesmo até a concorrência das cem moedas. Mas, os sectários da escola oposta pensam que te cabe ação até as cem moedas, é essa opinião sem dúvida a mais favorável. Se comprares por preço inferior ao fixado no mandato, terás ação contra o mandante, pois o que manda comprar um prédio por cem moedas, inclui o de comprar por menos se for possível.

9. O mandato, embora validamente feito, fica nulo, quando revogado antes de se dar começo à execução.

10. O mandato dissolve-se também quando, antes da execução, vem a morrer o mandante ou o mandatário. Contudo, em virtude da utilidade, tem-se admitido que, se depois da morte do mandante, e na ignorância dela, deste execução ao mandato, a tua ignorância legítima e plausível não te deve causar prejuízo. Decidiu-se por analogia que, se Tício manumitu seu intendente, o pagamento feito ao liberto exonera os devedores que ignoravam a manumissão, muito embora no rigor do direito não devessem ficar exonerados, por terem feito a um o pagamento que deveriam fazer a outro.

11. Faculta-se a todos a não aceitação do mandato; mas, desde que foi aceito, deve o mandatário executá-lo, ou avisar ao mandante a renúncia, para que o próprio mandante ou outrem possa executá-lo. Se a renúncia não foi feita de modo a facilitar inteiramente ao mandante a realização do ato, tem ele ação de mandato contra o mandatário, salvo se teve justos motivos que o impediram de renunciar ou de renunciar intempestivamente.

12. O mandato pode ser a termo, ou sob condição.

13. Enfim, se o mandato não for gratuito, transforma-se noutro contrato, pois se torna locação desde que haja pagamento. E para falar em termos gerais: em todos os casos em que existe depósito ou mandato, não havendo paga, existe locação, desde que haja paga. Pelo que, quando se dão roupas a um tintureiro para lavá-las, ou a um alfaiate para consertá-las, sem fixação, nem promessa de salário, cabe a ação de mandato.

TITULUS XXVII
DE OBLIGATIONIBUS QUASI EX CONTRACTU

Post genera contractuum enumerata, discipiamus etiam de iis obligationibus quae non proprie quidem es contractu nasci intelliguntur, sed tamen quia non ex maleficio substantiam capiunt, quasi ex contractu nasci videntur.

I. Igitur cum quis absentis negotia gesserit, ultro citroque inter eos nascuntur actiones quae appellantur negotiorum gestorum. Sed domino quidem rei gestae adversus cum qui gessit, directa competit actio; negotiorum autem gestori, contraria. Quas ex nullo contractu proptie nasci manifestum est, quippe ita nascuntur istae actiones, si sine mandato quisque agentiis negotiis gerendis se obtulerit; ex qua causa i quorum negotia gesta fuerit, etiam ignorantes obligantur. Idque utilitatis cause receptum est, ne absentium qui subita festinatione coacti, nulli demandata negotiorum suorum administratione, peregre profecti essent, desererentur negotia; quae sane nemo curaturus esset, si de eo quod quis impendisset, nullam habiturus esset, actionem. Sicut autem is qui utiliter gesserit negotia habet obligatum dominum negotiorum, ita et contra iste quoque tenetur ut administrationis rationem reddat. Quo casu ad exactissimam quisque deligentiam compellitur reddere rasi modo alius diligentior comodius administraturus esset negotia.

II. Tutores quoque, qui tutelae judicio tenetur, non proprie ex contractu obligati intellinguntur (nullum enim negotium inter tutorem et pupillum contrahitur) sed quia sane non ex maleficio tenentur, quasi ex contractu teneri videntur. Et hoc autem casu mutuae sunt actiones: non tantum enim pupillus cum tutore habet tutelae actionem, sed, ex contrario, tutor cum pupillo habet contrario tutelae, si vel impenderit aliquid in rem pupilli, vel pro eo fuerit obligatus, aut rem suam creditoribus ejus obligaverit.

III. Item, si inter aliquos communis sit res sine societate, veluti quod pariter eis legata donatave esset, et alter eorum alteri ideo teneatur communi dividundo judicio, quod solus fructus ex ea re perceperit; aut quod socius ejus solus in eam rem necessarias impensas fecerit, non intelligitur proprie ex contracts obligatus; quippe nihil inter se contraxerunt: sed quia non ex maleficio tenetur, quasi ex contractu teneri videtur.

254

TÍTULO XXVII
DAS OBRIGAÇÕES QUASE CONTRATUAIS

Depois de termos enumerado os diferentes contratos, examinamos outras obrigações que não nascem preciosamente de um contrato, mas que, entretanto, por não derivarem de um delito, se consideram formadas como por um contrato (*quasi ex contratu*)

1. Assim, quando alguém administrou os negócios de um ausente, originaram-se para ambos ações recíprocas, chamadas de gestão de negócio (*negotiorum gestorum*). O dono dos negócios administrados tem a ação direta contra o gestor e este contra aquele, a ação contrária. Tais ações não nascem propriamente de contrato, porque resultam da gestão de negócios de outrem sem mandato, e o dono dos negócios fica obrigado mesmo sem o saber. Tal intuição foi admitida por sua utilidade, a fim de evitar que ficassem no abandono os negócios dos ausentes, forçados a partir de repente, sem tempo de confiar a sua administração a ninguém, e pessoa alguma deles cuidaria se não tivesse ação para receber o que dependesse. A gestão obriga aqueles cujos negócios foram administrados para com quem ultimamente os geriu, e reciprocamente este último deve prestar contas, exigindo-se a máxima diligência; pois não basta ao gestor ter administrado com a diligência que costuma empregar em seus próprios negócios, se outro mais diligente teria administrado melhor.

2. Também os tutores, sujeitos à ação de tutela, não se obrigam precisamente por um contrato, (pois não há contrato entre o tutor e o pupilo). Como, porém, as obrigações do tutor não se originam de um delito, consideram-se obrigados por um quase contrato. As ações neste caso são igualmente recíprocas, pois não só o pupilo tem contra o tutor a ação de tutela, mas também o tutor tem contra o pupilo a ação de tutela contrária, quando fez despesas, ou se obrigou, ou deu seus bens em garantia aos credores do pupilo.

3. Do mesmo modo, quando uma coisa é comum a várias pessoas, entre as quais a sociedade, por exemplo, quando a coisa lhes foi legada ou doada conjuntamente, se uma delas, por ter recebido sozinha os frutos dessa coisa, ou por ter a outra feito despesas necessárias, ficar responsável para com a outra pela ação de divisão (*communi dividundo*), não fica obrigada por um contrato, pois este contrato não existiu, mas como a obrigação não deriva de um delito, considera-se que deriva de um quase contrato.

IV. Idem juris est de eo qui coheredi familiae erciscundae judicio ex his causis obligatus est.

V. Heres quoque legatorum nomine non proprie ex contractu obligatus intelligitur (neque enim com herede, neque cum defuncto, ullum negotium legatarius gessisse proprie dici potest); et tamen quia ex maleficio non est obligatus heres, quasi ex contractu debere intelligitur.

VI. Item is qui quis per errem non debitum solvit, quasi ex contractu debere videtur. Adeo enim non intelligitur proprie ex contractu oblitatus, ut si certiorem rationem sequamur, magis (ut supra diximus) ex distractu, quam ex contractu possit dici obligatus esse. Nam qui solvendi animo pecuniam dat, in hoc dare videtur ut distrahat potius negotium, quam contrahat, sed tamen perinde is qui accipit obligatur, ac si mutuum illi daretur, et ideo conditione tenetur.

VII. Ex quibusdam tamen causis repeti non potest quod per errorem non debitum solutum sit. Sic namque definierunt veteres, ex quibus causis inficiando lis crescit, ex iis causis non debitum solutum repeti non posse: belutie x lege Aquilia, item ex legato. Quod veteres quidem in iis legatis locum havere voluerunt, quae certa constituta per damnationem cuicumque legata fuerant. Nostra autem constitutio, cum unam naturam omnibus legatis et fideicommissis indulsit, hujusmodi augmentum in omnibus legatis et fideicommissis extendi voluit; sed non omnibus legatariis praebuit, sed tantummodo in iis legatis et fideicommissis quae sacrosanctis ecllesiis et ceteris venerabilibus locis, quae religionis vel pietatis intuitu honorificantur, derelicta sunt. Quae, si indebita solvantur, non repetuntur.

TITULUS XXVIII
PER QUAS PERSONAS NOBIS OBLIGATIO ADQUIRITUR

Expositis generibus obligationum quae ex contractu vel quasi ex contractu nascuntur, admonendi sumus adquiri nobis, nun solum per nosmeptipsos, sed etiam per eas personas quae in nostra potestate sunt: veluti per servos et filios nostros. Ut tamen, quod per servos quidem

4. O mesmo diremos do herdeiro que, pelas mesmas causas, se acha sujeito para com seu co-herdeiro à ação de partilha (*familiae erciscundae*).

5. O herdeiro também obrigado para com o legatário, não em virtude de um contrato, pois não se pode dizer que o legatário tenha feito contrato algum; quer com o herdeiro, quer com o defunto. Todavia, como a obrigação do herdeiro não deriva de um delito, considera-se nascida de um quase contrato.

6. Aquele a quem, por erro, se fez um pagamento indevido, torna-se devedor por um quase contrato. E tanto é verdade que a sua obrigação não deriva de um contrato que, em rigor, poderíamos dizer, como já acima dissemos, que deriva de um distrato, porquanto quem dá dinheiro em pagamento, antes extingue o contrato, do que contrata. Contudo, o pagamento que uma pessoa recebe, obriga-a como se houvesse recebido por empréstimo, e fica sujeito, portanto, à condição.

7. Há, porém, alguns casos em que não é dado repetir o que por erro se pagou indevidamente. Os antigos decidiram que, nos casos em que a negação aumenta a importância da condenação, a coisa indevidamente paga não podia ser repetida, por exemplo, quando se demandava em virtude da lei Aquília ou de um legado. Aplicavam esta regra aos legados de valor determinado, deixados por condenação (*per damnationem*) a uma pessoa qualquer. Uma constituição assimilou os legados aos fideicomissos, e estendeu a uns e outros esse aumento em virtude da negação. Não os estendeu, porém, com relação a todos os legados, mas somente aos legados e fideicomissos deixados às santas igrejas e a outros lugares veneráveis, gratificados por espírito de devoção ou de caridade. Tais legados, embora pagos indevidamente, não podem ser repetidos.

TÍTULO XXVIII
DA PESSOAS PELAS QUAIS ADQUIRIMOS OBRIGAÇÃO

Temos exposto as diferentes obrigações, que se formam por um contrato, ou por um quase contrato. Importa agora saber que as adquirimos não só por nós próprios, mas também pelas pessoas que se acham sob o nosso poder, isto é, por nossos escravos e por nossos filhos.

nobis adquiritur totum nostrum fiat; quod autem per liberos quos in potestate habemus ex obligations fuerit adquisitum, hoc dividatur secundum imaginem rerum proprietatis et ususfructus quam nostra discrevit constitution ut quod ab actione commodum perveniat, hujus usumfructum quidem habeat pater proprietas autem filio servetur, scilicet patre actionem movente secundum novellac nostrae constitutionis divisionem.

I. Item per liberos homines et alienos servos quos bona fide possidemus, adquiritur nobis; sed tantum ex duabus causis, id est, si quid ex operibus suis vel ex re nostra adquirant.

II. Per eum quoque servum in quo usumfructum vel usum habemus, similiter ex duabus istis causis nobis adquiritur.

III. Communem servum pro dominica parte dominis adquirere certum est, excepto eo quod uni nominatim stipulando aut per traditionem accipiendo illi soli adquirit, veluti cum it stipulatur: TITIO DOMINO MEO DARE SPONDES? Sed si unius domini jussu servus fuerit stipulatus, licet antea dubitabatur, tamen post nostram decisionem res expedita est, ut illi tantum adquirat qui hoc ei facere jussit, ut supra dictum est.

TITULUS XXIX
QUIBUS MODIS OBLIGATIO TOLLITUR

Tollitur autem omnis obligatio solutione ejus quod debetur, vel si quis, consentiente creditore, aliud pro alto solverit. Nec tamen interest quis solvit, utrum ipse qui debet, an alius pro eo; liberatur enim et alio solvente, sive sciente, sive ignorante debitore vel invito, solutio fiat. Item si reus solverit, etiam ii qui pro eo intervenerunt liberantur. Idem, ex contrario contingit si fidejussor solverit; non enim solus ipse liberatur, sed etiam reus.

I. Item per acceptilationem tollitur obligatio. Est autem accepti-latio imaginaria solutio. Quod enim ex verborum obligatione Titio debetur, id si velit Titus remittere, potent sic fieri ut patiatur, haec verba debitorem dicere: QUOD EGO TIBI PROMIS, HABESNE ACCEPTUM? et Titius

O que adquirimos por nossos escravos somente a nós pertence. Quanto aos descendentes sob o nosso poder, o que adquirirem em virtude de uma obrigação, se divide na conformidade do que a nossa constituição estabeleceu, distinguindo entre a propriedade e o usufruto. Assim, o pai terá usufruto e o filho a propriedade das coisas que a ação produzir, e esta será movida pelo pai, na conformidade da distinção estabelecida em nossa constituição.

1. Adquirimos também a obrigação por meio de homens livres e escravos de outrem que possuirmos de boa-fé, mas só nestes dois casos: quando provém do trabalho deles, ou de nosso próprio bem.

2. Nesses mesmos dois casos adquirimos também através do escravo sobre o qual temos o usufruto ou o uso.

3. É certo que o escravo, se pertence a vários senhores, adquire para todos, na proporção da parte pela qual pertence a cada um, salvo quando estipula, ou quando lhe fazem tradição, para um dos senhores nomeadamente. Neste caso, só adquire para o senhor, nomeado, como quando, por exemplo, estipula nestes termos: promete dar a Tício, meu senhor? Quando o escravo estipula por ordem de um só dos senhores, havia antigamente dúvidas, mas as sanou nossa constituição: os escravo adquire unicamente para o senhor de quem recebeu ordem, como já dissemos acima.

TÍTULO XXIX
DOS MODOS DE EXTINGUIR A OBRIGAÇÃO

Toda obrigação extingue-se com o pagamento da coisa devida, ou de outra em seu lugar, desde que o credor o consinta. Pouco importa que o pagamento seja feito pelo próprio devedor, ou por outrem em seu lugar, pois o devedor fica exonerado pelo pagamento que outrem faz, quer com o seu consentimento, quer sem conhecimento, quer contra a sua vontade. O devedor, que paga, libera os que se obrigam por ele, e, reciprocamente, o fiador, que paga, libera a si próprio e ao devedor.

1. A obrigação extingue-se ainda pela aceptilação; a aceptilação é um pagamento fictício. Se Tício quiser perdoar o que se lhe deve por uma obrigação verbal, poderá fazê-lo, pronunciando o devedor estas palavras: CONSIDERAS RECEBIDO O QUE TE PROMETI? e

respondent: HABEO. Sed et graece potest acceptum fieri, dummodo sic fiat ut latinis verbis solet. Qu genere (ut diximus) tantum eae solvuntur obligationes quae ex verbis consistunt, non etiam ceterae. Consentaneum enim visum est, verbis factam obligationem aliis posse verbis dissolvi. Sed et id quod alia ex causa debetur, potest in stipulationem deduct et per acceptilationem dissolvi. Sicut autem quod debetur, pro parte recte solvitur, ita in pattem debiti acceptilatio pert potest.

II. Est prodita stipulatio quae vulgo AQUILIANA appelatur, per quam stipulationem contingit ut oniniuni rerum obligatio in stipulatum deducatur, et ea per acceptilationem toflatur. Stipulatio enim Aquiliana novat omnes obligationes, et a Gallo Aquilio ita composite est: "Quidquid re mihi ex quacumque causa dare, facere oportet, oportebit, praesens in diemve aut sub conditioned quarumque rerum mihi tecum acne, quaequi adversus re petitio vel adversus re persecutio esi eritve, quodve in imum habes, tenes posidesve dolove malo fecisti, quorminus possideas: quanti quaeque earum rerum res crit, tantam pecuniam darit stipulatus est Aulus Agerius, spopondit Numerus Negidius. Item ex diverso Numerius Negidius interrogavit Aulum Agerium: QUIDQUID TIBI HODIERNO DIE PER AQUILIANAM STIPULATIONEM SPOPONDI, ID OMNE ABESNE ACCEPTUM? respondit Aulus Agerius: HABEO ACCEP-TUMQUE TULI".

III. Practerea novatione tollitur obligatio: veluti si id quod in Seio debebas, a Titio dari stipulatus sit. Nam interventu novae personae nova nascitur obligatio, et prima tollitur translate in posterjorem: adeo ut interdum, licet posterior stipulatio inutilis sit, tamen prima novationis jure tollatur; veluti si id quod tu Titio debebas, a pupilo sine tutores auctoritate stipidatus fucrit. Quo casu res amittitur; nam et prior debitor liberatur, et posterior obligatio nulla est. Non idem juris est, si a servo quis fuerit stipulatus; nam tunc prior perinde obligats manet ac si postea nullus stipulatus fuisset. Sed si eadem persona sit a qua postea stipuleris, ita demum novatio fit, si quid in posteriore stipulatione novi sit, forte si conditio aut dies aut fidejussor adjicitur, aut detrahatur. Quod autem diximus, si conditio adjiciatur, novationem fieri, sic intelligi oportet, ut ita dicam, factani novationem, si conditio siterit: alioquin si defecefit, durat prior obligatio. Sed eum hoc quidem inter veteres constabat, tunc feri novationem cum novandi animo in secundam obligationem itum fuerat; per hoc autem dubium erat, quando novandi aninin videretur hoc fieri, et

260

respondendo Tício: CONSIDERO. Pode-se fazer a aceptilação também em grego, contanto que as expressões correspondam às usadas em latim: *Écheis labón denaria tósa? Echô labôn.* Este modo de extinção aplica-se, como dissemos, às obrigações verbais, não às outras. Considerou-se lógico que uma obrigação contraída por palavras se extinguisse por outras palavras; mas, a obrigação resultante de outra causa pode-se transformar em estipulação, e extinguir-se pela aceptilação. Do mesmo modo que se pode pagar parte da dívida, pode-se fazer aceptilação sobre parte.

2. Existe uma estipulação chamada comumente Aquiliana, pela qual se pode transformar uma obrigação qualquer em obrigação verbal e extingui-la pela aceptilação. Com efeito, a estipulação Aquiliana extingue pela novação todas as obrigações. Galo Aquílio a redigiu assim: "Aulo Agério estipulou nesses termos: PROMETES DAR-ME O EQUIVALENTE EM DINHEIRO A TUDO QUANTO ME DEVES, OU VIERES A DEVER, A DAR OU FAZER, QUER AGORA, QUER A TERMO; OU O EQUIVALENTE A QUALQUER COISA EM VIRTUDE DA QUAL TENHO, OU VIER A TER, CONTRA TI AÇÃO, PETIÇÃO, OU EXECUÇÃO, OU O EQUIVALENTE A QUALQUER OBJETO QUE ME PERTENCER QUE TENHAS, DETENHAS, POSSUAS, OU DEIXASTE DE POSSUIR FRAUDULENTAMENTE? Numério Negídio assim o prometeu. Em seguida Numério Negídio interrogou por sua vez Aulo Agério: CONSIDERAS RECEBIDO TUDO QUANTO TE PROMETI HOJE PELA ESTIPULAÇÃO AQUILIANA? Aulo Agério respondeu: CONSIDERO-O RECEBIDO.

3. As obrigações extinguem-se também pela novação, quando, por exemplo, o que devias a Seio, este estipula com Tício. A intervenção de um novo devedor dá lugar a uma obrigação nova; e a primeira, substituída pela segunda, extingue-se. Algumas vezes mesmo a segunda estipulação é nula, e, não obstante, a primeira extingue-se pela novação, por exemplo, se o que devias a Tício, ele estipulou com um pupilo sem autorização do tutor. Neste caso extingue-se a obrigação, porque o primeiro devedor fica exonerado e a segunda obrigação é nula. Não acontece o mesmo quando se estipula com um escravo, porque em tal caso o primeiro devedor fica obrigado como se ninguém tivesse estipulado. Quando estipulas com o teu devedor, a novação só se opera se a segunda estipulação tem alguma coisa de novo, como a adição, ou a supressão, de uma condição, de um termo, ou de um fiador. Quando dizemos que, ao inserir uma condição, se opera a novação, queremos nos referir ao caso dela se realizar. Se a condição se não realizar, subsiste a primeira obrigação. Era ponto assentado entre os antigos que a novação se opera

quasdam de hoc praesumptionis alii in aliis casibus introducebant. Ideo nostra processit constitutio quae appertissime definivit tunc solum novationem fleri, quoties hoc ipsum inter contraentes expresum fuerit, quod propter novationem pribris obligationis convencrunt: alioquin manere et pristinam obligationem, et secundam et accedere, ut maneat ex utraque causa obligatio secundum nostrae constitutionis definitionem, quam licet ex ipsius lectiones apertius cognosoere.

IV. Hoc amplius, eae obligationes quae consensu contrahuntur, contraria voluntate dissolvuntur. Nam si Titius et Seius inter se consenserint, ut fundum Tusculanum emptum Seius haveret centum aureolum; deinde re nondum secuta, id est, neque pretio soluto neque fundo tradito, placuerit inter eos ut discedertur ab ea emptione et venditione, invidem liberantur. Idem est in conductione et locatione, et in omnibus contractibus qui ex consensu descendunt.

quando se contrai segunda obrigação com a intenção de novar; mas, suscitavam dúvidas sobre quando existia o ânimo de novar, aplicando uns presunções que outros não admitiam. Por isso a nossa constituição decidiu terminantemente que só se dará a novação, quando os contratantes tiverem expressamente declarado que contrataram para novarem a primeira obrigação; aliás, subsistem a primeira obrigação e a segunda, ficando o devedor duplamente obrigado, nos termos da nossa constituição, como melhor se verá de sua leitura.

4. As obrigações formadas pelo consenso das partes extinguem-se pela vontade contrária. Assim, se Tício e Seio convencionaram a venda do prédio Tusculano a Seio pelo preço de cem moedas, e se antes da execução, isto, é, antes de entregue o prédio e pago o preço, convencionaram rescindir a compra e a venda, ficam reciprocamente exonerados. O mesmo acontece na locação e nos demais contratos formados pelo consentimento.

LIVRO IV

TITULUS I
DE OBLIGATIONIBUS QUE EX DELICTO NASCUNTUR

Cum expositum sit, superiore libro, de obligationibus ex contractu et quasi ex contractu, sequitur ut de obligationibus ex maleficio et quasi ex maleficio dispiciamus. Sed illae quidem, et suo loco tradidimus, in quatuor genera dividuntur. Hae vero unius generis sunt; nam omnes ex re nascuntur, id est, ex ipso maleficio: veluti ex furto, aut rapina, aut damno, aut injuria.

I. Furtum est contrectatio rei fraudulosa, lucri faciendi gratia; vel ipsius rei, vel etiam usus possessionisve, quod lege naturale prohibitum est admittere.

II. Furtum autem ver a furvo, id est nigro, dictum est, quod clam et obscure fiat, et perumque nocte; vel a fraude; vel a ferendo, id est, auferendo; vel a graeco sermone, qui ωωρϖσ appellant fures. Imo et Graeci απο ωερειυ ωωρασ dixerunt.

III. Furtorum autem genera duo sunt; manifestum, et nec manifestum. Nam conceptum et oblatum species pótius actionis sunt furto cohaerentes, quam genera furtorum, sicut inferius aparebit. Manifestus fur est, quem Graeci επαυτοωωρω appellant; nec solum is qui in ipso furto deprehenditur, sed etiam is qui in eo loco deprehenditur quo furtum fit: veluti qui in dense furtum fecit, et nondum egressus januam deprehensus fuerit, vel qui in oliveto olivarum aut in vineto uvarum furtum fecit, quamdiu in eo oliveto aut ineto fur deprehensus sit. Imo ulterius furtum manifestum est extendendum, quamdiu eam rent fur tenens visus vel deprehensus fuerit, sive in publico sive in private, vel a domino vel ab alio, untequam eo pervenerit quo perferre ac deponere rem destinasset. Sed si pertulit quo destinavit, tametsi deprehebdatur cum re furtiva, non est manifestus fur. Nec manifestum furtum quid sit, ex iis quae diximus intelligitur; nam quod manifestum non est, id scilicet nec manifestum est.

IV. Conceptum furtum dicitur, cum apud aliquem testibus praesentibus furtiva res quaesita et inveta sit. Nam in eum propria actio constituta est, quamvis fur non sit, quae appellatur concepti. Oblatum

LIVRO IV

TÍTULO I
DAS OBRIGAÇÕES QUE NASCEM DOS DELITOS

Depois de expormos no livro anterior as obrigações que se formam por contrato ou quase contrato, examinemos as que resultam do delito. Aquelas, como já dissemos, dividem-se em quatro espécies; estas, ao contrário, são de uma única espécie e nascem todas do fato, isto é, do próprio delito: do furto, do roubo, do dano e da injúria.

1. Furto é a subtração fraudulenta de uma coisa, de seu uso, ou de sua posse. É delito proibido pela lei natural.

2. A palavra *furtum* (furto) vem ou de *furvum*, que significa negro, porque o furto se faz secretamente, na obscuridade, e, a mais das vezes, de noite, ou de *fraus* (fraude), ou de *ferre* (levar), ou da palavra grega *phor* que significa ladrão. Todavia, os gregos derivam *phor* de *pherein*.

3. Há duas espécies de furto - manifesto ou não manifesto. As palavras *concepto* e *oblato*, como se verá mais tarde, designam, antes, espécies de ações resultantes do furto, do que espécie de furto. Ladrão manifesto é o que os gregos chamam, porque é apanhado em flagrante delito, ou no lugar do furto, tal como o que, depois de furtar numa casa, é apanhado antes de sair dela, ou o que, depois de furtar azeitonas num olival, ou uvas em uma vinha, é apanhado no olival ou na vinha. Contudo, o furto manifesto tem maior amplitude, bastando que o ladrão tenha sido visto ou apanhado pelo proprietário ou por outrem, e em lugar público ou privado, trazendo a coisa furtada nas mãos, antes de alcançar o lugar aonde queria levá-la e largá-la. Mas, se o ladrão chegou ao seu destino, ainda que o prendam, tendo a coisa furtada em seu poder, o furto não é manifesto. Do que dissemos sobre o furto manifesto, deduz-se que todos os outros furtos são não manifestos.

4. O furto é chamado *concepto* quando a coisa furtada foi procurada e encontrada em casa de alguém na presença de testemunhas: e contra aquele em cujo poder foi achada, ainda que a não tenha furtado, cabe uma ação especial que tem o nome de ação *concepti*. O furto é chamado *oblato* quando a coisa furtada te foi oferecida por alguém, e foi

furtum dicitur, cum res furtiva ab aliquo tibi oblata sit, eaque apud te concepta sit: utique si ea mente tibi data fuerit, ut apud te potius quam apud eum qui dedit conciperetur. Nam tibi apud quem concepta sit, propria adversus eum qui obtulit, quamvis fur non sit, constituta est actio quae appellatur oblati. Est etiam prohibiti furti actio adversus eum qui furtum quaerere testibus praesentibus volentem prohibuerit. Praeterea poena constituir edicto praetoris, per actionem furti non exhibiti, adversus eum qui furtivam rem apud se quaesitam et inventam non exhibuit. Sed hae actiones, id est, concepti et oblati et furti furti prohibiti, nec non furti non exhibiti, in desuetudinem abierunt. Cum enim requisitio rei furtivae hodie secundum veterem observationem non fir, merito ex consequentia etiam praefatae actiones ab usu communi recesserunt; cum manifestissimum est quod omnes qui scientes rem furtivam susceperint et celaverint, furti nec manifesti obnoxii sunt.

V. Poena manifesti furti quadrupli est, tam ex servi quam ex liberi persona, nec manifesti, dupli.

VI. Furtum autem fir, non solum cum quis intercipiendi causa rem alienam amovet, set et generaliter cum quis alienam rem invito domino contrectat. Itaque sive, creditor pignore, sive is apud quem res deposita est, ea re utatur; sive is qui rem utendam accepit, in alium usum eam transferat quam cujus gratia ei data est, furtum committit. Velut, si quis argentum utendum acceperit quasi amicos ad coenam invitaturus, et id peregre secum tulerit; aut si quis equum gestandi causa commodatum sibi longius aliquo duxerit, quod veteres scripserunt de eo qui in aciem equum perduxisset.

VII. Placuit tamen eos qui rebus commodatis aliter uterentur quam utendas acceperint, ita furtum committere si se intelligant id invito domino facere; eumque, si intellexisset, non permissurum: at si permissurum credant, extra crimen videri: optima sane distinctione, quia furtum sine affectu furandi non committatur.

VIII. Sed et si credat aliquis invito domino se rem commodatam contrectare, domino autem volente in fiat, dicitur furtum non fieri. Unde illud quaesitum est: Cum Titius servum Maevii sollicitaverit ut quasdam res domino subriperet et ad eum perferre, et servus id ad Maevium pertulerit; Maevius dum vul Titium in ipso delicto deprehendere, permisserit servo quasdam res ad eum perferre: utrum furti an servi corrupti judicio teneatur Titius, an neutro? Et cum nobis super hac du

procurada e encontrada em teu poder, tendo aquele que ta ofereceu assim procedido para que fosse encontrada, antes em teu poder, do que no dele. Neste caso, tens contra este último, embora não seja ladrão, ação chamada *oblati*. Existe também ação de furto proibido contra quem se opõe à busca que se quer fazer perante testemunhas. Além disso, o edito do pretor, por meio da ação de furto não exibido, estabelece pena contra quem não exibiu a coisa furtada que foi procurada e achada em seu poder. As ações *concepti* e *oblati* (de furto proibido e furto não exibido) caíram em desuso.

Com efeito, desde que a busca da coisa furtada não se faz mais segundo as formalidades antigas, tais ações, com razão, deixaram de ser usadas. É aliás evidente que todo aquele que recebe e oculta cientemente a coisa furtada, fica sujeito à ação de furto não manifesto.

5. A pena do furto manifesto, cometido por escravo, ou por homem livre, é do quádruplo: a do furto não manifesto é do dobro.

6. Ocorre furto quando alguém tira a coisa alheia para roubá-la, e também em geral, quando alguém tira a a coisa alheia contra a vontade de seu dono. Assim, cometem furto o credor que se serve do penhor, o depositário que se serve da coisa depositada, o comodatário que, depois de ter recebido a coisa para determinado uso, a emprega em uso diferente, como, por exemplo, quando, sob pretexto de convidar amigos para uma ceia, toma emprestada uma baixela de prata e a leva em viagem ou quando, tendo pedido um cavalo para passear, o conduz a uma parte mais longe. Os antigos assim resolveram relativamente a um comodatário que levou um cavalo para a guerra.

7. Todavia, decidiu-se que, para cometer furto por usar a coisa diferentemente do fim para que foi dada em comodato, é preciso que se proceda contra a vontade do dono, e com a convicção de que não consentiria se tivesse sido avisado; do contrário, não há crime. Essa distinção é justa, por isso que não há furto sem a intenção de furtar.

8. Não há furto quando o comodatário acredita que age contra a vontade do dono e este, ao contrário, dá o seu assentimento. Daí, pergunta-se: Tício solicita do escravo Mévio que furte a seu senhor certa coisa para lhe trazer; o escravo denuncia o fato a Mévio, o qual, para surpreender Tício em flagrante, permite que o escravo lhe leve a coisa. Ficará Tício sujeito à ação de furto, ou à ação de corrupção do escravo, ou a nenhuma delas? Como nos fosse apresentada essa questão, examinamos as controvérsias suscitadas pelos antigos jurisconsultos, dos

itatione suggestum est, et antiquorum prudentium super hac altercationes perspeximus, quibusdam neque furti neque servi corrupti actionem proeestantibus, quibusdam furti tantummodo; nos, hujusmodi calliditati obviam euntes, per nostram decisionem sanximus, non solum furti actionem, sed et servi corrupti contra eum dari. Licet enim is servus deterior a collicitatore minime factus est, et ideo non concurrant regulae quae servi corrupti actionem introducerent, tamen concilium corruprant regulae quae servi corrupti actionem introducerent, tamen concilium corruptoris ad perniciem probitatis servi introductum est; ut sit ei poenalis actio imposita, tamquam si re ipsa fuisset servus corruptus, ne ex hujusmodi impunitate et in alium servum qui facile possit corrumpi, tale facinus a quibusdam perpetretur.

IX. Interdum etiam liberorum hominum furtum fit: veluti, si quis liberorum nostrotum, qui in potestate nostra sit, subreptus fuerit.

X. Aliquando et suae rei furtum quisque committit: veluti, si debitor rem, quam creditori pignoris causa dedit, subtraxerit.

XI. Interdum furti tenetur qui ipse furtum non fecit: qualis est is cujus ope et consilio furtum factum est. In quo numero est qui tibi nummos excussit, ut alius eos rapere; aut tibi obstiterit, ut alius rem tuam exciperet; aut oves tuas vel boves fugaverit, ut alius eos exciperet; et hoc veteres scripserunt de eo qui panno rubro fugavit armentum. Sed si quid eorum per lasciviam et non data opera ut furtum admitteretur, factum est, in factum actio dari debet. At ubi ope Maevii Titius furtum fecerit, ambo furti tenentur. Ope et consilio ejus quoque furtum admitti videtur, qui scalas forte fenestris supponit, aut ipsas fenestras ver ostium effringit, ut alius furtum faceret; quivi ferramenta ad effringendum, aut scalas ut fenestris supponerentur, commodaverit, sciens cujus gratia commodaverit. Certe qui nullam opem ad furtum faciendum adhibuit, sed tantum consilium dedit atque hortatus est ad furtum faciendum, non tenetur furti.

XII. Hi qui in parentum vel dominorum potestate sunt, si rem reis subripiunt, furtum quidem faciun subripiunt, furtum quidem faciunt; et res in furtivam causam cadit, nec ob id ab ullo usucapi potest antequam in domini potestatem revertatur; sed furti actio non nascitur, quia nec ex alia ulla causa potest inter eos actio nasci. Si vero ope et consilio alterius furtum factum fuerit, quia utique furtum committitur, convenienter ille furti tenetur, quia verum est ope et consilio ejus furtum factum esse.

XIII. Furti autem actio ei competit cujus interest rem salvam esse, licet dominus non sit. Itaque nec domino aliter competit, quam si ejus intersit rem non perire.

268

quais uns não davam nem a ação de furto, nem a ação de corrupção de escravo e outros só concediam a ação de furto. Querendo evitar sutilezas dessas, ordenamos em uma constituição, que caibam a ação de furto e a ação de corrupção de escravo. É verdade que os maus conselhos dados ao escravo não o corromperam, e que assim as condições da ação de corrupção do escravo não se acham reunidas, mas, por outro lado, a intenção era corromper o escravo. Por isso, dar-se-á ação penal como se realmente o escravo se tivesse corrompido, mesmo para se não encorajar com a impunidade a tentativa de mesmo delito com outros escravos de mais fácil corrupção.

9. Furtam-se também, às vezes, pessoas livres, como quando se subtrai ao ascendente o descendente sujeito ao seu poder.

10. É possível também cometer furto sobre a própria coisa, como, por exemplo, quando o devedor subtrai ao credor o penhor que lhe dera.

11. Às vezes responde por furto quem não o fez, quando, por exemplo, deu auxílio ou conselho para que se fizesse. Então, neste caso, o que fez cair o teu dinheiro para que outrem o apanhasse, o que detém para que alguém se apodere de tuas coisas, o que afugenta tuas ovelhas ou teus bois para que outrem os furte.

Os antigos assim decidiram a respeito de um homem que espantou uma boiada com um pano vermelho. Se alguém pratica tais atos por leviandade e não para facilitar um furto, fica responsável pela ação *in factum*; mas se Mévio ajudou Tício a cometer um furto, ficam ambos responsáveis. Também auxilia e aconselha a cometer um furto o que coloca uma escada sob uma janela, ou arromba uma porta ou janela, a fim de que outrem furte, ou o que fornece instrumento para o arrombamento, ou escada para a escalada, sabendo o fim para que são pedidos. Aquele que, sem auxiliar a prática de furto, somente aconselha e estimula, não responde pela ação de furto.

12. As pessoas sujeitas ao poder do ascendente, ou do senhor, cometem furto, quando lhe subtraem alguma coisa. A coisa torna-se furtiva e ninguém a pode usucapir, enquanto não voltar ao poder de seu dono. Todavia, não se dá a ação de furto, pois nenhuma ação, qualquer que seja a sua causa, pode originar-se entre tais pessoas. Se o furto foi cometido com auxílio e o conselho de terceiro, este responde pela ação de furto, pois concorreu com seu auxílio e conselho.

13. Compete a ação de furto àqueles a quem interessa a conservação da coisa, ainda que não sejam proprietários. A ação só compete ao proprietário quando tem interesse em que a coisa não se perca.

XIV. Unde constat creditorem de pignore subrepto furti agere posse, etiamsi idoneum debitorem habeat; quia espedit ei pignori potius incumbere, quam in personam agere adeo quidem, ut quiamvis ipse debitor eam rem sobripuerit, nihilominus crditori competit actio furti.

XV. Item si fullo polienda curamdave, aut sarcinator sarcienda vestimenta mercede certa acceperit, eaque furto amiserit, ipse forti habet actionem, non dominus; quia domini nihil interest eam rem non perire, cum judicio locati a fullone aut sarcinatore rem suam persequi potest. Sed et bonae fidei emptori subrepta re quam emérit, quamvis dominus non sit, omnimoso competit furti actio quemadmodum et creditori. Fulloni vero et sarcinatori non aliter furti competere placuit, quam si solvendo sit, hoc est, si domino rei aestimationem solvere possint. Nam si solvendo non sint, tunc quia ab eis suum dominus consequi non possit, ipsi domino furti competit actio, quia hoc casu ipsius interest rem salvam esse. Idem est, etsi in partem solvendo sint fullo aut sarcinator.

XVI. Quae de fullone et sarcinatore diximus, eadem et ad eum cui commodata res est transferenda veteres existimabant. Nam, ut ille fillo mercedem accipiendo custodiam praestat, ita is quoque qui commodum utendi percipit, similiter necesse habet custodiam praestare. Sed nostra providentia etiam hoc in nostris decisionibus emendavit, ut in domini voluntate sit, sive dommodati actionem adversus eum qui rem commodatam accepti movere desiderat, sive furti adversus eum qui rem subripuit; et alterutra earum electa dominum non posse ex poenitentia ad alteram venire actionem. Sed si quidem furem elegerit, illum qui rem utendam accepit, penitus liberati. Sin autem commodator veniat adversus eum qui rem utendam accepit, ipsi quidem nullo modo competere posse adversus furem furti actionem; eum autem qui pro re commodata convenitur, posse adversus furem furti habere actionem; ita tamen, si dominus sciens rem eses subreptam, adversus eum qui res commodata fuerit pervenit. Sin autem nescius et dubitans rem esse subreptam, apud eum commodati actionem instituit, postea autem re comperta voluit remittere quidem commodati actionem, ad furti autem pervenire: tuc licentia el concedatur et adversus furem venire, nullo obstáculo ei opponendo, quoniam incertus constitutos movit adversus eum qui rem utendam accepit commodati actionem, nisi domino ab eo satisfactum est; tunc et enim omnimodo furem a domino quidem furti actione liberari, suppossitum autem esse ei qui pro re sibi commodata domino satisfecit: cum manifestissimum est, etiam si ab initio dominus actionem commodati instituit, ignarus rem esse subreptam, postea autem hoc ei cognito adversus

14. O credor pode, ao lhe furtarem o penhor, intentar ação de furto, ainda que o seu devedor seja solvente, pois lhe é mais vantajosa a garantia do penhor de que uma ação pessoal. E compete a ação de furto ao credor mesmo quando o devedor tiver sido o ladrão.

15. Analogamente, sendo furtadas as roupas que se entregaram ao tintureiro para limpar, ou ao alfaiate para consertar, mediante pagamento; a ação de furto compete a ele, e não ao proprietário, pois a perda é indiferente ao proprietário, que pode pela ação *locati*, pedir uma indenização ao alfaiate ou ao tintureiro. Ao comprador de boa fé compete, como credor, a ação de furto, embora são seja dono da coisa que lhe furtaram. O tintureiro e o alfaiate só têm ação de furto, sendo solventes, isto é, podendo pagar ao proprietário a estimação da coisa. Do contrário, o proprietário não poderá ser por eles indenizado e lhe compete neste caso a ação de furto, pois tem interesse na conservação da coisa. O mesmo se dá quando o tintureiro e o alfaiate somente são solventes em parte.

16. Os antigos aplicavam ao comodatário o que deixamos dito a respeito do tintureiro e do alfaiate. Na verdade, do mesmo modo que o tintureiro, porque recebe pagamento, responde pela guarda, o comodatário, que recebe a coisa para dela usar, também responde. Uma de nossas constituições reformou, porém, este ponto. Fica ao arbítrio do dono intentar a ação de comodato contra o comodatário ou a ação de furto contra o ladrão; mas não poderá, depois de ter optado por uma, arrepender-se e recorrer à outra. Se intentar a ação de furto, fica inteiramente obrigado o comodatário, e se intentar a ação de comodato, perde ação de furto contra o ladrão. O comodatário tem a ação de furto contra o ladrão, se sofreu a ação de comodato, sabendo o comodante do furto. Se o proprietário exerceu a ação de comodato, ignorando ou duvidando se a coisa estava, ou não, em poder do comodatário, mais tarde, ao saber da verdade, pode desistir da ação de comodato para intentar a ação de furto contra o ladrão, porque ao exercer a ação de comodato, não o fazia com conhecimento de causa. Excetuamos o caso de haver sido pago pelo comodatário, pois o ladrão fica inteiramente exonerado da ação de furto por parte do proprietário, mas sujeito à ação de furto por parte do comodatário que pagou o valor da coisa. Quando o proprietário, ignorando o furto, intentou a ação de comodato, e posteriormente, informado deste, intentou a ação de furto contra o ladrão, é evidente que o comodatário fica inteiramente desobrigado, seja qual for o resultado da ação que o proprietário exerceu contra o ladrão. A mesma regra aplica-se ao comodatário, sem distinguir se é solvente no todo ou em parte.

furem transivit, omnino liberari eum qui rem commodatam accepit quemcumque causae exitum dominus adversus furem habuerit: eadem definitione obtinente, sive in partem, sive in solidum solvendo sit is qui rem commodatam accepit.

XVII. Sed is apud quem res deposita est custodiam non praestat; sed tantum in eo obnoxius est, si quid ipse dolo malo fecerit. Qua de causa, si res ei subrepta fuerit, quia restituendae ejus rei nomine depositi non tenetur, nec ob id ejus interest rem salvam esse, furti agere non potest; sed furti actio domino competit.

XVIII. In summa sciendum est quaesitum esse, an impubes, rem alienam amovendo, furtum faciat? Et placet, quia furtum ex affectu consistit, ita demum obligari eo crimine impuverem, si proximus pubertati sit, et ob id intelligat se delinquere.

XIX. Furti actio, sive dupli sive cuadrupi, tantum ad poenae persecutionem pertinet. Nam ipsius rei persecutionem extrinsecus habet dominus, quam aut vindicando aut condicendo potest auferre. Sed vindicatio quidem adversus possessorem est sive fur ipse possidet sive alius quilibet; conditio autem adversus furem ipsum heredemve ejus, licet non possideat, competit.

TITULUS II
DE VI BONORUM RAPTORUM

Qui res alienas rapit, tenetur quidem etiam furti: quis enim magis alienam rem invito domino contrectat, quam qui vi rapit? Ideoque recte dictum est, eum improbum furum esse. Sed tamen propriam actionem ejus delicto nomine praetor introduxit, quae appellatur VI BONORUM RAPTORUM, et est intra annum quadrupli post annum simpli. Quae actio utilis est, etiam si quis unam rem licet minimam rapuerit. Quaduplum autem non totum poena est, et extra poenam rei persecutio, sicut in actione furti manifesti diximus; sed in quadruplo inest et rei persecutio, ut poena tripli sit, sive comprehendatur raptor in ipso delicto, sive non. Ridiculum enim esset levioris conditionis esse eum qui vi rapit, quam qui clam amovet.

I. Quia tamen ita competit haec actio, si dolo malo quisque rapuerit, qui aliquo, errore inductus, rem suam esse putans, et imprudens juris, eo animo rapuit, quasi domino liceat rem suam etiam per vim auferre a possessoribus, absolvi debet. Cui scilicet conveniens est, nec furti teneri eum qui eodem hoc animo rapuit, Sed ne, dum talia excogitentur,

17. O depositário de uma coisa não só responde pela guarda; salvo se procedeu com dolo. Conseqüentemente, se a coisa lhe foi furtada, por não ser obrigado pelo contrato de depósito a restituí-la, não tem interesse na sua conservação e não pode, portanto, intentar a ação de furto, a qual compete ao proprietário.

18. Foi perguntado se o menor, ao subtrair a coisa alheia, comete furto. Desde que não exista furto sem intenção, o impúbere só responde quando próximo à puberdade, tendo consciência do ato delituoso.

19. A ação de furto, tanto a do dobro, como a do quádruplo, só tem por objeto a aplicação de uma pena, pois a entrega da coisa pode ser obtida pela reivindicação ou pela condição. Compete a reivindicação contra o possuidor, pouco importando que o furto tenha sido praticado por ele ou por outrem. A condição, ao contrário, só compete contra o ladrão ou seu herdeiro, ainda que não possua.

TÍTULO II
DO ROUBO DOS BENS

Quem tira à força a coisa do poder de outrem, fica também sujeito à ação de furto. Quem mais contraria a vontade do dono do que quem lhe toma algo à força? Por isso, chamou-se, ao que rouba, ladrão perverso. Mas o pretor introduziu uma ação especial relativa a esse delito, que se denomina ação de roubo de bens (*vi bonorum raptorum*). Dentro de um ano, esta ação é a do quádruplo, depois de um ano é simples, mas compete, mesmo por uma só coisa, ainda que mínima. O quádruplo não é somente a título de pena, independente da restituição da coisa, como no furto manifesto, mas compreende a restituição da coisa, de modo que a pena é do triplo, quer o ladrão tenha sido ou não apanhado em flagrante delito. Seria absurdo mostrar-se a lei menos severa com os que tiram à força, do que com os que tiram às ocultas.

Esta ação só é competente contra o ladrão que agiu com dolo. Deve absolver-se o que rouba a coisa de que erroneamente se julga dono, acreditando, por erro de direito, que o dono pode empregar força para tirar a coisa das mãos do possuidor. O usurpador que agiu nessa convicção não ficará sujeito à ação de furto. Todavia, para evitar que, sob tais pretextos, achem os ladrões meios de expansão à sua cobiça, constituições

inveniatur via per quam raptotiam, melius divalibus constitutionibus pro hac parte prospectum est, ut nemine liceat vi rapere rem mobilem vel se moventem, licet suam eamdem rem existimet. Sed si quis contra statuta facerit, rei quidem suae dominio cadere; sin autem aliena sit, post restitutionem ejus, etiam aestimationem ejusdem rei praestare. Quod non solum inmobilibus rebus quae rapi possunt, constitutiones obnere censuerunt: sed etiam in invasionibus quae circa res soli fiunt, ut ex hac causa omni rapina homines abstineant.

II. Sane in hac action non utique espectatus rem in bonis actoris esse, nom sive in bonis sit, sive non sit, si tamen ex bonis sit, locum haec actio habebit. Quare sive locata, sive commodata, sive pignorata, sive etiam deposita est apud Titium, sicut intersit ejus eam rem non auferri, veluti si in re deposita culpam quoque promisit: sive bona fide possideat, sive usumfructum quis habeat, vel quod alius juris, ut intersit ejus non rapi, dicendum est competere ei hanc actionem, ut non dommium accipiat, sed illud solum quod ex bonis ejus qui rapinam passus est, id est quod ex substantia ejus ablatum esse proponatur. Et generaliter dicendum est, ex quibus causis furti actio competit in re clam facta, ex iisdem causis omnes havere hanc actionem.

TITULUS III
DE LEGE AQUILIA

Damni injuriae actio constituitur per legem Aquiliam; cujus primo capite cautum est ut, si quis alienum hominem, alienamve quadrupedem quae pecudum numero sit, injuria occiderit, quanti ea res in eo anno plurimi fuerit, tantum domino dare damnetur.

I. Quod autem non praecise de quadrupede, sed de ea tantum quae pecudum numero est, cavetur, eo pertinet ut neque de feris beatiis, neque de canibus cautum esse intelligamus; sed de iis tantum quae gregatim proprie pasci dicuntur: quales sunt equi, muli asini, boves, oves, caprae. De suibus quoque idem placuit; nam et sues pecudum appellatione continentur, quia et hi gregatim pascuntur. Sic denique et Homerus in Odyssea ait, sicut AElius Martianus in suis Institutionibus refert.

II. Injuria autem occidere intelligitur qui nullo jure occidit. Itaque qui latronem occidit, non tenetur: utique si aliter periculum effugere non potest.

imperiais dispuseram que nenhuma coisa móvel ou semovente possa ser tomada à força, por quem se julga dono. Pela contravenção a essas disposições, o ladrão, se for dono, perde a propriedade da coisa; se não for dono, será obrigado a restituí-la, pagando, além disso, a estimação. O mesmo tem lugar em virtude das constituições, não já apenas com as coisas móveis que se podem tirar, mas também com as imóveis ao serem invadidas, para que homens se abstenham da violência.

2. Não se exige para esta ação que a coisa pertença ao patrimônio do autor. Quer tenha a coisa estado no seu patrimônio, quer não, tem lugar a ação, se a coisa for retirada dentre os bens. Por conseguinte, esta ação compete a Tício, se é locatário comodatário, ou credor pignoratício da coisa roubada (tendo, por exemplo, prometido que responderia à culpa), se é possuidor de boa-fé, ou se tem usufruto ou qualquer outro direito em virtude do qual tenha interesse em que a coisa não seja roubada. Por esta ação, recebe, não a propriedade da coisa, mas só o que lhe foi tirado dentre os seus bens, ou seja, do seu patrimônio. Em regra geral, em todos os casos em que a retirada clandestina daria lugar à ação de furto, ocorre a ação de roubo.

TÍTULO III
DA LEI AQUÍLIA

A ação de dano injustamente causado é fundada sobre a lei Aquília. Pelo capítulo primeiro desta lei, quem mata injustamente o escravo alheio, ou o quadrúpede alheio, dos que se consideram gado, será condenado a pagar ao dono o maior valor que a coisa tiver tido no ano.

1. A lei não fala em geral dos quadrúpedes, mas somente do gado; por isso não se aplica a cães e animais selvagens, mas só aos que vivem de pastagens, como os cavalos, as bestas, os asnos, os carneiros, os bois e as cabras. O mesmo se diz dos porcos porque se compreendem na denominação de gado, por isso que pastam em varas. Homero, na Odisséa, escreveu, segundo refere Elio Marciano nas suas Instituições:

Viam-no a guardar porcos junto às pedras

Do Korax, e nas margens nemorosas

Das cristalinas águas de Aretusa.

2. Matar injustamente é matar sem direito. Assim, quem mata um ladrão não responde por esta ação, se não tiver outro meio de escapar ao perigo.

III. Ac ne is quidem hac lege tenetur, qui casu occidit, si modo culpa ejus nulla inveniatur; nam alioquin non minus ex dolo quam ex culpa quisque hac lege tenetur.

IV. Itaque si quis, dum jaculis ludit vel exercitatur, transeuntem servum tuum trajecerit, distinguitur. Nam, si id a milite quidem in campo, eoque ubi solitum est exercitari, admissum est, nulla culpa ejus intelligitur: si alius tale quid admiserit, culpae reus est. Idem juris est de milite, si in alio loco quam qui exercitandis militibus destinatus est, id admisit.

V. Item si putatur, ex arbore dejecto ramo, servum tuum transeuntem occiderit: si prope viam publicam aut viciinalem id factum est, neque praeclamavit ut casus evitari possit, culpae reus est. Si praeclamavit, nec ille curavit canere; extra culpam est putatos. AEque extra culpam esse intelligitur, si seorsum a via forte, vel in medio fundo caedebat, licet non praeclamavit; quia eo loco nulli extraneo jus fuerat versandi.

VI. Praeterea si medicus qui servum tuum secuit, dereliquerit curationem, atque ob id mortuus fuerit servus, culpae reus est.

VII. Imperitia quoque culpae annumeratur; veluti si medicus ideo servum tuum occiderit; quod eum male secuerit, aut perperam ei medicamentum dederit.

VIII. Impetu quoque mularum, quas mulio propter imperitiam retinere non potuerit, si servus tuus oppressus fuerit, culpae reus est mulio. Sed et, si propter infirmitatem eas retinere non potuerit, cum alius firmior retinere potuisset, aeque culpae tenetur. Eadem placuerunt de eo quoque qui, cum equio veheretur, impetum ejus aut propter infirmatem aut propter imperitiam suam retinere non potuerit.

IX. His autem verbis legis: QUANTI IN EO ANNO PLURIMI FUERIT, illa sententia exprimitur, ut si quis hominem tuum, qui hodie claudus aut mancus aut luscus erit, occiderit, qui in eo anno integer aut pretiosus fuerit, non tanti teneatur quanti is hodie erit, sed quanti in eo anno plurimi fuerit. Qua ratione creditum est poenalem esse hujus legis actionem, quia non solum tanti quisque obligatur quantum damni dederit, sed aliquando longe pluris. Ideoque constat in haeredes eam actionem non transire, quae transitur fuisset, si ultra damnum numquam lis aestimaretur.

X. Illud non ex verbis legis, sed ex interpretatione placuit, non solum perempti corporis aestimationem habendam esse, secundum ea quae diximus; sed eo amplius quidquid praeterea perempto eo corpore

3. A lei Aquília não se aplica a quem mata casualmente, sem nenhuma culpa de sua parte; pune a culpa e o dolo.

4. Cumpre distinguir se alguém, ao atirar dardos, em divertimento ou exercício, atravessou teu escravo que passava. Pois, se o acidente ocorreu com um militar no campo, ou em lugar destinado a exercícios, não há culpa de sua parte; haverá culpa, se não for militar, ou se o acidente tiver ocorrido em outro lugar que não o destinado a exercícios.

5. Um lenhador, ao lançar um ramo do alto de uma árvore, matou o teu escravo que passava; se o fez junto à estrada pública ou vicinal, e não gritou para evitar o acidente, incide em culpa; mas o lenhador não tem culpa, se gritou e o escravo não se acautelou. O mesmo ocorre quando cortava madeira longe da via pública, ou no meio de uma propriedade, ainda que não tenha gritado, pois em tal lugar nenhum escravo tinha o direito de passar.

6. Incide em culpa o médico que, depois de ter operado o teu escravo, abandona o tratamento, e o escravo vem a morrer por isso.

7. A imperícia também se considera culpa, como se o médico matou teu escravo por tê-lo operado mal, ou por lhe ter mal administrado medicamentos.

8. Se o teu escravo foi esmagado pelo arranco das bestas, que o almocreve, por imperícia, não pôde conter, este responde como culpado. E haverá culpa, ainda que não as tenha podido conter por fraqueza, quando outro mais forte tê-lo-ia podido. O mesmo se aplica ao cavaleiro, que, por imperícia, ou fraqueza, não pôde conter o arranco do cavalo.

9. Estas palavras da lei: O MAIOR VALOR QUE A COISA TIVER TIDO NO ANO, significam que, por exemplo, se te mataram um escravo, que por ocasião da morte estava coxo, maneta, ou caolho, mas que tinha tido a integridade de seus membros, e grande valor durante o ano, a responsabilidade não é pelo seu valor atual, mas pelo mais alto valor que teve durante o ano. Daí, concluiu-se que a ação desta lei é penal, visto que a responsabilidade não é só pelo dano causado, mas algumas vezes por muito mais. E também daqui resulta que esta ação não passa contra os herdeiros, como sucederia se a condenação não pudesse ser superior ao dano.

10. Decidiu-se, não segundo o texto da lei, mas por interpretação, que é preciso ter em conta não somente, como dissemos, a coisa que pereceu, mais ainda todos os prejuízos que o perecimento causou, por

damni nobis allatum fuerit: veluti si servum tuum heredem ab aliquo institum antea quis occideret quam jussu tuo adiret; nam jereditatis quoque amissae rationem esse havendam constat. Item si ex pari inulatum unam, vel ex quadriga equorum unum occiderit, vel ex comoedis unus servus fuerit occissus, non solum occisi fit aestimatio; sed eo amplius id quoque computatur, quanto depretiati sunt qui supersunt.

XI. Liberum est autem ei cujus servus occisus fuerit, et judicio privato legis Aquiliae damnum persequi, et capitalis criminis rerum facere.

XII. Caput secundum legis Aquiliae in usu non est.

XIII. Capite tertio de omni caetero damno cavetur. Itaque, si quis servum vel eam quadrupedem quae pecudum numero est, vulneraverit; siveeam quadrupedem quae pecudum numero non est, veluti canem aunt feram bestiam, vulneraverit aut occiderit, hoc capite actio constituitur. In caeteris quoque omnibus animalibus, item in omnibus rebus quae anima carent, damnum injuria datum hac parte vindicatur. Si quid enim ustum aut ruptum, aut fractum fuerit, actio ex hoc capite constituitur: quamquam potuerit soli supti appellatio in omnes istas causas sufficere: ruptum enim intelligitur, quod quoquo modo corruptum est. Unde non solum usta, aut fracta, sed etiam scissa et collisa, et effusa, et quoquo modo perempta atque deteriora facta, hoc verbo continentur. Denique responsum est, si quis in alienum vinum aut oleum id immiserit quo naturalis bonitas vini vel olei corrumperetur, ex hac parte legis eum teneri.

XIV. Illud palam est, sicut ex primo capite ita demum quisque tenetur, si dolo aut culpa ejus homo aut cuadrupes occisus occisave fuerit, ita ex hoc capite ex dolo aut culpa de caetero damno quemque teneri. Hoc tamem capite, non quanti in eo anno, sed quanti in diebus triginta proximis res fuerit obligatur is qui damnum dederit.

XV. At ne PLURIMI quidem verbum adjicitur. Sed Sabino recte placuit, perinde habendam aestimationem, ac si etiam hac parte PLURIMI verbum adjectum fuisset, nam plebem Romanam quae, Aquilio tribuno rogante, hanc legem tulit, contentam fuisse quod' prima parte eo verbo usa esset.

XVI. Caeterum, placuit ita demum directam ex hac lege actionem esse, si quis proecipue corpore suo damnum dederit; ideoque in eum qui alio modo damnum dederit, utiles actiones dari solent: veluti, si quis hominem alienum aut pecus ita incluserit, ul fame necaretur; aut jumentum ita vehementet egerit, ut rumperetur; aut pecus in tantum exagitaverit, ut praecipitaretur; aut si quis alieno servo pesuaserit ut in arborem ascenderet,

exemplo, se o teu escravo, instituído herdeiro por um estranho, foi morto antes de adir por tua ordem, se toma em consideraçào a herança perdida; igulamente, se mataram uma besta de uma parelha, ou um dos cavalos de uma quadriga, ou um dos escravos de uma companhia de comediantes, não se conta só o que tiver sido morto, mas também se contará a depreciação dos restantes.

11. O senhor de um escravo morto pode pedir a reparação do dano pela ação privada da lei Aquília, e também intentar contra o assassino acusação capital.

12. O segundo capítulo da lei Aquília não está mais em uso.

13. O terceiro capítulo dispõe sobre qualquer outra espécie de dano. E assim se aplica quando tiver sido morto ou ferido um escravo ou quadrúpede que se considera gado, ou mesmo um quadrúpede que não se considera gado, como um cão ou um animal selvagem. Esta parte da lei pune também o dano causado injustamente sobre-qualquer outro animal, e sobre as coisas inanimadas. Com efeito, cabe esta ação quando a coisa foi queimada, rota ou fraturada. A expressão rota (*ruptum*), por si só, poderia compreender todos os casos, pois significa o que foi por qualquer meio alterado (*corruptum*). Sob esta expressão não só se devem compreender as coisas quebradas, e queimadas, mas também as separadas, contundidas, derramadas, em suma, deterioradas por qualquer natureza. Respondeu-se finalmente que, se alguém misturou com o vinho, ou óleo de outrem, substâncias deterioradas da sua qualidade natural, responde por esta parte da lei.

14. Assim como os que matam um escravo, ou um quadrúpede, só respondem em virtude do primeiro capítulo, em caso de dolo ou culpa, do mesmo modo só há responsabilidade por quaisquer outros danos, por este capítulo, quando houver culpa ou dolo; contudo, o autor do dano responde pelo valor da coisa, não dentro do ano, mas nos últimos trinta dias.

15. A palavra plurimi ("o maior valor") não se encontra neste capítulo, mas Sabino decidiu com acerto que se deve calcular a estimação como se houvesse incluído tal palavra, pois os plebeus, ao fazerem esta lei, sob proposta do tribuno Aquílio, julgaram bastar ter-se usado dela na primeira parte.

16. A ação direta dessa lei somente tem lugar contra quem, com seu próprio corpo, causou o dano; contra quem causou o dano por qualquer outro modo, é costume dar-se as ações úteis. Assim, por exemplo, dar-se-á ação útil contra quem prendeu teu escravo, ou teu animal, de modo que morreu de fome, ou forçou tanto uma besta que a

vel in puteum descenderet, et is ascendendo vel descendendo, aut mortuus aut a iqua parte corporis laesus fuerit, utilis actio in eum datur. Sed si quis alienum servum de ponte aut de ripa in flumen dejecerit, et is suffocatus fuerit, eo quod projecit, corpore suo damnum dedisse non difficulter intelligi poterit: ideoque ipsa lege Aquilia tenetur. Sed si non corpore damnum datum neque corpos leasum fuerit, sed alio modo damnum alicui contigerit; cum non sufficiat neque directa neque utilis Aquilia, placuit eum qui obnoxius fuerit, in factum actione teneri: veluti, si quis misericordis ductus alienum servum compeditum solverit, ut fugeret.

TITULUS IV
DE INJURIS

Generaliter injuria dicitur, omne quod non jure fit. Specialiter, aliar contumelia quae a contemnendo dicta est, quam Graeci υδιρυ appellant; alias culpa, quam Graeci αδιχημα dicunt, sicut in lege Aquilia damnum injuriae accipitur, alias iniquitas est injustitia, quam Graeci αδιχιατ vocant. Cum enim praetor vel judex non jure contra quem pronunciat, injuriam accepisse dicitur.

I. Injuria autem committitur, non solum cum quis pugno pulsatus, aut festibus caesus vel etiam verberatus efit; sed et si cui convictium factum fuerit, sive cujus bona quasi debitoris, qui nihil deberet, possessa fuerint ab eo qui intelligevat nihil eum sibi debete; vel si quis ad infamiam alicujus libellum aut carmen escripserit, composuerit, ediderit, dolove malo fecerit quo quid eorum fieret; sive quis matremfamilias aut praetextatum praetextamve adsectatus fuerit: sive cujus pudicitia attentata esse dicetur; et denique aliis plurimis modis admitti injuriam manifestum est.

II. Patitur autem quis injuriam non solum per semetipsum, sed etiam per libero suos quos in potestate habet; item per uxorem suam: id enim magis praevaluit. Itaque si filiae alicujus quae Titio nupta est, injuriam feceris, non solum filiae nomine tecum injuriarum agi potest, sed etiam patris quoque et mariti nomine. Contra autem, si viro injuria facta sit uxor injuriarum agere non potest. Defendi enim uxores a viris, non viros ab uxoribus, aequum es. Sed et socer nurus nomine cujus vir in ejus potestate est, injuriam agere potest.

feriu, ou espantou o gado de sorte que se lançou a um precipício, ou persuadiu o escravo alheio a que subisse uma árvore, ou a que descesse a um poço, morrendo ou ferindo-se em alguma parte do corpo ao subir ou ao descer. Aplica-se, porém, diretamente a lei Aquília, àquele que de uma ponte ou ribanceira atirou ao rio o escravo alheio que se afogou; pois o precipitou, não há dificuldade em se admitir que causou dano em seu próprio corpo. Se, porém, o autor do dano não o causou com seu próprio corpo, nem lesou corpo algum, mas o causou de qualquer outro modo, não tem aplicação, nem a ação direta, nem a ação útil da lei Aquília, e por isso, dá-se contra ele uma ação in factum, por exemplo, quando alguém, por compaixão, livrou de seus ferros o escravo alheio para que fugisse.

TÍTULO IV
DAS INJÚRIAS

A palavra injúria, na sua acepção geral, significa todo o ato contrário ao direito. Em sentido especial, ora significa ultraje, que vem da palavra ultrajar (contemnere), ou em grego úbrin; ora culpa, em grego adíkema, como na lei Aquília, quando se diz que o dano foi causado por injúria; ora iniqüidade, injustiça, que os gregos chamam adíkian. E assim se diz que sofreu injúria aquele contra o qual o pretor ou o juiz deram uma sentença injusta.

1. Comete injúria não somente quem dá soco, paulada ou outro golpe; mas quem levanta escândalo em torno de outrem; toma posse de seus bens, pretendendo-se credor, sabendo que nada se lhe deve; escreve, compõe, ou publica libelo ou versos infamantes, ou persuade com dolo a que outrem o faça; persegue uma mãe de família, um pretextato ou pretextata; ou atenta contra o pudor de outrem. Também de muitos outros modos se comete injúria.

2. Recebe-se injúria não só na sua própria pessoa, mas também na dos descendentes que se têm sob pátrio poder, e mesmo na pessoa da mulher, pois esta última opinião prevaleceu. Se, portanto, injuriares a filha de alguém, casada com Tício, poder-se-á tentar contra ti ação de injúria, não só em nome da filha, mas em nome do pai e do marido. Ao contrário, caso se faça injúria ao marido, a mulher não pode exercer a

III. Servis autem ipsis quidem nulla injuria fieri intelligitur, sed domino per eos fieri videtur: non tamen iisdem modis quibus etiam per liberos et uxores, sed ita cum quid atrocius commissum fuerit et quod aperte ad contumeliam domini respicit, veluti si·quis alienum servum atrociter verberaverit, et in hunc casum actio proponitur. At si quis servo convitium fecerit, vel pugno eum percusserit, nulla in eum actio domino competit.

IV. Si communi servo injuria facta sit, aequum est, non pro ea parte qua dominus quisque est, aestimationem injuriae fieri, sed ex dominorum persona: quia ipsis fit injuria.

V. Quod si usufructus in servo Titii est, proprietas Maevii, magis Maevio injuria fieri intelligitur.

VI. Sed libero qui tibi bona fide servit, injuria facta sit, nulla tibi actio dabitur; sed suo nomine is experiri poterit, nisi in contumeliam tuam pulsatus sit: tunc enim competit et tibi injuriarum actio. Idem ergo est et in servo alieno bona fide tibi serviente, ut totiens admittatur injuriarum actio, quotiens in tuam contumeliam injuriae ei facta sit.

VII. Poena autem injuriarum, ex lege Duodecim Tabulatum, propter membrum quidem ruptum talio erat; propter os vero fractum nummariae poenae erant constituae, quasi in magna veterum paupertate. Sed postea praetores permittebant ipsis qui injuriam passi sunt, eam aestimare: ut judex vel tanti reum condemnet, quanti injuriam passus aestimaverit, vel minoris, prout ei visum fuerit. See poenam quidem injuriae quae ex lege Duodecim Tabularum introducta est, in desuetudinem abiit; quam autem praetores introduxerunt, quae etiam honoraria appellatur, in judiciis frequentatus. Nam secundum gradum dignitatis vitaeque honestatem crescit aut minuitur aestimatio injuriae: qui gradus condemnationis et in servili persona non immerito servatur, ut aliud in servo actiore, aliud in medii actus homine, aliud in vilissimo vel compedito constituatur.

VIII. Sed et lex Cornelia de injuriis loquitur, et injuriarum actionem introduxit, quae competit ob eam rem quod se pulsatum quis verberatumve, domumve suam vi introitam esse dicat. Domum autem accipimus, sive in propria domo quis habitat, sive in conducta, vel gratis sive hospitio receptus sit.

ação. A justiça constitui o marido defensor de sua mulher, não a mulher defensora do marido. O sogro pode também intentar ação de injúria por sua nora, cujo marido se ache sob seu poder.

3. Não há propriamente injúria pessoal contra o escravo, mas se considera que a injúria é feita ao senhor. Todavia, esta não se aprecia como a feita aos seus descendentes e à mulher, sendo necessário que os fatos sejam de tal modo graves que acarretem evidentemente ultraje ao senhor. Assim, por exemplo, caberá ação contra o que açoitar atrozmente o escravo alheio, não contra o que suscitar escândalo com o escravo, ou lhe der um soco.

4. Quando se fez injúria ao escravo comum, manda a eqüidade que a estimação se faça, não segundo a parte de cada um na propriedade, mas em razão das pessoas dos senhores, pois são eles os injuriados.

5. Se Tício tem o usufruto e Mévio a propriedade do escravo, entende-se a injúria, de preferência, feita a Mévio.

6. Se a injúria foi feita a um homem livre que te serve de boa-fé, não terás ação alguma, mas ele poderá agir em nome próprio, salvo se o espancaram para te ultrajar, pois tem também neste caso a ação de injúria. O mesmo diremos a respeito do escravo alheio que te serve de boa-fé: não terás ação de injúria, a não ser quando feita para te ultrajar.

7. A pena das injúrias, segundo a Lei das XII Tábuas, era, por um membro quebrado, a de talião; por um osso fraturado, havia penas pecuniárias em atenção à grande pobreza dos antigos. Mais tarde, os pretores permitiam à vítima da injúria que ela mesma fizesse a estimação, a fim de o juiz condenar o culpado a pagar toda a quantia estimada, ou outra menor que lhe parecesse conveniente. A pena de injúria, fixada na lei das XII Tábuas, caiu em desuso; a introduzida pelos pretores, também chamada honorária, está, ao contrário, em uso freqüente. Na verdade, a estimação da injúria é mais ou menos elevada, segundo a dignidade e consideração moral do injuriado; e a graduação observa-se com justiça mesmo relativamente aos escravos; a estimação é diferente para o escravo intendente, para o de classe média, e para o de última classe ou posto a ferros.

8. Além disso, a lei Cornélia trata das injúrias e introduziu uma ação de injúria em favor de quem foi empurrado, espancado, ou obrigado a recolher-se à sua casa. Por sua casa entende-se a casa em que alguém habita, como proprietário, locatário, como habitante gratuito, ou como hóspede.

IX. Atrox injuria aestimatur vel ex facto, veluti si quis ab aliquo vulneratus fuerit, vel fustibus caesus; vel ex loco, veluti si cui in theatro, vel in foro, vel in conspectu praetoris, injuria facta sit; el ex persona, veluti si magistratus injuriam passus fuerit, vel si senatori ab humili persona injuria facta sit, aut parenti patronove fiat a liberis vel libertis. Aliter enim senatoris et parentis patronique, aliter extranei et humilis personaae injuria aestimatur. Nonnunquam et locus vulneris atrocem injuriam facit, veluti si in oculo quis percussus fuerit. Parvi autem refert, utrum patrifamilias na filiofamilias talis injuria facta sit: nam et haec atrox aestimabitur.

X. In summa sciendum est, de omni injuria eum qui passus est, posse vel criminaliter agere, vel civiliter. Et si quidem civiliter agatur, aestimatione facta secundum quod dictum est, poena imponitur. Sin autem criminaliter, officio judicis extraordinaria poena reo irrogatur. Hoc videlicet observando quod Zenoniana constitutio introduxit, ut viri illustres quique super eos sunt, et per procuratores possint actionem injuriarum criminaliter vel persequi vel suscipere, secundum ejus tenorem qui ex ipsa manifestus apparet.

XI. Non solum autem is injuriarum tenetur qui fecit injuriam, id est qui percussit; verum ille quoque tenetur, qui dolo fecit, vel curavit ut cui mala pugno percuteretur.

XII. Haec actio dissimulatione aboletur; et ideo si quis injuriam derelique,it, hoc est, statim ut passsus ad animum suum non revocaverit, postea ex poenitentis remissam injuriam non poterit recolere.

TITULUS V
DE OBLIGATIONIBUS QUAE QUASI EX DELITO NASCUNTRUR

Si judex litem suam facerit, non proprie ex maleficio obligatus videtur. Sed quia neque ex maleficio neque ex contractu obligatus est, et utique peccasse aliquid intelligitur, licet per imprudentiam, ideo videtur quasi ex maleficio teneri: et in quantum de ea re aequum religioni judicantis videbitur, poenam sustinebit.

I. Item, is ex cujus coenaculo, vel proprio ipsius, vel conducto, vel in quo gratis habitat, dejectum effusumve aliquid est, ita ut alicui

9. A injúria considera-se atroz, ou pelo fato, como, por exemplo, quando alguém é ferido ou açoitado com um pau; ou pelo lugar, como quando foi injuriado no teatro, na praça pública, ou na presença do pretor; pela pessoa, como quando a injúria foi feita a um magistrado, ou a um senador por homem de baixa condição, a um ascendente ou patrono por seus descendentes ou libertos. Com efeito, a injúria feita a um senador, a um ascendente e a um patrono, considera-se diferentemente da feita a um homem de baixa condição, ou a um estrangeiro. Algumas vezes, é o lugar do ferimento que torna a injúria atroz, como quando foi num dos olhos. Pouco importa que a injúria tenha sido feita a um pai ou a um filho de família, pois sempre se considera atroz.

10. Finalmente, em toda espécie de injúria pode-se intentar ação criminal ou civil. Na ação civil, a pena consiste em uma quantia estimada conforme deixamos dito. Na ação criminal, o juiz aplica ex-ofício ao culpado uma pena extraordinária. Cumpre, todavia, considerar que uma constituição de Zenão permitiu aos varões ilustres e aos de dignidade superior, intentar e defender-se na ação criminal de injúria por procurador, segundo melhor se pode ver a partir de seu texto.

11. Responde pela ação de injúria não somente quem a cometeu, por exemplo, quem esbofeteou, mas também quem por dolo fez ou concorreu para que fosse esbofeteado.

12. Esta ação extingue-se pela dissimulação. Aquele que não fez caso da injúria, isto é, que, ao recebê-la, não se mostrou sentido, não pode, mais tarde, arrependendo-se, reclamar pela injúria que já perdoara.

TÍTULO V
DAS OBRIGAÇÕES QUE NASCEM
DE UM QUASE DELITO
(De obrigationibus quae quase ex delicto nascuntur)

Se um juiz fez a sua lide, não se considera propriamente obrigado por um delito. Como neste caso o juiz também não responde por contrato, tendo, entretanto, cometido, talvez por ignorância, uma falta, considera-se responsável como por um delito, isto é, por um quase delito (*quase ex maleficio*), e será condenado à estimação da coisa, apreciada eqüitativamente pela consciência do juiz.

noceretur, quasi ex maleficio obligatus intelligitur. Ideo autem non proprie ex maleficio obligatus intelligitur, quia plerumque ob alterius culpam tenetur, aut servi aut liberi. Cui si milis est is qui, ea parte qua vulgo iter fieri solet, id positum aut suspensum habet, quod potest, si ceciderit, alicui nocere: quo casu poena decem aureorum constitute est. De eo vero quod dejectum efusumve est, dupli quantum damni datum sit, constituta est actio. Oh hominem vero liberum occisum, quinquaginta aureorum poena constituitur. Si vero vivat, nocitumque ei esse dicatur, quantum ob eam rem aequum judici videtur, actio datur. Judex enim computare debet mercedes medicis praestitas, ceteraque impedia quae in curatione facta sunt, praeterea operarum quibus carnit aut cariturus est, ob id quod inutilis factus est.

II. Si filiusfamilias seors um a patre habitaverit, et quid ex coenaculo ejus dejectum effusumve sit, sive quid positum suspensumve habuerit, cujus casus periculosus est: Juliano placuit in patrem nullam esse actionem, sed cum ipso filio agendum. Quod et filiofamilias judice observandum est, qui litem suam fecerit.

III. Item exercitor navis aut cauponae aut stabuli, de damno aut furto quod in navi aut caupona aut stabulo factum erit, quasi ex maleficio teneri videtur: si modo ipsius nullum est maleficium, sed alicujus eorum quorum opera navem aut stabulo factum erit, quasi ex maleficio teneri videtur: si modo ipsius nullum est maleficium, sed alicujus eorum quorum opera navem aut cauponam aut stabulum exerceret. Cum enim, neque ex contractus sit adversus eum constituta haec actio, et aliquatenus culpae reus est, quod opera malorum hominum uteretur, ideo quasi ex maleficio teneri videtur. in his autem casibus in factum actio competit, quae heredi quidem datur, adversus heredem autem non competit.

TITULUS VI
DE ACTIONIBUS

Superest ut de actionibus loquamur. Actio autem nihil aliud est, quam jus persequendi in judicio, quod sibi debetur.

I. Omnium actionum quibus inter aliquos apud judices arbitrosve de quacumque re quaeritur, summa diviso in duo genera deducitur: aut enim in rem sunt, aut in pesonam. Namque agit unusquisque, aut cum eo

1. Do mesmo modo, o que habita, como proprietário, locatário ou gratuitamente, sobrado, donde foi derrubada, ou derramada, alguma coisa (*defectum, effusum*) que causou prejuízo a outrem, considera-se obrigado por um quase delito. Na verdade, não se pode dizer que responda propriamente por um delito, porque, as mais das vezes, responde pela culpa alheia, pela de um escravo, ou de um descendente. O mesmo diremos de quem tem um objeto posto ou suspenso sobre a via pública (*positum aut suspensum*), cuja queda poderia prejudicar alguém. Neste caso, fixa-se a pena de dez moedas de ouro. Para as coisas derrubadas ou derramadas, a ação é o dobro do prejuízo causado. A pena para o caso de morte de um homem livre é de cinqüenta moedas de ouro; se não morreu, mas se feriu, a ação estipula-se pela quantia que o juiz estimar eqüitativa segundo o caso. O juiz deverá para isso considerar os honorários pagos ao médico, e as outras despesas da moléstia, e, além disso, os trabalhos de que foi privada, ou de que será privada, a vítima pela incapacidade superveniente.

2. Se o filho de família tiver a habitação separada da casa do pai, e do seu sobrado derrubar, ou derramar, alguma coisa, ou se puser, ou suspender, um objeto cuja queda seria perigosa, segundo a opinião de Juliano, não se dá ação contra o pai, mas contra o filho. O mesmo se aplica ao filho de família, juiz, que tiver feito a lide sua.

3. O mestre de um navio, o estalajadeiro e o estabulário, respondem por quase delito, em virtude do dolo ou furto, ocorrido no navio, estalagem, ou estábulo, e praticado, não por eles, mas por pessoa de seu serviço. Como a ação estabelecida contra eles não se funda em um contrato, são até certo ponto responsáveis pela culpa de escolherem maus auxiliares e consideram-se responsáveis por quase delito. Nestes casos, compete a ação *in factum*, que se dá mesmo ao herdeiro; não, porém, contra herdeiro.

TÍTULO VI
DAS AÇÕES
(*De actionibus*)

Falta-nos tratar das ações. A ação nada mais é do que o direito de pedir em juízo o que nos é devido.

1. A principal divisão das ações, quer perante os juízes, quer perante os árbitros, qualquer que seja o seu objeto, faz-se em duas espécies: reais (*in rem*) ou pessoais (*in personam*). Quando propomos ação

qui ei obligatus est, vel ex contractu vel ex maleficio; quo casu proditae sunt actiones in personam, per quas intendit adversarium ei dare aut facere oportere, et aliis quibusdam modis. Aut cum eo agit qui nullo jure ei obligatus est, movet tamen elicui de aliqua re controversiam, quo casu proditae actiones in rem sung: veluti, si rem corporalem possideat quis quam Titius suam esse afirmet, et possessor dominum se esse decat; nam si Titius suam esse intendat, in rem actio est.

II. AEque si agat jus sibi esse fundo forte vel aedibus utendi fruendi, vel per fundum vicini eundi agendi, vel ex fundo vicini aquam ducenti, in rem actio est. Eiusdem generis est actio de jure praediorum urbanorum: veluti si agat jus sibi esse altius aedes suas tollendi, prospiciendive, vel projiciendi aliquid, vel immitendi tignum in vicini aedes. Contra quique de usufructu et de servitutibus praediorum rusticorum, item praediorum urbanorum invicem quoque proditae sunt actiones; ut si quis intendat jus non esse adversario utendi fruendi, eundi agendi, aquamve ducenti, item altius tollendi, prospiciendi, projiciendi, immitendi. Iste quoque actiones in rem sunt, sed negativae. Quod genus actionis in controversiis rerum corporalium proditum non est, nam in his agit qui non possidet non est actio prodita quam negat rem actoris esse. Sane uno casu, qui possidet nihilominus actoris partes obtinet, sicut in latioribus Digestorum libris opportunius apparebit.

III. Sed istae quidem actiones quarum mentionem habuimus, et si quae sunt similes, et legitimis et civilibus causis descendunt. Aliae autem sunt quas pretor ex sua jurisdictione comparatas habet tam in rem quam in personam, quas et ipsas necessarium est exemplis ostendere. Ecce plerumque ita permittitur in rem agere, ut vel actor diceret se quasi usucepisse quod non usuceperit, vel, ex diverso, possessorem diceret adversarium suum non usucepisse quod usuceperit.

IV. Namque si cui ex justa causa res aliqua tradita tradita fuerit, veluti ex causa emptionis aus donationis, aut dotis, aut legatorum, necdum ejus rei dominus effectus est: si ejus rei possessionem casu amiserit, nullam habet directam in rem actionem ad eam persequendam; quippe ita proditae sunt jure civili actiones, ut quis dominium suum vindict. Sed quia sane durum erat eo casu deficere actionem, inventa est a praetore actio in qua dicit is qui possessionem amisit, eam rem se usucepisse, et ita vindicat suam esse. Quae actio Publiciana appellatur, quoniam primum a Publicio praetore in edicto proposita est.

contra alguém, por contrato, por delito, ou de outro modo, é obrigado para conosco, temos ações pessoais em que pedimos que o nosso adversário nos dê, ou pratique algum ato, ou coisa semelhante. Quando propomos ação contra quem não é obrigado para conosco por direito algum, disputando a respeito de uma coisa, usamos de ações reais. Assim, alguém possui uma coisa corpórea que Tício afirma ser sua e o possuidor diz que é dele. Desde que Tício pretenda ser sua a coisa, ação é real.

2. É igualmente real a ação de quem pretende direito de usufruto de um imóvel ou de um edifício, de passar pelo terreno vizinho ou de por ele levar água. Da mesma natureza são as ações relativas às servidões urbanas, como, por exemplo, quando alguém pretende ter o direito de levantar mais a casa, ou de vista, ou o de prolongar alguma coisa sobre a casa vizinha, ou o de meter trave. Existem relativamente ao usufruto, e às servidões rústicas e urbanas, ações em sentido contrário às precedentes, como quando sustentamos que nosso adversário não tem direito de usufruto, de passagem, de aqueduto, de levantar mais alto de vista, de prolongar-se e de meter trave. Tais ações são também reais, porém, negativas. As ações negativas não existem nas questões sobre coisas corpóreas, pois nestas o autor é quem não possui; o possuidor não tem ação alguma para negar que a coisa pertença ao autor. Só existe um caso em que aquele que possui representa o papel de autor, o que se verá melhor nos livros mais minuciosos do Digesto.

3. As ações que acabamos de mencionar e outras semelhantes, provêm das leis e do direito civil. Mas há outras, pessoais e reais, que o pretor estabeleceu em virtude de sua jurisdição, sendo necessário exemplificá-las. Assim, o pretor permite uma ação real em que o autor se apresenta como tendo adquirido por uma usucapião, que se não deu; ou em que o autor pretende que se não deu usucapião em favor do possuidor, tendo-se dado tal usucapião.

4. Efetivamente, se aquele a quem se fez tradição da coisa com justa causa, por exemplo, por venda, doação, dote, ou legado, vem acaso a perder a posse da coisa, antes de ter adquirido a sua propriedade, não tem ação alguma real e direta para haver a coisa, porque a ação de reivindicação pelo direito civil só compete ao proprietário. Como, porém, era muito duro o não existir ação alguma nesse caso, o pretor imaginou uma ação, na qual o que perdeu a posse afirma ter usucapido a coisa, e, por conseguinte, a reivindica como sua, e tem o nome de Publiciana, porque foi pela primeira vez introduzida no edito pelo pretor Publício.

V. Rursus ex diverso, si quis, cum Reipublicae causa abesset vel in hostium potestate esse, rem ejus qui in civitate esse usuceperit; permittitut domino, si possessor Reipublicae causa habesse desierit; tunc intra annum rescissa usucapione eam petere, id est ita petere, id est ita petere ut dicat possessorem usu non cepisse, et ob id suam rem esse. Quod genus actionis quibusdam et aliis simili aequitate motus praetor accomodat, sicut ex latiore Digestorum seu Pandectarum volumine intelligere licet.

VI. Item, si quis in fraudem creditorum rem suam alicui tradiderit: bonis ejus a creditoribus ex sententia praesidis possessis, permittitur ipsis creditoribus rescissa traditione eam rem petere, id est, dicere eam rem traditam non esse, et ob in bonis debitoris mansisse.

VII. Item Serviana et quasi Serviana quae etiam hypothecaria vocatur, ex ipsius praetoris jurisdictione substantiam capiunt Serviana autem experitur quis de rebus coloni, quae, pignoris jure, pro mercedibus gundi ei tenentur. Quasi Serviana autem, qua creditores pignora hipothecasve persequuntur. Inter pignus autem et autem, qua creditores pignora hipothecasve persequuntur. Inter pignus autem et hypothecam, quantum ad actionem hypothecarium attinet, nihil interest; nam de qua re inter creditorem et debitorem convenerit, ut si pro debito obligata, utraque hac appelatione continetur; sed in aliis differentia est. Nam pignoris appelatione eam proprie rem contineri dicimus, quae simul etiam traditur creditori, maxime si mobilis sit. At eam quae sine traditione nuda conventione tenetur, proprie hypothecae appelatione continere dicimus.

VIII. In personam quoque actiones ex sua jurisdictione propositas habet praetor; veluti de pecunia constituta, cui similis videbatur receptitia. Sed ex nostra constitutione, cum et si quid plenius habebat, hoc in actionem pecuniae constitutae transfusam est, ea quasi supervacua jussa est cum sua auctoritate a nostris legibus recedere. Item praetor proposuit de peculio servorum filiorumque familias, et ex qua quaeritur an actor juraverit, et alias complures.

IX. De constituta autem pecunia cum omnibus agitur, quicumque pro se vel pro alio soluturos se constituerint, nulla scilicet stipulatione interposita. Nam alioquin, si stipulanti promisserint, jure civile tenentur.

X. Actiones autem de peculio ideo adversus patrem dominumve comparavit praetor, quia licet ex contractu filiorum servorumve ipso jure non teneantur, aequum tamen est peculio tenus, quod eluti patrimonium est filiorum filiarumque, item servorum, condemnari eos.

290

5. Inversamente, se alguém, ausente de serviço público, ou cativo entre as mãos do inimigo, usucapiu a coisa pertencente a um proprietário que ficou na cidade, é permitido a este último, dentro de um ano da volta do que usucapiu, reinvindicar a coisa, fazendo rescindir usucapião, isto é, afirmando que usucapião não se deu, e que, por conseguinte, a coisa permaneceu em sua propriedade. Esta espécie de ação é concedida pelo pretor, por motivos semelhantes de eqüidade, em alguns outros casos, como se pode ver nos livros mais desenvolvidos do Digesto ou Pandectas.

6. Do mesmo modo, se um devedor fez tradição de uma coisa em fraude dos credores, depois de terem se apossado dos bens do devedor por mandado do presidente, é lhes permitido reivindicar a coisa, rescindindo a tradição, isto é, afirmando que se não fez tradição, e que, por conseguinte, ficou entre os bens do devedor.

7. A ação Serviana e a ação quase Serviana, também chamada hipotecária, provêm igualmente da jurisdição do pretor. A ação Serviana é exercida sobre as coisas do colono que garantem, a título de penhor, o pagamento da renda. A ação quase Serviana é aquela pela qual os credores executam seus penhores ou hipotecas. Entre o penhor e a hipoteca, no que se refere à ação hipotecária, não há diferença, pois uma e outra denominação aplicam-se igualmente às coisas que o credor e o devedor convencionaram sujeitar ao pagamento da dívida; mas o penhor e a hipoteca diferem sobre outros aspectos. Sob o nome de penhor designa-se propriamente a garantia da dívida que é entregue ao credor, principalmente sendo móvel, ao passo que sob o nome de hipoteca designa-se a garantia constituída pela só convenção das partes, sem tradição da coisa.

8. O pretor introduziu também, por sua jurisdição, ações pessoais, como a ação do constituto, à qual se assemelhava a ação receptícia. Como por uma constituição nossa, transportamos para a ação de constituto todas as vantagens da ação receptícia; esta, por inútil, desapareceu de nossa legislação. Foi, também, o pretor quem introduziu as ações até a concorrência do pecúlio dos escravos e dos filhos de família, a ação pela qual se verifica se o autor jurou e muitas outras.

9. A ação de constituto é exercida contra toda pessoa que prometeu fazer um pagamento, por si ou por outrem, mas sem estipulação, porque, se prometeu a um estipulante, responde pelo direito civil.

10. O pretor concedeu a ação de pecúlio contra o pai, e o senhor, porque, embora, pelo direito civil, não sejam obrigados pelos contratos de seus filhos, ou escravos, é, todavia, eqüitativo que sejam condenados

XI. Item si quis, postulante adversario, juraverit debeti sibi pecuniam quam peteret, neque ei solvatur; justissime accommodat ei talem actionem per quan non illud quaeritur an ei pecunia debeatur, sed an juraverit.

XII. Poenales quoque actiones bene multas ex sua jurisdictione introduxit: veluti, adversus eum qui quid ex albo ejus corrupisset; et in eum qui patronum vel parentem in jus vocasset, cum id non impetrasset; item adversus eum qui in jus vocaretur, cujusve dolo alius exemerit; et alias innumerabiles.

XIII. Praejudiciales actiones in rem esse videntur: quales sunt per quas quaeritur an aliquis liber an libertus sit, vel de partu agnoscendo. Ex quibus fere una illa legitimam causam habet, per quam quaeritur an aliquis liber sit: caeterae ex ipsius praetoris jurisdictione substantiam capiunt.

XIV. Sic itaque discretis actionibus certum est non posse actorem suam rem ita ab aliquo petere, SI PARET EUM DARE OPORTERE. Nec enim quod actoris est, id ei dari oportet, quia scilicet dari cuiquam id intelligitur, quod ita datur ut ejus fiat, nec res quae jam actoris est, magis ejus fieri potest. Plane odio furum, quo magis pluribus actionibus teneantur, effectum est ut, extra poenam dupli aut cuadrupli, rei recipiendae nomine fures etiam hac actione teneantur, si paret eos dare oportere; quamvis sit adversus eos etiam haec in rem actio, per quam rem suan quis esse petit.

XV. Appellamus autem in rem quidem actiones, vindicationes, in personam vero actiones, quibus DARE FACERE OPORTERE intenditur, condictiones. Condicere enim est denunciare, prisca lingua. Nunc vero abusive dicimus, condictionem actionem um personam esse quae actor intendit dari sibi oportere; nulla enim hoc tempore eo nomine denunciato fit.

XVI. Sequens illa divisio est, quod quaedam actiones rei persequendae gratia compartae sunt quaedam poenae persequendae, quaedam mixtae sunt.

XVII. Rei persequendae causa comparatae sunt omnes in rem actiones. Earum vero actionum quae in personam sunt, eae quidem quae ex contractu nascuntur, fere omnes rei persequendae causa comparatae videntur; veluti, quibus mutuam pecuniam vel in stipulatum deductam petit actor; itemque commodati, depositi, mandati, pro socio, ex empto vendito, locato conducto. Plane si depositi agatur eo nomine quod tumultus, incendii, ruinae, naufragii causa depositum sit, in duplum

292

até a concorrência do pecúlio, espécie de patrimônio dos filhos ou filhas, e dos escravos.

11. Se alguém, a requerimento do adversário, jurou lhe ser devida a quantia que reclama, o pretor, em caso de não pagamento, dá-lhe uma ação na qual se investiga, não se a dívida existe, mas se prestou juramento.

12. Muitas ações penais foram também introduzidas pela jurisdição do pretor, por exemplo, a ação contra quem alterou qualquer parte do álbum, contra quem chamou a juízo, sem vênia, seu ascendente ou patrono, contra quem impediu por violência, ou concorreu por dolo, para impedir que alguém, chamado a juízo, comparecesse, e outras inúmeras.

13. Consideram-se reais as ações prejudiciais, como, por exemplo, as que têm por objeto decidir se uma pessoa é livre ou liberta, ou para fazer reconhecer a filiação. Dessas ações apenas uma é fundada no direito civil, a ação pela qual se investiga se uma pessoa é livre; as outras provêm da jurisdição.

14. Discriminadas assim as ações, é certo que o autor não pode reclamar a coisa sua por esta forma se parecer que o réu deve dar. Não se pode dar ao autor o que lhe pertence, pois dar significa transferir a propriedade, e a coisa do autor não se pode tornar mais sua do que é. Todavia, por ódio ao ladrão, e para o sujeitar o maior número de ações, admitiu-se que, além da pena do dobro, ou do quádruplo, ficasse sujeito também, para a restituição da coisa, à ação se parecer que o réu deve dar, embora aplique contra ele a ação real pela qual o autor se pretende proprietário da coisa.

15. As ações chamam-se reivindicações, e denominam-se condições as ações pessoais, em que pretendemos que o réu nos dê ou faça alguma coisa. *Condicere* significava antigamente notificar. É, pois, impropriamente que chamamos hoje de condição a ação pessoal pela qual o autor sustenta que o réu lhe deve dar alguma coisa, uma vez que atualmente não se faz neste caso notificação.

16. Segundo outra divisão, as ações são reipersecutórias, penais, ou mistas.

17. Todas as ações reais têm por fim a restituição da coisa, e têm o mesmo fim, dentre as ações pessoais, quase todas as que nascem de um contrato, como aquela em que o autor reclama quantia emprestada, ou estipulada, as de comodato, depósito, mandato, sociedade, venda, compra, e aluguel. Contudo, quando se trata de depósito, feito em caso de tumulto, incêndio, desmoronamento, ou naufrágio, o pretor dá a ação

actionem praetor reddit: si modo cum ipso apud quem depositum sit, aut cum herede ejus, ex dolo ipsius agetur. Quo casu mixta est actio.

XVIII. Ex maleficiis vero proditae actiones, aliae tantum poenae persequendae causa comparatae sunt, aliae tam poenae quam rei persequendae, et ob id mixtae sunt. Poenam tantum persequitur quis actione furti: sive enim manifesti agatur quadrupli, sive nec manifesti dupli, de sola poena agitur; nam ipsam rem propria actione persequitur quis, id est, suam esse petens, sive fur ipse eam rem possideat, sive alius quilibet. Eo amplius, adversus furem etiam condictio est rei.

XIX. Vi autem honorum raptorum actio mixta est, quia in quadruplum rei persecutio continetur: poena autem tripli est. Sed et legis Aquiliae actio de damno injuriae mixta est, non solum si adversus inficiantem in duplum agatur, sed interdum et si in simplum quisque agit: beluti si quis hominem claudum aut luscum occiderit, qui in eo anno integer et magni pretii fuerit: tanti enim damnatur quanti is homo in eo anno plurimi fuerit, secundum jam traditam divisionem. Item mixta est actio contra eos qui relicta sacrosanctis ecclesiis vel aliis venerabilibus locis, legali vel fideicommissi nomine, dare distulerint usque adeo ut etiam in judicium vocarentur. Tunc enim et ipsam rem vel pecuniam quae relicta est, dare compelluntur, et aliud tantum pro poena: et ideo in duplum ejus fit condemnatio.

XX. Quaedam actiones mixtam causam obtinere videntur, tam in rem quam in personam. Qualis est famniliae erciscundae actio, quae competit coheredibus de dividenda hereditate: item communi dividundo, quae inter eos redditur inter quos aliquid commune est, ut id dividatur; item finium regundorum, quae inter eos agitur qui confines agros habent. In quibus tribus judiciis permittitur judici, rem aliqui ex litigatoribus ex bono et aequo adjudicare, et si unius pars praegravari videbitur, eum invicem certa pecunia alteri condemnare.

XXI. Omnes autem actiones vel in simplum conceptae sunt, vel in duplum, vel in triplum, vel in quadruplum. Uterius autem nulla actio extenditur.

XXII. In simplum agitur: veluti ex extipulatione, ex mutui datione, ex empto vendito, locato conducto, mandato, et denique ex aliis compluribus causis.

XXIII. In duplum agimus: veluti furti nec manifesti, damni injuriae ex lege Aquilia, depositi ex quibusdam casibus. Item servi corrupti, quae competit in eum cujus hortatu consiliove servus alienus fugerit, aut contumax adversus dominum factus est, aut luxuriose vivere coeperit,

294

do dobro contra o depositário, ou seu herdeiro, pessoalmente responsável por dolo. Neste caso a ação de depósito é mista.

18. Das ações que nascem do delito, umas têm só por objeto a pena, outras a pena e a coisa, e por isso se chamam mistas. A ação de furto tem por objetivo somente a pena; pois quer se tenha intentado a do quádruplo pelo furto manifesto, ou a do dobro pelo furto não manifesto, só se trata da pena. A coisa furtada é restituída por ação distinta, isto é, pela reivindicação contra qualquer possuidor, quer seja o ladrão, quer um terceiro. Além disso, há contra o ladrão a condição da coisa.

19. A ação de roubo (*vi bonorum raptum*) é mista, porque no quádruplo compreende-se a coisa, sendo a pena só do triplo. A ação da Lei Aquília é também mista, não só quando se eleva ao dobro contra o inconfesso, mas também, às vezes, quando é simples, como no caso de se ter morto um escravo coxo, ou cego de um dos olhos, que há um ano estivera são e valia grande preço; neste caso, como dissemos, o réu é condenado a pagar o maior valor que teve no ano. E também mista a ação contra os que, encarregados de legados ou fideicomissos deixados às santas igrejas, ou a outros lugares veneráveis, diferem o respectivo pagamento até serem chamados a juízo. Neste caso, são condenados a entregar a coisa, ou quantia deixada, e mais outro tanto, a título de pena, de modo que a condenação é do dobro.

20. Certas ações produzem efeitos mistos, tanto relativamente às pessoas como às coisas, tais como a *familiae erciscundae* ("ação de partilha") entre co-herdeiros para partilha da herança; a *communi dividundo* ("ação de divisão") entre condôminos, para divisão da coisa comum; e a *finium regundorum* ("ação de demarcação") entre os que têm terrenos contíguos. Nessas três ações, tem o juiz o direito de adjudicar a coisa a uma das partes, segundo a eqüidade, e de condenar a parte favorecida pela ajudicação a pagar à outra certa quantia.

21. Todas as ações são simples, do dobro, do triplo, do quádruplo; porém, não além do quádruplo.

22. A ação é simples, quando, por exemplo, resulta de uma estipulação, do mútuo, da venda, da locação, do mandato e de muitas outras causas.

23. A ação é o dobro do furto não manifesto, no dano injusto da lei Aquília, e em certos casos no depósito. É também do dobro a ação de corrupção do escravo que compete contra quem, por exortações ou

aut denique quolibet modo deterior factus sit: in qua actione etiam earum rerum quas fugiendo servus abstulit, aestimatio deducitur. Item ex legate quod venerabilibus locis relictum est, secundum ea quae supra diximus.

XXIV. Tripli vero, cum quidam majorem verae estimationis quantitatem in libello conventionis inseruit, ut ex hac causa viatores, id est executores litium, ampliorem summan sportularum nomine exegerint. Tunc enim id quod propter eorum causam damnum passus fuerit reus, in triplum ab actore consequetur; ut in hoc triplo et simplum, in quo damnum passus est, connumeretur. Quod nostra constitutio induxit, quae in nostro Codice fulget: ex qua dubio procul est ex lege condictia emanare.

XXV. Quadrupli, veluti furti manifesti; item de eo quod metus causa factum sit: neque ea pecunia quae in hoc data sit, ut is cui datur, calumniae causa negotium alicui faceret vel non faceret. Item ex lege condictitia ex nostra constitutione oritur, in quadruplum condemnationem imponent iis executoribus litium, qui contra constitutionis norman a reis quidquam exegerint.

XXVI. Sed furt quidem nec manifesti actio, et servi corruptiv, a caeteris, de quibus simul locui sumus, eo differunt, quod hae actiones omnimodo dupli sunt. At illae, id est, damni injuriae ex lege Aquilia, et in interdum depositi, inficiatione duplicantur; in confitentem autem in simplum dantur. Sed illa quae de iis competit quae relicta venerabilibus locis aut, non solum inficiatione duplicatur, sed etiam si distulerit relicti solutionem usquequo jussu magistratuum nostrurum conveniatur. Inconfitentem vero, antequam jussu magistratuum conveniatur solventem, in simplum redditur.

XXVII. Item actio de eo quod metus causa factum sit, a caeteris de quibus simul locuti sumus eo differt, quod ejus natura tacite continetur, ut qui judicis jussu ipsam rem actori restituat, absolvatur. Quod in caeteris casibus non ita est, sed omnimodo quisque in quadruplum condemnatur: quod est in furti manifesti actione.

XXVIII. Actionum autem quaedam bonae fidei sunt, quaedam strictu juris. Bonae fidei sunt hae: ex empto vendito, locato conducto, negotiorum gestorum, mandati, depositi, pro socio tutelae, commodati, pigneratitia, familiae ercircunsdae, communi dividundo praescriptis verbis quae de aestimato proponitur, et ea quae ex permutatione competit, et hereditatis petitio. Quamvis enim usque adhuc incertum erat, sive inter

conselhos, induziu o escravo a fugir, a se revoltar contra o senhor, a viver no deboche, ou a se tornar pior por qualquer modo. Nesta ação, inclui-se também o valor das coisas que o escravo fugido levou consigo. É também do dobro, como já deixamos dito, a ação relativa aos legados feitos aos lugares veneráveis.

24. A ação é do triplo contra o que, no libelo de citação (*libellus conventionis*), exagerou a importância do pedido, a fim de que os viatores, ou oficiais de justiça, pudessem cobrar maiores custos. Neste caso, o autor é condenado a pagar ao réu o triplo do dano sofrido, mas nesse triplo o dano é incluído uma só vez. É o que estabeleceu uma constituição nossa, inserta no Código, da qual indubitavelmente deriva uma condição legal.

25. A ação é do quádruplo no furto manifesto, nos atos extorquidos por violência (*quod metrus causa*), e nas quantias pagas para determinar alguém a promover, ou a desistir da demanda intentada por capricho. O mesmo diremos relativamente à condição legal estabelecida por nós no quádruplo contra os oficiais de justiça que exigirem dos réus alguma coisa além da taxa marcada na nossa constituição.

26. A ação de furto não manifesto e a ação de corrupção de escravo diferem de todas as de que tratamos, juntamente com elas, por serem ambas sempre do dobro. Aquelas ações, isto é, a da lei de Aquília por dano injustamente causado, e, algumas vezes, a de depósito, só são do dobro quando o réu nega; se o réu confessa, são simples. A ação relativa às coisas deixadas aos lugares veneráveis é do dobro, não somente quando o réu nega, mas também quando protela a entrega até ser citado por mandado de nossos magistrados. Todavia, se confessar e pagar, antes de ser citado, a ação é simples.

27. Também a ação (*quod metus causa*) difere das de que tratamos, juntamente com ela, pois é de sua natureza que o réu seja absolvido quando, por ordem do juiz, restitui a coisa ao autor. Nos outros casos não é assim: porém, o réu é sempre condenado no quádruplo; e isso também ocorre na ação de furto manifesto.

28. As ações são de boa-fé ou de direito estrito. São de boa-fé as ações de venda, de compra, de locação, de gestão de negócios, de mandato, de depósito, de sociedade, de tutela, de comodato, de penhor, de partilha, de divisão, a ação *praescriptis verbis* que resulta do contrato estimatório, a de troca, e a ação de petição de herança. Quanto a esta,

bonae fidei judicia connumeranda sit hereditatis petitio, sive non, nostra tamen constitutio aperte eam esse bonae fidei disposuit.

XXIX. Fuerat antea et rei uxoriae actio una ex bonae fidei judiciis. Sed cum pleniorem esse ex stipulatu actionem invenientes, omne jus quod res uxoria ante habebat, cum multis divisionibus in actionem ex stipulatu quae de dotibus exigendis proponitur, transtulimus: merito rei uxoriae actione sublata, ex stipulatu quae pro ea introducta est, naturam bonae fidei judicii tantum in exactione dotis meruit, ut bonae fidei sit. Sed et tacitam ei dedimus hyphotecam. Praeferri autem aliis creditoribus in hypothecis tunc censuimus, cum ipsa mulier de dote sua experiatur, cujus solius providentia joc induximus.

XXX. In bonae fidei autem judiciis libera potestas permitti videtur udici ex bono et aequo aestimandi quantum actori restitui debeat. In quo et illud continentur ur, si quid invicem praestare actorem oporteat, eo compensato, in reliquum is cum quo actum est debeat condemnari. Sed et in strictis judiciis ex rescripto divi Marci, opposita doli mali exceptione, compensatio inducebatur. Sed nostra constitutio eas compensationes, quae jure aperto nituntur, latius introduxit, ut actiones ipso jure minuant, sive in rem, sive in personam, sive alias quascumque excepta sola depositi actione, cui aliquid compensationis nomine opponi satis impium esse credidimus; ne sub praetextu compensationis depositarum rerum quis exactione defraudetur.

XXXI. Praeterea, quasdam actiones arbitrarias, id est, ex arbitrio judicis pendentes, appellamus: in quibus nisi arbitrio judicis is cum quo agitur actori satisfaciat, veluti rem restituat, vel exhibeat, vel solvat, vel ex noxali causa servum debat, condemnari debeat. Sed istae actiones tam in rem quam in personam inveniuntur: in rem veluti Publiciana; Serviana de rebus coloni, quasi Servianam, quae etiam hypotecaria vocatur; in personam, veluti quibus de eo agitur quod aut metus causa aut cdolo malo factum est; item cum in quod certo loco promissum est petitur. Ad exhibendum quoque actio ex arbitrio judicis pendet. In his enim actionibus et ceteris similibus permittitur judici ex bono et aequo, secundum cujusque rei de qua actum est naturam, aestimare quemadmodum actori satisfieri oporteat.

XXXII. Curare autem debet judex ut omnimodo, quantum possibile ei sit, certoe pecuniae vel rei sententiam ferat, etiam si de incerta quantitati apud eum actum est.

duvidava-se até hoje se deveria, ou não, incluir entre as ações de boa-fé, a nossa constituição decidiu expressamente que é de boa-fé.

29. A ação (*rei uxoriae*) era antigamente de boa-fé. Julgando mais vantajosa a ação *ex stipulatu*, transportamo-nos para ela, a fim de se obter a repetição do dote, todos os efeitos que dantes tinha a ação *rei uxoriae* com muitas distinções. Em conseqüência disso a ação *rei uxoriae* foi abolida e a ação *ex stipulatu*, que a substituiu, recebeu de nós o caráter de boa fé, mas somente na restituição do dote. Além disso, concedemos à mulher hipoteca tácita, e ordenamos que tenha preferência sobre os mais credores hipotecários, quando ela mesma demandar o seu dote, porque somente a ela outorgamos tal privilégio.

30. Nas ações de boa-fé, o juiz tem plenos poderes para estimar, segundo a eqüidade, as restituições devidas ao autor. Se o autor dever alguma coisa ao réu, deve o juiz compensar a dívida, e só condenar o réu pelo saldo restante. Mesmo nas ações de direito estrito, em virtude de um rescrito do imperador Marco Aurélio, tendo havido exceção de dolo, dava-se a compensação. Mas a nossa constituição deu maior amplitude às compensações que se fundiam sobre direito claro, para que diminuam de pleno direito as ações, reais ou pessoais, ou outras, com exceção tãosomente da ação de depósito, na qual julgamos odioso opor qualquer coisa a título de compensação para, sob tal pretexto, tolher-se ao depositante a restituição do depósito.

31. Certas ações chamam-se arbitrárias, isto é, dependentes do arbítrio do juiz. Nessas ações o réu deve ser condenado, se não der ao autor a satisfação prescrita pelo arbitramento do juiz, por exemplo, a restituição da coisa, a exibição, o pagamento, ou o abandono noxal do escravo. São arbitrárias tanto as ações reais, como as pessoais: as reais, como a Publiciana, a Serviana, relativa às coisas de colono, a quase Serviana, também chamada hipotecária, as pessoais como as intentadas com fundamento de ter sido alguma coisa feita por medo (*metus causa*), ou por dolo, e a ação pela qual se pede o que foi prometido em certo lugar. A ação de exibição (*ad exhibendum*) é também arbitrária. Nessas ações, e em outras semelhantes, o juiz tem o direito de estimar, segundo a eqüidade, e a natureza própria da coisa demandada, qual a satisfação que é devida ao autor.

32. A sentença do juiz deve, sempre que for possível, versar sobre quantia certa em dinheiro, ou sobre coisa certa, ainda mesmo que a ação tenha tido por objeto quantidade incerta.

XXXIII. Si quis agens, in intentione sua plus complexus fuerit quam ad eum pertinent, causa cadebat, id est, rem amittebat; nec facile in integrum a praetore restituebatur, nisi minor erat viginti quinque annis. Huic enim, sicut in aliis causis causa cognita succurrebatur, si lapsus juventute fuerat, ita et in hac causa sucurri solitum erat. Sane, si tam magna causa justi erroris interveniebat, ut etiam constantissimus quisque labi posset, etiam majori viginti quinque annis succurrebatur: veluti, si quis totum legatum petierit, post deinde prolati fuerint codicilli quibus qut pars legati adempta sit, aut quibusdam aliis legata data sint, qui eficiebant ut plus petiisse videretur petitor quam dodrantem, atque ideo lege Falcidia legata minuebantur. Plus autem quatuor modis petitur, re, tempore, loco, causa. Re, veluti si quis, pro decem aureis qui ei debebantur, viginti petierit; aut si is cujus ex parte res est, totam eam, vel majore ex parte, suam esse intenderit. Tempore, veluti si quis ante diem vel ante conditionem petierit: qua ratione enim qui tardius solvit quam solvere deberet, minus solvere intelligitur; eadem ratione qui praemature petit, plus veluti cum quis id quod certo loco sibi stipulatus est, alio loco perir sine commemoratione illius loci in quo sibi dari stipulatus fuerit; verbi gradia, si is qui ita stipulatus fuerit: EPHESI DARE SPONDES? Romae pure intendat sibi dare oportere. Ideo autem plus petere intelligitur, quia utilitatem quam babuit promissor si Ephesi solveret, adimiti ei pura intentione. Propter quam causam alio loco petenti arbitraria actio pro-ponitur, in qua scilicet ratio habetur utilitatis quoe promissori competitura fuisset, si illo loco solvere: quae utilitar plerumque in mercibus maxima invenitur, veluti, vino, oleo, frumento, quae per singular regiones diversa habent pretia. Sed et pecuniae numeratae non in omnibus regionibus sub iisdem usuris faeneratur. Si quis tamen Ephesi petat, id est, eo loco petat quo ut sibi detur stipulatus est, pura actione recte agir; idque etiam praetor monstrar, scilicet quia utilitas solvendi salva est promissori. Huic autem qui lodo plus petere intelligitur, proximus est is qui causa plus petit: ut ecce, si quis ita a te stipuletur: HOMINEM STICHUM AUT DECEM AUREOS DARE SPONDES? deinde alterutrum petat, veluti hominem tantum aut decem aureos tantum. Ideo autem plus petere intelligitur, quia in eo genere stipulationis promissoris est electio, utrum pecuniam na hominem solvere malit. Qui igitur pecuniam tantum vel hominem tantum sibi dari oportere intendit, eripit electionem adversario, et so modo suam quidem conditionem meliorem facit; adversarii vero sui deteriorem. Qua de causa, talis in ea re prodita est actio, us quis intendat

300

33. Se o autor no pedido (*intentio*) incluía mais do que lhe era devido, decaía da ação, isto é, perdia o seu direito, e dificilmente era restituído pelo pretor, salvo se fosse menor de vinte e cinco anos. Na verdade, o pretor, tomando conhecimento da causa, socorria o menor neste caso, como em outros, em que se tivesse enganado por sua pouca idade. Contanto, mesmo o maior de vinte cinco anos obtinha o socorro pretoriano, quando houvesse ocorrido tão grande causa de justo erro que o homem mais seguro se teria enganado. Assim acontece, por exemplo, quando o legatário pediu a totalidade de seu legado, e em seguida se apresentam codicilos, revogando o legado em parte, ou concedendo a outrem tais liberalidades que, feita a redução da lei Falcídia, verifica-se que o legatário pediu mais de três quartos. De resto, o pedido excessivo pode suceder de quatro modos: em relação à coisa, quando alguém pede vinte moedas de ouro, em vez de dez, que lhe são devidas; ou quando, sendo proprietário de uma parte, pede a propriedade do todo, ou de parte maior. Dá-se o excesso relativamente ao tempo, por exemplo, quando alguém pede antes do termo, ou condição. Na verdade, assim como pagar tarde é pagar menos do que se deve, também pedir antes do tempo é pedir mais do que é devido. Dá-se excesso relativamente ao lugar quando alguém, tendo estipulado o pagamento em certo lugar, pede em outro, sem mencionar o fixado, como se tendo feito esta estipulação: PROMETES DAR-ME EM ÉFESO? Pretende, pura e simplesmente, que se lhe deve dar em Roma. Tal pedido é excessivo, porque priva o promitente da vantagem que tinha de pagar em Éfeso. Por isso, o edito dá contra o autor, que demanda em lugar diferente do estipulado, uma ação arbitrária, na qual se considera a vantagem que tinha o promitente de pagar no lugar convencionado, vantagem muitas vezes considerável, sobretudo a respeito de mercadorias, tais como o vinho, o óleo, o trigo, cujo preço varia segundo os lugares. O próprio dinheiro não produz em toda a parte os mesmos juros. Se o credor demanda em Éfeso, isto é, no lugar estipulado, sua ação, formulada pura e simplesmente, é regular, e isso o próprio pretor o indica, pois neste caso o devedor conserva as vantagens que tinha. Do excesso de pedido em relação ao lugar muito se aproxima o excesso de pedido relativamente à causa, por exemplo, quando alguém, tendo estipulado contigo nestes termos, – prometes dar-me o escravo Sticho ou dez moedas de ouro? – pede somente o escravo ou as moedas. Há aqui excesso de pedido, porque nesta espécie de estipulação o promitente tem a faculdade de optar pelo pagamento com as moedas

hominem Stichum aut aureos decem sibi dari oportere, is est, ut eodem modo peteret quo stipulatus est. Praeterea, si quis generaliter hominem stipulatus sit, et specialiter Stichum petat, aut generaliter hominem stipulatus, specialiter campanum petat, aut generaliter purpuram stipulatus sit, deinde specialiter tyriam petat, plus petere intelligitur; quia electionem adversario tollit, cui stipulationis jure liberum fui aliud solvere quam quod peterebur. Quin etiam, licet vilissimum sit quod quis petat, nihilominus plus petere intelligitur; quia saepe accidit ut promissori facilius sit illud solvere, quod majoris pretii est. — Sed haec quidem antea in usu fuerant: postea autem lex Zenoniana et nostra rem coercuit. Et si quidem tempore plus fuerit petitum, statui oportet quod Zenonis divae memoriae loquitur constitutio. Sin autem quantitate vel alio modo plus fuerit petitum, omne si quod forte damnum, ut in sportulis, ex hac causa acciderit ei contra quem plus petitum fuerit, commissa tripli condemnatione, sicut supra diximus, puniatur.

XXXIV. Si minus in intentione complexus fuerit actor quam ad eum pertineat; veluti si, cum ei decem debeatur, quinque sibi dari oportere intenderit; aut si, cum totus dundus ejus esset, partem dimidiam suam esse petierit, sine periculo agit. In reliquum enim nihilominus judex adversarium in eodem judicio condemnat, ex constitutione divae memoriae Zononis.

XXXV. Si quis aliud pro alio intenderit, nihil eum periciltari placet; sed in eodem judicio, cognita veritate, errore suum corrigeri ei permittimus: veluti si is qui hominem Stichum petere deberet, Erotem petierit; aut si quis ex testamento sibi dari oportere intenderit, quod ex stipulatu debetur.

XXXVI. Sunt praeterea quaedam actiones quibus non solidum qued nobis debetur persequimur, sed modo solidum consequimur, modo minus; ut ecce, si in peculium filii servive agamus. Nam si non minus in peculio sit quam persequimur, in solidum dominus paterve condemnatur, si vero minus inveniatur, eatenus condemnat judex, quatenus in peculio sit. Quemadmodum autem peculium intelligi debeat, suo ordine proponemus.

XXXVII. Item, si de dote judicio mulier agat, placet entenus maritum condemnari debere quatenus facere possit, id est, quatenus facultates ejus patiuntur. Itaque, si dotis quantitati concurrant facultates ejus, in solidum damnnatur; si minus, in tantum quantum facere potest. Propter retentionem quoque dotis repetitio minuitur: nam ob impensas in res dotales factas marito retentio concessa est, quia ipso jure necessariis

ou com o escravo; e, pretendendo o autor, que se lhe dê o dinheiro somente, ou somente o escravo, priva o réu da opção, tornando melhor a sua posição, e pior a do réu. Existe, por isso, uma ação na qual o autor pode pedir que se lhe dê o escravo Sticho, ou dez moedas de ouro, isto é pode pedir nos mesmos termos da estipulação. Há também excesso de pedido, quando alguém estipulou um escravo, ou vinho, ou púrpura, em geral, e apresenta-se a pedir o escravo Sticho, vinho da Campanha, ou púrpura de Tiro, pois priva o devedor da opção que tinha de pagar em coisa diversa da que lhe é exigida. Mesmo que a coisa exigida seja de mínimo valor, há excesso de pedido, pois ao promitente é muitas vezes mais fácil pagar com coisa de maior preço. Tudo quanto dissemos se observava antigamente, mas esse rigor foi suavizado pela constituição de Zenão, e pela nossa. E assim, quando ocorrer excesso de pedido em relação ao tempo, decidir-se-á na conformidade da constituição de Zenão, de gloriosa memória. Quando ocorrer excesso de pedido em relação à quantidade, ou por outro motivo, o autor será condenado a pagar ao réu o triplo do dano que lhe causou, por exemplo, pelas custas excessivas que pagou.

34. O autor que, no seu pedido, pretende menos do que lhe é devido (por exemplo, quando, sendo credor de dez moedas de ouro, cobra cinco; ou quando, sendo proprietário de um terreno inteiro, reclama só a metade), não corre risco algum. Segundo a constituição de Zenão, de gloriosa memória, o réu deve ser condenado a pagar o saldo restante na mesma instância.

35. O autor que pede uma coisa, em vez de outra, não corre perigo algum; e o erro, sendo verificado, poderá ser emendado na mesma instância, como, por exemplo, quando pediu Erotes, tendo o direito de pedir Sticho, ou quando, tendo direito por uma estipulação, demanda em virtude de um testamento.

36. Há outras ações nas quais não demandamos a totalidade do nosso crédito, e ora obtemos tudo, ora menos; por exemplo, quando demandamos para receber do pecúlio de um filho de família ou de um escravo. Se o pecúlio não for menor que pedido, o senhor, ou o pai, será condenado na totalidade; se for menor, só será condenado até a concorrência do pecúlio. Oportunamente trataremos do que se deve entender por pecúlio.

37. Se a mulher demandar pela ação de dote, o marido pode ser condenado somente até a concorrência de suas forças, isto é, até o valor de seu patrimônio, e assim, se os seus bens são do valor do dote, é

sumptibus dos minuitur, sicut ex latioribus Digestorum libris congnoscere licet.

XXXVIII. Sed et si quis cum parente suo patroneve agat; item si socius cum socio judicio societatis agat, non plus actor consequitur quam adversarius ejus facere potest. Idem est si quis ex donatione sua conveniatur.

XXXIX. Compensationes quoque oppositar plerumque efficiunt, ut minus quisque consequatur quam ei debebatur. Namque ex bono et aequo, habita ratione ejus quod invicem actorem ex cadem causa praestare oportet, judex in reliquum eum cum quo actum est condemnat, sicut jam dictum est.

XL. Eum quoque qui creditoribus suis bonis cessit, si postea aliquid adquisierit quod idoneum emolumentum habeat, ex integro in id quo facere potest, creditores cum eo experiuntur: inhumanum enim erat spoliatum fortunis suis in solidum damnari.

TITULUS VII
QUOD CUM EO CONTRACTUM EST, QUI IN ALIENA POTESTATE EST

Quia tamen superius mantionem habuimus de actione qua in peculium filiorum falimias servorum que agitur; opus est ut de hac actione et de ceteris quae eorumdem nomine in parentes dominosve dari slent, diligentius admoneamus. Et quia, sive cum servis negotium gestum sit, sive cum iis qui in potestate parentis sunt, his fere eadem jura servantu, ne verbosa fiat disputatio, dirigamus sermonem in personam servi dominique, idem intellecturi de liberis quoque et parentibus quorum in potestate sunt. Nam, si quid in his proprie observatur, separatim ostendemus.

I. Si igitur jussu domini cum servo negotium gestum erit, in solidum praetor adversus dominum actionem pollicetur: scilicet quia qui ita contrahit, fidem domini sequi videtur.

II. Eadem ratione praetor duas alias in solidum actiones polliectur, quarum altera exercitoria, altera institoria appellatur. Exercitoria tunc habet locum, cum quis servum suum magistrum navi praeposuerit, et quid cum eo ejus rei gratia cui praepositus erit contractum fuerit. Ideo autem exercitoria vocatur, quia exercitor appellatur is ad quem quotidianus

condenado na totalidade, e, em caso contrário, somente no que puder. A retenção diminui também a repetição dotal. As despesas feitas com os bens dotais podem ser retidas pelo marido, porque as necessárias diminuem o dote de pleno direito, como se pode ver melhor dos livros mais minuciosos do Digesto.

38. O autor que demanda o ascendente, patrono, ou o sócio, pela ação de sociedade, nada obtém além das forças do réu. O mesmo diremos a respeito do doador demandado em virtude da doação.

39. As compensações opostas pelo réu fazem que freqüentemente o autor receba menos do que lhe era devido. Na verdade, o juiz toma em consideração, por eqüidade, o que o autor deve em virtude da mesma causa, e condena o réu somente pelo saldo, como dissemos.

40. Se o devedor, tendo feito cessão de bens, vem a fazer uma aquisição, que o torne solvável, os credores podem demandá-lo até onde comportem suas forças. Seria desumano condenar pela totalidade quem se despojou de seus bens.

TÍTULO VII
DOS CONTRATOS COM AS PESSOAS *ALIENI JURIS*

Como acima nos referimos à ação relativa ao pecúlio dos filhos de família e dos escravos, é necessário considerar mais particularmente esta ação e as outras que se lhes costumam dar contra os ascendentes e senhores. Os atos dos escravos e dos filhos de família dão lugar à aplicação dos mesmos princípios. Para não sermos prolixos, trataremos dos senhores e dos escravos, e que a seu respeito dissermos aplicar-se-á aos ascendentes e descendentes. E, quando houver alguma regra particular a estes últimos, expô-la-emos separadamente.

1. Ao que contratou com o escravo autorizado por seu senhor, dará o pretor contra este, ação pela totalidade da obrigação, pois nele se fiou o credor.

2. Pelo mesmo motivo, o pretor concede duas outras ações pela totalidade da obrigação: uma, chamada exercitória; outra, institória. A ação exercitória compete contra quem pôs, como mestre de navio, escravo, que contraiu obrigação relativamente ao posto que ocupa. Deu-se-lhe o nome de exercitória, porque se chama *exercitor* ("armador")

navis quaestus pertinet. Institoria tunc locum habet, cum quis tabernae forte aut cuiliber negotiationi servum praeposuerit, et quid cum eo ejus rei causa cui praepositus erit contractum fuerit. Ideo autem institoria appellatur, quia qui negotiationibus praeponuntur, institores vocantur. Istas tamen duas actiones praetor reddit, et si liberum quis hominem aut alienum servum navi aut tabernae aut cuilibet negotiationi praeposuerit: scilicet, quia eadem aequitatis ratione etiam eo casu interveniebat.

III. Introduxit et aliam actionem praetor, quae tributoria vocatur. Namque si servus in peculiari merce sciente domino negotietur, et quid cum eo ejus rei causa contractum erit, ita praetor jus dicit: ut quid-quid in his mercibus erit, quodque inde receptum erit, id inter dominum si quid ei debetur, et ceteros creditores pro rata portiones distribuatur. Et quia ipsi domino distributionem permittit, si quis ex creditoribus queratur quasi minus ei tributum sit quam oportuerit, hanc ei actionem accommodat, quae tributoria appellatur.

IV. praeterea introducta est actio de peculio, deque eo quod in rem domini versum erit: ut quamvis sine coluntate domini negotium gestum erit, tamen sive quid in rem ejus ersum fuerit, id totum praestare debeat sive quid non sit in rem ejus versum, id peculium patitur. In rem autem catenus praestare debeat, quatenus domini versum intelligitur, quidquid necessario in rem ejus impenderit servus; veluti si mutuatus pecuniam creditoribus ejus solverit, aut aedificia ruentia fulserit, aut familiae frumentum emerit, vel etiam fundum aut quamlibet aliam rem necessariam mercatus erit. Itaque, si ex decem, ut puta, aureis quos servus tuus a Titio mutuos accenit, creditori tuo quinque aureos solverit, reliquos vero quinque quolibet modo consumpserit, pro quinque, quidem in solidum damnari debes; pro ceteris vero quinque, eatenus quatenus in peculio sit. Ex quo scilicet apparet, si toti decem aurei in rem tuam versi fuerint, totos decem aureos Titium consequi posse. Licet enim una est actio qua de peculio, deque eo quod in rem domini versum sit agitur, tamen duas habet condemnationes. Itaque judex apud quem de ea actione agitur ante dispicere solet an in rem domini versum sit; nec aliter ad peculii aestimationem transit, quam si aut nihil in rem domini versum esse intelligatur, aut non totum. Cum autem quaeritur quantum in peculio sit, ante deducitur quidquid servus domino, eive qui in potestate ejus sit, debet; et quo superest id solum peculium intelligitur. Aliquando tamen id quo dei debet servus qui in potestate domini sit, non deducitur ex peculio, veluti si is in

aquele a quem pertencem os lucros diários do navio. A ação institória compete contra quem pôs, como seu preposto, em loja, ou em estabelecimento comercial de qualquer natureza, escravo, que contraiu obrigação relativa ao fim a que foi preposto. Chama-se institória porque se chamam instituíres os prepostos a qualquer negócio. O pretor concede essas duas ações, ainda quando o preposto for homem livre, ou escravo alheio, pois militam os mesmos motivos de eqüidade.

3. O pretor introduziu outra ação chamada tributória. Se um escravo emprega o seu pecúlio em negociações, com ciência de seu senhor, e se contrai obrigação relativa ao comércio, manda o pretor que todas as suas mercadorias e lucros sejam distribuídos rateadamente entre o senhor, se for credor de alguma coisa e os mais credores. Como é o senhor quem faz a distribuição, o credor não satisfeito, por não ter sido integral o pagamento, tem contra o senhor uma ação, que se chama tributória.

4. Além disso, o pretor introduziu a ação de pecúlio e de *in rem verso*. Assim, embora o escravo tenha contratado sem consentimento do senhor, se a este foi o negócio proveitoso, responderá até a concorrência do proveito; se o negócio não lhe foi proveitoso, responderá também, mas só até a concorrência do pecúlio. Consideram-se como proveitosas ao senhor as despesas necessárias, feitas no seu interesse pelo escravo, como se tivesse tomado dinheiro emprestado, e o tivesse empregado no pagamento dos credores do senhor, no conserto dos edifícios arruinados, na compra de trigo para a sua casa, ou um terreno, ou qualquer outra coisa necessária. Assim, por exemplo, se teu escravo tomou de empréstimo a Tício dez moedas de ouro, empregou cinco moedas no pagamento a um de teus credores, e as outras em outro fim, responderás por cinco *in solidum*, e pelas outras conto até a concorrência do pecúlio. Se as dez moedas foram empregadas em teu proveito, responderás para com Tício pelo seu integral pagamento. Embora seja uma mesma ação a de pecúlio e de *in rem verso*, contém duas condenações. Por isso, o juiz da causa examinará primeiramente se o fato do escravo redundou em benefício do senhor, ou só o houver trazido em parte. Ao estimar o valor do pecúlio, deduzir-se-á tudo quanto o escravo deve ao senhor, ou às pessoas que lhe estão sujeitas, e só o saldo se considera pecúlio. Algumas vezes, entretanto, não se deduz o que o escravo deve às pessoas sujeitas ao poder do senhor, por exemplo, quando tais pessoas se compreendem no pecúlio do escravo, como os escravos vicários, credores do escravo.

hujus ipsius peculio sit: quod eo pertinet ut, si quid vicario suo servus debeat, id ex peculio ejus non deducatur.

V. Ceterum dubium non est quin is quoque qui jussu domini contraxerit, cuique institoria, el exercitoria actio competit, de peculio deque eo quod in rem domini versum est, agere possit; sed erit stultissimus, si omissa actione qua facillime solidum ex contractu consequi possit, se ad difficultatem perducat probandi in rem domini versum esse, vel havere servum peculium, et tantum habere ut solidum sivi solvi possit. Is quoque cui tributoria actio competit, aeque de peculio et de in rem versoa gere potest, sed sane huic modo tricutoria expedit agere, modo de peculio et de in rem verso. Tributoria ideo expedit agere, quia in ea domini conditio praecipua non est, id est, quod domino debetur non deducitur, sed ejusdem juris est dominus cujus et ceteri creditores. At in actione de peculio, ante deducitur quod domino debetur; et in id quod reliquum est, creditori dominus condemnatur. Rursus de peculio ideo expedit agere, quod in hac actione totius peculii ratio habetur; at in tributoria, ejus tantum quo negotiatur. Et potest quisque tertia forte parte peculii aut quarta, vel etiam minima negotiari, majorem autem partem in praediis et mancipiis aut foenebri pecunia habere. Prout ergo expedit ita quisque vel hanc actionem vel illam eligere debet. Certe, qui potest probare in rem domini versum esse, de in rem verso agere debet.

VI. Quae diximus de servo et domino, eadem intelligamus et de filio at filia, aut nepote, et nepte et patre avoverin cujus potestate sunt.

VII. Illud proprie servatur in eorum persona, quod senatus-consultum Macedonianum prohibuit mutuas pecunias dari eis qui in parentis erunt potestate, et ei qui crediderit denegatur actio, tam adversus ipsum filium filiamve, nepotem neptemve, sive adhuc in potestate sint, sive morte parentis, vel emancipatione suae potestatis esse coeperint, quam adversus patrem avumve, sive eos habeat adhuc in potestate, sive emancipaverit. Quae ideo senatur prospexit, quia saepe onerati aere alieno creditarum pecuniarum quas in luxuriam consumebant, vitae parentium insidiabantur.

VIII. Illud in summa admonendi sumus, id quos jussu patris dominive contractum fuerit, quodque in rem ejus versum erit, directo quoque posse a patre dominove condici, tamquam si principaliter cum impso negotium gestum esset. Ei quoque qui vel exercitoria vel institoria actione tenetur, directo posse condici lacet, quia hujus quoque jussu contractum intelligitur.

308

5. De resto, é fora de dúvida que, quem contratou com um escravo, autorizado pelo senhor, ou quem tem a ação exercitória, ou a institória, pode igualmente intentar a ação de pecúlio e *de in rem verso*. Seria, porém, rematada loucura desprezar a ação que lhe pode dar a totalidade de seu crédito, pelo contrato, expondo-se à dificuldade de provar que a operação redundou em benefício do senhor, ou que o escravo tem pecúlio suficiente para pagar toda a dívida. Quem pode intentar a ação tributória pode também intentar a de pecúlio e de *in rem verso*. Ora é mais vantajoso usar da ação tributória, ora da de pecúlio e de *in rem verso*. A vantagem que oferece a ação tributória é que o senhor não tem preferência sobre os mais credores: há igualdade completa; ao passo que na ação de pecúlio se começa por deduzir o que é devido ao senhor, e este só responde até à concorrência do saldo restante. Por outro lado, o credor tem interesse em intentar a ação de pecúlio, porque tem por objeto todo o pecúlio, ao passo que a ação tributória só tem por objeto a parte do pecúlio utilizada no comércio. Ora, pode acontecer que o escravo só tenha utilizado no comércio um terço, ou um quarto, ou uma porção mínima do pecúlio, consistindo a outra porção em prédios, escravos, ou em dinheiro a juros. O credor do escravo deverá, pois, usar da ação que lhe for mais vantajosa. Quem puder provar que o negócio foi em proveito do senhor, deve sem dúvida intentar a ação de *in rem verso*.

6. O que dissemos do escravo e do senhor, aplica-se ao filho e à filha, ao neto e à neta, e ao pai ou avô, sob cujo poder se acham.

7. Quanto aos filhos de família, há esta regra especial: o senatus-consulto Macedoniano proibiu o empréstimo de dinheiro aos filhos de família, não dando ação nem contra o filho ou filha, neto ou neta, quer se achem sob o pátrio poder, quer se achem fora do pátrio poder pela morte do ascendente ou pela emancipação, nem contra o pai ou o avô, que os tenham sob o seu poder, quer os tenham emancipado. O senado assim decidiu porque, muitas vezes, os filhos de família, insolváveis por empréstimos de quantias que dissipavam na devassidão, atentavam contra a vida de seus ascendentes.

8. Notaremos em último lugar que o que nos é devido, em virtude de contrato feito com autorização do ascendente, ou senhor, ou que lhes foi proveitoso, poderá ser-lhes também pedido diretamente por condição, como se houvéssemos tratado diretamente com eles. Podemos também intentar diretamente a condição contra o responsável para conosco pela ação exercitória, ou pela institória, pois se entende que, por sua ordem, fez-se o contrato.

TITULUS VIII
DE NOXALIBUS ACIONIBUS

Ex maleficiis servorum, veluti si furtum fecerint, aut bona rappuerint, aut damnum dederit, aut injuriam commiserint, noxales actiones proditae sunt, quibus domino damnato permittitur, aut litis aestimationem sufferre, aut hominem noxae dedere.

I. Noxa autem est corpus quod nocuit, id est, servus; noxia ipsum maleficium, veluti furtum, damnum, rapina, injuria.

II. Summa autem rationem permissum est noxae deditione defungi; namque erat iniquum nequitiam eorum ultra ipsorum corpora dominis damnosam esse.

III. Dominus noxali judicio servi sui omine conventus, servum actori noxae dedendo liberatur: nec minus in perpetuum ejus dominium a domino transfertur. Sin autem damnum ei cui deditus est, servus resarcierit quaesita pecunia, auxilio praetoris invito domino manumittetur.

IV. Sunt autem constitutae noxales actiones, aut legibus aut edicto praetoris:legibus, veluti furti lege Duodecim Tabularum; damni injuriae lege Aquilia; edicto pratoris veluti injuriarum et vi bonorum raptorum.

V. Omnis autem noxalis actio caput sequitur Nam si servus tuus noxiam commiserit, quamdiu in tua potestate sit, tecum est actio: si in alterius potestatem pervenerit, cum illo incipit actio esse; at si manumissus fuerit, directo ipse tenetur, et extinguitur noxae deditio. Ex diverso quoque directa actio noxalis esse incipit: nam si liber homo noxiam commiserit, et is servus tuus esse coeperit (quod quibusdam casibus effici primo libro tradidimus), incipit tecum esse noxalis actio quae antea directa fuisset.

VI. Si servus domino noxiam commiserit, actio nulla nascitur: namque inter dominum et eum qui in potestate ejus est, nulla obligatio nasci potest; ideoque, et si in alienam potestatem servus pervenerit, aut manumissus fuerit, neque cum ipso, neque cum eo cujus nunc in potestate sit, agi potest. Unde, si alienus servus noxiam tibi commiserit, et is postea in potestate tua esse coeperit, interdicitur actio, quia in eum casum deducta sit in quo consistere non potuit. Ideoque licet exierit de tua potestate agere non potest: quemadmodum si dominus in servum suum aliquid commiserit, nec si manumissus aut alienatur fuerit servus, ullam actionem contra dominum habere potest.

TÍTULO VIII
DAS AÇÕES NOXAIS

Dos delitos do escravo, tais como o furto, o roubo, o dano, a injúria, originaram-se as ações noxais, por cuja virtude, sendo condenado o senhor, deve pagar a litis-estimação, ou dar o escravo em noxa.

1. Chama-se noxa o corpo que causou prejuízo (*nocuit*), isto é, o escravo, e chama-se noxia o próprio delito, por exemplo, o furto, o roubo, o dano, a injúria.

2. É com muita razão que se permite ao senhor desobrigar-se com a dação noxal, pois seria iníquo que a perversidade do escravo lhe causasse maior prejuízo que a perda do próprio escravo.

3. Na ação noxal o senhor pode, ao ser demandado, desobrigar-se pelo abandono do escravo e transfere então perpetuamente a propriedade. Se, depois disso, o escravo conseguir ressarcir a vítima, será manumitido, pelo pretor, mesmo contra a vontade do senhor.

4. As ações noxais foram estabelecidas pelas leis, e pelo edito do pretor. Foram-no pela leis, por exemplo, a ação de furto, pela lei das XII Tábuas, a ação de dano injusto pela lei Aquília. Foram-no pelo edito do pretor, por exemplo, a ação de injúria e a de roubo.

5. Toda a ação noxal segue a pessoa do delinqüente. Se o teu escravo cometeu um delito, enquanto permanece sob teu poder, contra ti cabe a ação noxal; se passar para o poder de terceiro, contra este cabe a ação; se for manumitido, cabe ação diretamente a ele e extingue-se a dação noxal. Se um homem livre comete um delito, e torna-se depois teu escravo (o que pode acontecer em certos casos, conforme vimos no livro primeiro), caberá contra ti a ação noxal, ao passo que antes disso a ação era a direta.

6. Se o escravo comete delito contra o senhor, não se dá ação alguma, porque não pode nascer obrigação entre o senhor e o que se acha sob o seu poder. Por isso, se o escravo passa ao poder de terceiro, ou é manumitido, não caberá ação, nem contra ele, nem contra o terceiro. Daí esta conseqüência: se o escravo alheio cometeu delito contra ti e veio depois a cair sob o teu poder, a ação extingue-se, por ocorrer uma hipótese em que não pode haver ação. E mesmo que o escravo venha a sair do teu poder, não poderás intentá-la. Do mesmo modo, se o senhor cometeu delito contra o escravo, este não terá ação, embora venha a ser manumitido ou alienado.

VII. Sed veteres quidem haec et in filiis familias masculis et feminis admisere. Nova autem hominum conversario hujusmodi asperitatem recte respuendam esse existimavit, et ab usu communi hoc penitus recessit. Kuis enim patiatur, filium suum et maxime filiam in noxam alii dare, ut pene per corpus pater magis quam filius periclitetur, cum in filiabus etiam pudicitiae favor hoc bene excludit? Et ideo placuit in servos tantummodo noxales actiones esse proponendas, cum apud veteres legum commentatores invenerimus saepius dictum, ipsos filios familias pro suis delictis posse conveniri.

TITULUS IX
SI QUADRUPES PAUPERIEM FECISSE DICATUR

Animalium nomine quae ratione carent, si qua lascivia aut fervore aut feritate pauperiem fecerint, noxalis actio lege Duodecim Tabularum prodita est. Quae animalia, si noxae dedantur, proficiunt reo ad liberationem, quia ita lex Duodecim Tabularum scripta est: ut puta, si equus calcitrosus calce percusserit, aut bos cornu petere solitus petierit. Hoec autem actio in iis quae contra naturam moventur locum habet. Ceterum, si genitalis si feritas, cessat. Denique si ursus fugit a domino, et sic nocuit, non potest quondam dominus conveniriquia desiit dominus esse ubi fera evasit. Pauperies autem est damnum sine injuria facientis datum: nec enim potest animal injuriam fecisse dici, quod sensu caret. Haec quod ad noxalem pertinet actionem.

I. Ceterum sciendum es aedilitio edicto prohiberi nos canem, verrem aprum, ursum, leonem ibi habere qua vulgo iter fit: et si adversus ea factum erit, et nocitum libero homini esse dicetur, quod bonum et eaquum judici idetur, tanti dominus condemnetur; ceterarum rerum, quanti damnum datum sit, dupli. Praeter has autem aedilitias actiones, et de pauperie locum habebit. Numquam enim actiones, praesertim poenales, de eadem re concurrentes, alia aliam consumit.

7. Os antigos aplicavam estes mesmo princípios aos filhos e filhas de família, mas tal aplicação opõe-se francamente ao estado atual de nossos costumes e por isso caiu inteiramente em desuso. Na verdade, como admitir que o pai dê em noxa seu filho e principalmente sua filha, se o pai pessoalmente vem a sofrer mais que o filho e se, a respeito das filhas, a própria consideração do pudor justamente a repele? Por isso, aplicaram-se as ações noxais somente aos escravos, visto que os filhos e filhas poderiam ser demandados pessoalmente por seus delitos, como decidiram muitas vezes os velhos comentadores.

TÍTULO IX
DO DANO CAUSADO POR UM QUADRÚPEDE

A lei das XII Tábuas estabeleceu uma ação noxal para o dano causado por animais irracionais, por lascívia, fogosidade, ou ferocidade. A dação noxal desses animais desobriga o réu, pois assim dispõe a lei das XII Tábuas; por exemplo, se um cavalo recalcitrante deu um coice, ou um boi arremetedor, uma chifrada. Esta ação só tem lugar quando o dano foi causado excepcionalmente contra a natureza dos animais; mas não quando foi causado por ferocidade nativa. Assim, se um urso, fugido do dono, causou dano, não pode o antigo dono ser demandado, porque perdeu o domínio com a fuga do animal. Dá-se o nome de *pauperies* ao dano feito sem injúria, porque não pode fazer injúria um animal irracional. Isto pelo que respeita a ação noxal.

1. De resto, o edito edilício proíbe ter na via pública cães, leitões, javalis, ursos e leões. Quem contravier esta proibição, se daí resultar dano a um homem livre, será condenado no que ao juiz parecer justo e eqüitativo; qualquer outro dano importará a condenação no dobro do seu valor. Além das ações edilícias, pode ser proposta ação de *pauperie*. O exercício de uma ação, quando várias concorrem, não prejudica o exercício da outra, sobretudo sendo penais.

TITULUS X
DE IIS PER QUOS AGERE POSSUMUS

Nunc admonendi sumus agere posse quemlibet hominem, aut suo nomine, aut alieno: alieno, veluti procuratorio, tutorio, curatorio, cum olim in usu fuisset alterius nohine agere non posse, nisi pro populo, pro libertate, pro tutela. Praeterea lege Hostilia permissum erat furti agere eorum nomine qui apud hostes essent, aut reipublicae causa abessent, quive in eorum cujus tutela essent. Et quia hoc non miniman incommoditatem habebat, quod alieno nomine neque agere, neque excipere actionem licebat, coeperunt homines per procuratores litigare. Nam et morbus et aetas et necessaria peregrinatio, itemque aliae multae causar, saepe impedimento sunt quominus tem exsequi possint.

I. Procurator, neque certis verbis, neque praesente adversario, immo plerumque ignorane eo constituitur. Cuicumque enim permiseris rem tuam agere aut defendere, iis tuus procurator intelligitur.

II. Tutores et curatores quemadmodum constituantur, primo libro exposition est.

TITULUS XI
DE SATISDATIONIBUS

Satisdationum modus alius antiquitati placuit, alium novitas per usum amplexa est. Olim enim, si in rem agebatur, satisdare possessor compellubatur ut si victus nec rem ipsam restitueret nec litis aestimationem ejus, potestas esse petitori aut cum eo agendi, aut cum fidejussoribus ejus. Quae satisdatio appellatur JUDICATUM SOLVI. Unde autem sic appellatur, facile est intelligere; namque stipulatus quis, ut solvatur sibi quod fuerit judicatum. Multo magis is qui in rem actione conveniebatur, satisdare cogebatur, si alieno nomine judicium accipiebat. Ipse autem qui in rem agebat, si suo nomine petebat, satisdare non cogebatur, procurator vero, si in rem agebat, satisdare jubebatur RATAM REM DOMINUM HABITURUM. Periculum enim erat ne iterum dominus de aedem re experiretur. Tutores et curatores, eodem modo quo et procuratores, satisdare debere verba edicti faciebant; sed aliquando his agentibus satislatio remittebatur. Haec ita erant, si in rem agebatur.

TÍTULO X
DAQUELES PELOS QUAIS PODEMOS LITIGAR

Pode-se litigar por si próprio ou por outrem. Litiga-se por outrem como procurador, tutor ou curador; antigamente não se podia litigar a não ser pelo povo, pela liberdade, ou pela tutela. Além disso, a lei Hostília permitiu demandar por furto em nome dos que estivessem prisioneiros do inimigo, ou ausentes a serviço público, ou pelos tutelados. Por ser muito incômodo a proibição de figurar em juízo como autor, ou réu, em nome de outrem, começou-se a litigar por procurador. Na verdade, a doença, a idade, uma viagem indispensável, e muitas outras causas, impedem muitas vezes que se compareça pessoalmente.

1. O procurado é constituído sem palavras solenes, fora da presença do adversário, e mesmo, muitas vezes sem sua ciência. Considera-se, pois, teu procurador aquele que encarregaste de te representar como autor ou réu.

2. Já deixamos exposto no primeiro livro de que modo se nomeiam os tutores e curadores.

TÍTULO XI
DAS FIANÇAS

Os antigos tinham um sistema de fiança; os modernos têm outro, introduzido pelo uso. Antigamente na ação *in rem* o possuidor devia dar fiança ao autor, a fim de, sendo vencido, e não entregando a coisa ou não pagando a litis-estimação, poder ter o autor ação contra ele, ou seus fiadores. Chamava-se a essa fiança caução *judicatum solvi*. A razão deste nome é porque o autor estipula que se lhe pague o que for estipulado. Por maioria de razão, o que era demandando pela reivindicação devia dar fiança, quando vinha a juízo em nome de outrem. O autor na reivindicação, agindo em nome próprio, não era obrigado a dar fiança; o contrário dava-se quando agia como procurador, pois neste caso deveria dar caução *de rato* (*ratam rem dominum hubiturum*), a fim de evitar que o dono demandasse de novo a mesma coisa. O texto do edito mandava que os tutores e curadores prestassem fiança, como o procurador, mas sendo autores dispensava-se-lhes, algumas vezes, a fiança.

I. Si vero in personam ab actoris quidem parte eadem obtinebant, quae diximus in actione qua in rem agitur. Ab ejus vero parte cum quo agitur, si quidem alieno nomine aliquis interveniret, omnimodo satisdaret, quia nemo defensor in aliena resine satisdatione idoneus esse creditur. Quod si proprio nomine aliquis judicium accipiebat in personam, JUDICATUM SOLVI SATISDARE non cogebatur.

II. Sed haec hodie aliter observantur. Sive enim quis in rem actione convenitur, sive in personam suo nomine, nullam satisdationem pro litis aestimatione dare compellitur, sed pro sua tantum persona quod in judicio permaneat usque ad terminum litis: vel jurejurando, quam juratoriam cautionem vocant; vel nudam promissionem, vel satisdationem pro qualitate personae suae dare compellitur.

III. Sin autem per procuratorem lis vel infertur, vel suscipitur: in actoris quidem persona, si non mandatum actis insinnatum est, vel praesens dominus litis in judicio procuratoris sui personam confirmaverit, ratam rem dominum habiturum satisdationem procurator dare compellitur; eodem observando, et si tutor vel curator, vel alliae tales personae quae alienarum rerum gobernationem receperunt, litem quibusdam per alium inferunt.

IV. Si vero aliquis convenitur: si quidem praesens procuratorem dare paratus est, potest vel ipse in judicium venire, et sui procuratoris personam per JUDICATUM SOLVI satisdationem solemni stipulatione firmare; vel extra judicium satisdationem exponere, per quam ipse sui procuratoris fidejussor existat pro omnibus JUDICATUM SOLVI satisdationis clausulis. Ubi et de hypotheca suarum rerum convenire compellitur, sive in judicio promisserti, sive extra judicium caverit, tam ipse quam heredes ejus l\obligentur: alia in super cautela, vel satisdatione, propter personam ipsius exponenda, quod tempore sententiae rectandae in judicio invenietur: vel si non venerit, omnia dabit fidejussor quae condemnatione continentur, nisi fuerit provocantum.

V. Si vero reus praesto ex quacumque causa non fuerit, et alius velit defensionem ejus subire, nulla differentia inter aciones in rem vel in personam introducenda, potest hoc facere: ita tamen, ut satisdationem JUDICATUM SOLVI pro litis aestimatione praeestet; nemo enim secundum veterem regulam (ut jam dictum est) alienae rei sine satisdatione defensor idioneus intelligitur.

VI. Quae omnia apertius et perfectissime a quotidiano judiciorum usu in ipsi rerum documentis apparent.

VII. Quam forman non solum in hac regia urbe, sed etiam in omnibus nostris provinciis, et si propter imperitiam forte aliter celebrantur,

1. Tais eram os princípios nas ações reais. Nas ações pessoais aplicava-se ao autor o que deixamos dito das ações reais. O réu litigava-se por outrem, devia sempre dar fiança, porque ninguém é defensor idôneo de outrem sem fiança. Se, ao contrário, o réu litigava pessoalmente, não era obrigado a prestar a caução *judicatum solvi*.

2. Hoje não se observa isso. O réu, tanto na ação real, como na pessoal, quando age em nome próprio, não é obrigado a dar fiança pela litis-estimação, mas somente para garantir que se apresentará pessoalmente, e que ficará em juízo até final. Também pode fazer uma promessa sob juramento, que tem o nome de caução juratória, ou mesmo, segundo sua qualidade, fica obrigado, ora a dar fiança, ora a prometer pura e simplesmente.

3. Se, porém, a demanda é movida ou contestada por procurador, e a procuração do autor não foi junta aos autos, ou se ele se não apresentou em juízo para aprovar a pessoa do procurador, este é compelido a prestar caução *de rato*. O mesmo se observará no caso do tutor, do curador, ou de outra pessoa, encarregada de administrar negócios alheios, propor ação por procurador.

4. Sendo, porém, réu, e estando presente, e pronto a dar procurador, pode, ou vir ele próprio a juízo, e confirmar por estipulação solene a pessoa do procurador, mediante a caução *judicatum solvi*, ou oferecer extrajudicialmente a caução, constituindo-se ele próprio fiador do procurador com todas as cláusulas da caução *judicatum solvi*. Neste caso, fica obrigado a dar em hipoteca seus bens, quer a promessa tenha sido feita judicial, quer extrajudicialmente, e tal obrigação passa aos herdeiros. Deve, além disso, prestar caução de que se apresentará em pessoa por ocasião da publicação da sentença. Se, então, não comparecer, fica o seu fiador obrigado a pagar a importância da condenação, salvo se tiver apelado.

5. Se o réu não estiver presente por qualquer motivo, e um terceiro quiser tomar a sua defesa, pode fazê-lo, quer a ação seja pessoal, quer real, desde que preste a caução *judicatum solvi* pela litis-estimação. Segundo a antiga regra, que já referimos, ninguém é defensor idôneo da coisa alheia, sem fiança.

6. Tudo isso melhor e mais facilmente, se aprenderá com a freqüência cotidiana das audiências e a prática dos negócios.

7. Queremos que as regras acima expostas se observem, não só nesta real cidade, como também em todas as províncias, embora ali sigam

obtinere censemus, cum necesse est omnes provincias, capet omnium nostrarum civitatum, id est hanc regiam urbem ejusque observantiam sequi.

TITULUS XII
DE PERPETUIS ET TEMPORALIBUS ACTIONIBUS, ET QUAE AD HEREDES ET IN HEREDES TRANSEUNT

Hoc loco admonendi sumus, eas quidem actiones quae ex lage, senatusve consulto, sive ex saeris constitutionibus proficiscuntur, perpetuo solere antiquitus competere, donec sacrae constitutiones tam in rem quam in personam actionibus certos fines dederunt; eas vero quae ex propria praetoris jurisdictione pendent, plerumque intra annum vivere, nam et ipsius praetoris intra annum erat imperitur. Aliquando tamen et in perpetuum extenduntur, id est usque ad finem ex constitionibus introductum: quales sunt eae quas bonorum possessori, caeterisque qui heredis loco sunt, accommodat. Furti quoque manifesti actio, quamvis ex ipsius praetoris jurisdictione proficiscatur tamen perpetuo datur: absurdum enim esse existimavit anno eam terminari.

I. Non omnes autem actiones quae in aliquem aut ipso jure competunt aut a praetore dantur, et in heredem aeque competunt aut dari solent. Est enim certissima juris regula, ex maleficiis paenales actiones in heredem rei non competere; veluti furti, vi bonorum raptorum, injuriarum, damni injuriae. Sed heredibus hujus modi actiones competunt, nec denegantur excepta injuriarum actione, et si qua alia similis inveniatur. Aliquando tamen etiam ex contractu actio contra heredem non competit, cum testador dolose versatur sit, et ad heredem ejus nihil ex dolo pervenit. Poenales autem actiones, quas supra diximus, si ab ipsis principalibus personis fuerint contestatae, et heredibus dantur, et contra heredes transeunt.

II. Superest ut admoneamus quod si ante rem judicatum, is cum quo actum est satisfaciat actori, officio judicis convenit eum absolvere, licet judicii accipiendi tempore in ea causa fuisset, ut damnari debeat: et hoc est quod ante vulgo dicebatur, omnia judicia absolutoria esse.

outra prática por ignorância. É necessário que as províncias se conformem com o que se observa nesta real cidade, que é a capital de todas as cidades.

TÍTULO XII
DAS AÇÕES PERPÉTUAS E TEMPORÁRIAS E DAS QUE PASSAM AOS HERDEIROS E CONTRA ELES

Devem observar aqui que as ações, que provêm da lei, dos senatus-consultos, ou das constituições imperiais, limitaram a sua duração, quer fossem pessoais, ou reais. A maior parte das ações, que derivam da jurisdição pretoriana, não durava em geral senão um ano, pois a própria autoridade dos pretores só vigorava nesse prazo. Algumas vezes, porém, essas ações são perpétuas, isto é, duram até o prazo fixado pelas constituições, como as conferidas ao possuidor de bens, e às outras pessoas que representam o herdeiro. A ação de furto manifesto, embora derivada da jurisdição pretoriana, é perpétua, e seria absurdo que durasse apenas um ano.

1. Nem todas as ações que se dão contra, ou a favor de alguém, em virtude do direito civil, ou do pretoriano, competem sempre contra, ou a favor dos herdeiros. É regra indubitável que as ações penais não cabem contra os herdeiros do delinqüente, como a de furto, a de roubo, a de injúria, a de dano injusto. Mas estas ações competem em favor dos herdeiros, com exceção da de injúria e outras semelhantes. Algumas vezes, a ação originada de um contrato não compete contra o herdeiro. As ações penais, de que acima falamos, passam aos herdeiros, e contra eles, desde que foram contestadas pelas partes.

2. Resta-nos observar que, se antes da sentença, o réu pagar ao autor, o juiz o deve absolver, embora no momento da instauração da instância estivesse em estado de dever ser condenado. Era neste sentido que se dizia antigamente que todos os juízos são absolutórios.

TITULUS XIII
DE EXCEPTIONIBUS

Sequitur ur de exceptionibus dispiciamus.Comparatae autem sunt excepciones defendendorum eorum gratia cum quibus agitur. Saepe enim accidit ut, licet ipsa persecutio quo acto experitur justa sit, tamen inicua sit adversus eum cum quo agitur.

I. Verbi gratia, si metu coactus, aut dolo inductus, aut errore lapsus, stipulanti Titio promisisti quo non debueras promittere, palam est jure civili te obligatum esse: et actio, qua intenditur dare te oportere, efficax est; sed iniquam est te condemnari. Ideoque datur tibi exceptio metus causa aut doli mali, aut in factum composita, ad impugnandam actionem.

II. Idem juris est, si quis quasi credendi causa pecuniam stipulatus fuerat, neque numeraverit. Nam eam pecuniam a te petere posse eum certum est: dare enim te oportet, cum ex stipulatione tenearis. Sed quia iniquum est eo nomine te condemnari, placet per exceptionem pecuniae non numeratae te defendi debere. Cujus tempora nos, secundum quod jam superioribus libris scriptum est, constitutione nostra coarctavimus.

III. Praeterea debitor, si pactus fuerit cum creditore ne a se peteretur, nihilominus obligatus manet, quia pacto convento obligationes non omnimodo dissolvuntur. Qua de causa, efficax est adversus eum condemnari, defenditur per PARET EUM DARE OPORTERE; sed quia iniquum est contra pactionem eum condemnari defenditur per exceptionem pacti conventi.

IV. AEque si debitor, creditore deferente, juraverit nihil se dare oportere, adhuc obligatus permanet, sed quia iniquum est de perjurio queri, defenditur per exceptionem jurisjurandi. In iis quoque actionius quibus in rem agitur, aeque necessariae sunt exceptiones: veluti, si, peritore deferente, possessor juraverit eam rem suam esse, et nihilominus petitor eamdem rem vindicet. Licet enim verum sit quod intendit, id est, rem ejus esse, iniquum tamen est possessorem condemnari.

V. Item, si judicio tecum actum fuerit, sive in rem, sive in personam, nihilominus obligatio furat, et ideo ipso jure de eadem re postea advertur te agi potest; sed debes per exceptionem rei judicatar adjuvari.

VI. Haec exempli causa retulisse sufficiet. Alioquin, quam ex multis variisque causis exceptiones necessariae sunt, ex latioribus Digestorum seu Pandectarum libris intelligi potest.

TÍTULO XIII
DAS EXCEÇÕES

Devemos tratar agora das exceções, que se dão como defesa àquelas contra os quais é a ação dirigida. Acontece muitas vezes que a ação do autor, embora fundada em direito, é injusta relativamente à pessoa demandada.

1. Quando, por exemplo, forçado por medo, induzido por dolo, ou arrastado por erro, prometeste em estipulação a Tício, o que não devias prometer, é evidente que ficaste obrigado por direito civil, e a ação pela qual se pretende que deves dar existe na verdade, mas a tua condenação seria injusta. Para repelires a ação, tens a exceção de medo (*quod metus causa*), a de dolo (*doli mali*), ou a de fato (*in factum*).

2. O mesmo acontece se alguém estipulou contigo que te daria por empréstimo certa quantia, que na realidade não deu. É certo que neste caso podes ser demandado para pagamento de tal quantia, porque a estipulação te obriga. Como, porém, seria iníqua a tua condenação por esse título, tens a exceção de não ter recebido (*non numeratae pecuniae*), cuja duração, como dissemos nos livres anteriores, foi restringida por nossa constituição.

3. Também se o devedor pactuou com o credor que não seria demandado pelo pagamento, fica, não obstante, obrigado, porque o pacto não extingue de maneira absoluta a obrigação. Por esse motivo, competirá contra ele a ação *si paret eum dare opportere* ("se parecer que deve dar"), mas, como seria iníqua a condenação, a despeito do pacto, dá-se-lhe para defender-se a extensão de pacto (*pacti conventi*).

4. Igualmente, se o devedor, sendo-lhe, deferido o juramento por seu credor, jurar que nada deve, fica, não obstante, obrigado. Como, porém, seria iníquo se queixar do perjúrio, dá-se-lhe, para sua defesa, a exceção de juramento (*exceptio jurisjurandi*). Nas ações *in rem*, são as exceções igualmente necessárias, por exemplo, se o possuidor, ao lhe ser deferido o juramento pelo autor, jurou ser sua a coisa, e, não obstante, o autor propõe a reivindicação. Ainda que a pretensão deste último seja verdadeira, isto é, que seja sua a coisa, seria, todavia, iníquo condenar-se o possuidor.

5. Igualmente, se em ação real, ou pessoal, contra ti, houve sentença, a obrigação subsiste apesar disso, e podes, em direito estrito, ser demandado pelo mesmo objeto e, por isso, a lei te dá a garantia da exceção de coisa julgada.

6. Bastam estes casos, à maneira de exemplos. Nos livros mais minuciosos do Digesto ou Pandectas pode ver-se como são numerosas e variadas as causas, que tornam necessárias as exceções.

VII. Quarum quaedam ex legibus vel exiis quae legis vicem obtinent, vel ex ipsius praetoris jurisdictione substantiam capiunt.

VIII. Appellantur autem exceptiones, aliae perpetuae et peremptoriae, aliae temporales et dilatoriae.

IX. Perpetuae et peremptoriae sunt quae semper agentibus obstant, et semper rem de qua agitur perimunt: qualis est exceptio doli mali, et quod metus causa factum est, et pacti conventi cum ita convenerit ne omnino pecunia peteretur.

X. Temporales atque dilatoriae sunt quae ad tempus nocent, et temporis dilationem tribuunt: qualis est pacti conventi, cum ita convenerit ne intra certum tempur ageretur, veluti intra quinquennium; nam finito eo tempore, non impeditur actor rem exsequi. Ergo ii quibus intra certum tempus agere volentibus objicitur exceptio aut pacti conventi aut alia similis, differe debent actionem et post tempus agere: ideo enim et dilatoriae istae exceptiones appellantur. Alioquin, sin intra tempus egerint, objectaque sit exceptio, neque eo judicio quidquam consequerentur propter exceptionem, neque post tempus olim agere poterant, cum temere rem in judicium deducebant et consumevant: que ratione rem amittebant. Hodie autem non ita stricte hoc procedere volumus: sed eum qui ante tempus pactionis vel obligationis, litem inferri ausus est, Zenonianae constitutioni subjacere censemus, quam sacratissimus legislator de iis qui tempore plus perierint protulit: ut et inducias quas ipse actor sponte indulserit vel natura actionis continet, contempserit, in duplum haveant ii qui talem injuriam passi sunt, et post eas finitas non aliter litem suscipiant, nisi omnes expensas litis antea acceperint: ut actores tali poena perterriti tempora litium doceantur observare.

XI. Praeterea etiam ex persona sunt dilatoriae exceptiones; quales sunt procuratoriae: veluti si per militem aut mulierem agere quis velit. Nam militibus, nec pro patre, vel matre, vel uxore, nec ex sacro rescripto, procuratorio nomini experiri conceditur: suis vero nogotiis superesse sine offensa militaresdisciplinae possunt. Eas vero exceptiones quae olim procuratoribus propter infamiam vel dantis vel ipsius procuratoris opponebantur, cum in judiciis frequentari nullo modo perspeximus, conquiencere sanximus: ne dum de his altercatur, ipsius negotii disceptatio proteletur.

7. Destas, algumas se originam das leis, ou de outros atos legislativos, ou da jurisdição pretoriana.

8. Umas são perpétuas e peremptórias, outras, temporárias e dilatórias.

9. Exceções perpétuas e peremptórias são as que podem sempre ser opostas à ação, e permitem sempre o negócio pelo qual se demanda, tais como as exceções de dolo, de medo (*quod metus causa*), e a de pacto, quando se convencionou a renúncia absoluta à demanda.

10. Exceções temporárias e dilatórias são as que prejudicam por certo tempo e facultam prazo. Tal é a exceção de pacto, quando se convencionou que se não demandaria por certo tempo, isto é, por cinco anos; decorrido esse tempo nada impede que o autor intente a ação. Por conseqüência, aqueles cuja ação, se a quisessem intentar antes do termo, seria repelida com a exceção de pacto, ou com outra semelhante, devem adiá-la e iniciá-la depois do termo. Eis a razão pela qual se chamam dilatórias. Se, ao contrário, o autor intentou a ação antes do tempo e lhe foi oposta a exceção, nada pode obter nessa instância por causa da exceção. Antigamente o autor perdia o direito de demandar depois de expirado o prazo, porque, tendo temerariamente instaurado a instância sobre o seu negócio, o consumia e ficava perdido. Hoje, porém, não queremos proceder com tanto rigor: quem intenta ação antes do tempo fixado pelo pacto, ou pela obrigação, fica sujeito à constituição de Zenão, contra os que fazem excesso de pedido em razão do tempo. Por conseguinte, se o autor não respeitou o prazo por ele mesmo fixado, ou o que a natureza da ação comportava, ficará o prazo duplicado em proveito do réu, e, mesmo depois de decorrido, não pode o réu ser demandado, antes de lhe serem pagas todas as custas, a fim de essa pena ensinar os autores a respeitarem os prazos.

11. Existem também exceções dilatórias em razão da pessoa, tais como as exceções procuratórias, por exemplo, quando alguém quer litigar por intermédio de um militar, ou de uma mulher, pois os militares não podem ser procuradores, nem por seu pai ou mãe, nem por sua mulher, nem mesmo em virtude de rescrito imperial, podendo, entretanto, agir em seus próprios negócios sem quebra da disciplina. Consideramos extintas as exceções que outrora se opunham aos procuradores em razão da infâmia, do outorgante ou do outorgado, por serem desusadas na prática do foro, evitando assim que, com discuti-las, se protelasse a discussão do pleito.

TITULUS XIV
DE REPLICATIONIBUS

Interdum evenit ut exceptio, quae prima facie justa videtur, inique noceat. Quod cum accidit, alia allegatione opus est, adjuvandi actoris gratia: quae replicatio vocatur, quia per eam replicatur atque resolvitur jus exceptionis. Veluti cum pactus est aliquis cum debitorie suo ne ab eo pecuniam petat, deinde postea in contrarium pacti sunt, is est, ut creditore peteri liceat: si creditor agat, et excipiat debitor ut ita demum condemnetur si non convenerit ne eam pecuniam creditor petat, nocet ei exceptio. Covenit enim ita; namque nihilominus hoc verum manet, licet postea in contrarium pacti sint. Sed quia iniqum est creditorem excludi, replicatio ei dabitur ex posteriore pacto convento.

I. Rursus interdum evenit ut replicatio, quae prima facie justa est, inique noceat. Quod cum accidit, alia allegatione opus est, adjuvandi rei gratia: quae duplicatio vocatur.

II. Et si rursus et prima facie justa videatur, sed propter aliquam causam actori iniqui noceat, rursus alia allegatione opus est, qua actor adjuvetur: quae dicitur triplicatio.

III. Quarum omnium exceptionum usum, interdum ulterius quam diximus, vaeirtas negotiorum introduxit: quas omnes apertius ex Digestorum latiore volumine facile est cognoscere.

IV. Exceptionem autem quibus debitor defenditur plerumque accomo\modari solent etiam didejussoribus ejus, et recte: quia quod ad iis petitur, id ab ipso debitore peti videtur,quia mandati judicio redditurus est eis quod ii pro eo solverint. Qua ratione, etsi de non petenda pecunia pactus quis cum reo fuerit, placuit perinde succurendum esse per excpetionem pacti conventi illis quoque qui pro eo obligati sunt, ac si cum ipsis pactus esset ne ab eis ea pecunia peteretur. Sane quedam exceptiones non solent his accommodari. Ecce enim debitor, si bonis suis cesserit, et cum eo creditor experiatur defenditur per exceptionem NISI BONIS CESSERIT; sed haec exceptio fidejussoribus non datur; ideo scilicet, quia qui alios pro debitore obligat, hoc maxime prospicit, ut cum facultatibus lapsus fuerit debitor, possit ab iis quos pro eo obligavit, suum consequi.

TÍTULO XIV
DAS RÉPLICAS

Pode acontecer que uma exceção, que, ao primeiro aspecto, parece justa, seja obstáculo iníquo. Neste caso, é mister, para proteger o autor, outra alegação, que se chama réplica, porque repele e resolve os efeitos da exceção. Por exemplo, um credor convenciona com um devedor que não lhe exigirá pagamento, e mais tarde faz com ele uma convenção contrária, ou seja, que poderá exigir. Se o credor vier a juízo, e o devedor lhe opuser que só poderia ser condenado, se o credor não houvesse convencionado não pedir dinheiro, a exceção exclui o credor. A existência do pacto é verdadeira, embora tenha havido posteriormente pacto contrário. Como, porém, seria iníquo repelir o credor, dá-se-lhe réplica fundada sobre o último pacto.

1. A réplica, por sua vez, pode, ao primeiro aspecto, parecer justa e não ser mais do que um obstáculo iníquo. Neste caso, para proteger o réu, é necessária nova alegação, que se denominou dúplica (*duplicatio*).

2. Se, de um lado, a dúplica, justa na aparência, constitui na realidade obstáculo iníquo ao autor, é necessária nova alegação para protegê-lo, a qual se nomeia tréplica.

3. O uso das exceções pode ter mais larga aplicação, segundo a diversidade dos casos, o que mais minuciosamente se encontra no Digesto.

4. As exceções em favor do devedor competem, em geral, em favor dos seus fiadores, e com razão, porque a demanda contra estes é como se fora contra o devedor, o qual, pela ação de mandato, fica obrigado a lhes restituir o que por ele pagaram. Por isso, se o credor convencionou com o devedor não exigir o pagamento, a exceção de pacto poderá ser oposta pelos seus fiadores, como se com estes tivesse sido feita a convenção. Há, todavia, algumas exceções, que não incluem os fiadores; por exemplo, quando o devedor fez cessão de bens, é demandado pelo credor, e opõe a este a exceção NISI BONIS CESSERIT, exceção que não cabe aos fiadores. Com efeito, quem exige fiança, tem principalmente em vista acautelar que, em caso de insolvabilidade do devedor, a dívida seja paga por aqueles que a garantem.

TITULUS XV
DE INTERDICTIS

Sequitur ut dispiciamus de interdictis, seu actionibus quae pro his exercentur. Erant autem interdicta, formae atque conceptiones verborum quibus praeter aut jubebat aliquid fieri, aut fieri prohibebat: quod tunc maxime faciebat, cum de possessione aut quasi possessione inter aliquos contendebatur.

I. Summa autem divisio interdictorum haec est, quod aut prohibitoria sunt, aut restitutoria, aut exhibitoria. Prohibitoria sunt, quibus praetor vetat aliquid fieri: veluti vim sine vitio possident, vel mortuum inferent quo ei jus erat inferenti quo ei jus erat inferendi; vel in sacro loco aedificari; vel in flumine publico ripave ejus aliquid fieri, quo pejus navigetur. Restitutoria sunt, quibus restitui aliquid jubet: veluti, bonorum possessori possessionem eorum quae quis pro haerede aut pro possessore possidet ex ea haereditate: aut cum jubet ei qui possessione fundi dejectus sit, restitui possessionem. Exhibitoria sunt per quae jubet exhibieri: veluti eum cuju de libertate agitur, aut libertu cui patronus operas indicere velit, aut parenti liberos qui in potestate sunt. Sunt tamen qui putant proprie interdicta ea vocari quae prohibitoria sunt, quia interdicere est denuntiare et prohibere; restitutoria autem et exhibitoria, proprie decreta vocari. Sed tamen obtinuit omnia interdicta appellari, qui inter duos dicuntur.

II. Sequens diviso interdictorum haec, quod quaedam adipiscendae possessionis causa comparata sunt, quaedam, retinendae, quaedam recuperandae.

III. Adipiscendae possessionis causa interdictum accomodatur bonorum possessori, quos appellatur QUORUM BONORUM. Ejusque vis et potestae haec est, ut quod ex iis bonis quisque quorum possesio alicui data est, pro herede aut pro possessore possideat, id ei cui bonorum possessio data est restituere debeat. Pro herede autem possidere videtur, qui putat se heredem esse. Pro possessore is possidet, qui nulo jure rem hereditariam vel etiam totam hereditatem, sciens ad se non pertinere possidet. Ideo autem adipiscendae possessionis vocatur interdictum, quia ei tantum utile est qui nunc dirimum conatur adipisci rei possessionem. Itaque si quis adeptus possessionem amiserit eam, hoc interdictum ei inutile est. Interdictum quoque quod appellatur SALVIANUM, adipis-

326

TÍTULO XV
DOS INTERDITOS

Devemos tratar agora dos interditos, ou das ações que se exercem em lugar deles. Os interditos foram fórmulas, ou palavras solenes, pelas quais o pretor ordenava, ou proibia, ao réu que fizesse alguma coisa, e principalmente se utilizavam nas questões sobre a posse e a quase posse.

1. Os interditos dividem-se principalmente em proibitórios, restituitórios e exibitórios. São proibitórios aqueles pelos quais o pretor proíbe que se faça alguma coisa, por exemplo, que se cometa violência contra quem possui regularmente, contra quem quer enterrar um morto em lugar em que tem direito de fazê-lo, ou quer construir em lugar sagrado, ou fazer num rio, ou numa margem, prejudicando a navegação. São restituitórios os interditos pelos quais se ordena a restituição de alguma coisa, por exemplo, a devolução ao proprietário da posse de seus bens que alguém na condição de herdeiro ou possuidor adquire pela hereditariedade, a restituição de um terreno àquele que foi violentamente esbulhado. São exibitórios os interditos pelos quais o pretor ordena que se exiba, por exemplo, o indivíduo cuja liberdade está em litígio, ou o liberto, cujos serviços são reclamados pelo patrono, ou ao pai os filhos sujeitos ao seu poder. Há, entretanto, aqueles que julgam dever chamar interditos somente aos que são proibitórios, pois *interdicere* significa proibir, obstar, devendo ter o nome de decretos os interditos restituitórios e exibitórios. Mas, a palavra interdito prevaleceu como denominação comum, porque se dá entre duas pessoas (*inter duos*).

2. A segunda divisão dos interditos faz-se entre uns que se voltam para adquisição (*adipiscendae possessionis*), outros para manutenção (*retinendae possessionis*), e outros para recuperação da posse (*recuperandae possessionis*).

3. Para se adquirir a posse, dá-se ao possuidor de bens o interdito QUORUM BONORUM, cujo efeito é forçar aquele que possui a título de herdeiro, ou de possuidor, alguma coisa dos bens dados em posse, a entregá-la ao possuidor de bens. Possui a título de herdeiro (*pro herede*) quem se julga herdeiro; possui como possuidor (*pro possessore*) aquele que, sem direito, e sabendo que não lhe pertencem, possui coisas hereditárias ou mesmo toda a herança. Chama-se este interdito *adipiscendae possessionis* (para adquirir a posse), porque só interessa a quem quer adquirir pela primeira vez a posse da coisa. Se, portanto, alguém teve a

cendae possessionis causa comparatume est; i eoque utitur dominus fundi de rebus coloni, quas is pro mercedibus fundi pignori futuras pepigisset.

IV. Retinendae possessionis causa comparata sunt interdicta UTI POSSIDETIS, et UTRUBI, cum ab utraque parte de proprietate alicujus rei controversia sit, et ante quaeritur uter exligatoribus possidere, et uter petere debeat. Namque nisi ante exploratum fuerit utrius eorum possessio sit, non potest peritoris actio institui: quia et civitis et naturalis ratio facit, ut alius possideat, alius a possidente petat. Et quia longe commodius est possidere potius quam petere, ideo plerumque et fere semper ingens existit contentio de ipsa possessione. Commodum autem possidendi in eo est quod, etiamsi e jus res non sit qui possidet, si modo actor non potuerit suam esse probare, remanet suo loco possesio: propter quam causam, cum obscura sunt utrisque jura, contra petitorem judicari solet. Sed interdicto quidem UTI POSSIDETIS de fundi vel aedium possessione contenditur; UTRUBI vero interdicto,d e rerum mobilium possessione: quorum vis ac potestas pluriman inter se differentiam apud veteres habebat. Nam UTI POSSIDETS interedicto in vincebat, qui interdicti tempore possidebat: si modo nec vi, nec clam, nec precario nactus fuerat ab adversario possessionem, etiamsi alium si expulerat, aut clam abripuerat alienan possessionem, aut precario rogaverat aliquem ut sibi possidere liceret. UTRUBI vero interedicto is vincebat, qui majore parte ejus anni nec vi, nec clam, nec precario ab adversario possidebat. Hodie tamen aliter observatur. Nam utriusque interdicti potestas, quantum ad possessionem, exaequata est: ut ille vincat, et in re soli at in re mobili, qui possessionem nec vi, nec clam, nec precario ab adversario litis contestationis tempore detinet.

V. Possidere autem videtur quisque, non solum si ipse possideat, sed et si ejus nomine aliquis in possessione sit, licet is ejus juri subjectus non sit, qualis est colonus et inquilinus. Per eos quoque apud quod deposuerit quis aut quibus commodaverit, ipse possidere videtur. Et hoc est quod dicitur, retinere possessionem possem aliquem per quemlibet qui ejus nomine sit in possessione. Quinetiam animo quoque retineri possessionem placet, id est, ut quamvis neque ipse sit in possessione, neque ejus nomine, tamen si non delinquendae possessionis animo, sed postea reversurus inde discesserit retinere possessionem videatur. Adipisci vero possessionem per quos aliquis potest, secundo libro exposuimus. Nec ulla dubitatio est quin animo solo adipisci possessionem nemo possit.

posse e a perdeu, não pode usar deste interdito. Permite também adquirir a posse o interdito Salviano, o qual compete ao dono da propriedade sobre as coisas do colono, que servem de garantia pignoratícia pela renda.

4. Para manter a posse, dão-se os interditos UTI POSSIDETIS e UTRUBI, quando, numa questão sobre a propriedade da coisa, se investiga preliminarmente qual das partes deve ser possuidora, e qual autora. Se não se determinou previamente a quem pertence a posse, não se pode propor ação petitória, visto que pela lei, e pela razão natural, é preciso que um possua e outro demande. E como é muito mais vantajosa a posição de quem possui, do que a de quem pede, há quase sempre grande discussão a respeito da posse. A vantagem da posse consiste em que continua com o atual possuidor, embora não lhe pertença a coisa, se o autor não puder provar que a coisa é sua. Por isso, no caso de ser obscuro o direito de uma e de outra parte, costuma-se julgar contra o autor. O interdito UTI POSSIDETIS aplica-se à posse das terras e dos edifícios, o interdito UTRUBI, à das coisas móveis. Havia entre os antigos grandes diferenças nos seus efeitos. No interdito UTI POSSIDETIS tinha ganho de causa quem possuía no momento do interdito, contanto que não tivesse tomado a posse à outra parte por violência (*vi*), clandestinidade (*clam*), ou precariedade (*precario*), ainda que a tivesse violenta, ou clandestina, ou precariamente, a outrem. No interdito *utrubi*, ao contrário, tinha ganho de causa, aquele que, durante a maior parte do ano, tivesse sido a posse sem violência, clandestinidade, ou precariedade, relativamente ao seu adversário. Hoje, não é assim, pois esses interditos foram assimilados em seus efeitos quanto à posse, e quer se trate de móveis, quer de imóveis, tem ganho de causa quem ao tempo da litiscontestação tem a posse sem violência (*nec vi*), clandestinidade (*nec clam*), ou precariedade (*nec precario*) relativamente à outra parte.

5. Possui não somente quem tem a posse em pessoa, mas também quem a tem em seu nome por intermédio de outrem, ainda que não sujeito ao seu poder, como o colono, o inquilino, e também o depositário e o comodatário. Por isso se diz que o possuidor conserva a posse por qualquer pessoa, que possua em seu nome. E ainda mais: conserva-a pela intenção tão-somente, a saber, considera-se que a conserva quando, sem estar na posse, por si ou por intermédio de outrem, se afastou da coisa sem a intenção de abandonar a posse. Quanto à aquisição da posse, expusemos, no livro segundo, por que pessoas se pode conseguir. Mas é indubitável que não se pode adquirir somente pela intenção.

VI. Recuperandae possessionis causa solet interdici, si quis ex possesione fundi vel aedium vi dejectus fuerit. Nom ei proponitur interdictum UNDE VI per quod is qui dejecit, cogitur ei restituere possessionem, licet is ab eo qui vi dejecit, vi, vel clam, vel precatio possidebat. Sed ex sacris constitutionibus, ut supra diximus, si quis rem per vim occuperavit, si quidem in bonis ejus est, dominio ejus privatur; si aliena, post ejus restitutionem etiam aestimationem rei dare vim passo compellitur. Qui autem aliquem de possessione per vim dejerecit, tenetur lege Julia de vi privata, aut de vi publica: sed de vi privata, si sine armis im fecerit. Sin autem cum armis eum de possessione expulserit, de vi publica tenetur. Armorum autem appellatione non solum scuta et gladios et galeas significari intelligimus, sed et fustes et lapides.

VII. Tertia divisio interdictorum haec est quod aut simplicia sunt, aut duplicia. Simplicia sunt, veluti in quibus alter actor, alter reus est: qualia sunt omnia restitutoria aut exhibitoria. Namque actor est, qui desiderat aut exhiberi aut restitui: reus is est a quo desideratur ur restituat aut exhibeat. Prohibitoriorum autem interdictoru malia simplicia sunt, alia duplicia. Simplicia sunt veluti cum prohibet praetor in loco sacro, vel in flumine publico ripave ejus aliquid fieri: nam actor est, qui desiderat ne quid fiat; reus, qui aliquid facere conator. Duplicia sunt veluti UTI POSSIDETIS interdictum, et UTRUBI. Ideo autem duplicia vocantur, quia par utriusque litigatoris in his conditio est, nec quisquam praecipe reus vel actor intelligitur, sed unusquisque tam rei quam actoris partes sustinet.

VIII. De ordine et vetere exitu interdictorum supervacuum est hodie dicere. Nam quotiens extra ordinem jus dicitur — qualia sunt hodie omnia judicia — non este necesse reddi interdictum; sed perinde judicatur sine interdicta, ac si utilis actio ex causa interdicti reddita fuisset.

TITULUS XVI
DE POENA TEMERE LITIGANTIUM

Nunc admonendi sumus, magnam curam egisse eos qui jura sustinebant, ne facile homines ad litigandum procederent: quod et nobis studio est. Ideoquc eo maxime fieri potest quod temeritas tam agentium quam eorum cum quibus agitur, modo pecuniaria poena, modo jurisjurandi religione, modo infamiae metu coerectur.

6. Tendo sido alguém espoliado, por violência, da posse de um terreno, ou de um edifício, dá-se-lhe para recobrá-la um interdito recuperatório (*reciperandae possessioneis*). Este interdito é o UNDE VI, e por ele o espoliador é obrigado a restituir a posse, embora o espoliado lhe houvesse tomado por violência, clandestinidade ou precariedade. Como acima dissemos, na conformidade das constituições imperiais, se alguém se apodera de uma coisa por violência, perde a propriedade se for dono, e se não for, deve restituí-la, e além disso, pagar a estimação ao espoliado. De resto, quem espolia violentamente fica sujeito à Lei Júlia pela violência privada ou pública (*Lex Julia de vi privada aut vi publica*): por violência privada, se espoliou sem armas; por violência pública, se espoliou à mão armada. Por armas, entende-se não só os escudos, espadas e capacetes, mas também cacetes e pedras.

7. A terceira divisão dos interditos consiste em simples e duplos. São simples aqueles em que um é autor, e o outro réu, tais como os interditos restituitórios e exibitórios, pois é autor o que quer a restituição ou exibição, e é réu aquele de quem se pede a exibição, ou restituição. Quanto aos interditos proibitórios, uns são simples, outros duplos. São simples, por exemplo, quando o pretor proíbe que se faça alguma coisa em lugar sagrado, ou no leito, ou margem de um rio, pois é autor quem quer impedir que se faça, e é réu quem quer fazer; são duplos, por exemplo, os interditos *uti possidetis* e *utrubi*. A denominação duplos provém do fato de ser igual a condição de ambas as partes, e de não ser nenhuma, antes autor do que réu, mas, figurando uma e outra como tais.

8. É inútil tratarmos do processo e da decisão final que os interditos tinham antigamente. Todas as vezes que tem lugar a jurisdição extraordinária (e é isso o que acontece hoje em todas as ações), não é necessário dar-se interdito, mas se julga sem ele, como se em conseqüência do interdito, se houvesse dado uma ação útil.

TÍTULO
DA PENA AOS LITIGANTES TEMERÁRIOS

Notemos aqui que os fundadores do direito cuidaram sempre de impedir que houvesse litígios facilmente, e tal é também a nossa preocupação. O meio de consegui-lo é coibir a temeridade dos autores e réus, seja com penas pecuniárias, seja com juramentos, seja com temor da infâmia.

I. Ecce enim jusjurandum onmibus qui conveniuntur, ex constitutione nostra defertur. Nam reus non aliter suis allegationibus utitur, nisi prius juraverit quod putans sese bona instantia uti ad contradicendum pervenit. Et adversus inficiantes ex quibusdam causis dupli vel tripli actio constituitur: veluti si damni injuriae aut legatorum locis venerabilibus relictorum nomine agitur. Statim autem ab initio pluris quam simpli est actio: veluti, furti manifesti, quadrupli; nec manifesti, dupli. Nam ex causis his et aliis quibusdam, sive quis neget, sive fateatur, pluris quam simpli est actio. Item actoris quoque calumnia coercetur. Nam etiam actor pro calumnia jurare cogitur ex nostra constitutione. Utriusque etiam partir advocati jusjurandum subeunt quod alia nostra constitutione comprehensum est. Haec autem omnia provereri calumniae actione introducta sunt, quae in desuetudinem abiit: quia in partem decimam litis actores muletabat, quod nunquam factum esse invenimus. Sed pro his introductum est et praefatum jusjurandum, et ut improbus liigator et damnum et impensas litis inferre adversario suo cogatur.

II. Ex quibusdam judicis damnati ignominiosi fiunt veluti furti, vi bonorum raptorum, injuriarum de dolo: item tutellae, mandati, depositi directis, non contrariis actionibus; pro socio quae ab utraque parte directa est; et ob id quiliber ex sociis eo judicio damnatus ignominia notatur. Sed fusti quidem aut vi bonorum raptorum, aut injuriarum, aut de dolo, non solum damnati notantur ignominia sed etiam pacti, et recte. Plurimum enim interest, utrum ex delicto aliquis na ex contractu debitor sit.

III. Omnium autem actionum instituendarum principium ab ea parte edicti profiscitur, qua praetor edicit de in jus vocando. Utque enim imprimis adversarius in jus vocandus est, ad eum eui jus dicturus sit. Qua parte praetor parentibus et patronis, item parentibus liberisque patronorum et patronarum hunc praestat honorem ut non aliter liceat liberis libertisque eos in jus vocare, quam si ab si ipso praetore postulaverint et impetraverint. Et si quis aliter vocaverit, in cum poenam solidotum quinquaginta constituit.

1. Por nossa constituição defere-se o juramento a todos os demandados. Ao réu não é admitido conduzir sua defesa, sem jurar que contesta, consciente da justiça de sua causa. Além disso, em certas causas, a ação é elevada ao dobro, ou ao triplo, contra os que negaram, como no dano injusto, ou no legado, feito a estabelecimentos pios. Há outros casos, em que, desde o início, a ação não é simples, por exemplo, no furto manifesto, que é do quádruplo, no furto não manifesto, que é do dobro; porque nestas causas, e em algumas outras semelhantes, quer o réu negue, quer confesse, a ação é sempre mais do que simples. Reprime-se a chicana do autor, pois é igualmente obrigado a prestar por nossa constituição o juramento (*de calumnia*). Os advogados de uma e de outra parte devem também prestar o juramento, prescrito em uma de nossas constituições. Todas essas formalidades foram criadas para substituir a antiga ação de calúnia, que caiu em desuso, pois punia o autor com a pena do décimo do valor do litígio, pena que nunca vimos aplicada. Em lugar dela introduzimos o juramento de que falamos e a obrigação, que tem a parte de má fé, de pagar à outra os danos e custos.

2. Em certas ações a condenação é infamante, por exemplo, nas de furto, roubo, injúria, dolo, nas diretas de tutela, mandato, depósito; não, porém, nas contrárias. O mesmo diremos da ação *pro socio*, que é direta para ambas as partes; e na qual, por conseguinte, a condenação é infamante para qualquer dos sócios. Nas ações de furto, de roubo, de injúria, e de dolo, é infamante, não só a condenação, mas também o pacto, pois há muita diferença em ser devedor por um contrato, ou por um delito.

3. O processo das ações decorre da parte do edito em que o pretor trata do chamamento a juízo (*de in jus vocando*). É mister, antes de tudo, citar o adversário em juízo, isto é, perante o magistrado competente. Nessa parte do edito, o pretor ordena que os descendentes e libertos não possam citar em juízo os ascendentes, patronos, ascendentes e descendentes dos patronos e patronas, sem pedirem e seguirem a vênia do pretor, sob a pena de pagarem a multa de cinqüenta soldos.

TITULIS XVII
DE OFFICIO JUDICIS

Superest ut de officio judicis discipiamus. Et quidem imprimis illud observare debet judex, no aliter judicet quam quod legibus, aug constitutionibus, aut moribus proditum est.

I. Ideoque, si noxali judicio addictus est, observare debet ut, si condemnandus videtur dominus, ita debeat condemnare: PUBLIUM MAEVIUM LUCIO TITIO IN DECEM AUREOS CONDEMNO, AUT NOXAM DEDERE.

II. Et si in rem actum sit si contra petitorem judicaverit, absolvere debet possessorem; sive contra possessorem, jubere eum debet ut rem ipsam restituat cum fructibus. Sed si possessor neget in praesenti se restituere posse, et sine frustationes videtur tempus restituendi causa petere, indulgendum est ei: at tamen de litis aestimatione cavet cum fidejussore, si intra tempus quod ei datum est non restituisset. Et si hereditas petita sit, si intra tempus quod ei datum est non restituisset. Et si hereditas petita sit, eadem circa fructus interveniunt quae diximus intervenire de singularum rerum petitione. Illorum autem fructum quos culpa sua possessor non percepit, in utraque actione eadem ratio pene habetur, si praedo fuerit. Si vero bona fide possessor fuerit, non habetur ratio consumptorum, neque non perceptorum. Post inchoatam autem petitionem, etiam illorum ratio habetur quia culpa possessoria percepti non sunt, vel percepti consumpti sunt.

III. Si ad exhibendum actum fuerit, non sufficit ut exhibeat rem in cum quo actum est; sed opus est ut etiam rei causam debeat exhibere, id est, ut eam causam habeat actor quam habiturus esset, si cum primum ad exhibendum egisset, exhibita res fuisset. Ideoque si inter moras usucapta sit res a possessore, nihilominus condemnabitur. Praeterea fructuum medii temporis, id est, ejus quod post acceptum ad exhibendum judicium ante rem judicatam intercessi, rationem habere debet judex. Quod si neget is cum quo ad exhibendum actum est, in praesenti exhibere posse, et tempus exhibendi causa petat, idque sine frustatione postulare videatur, dari ei debet: ut tamen caveat se restituturum. Quod si neque stati jussum judicis rem exhibeat, neque postea exhibiturum se caveat, condemnandus si in id quod actoris intererat ab initio rem exhibitam esse.

334

TÍTULO XVII
DO OFÍCIO DO JUIZ

Resta-nos tratar do ofício do juiz. O seu primeiro dever é julgar na conformidade das leis, das constituições e dos costumes.

1. Por conseguinte, numa ação noxal, se lhe parecer justa a condenação do senhor, redigirá assim a sentença: CONDENO PÚBLIO MÉVIO A PAGAR A LÚCIO TÍCIO DEZ MOEDAS DE OURO, OU A DAR EM NOXA.

2. Nas ações reais, se julgar contra o autor, deve absolver o possuidor; se julgar contra o possuidor, deve ordenar a restituição da coisa com frutos. Se o possuidor se declara na impossibilidade de fazer imediatamente a restituição, parecendo ao juiz que o pedido de prazo não se faz fraudulentamente, deve conceder-lhe, desde que dê fiança pelo litis-estimação, no caso de não fazer a restituição no prazo concedido. No caso de petição de herança, observam-se as mesmas regras sobre os frutos, que já expusemos a respeito das coisas singulares. Relativamente AO POSSUIDOR DE MÁ FÉ, os frutos, que por sua culpa deixou de perceber, se contam do mesmo modo, em uma e outra ação. O possuidor de boa-fé, ao contrário, não deve conta dos frutos consumidos, nem dos que deixou de perceber. Depois de iniciada a ação, deve, porém, conta dos frutos, que deixou de perceber, e dos que tenha consumido depois de percebidos.

3. Na ação (*ad exhibendum*) não basta que o réu exiba a coisa, mas é mister ainda que exiba a causa da coisa, isto é, a causa do autor deve ser a mesma, como se a exibição se tivesse realizado logo em seguida à demanda. Por isso, se com a demora o possuidor vier a usucapir a coisa, será, não obstante, condenado. O juiz deve, além disso, contar os frutos do tempo intermédio, isto é, do decorrido entre a propositura da ação *ad exhibendum* e a sentença. Se o réu se declara na impossibilidade de fazer imediatamente a exibição, e pede prazo, parecendo que o faz sem fraude, deve-se-lho conceder, contanto que dê fiança de que restituirá. Mas, se não fizer, por ordem do juiz, a exibição imediata, ou não der fiança pela exibição ulterior, deve ser condenado a indenizar o autor todo o interesse que tinha em fazer-se imediatamente a exibição.

335

IV. Si familiae erciscundae judicio actum sit, singular res singulis heredibus adjudicare debet; et si in alterius persona praegravare videatur adjudicatio, debet hunc invicem coheredi certa pecunia, sicut jam dictum est, condemnare. Eo quoque nomine coheredi quisque suo condemnandus est, quod solus fructus hereditarii fundi percepit, aut rem hereditariam corruperit aut consumpserit. Quaequidem similiter inter plures quoque quam duos coheredes subsequuntur.

V. Eadem interveniunt, et si communi dividundo de pluribus rebus actum fuerit. Quod si de una re, veluti de fundo: si quidem iste fundus commode regionibus divisionem recipiat, partes ejus singulis adjudicare debet; et si unius pars praegravare videbitur, is invicem certa pecunia alteri condemnandus est. Quo di commodi non possit, veluti si homo forte aut mulus erit de quo actum sit: tunc totus uni adjudicandus est, et is invicem alteri certa pecunia condemnandus.

VI. Si finium regundorum actum fuerit, dispicere debet judex an necesaria sin adjudicatio: quae sane uno casu necessaria est, si evidentioribus finibus distingui agros commodius sit, quam olim fuissent distincti. Nam tunc necesse est ex alterius agro partem aliquam alterius agri domino adjudicari: quo casu, conveniens est ut is alteri certa pecunia debeat condemnari. Eo quoque nomine damnandus est quisque hoc judicio, quo forte circa fines aliquid malitiose commisit, verbi gratia, quia lapides finales furatus, vel arbores finales cecidit. Contumaciae quoque nomine quisque eo judicio condemnatur, veluti si quis jubente judice metiri agros passus non fuerit.

VII. Quod autem istis judiciis aliqui adjudicatum sit, id statim ejus fit cui adjudicatum est.

TITULUS XVIII
DE PUBLICIS JUDICIIS

Publica judicia neque per actiones ordinantur, neque omnino quidquam simile habent cum caeteris judiciis de quibus locuti sumus, magnaque diversitas est eorum et in instituendo et in exercendo.

I. Publica autem delicta sunt, quod cuivis ex populo executio eorum plerumque datur.

4. Na ação de partilha (*familiae erciscundae*) deve o juiz adjudicar as coisas, cada uma a cada herdeiro, e se a adjudicação parece mais favorável relativamente a um, este deve ser condenado a devolver ao seu herdeiro certa quantia, como deixamos dito. Cada herdeiro deve ser condenado a tornar ao co-herdeiro os frutos hereditários que recebeu sozinho, ou as coisas que deteriorou, ou consumiu. E estas regras são as mesmas quando houver vários herdeiros.

5. O mesmo acontece na ação de divisão (*communi dividundo*), quando se trata de dividir diferentes coisas. Quando se trata de uma só coisa, por exemplo, de um terreno, se puder dividir comodamente, o juiz deve adjudicar as partes a cada um em particular, e se a parte de um for mais vantajosa, deve este repor ao outro certa quantia. Se o objeto não for suscetível de divisão, como um escravo, uma besta, deve adjudicá-lo por inteiro a um dos herdeiros, e este deve ser condenado a tornar ao outro quantia certa.

6. Na ação de demarcação (*finium regundorum*), o juiz deve examinar se a adjudicação é necessária. Em um caso é sempre necessária: quando for útil distinguir os campos por limites mais evidentes que os antigos. É preciso, então, adjudicar a um, uma parte do campo do outro e, por conseguinte, o adjudicatário deve ser condenado a repor ao outro quantia certa. Nesta ação deve ser igualmente condenado quem comete fraude sobre os limites, por exemplo, roubando os marcos, ou cortando as árvores, que servem de divisas. Também se dá a condenação por contumácia, quando alguém, contra o mandato do juiz, se opõe à mensuração dos campos.

7. A coisa adjudicada nessas ações entra imediatamente para a propriedade do adjudicatário.

TÍTULO XVIII
DOS PROCESSOS PÚBLICOS

Os processos públicos não se organizam na forma das ações e não têm semelhança alguma com outros processos de que falamos, e antes muito se diferenciam, quer na sua propositura, quer na sua marcha.

1. Chamam-se processos públicos, porque qualquer cidadão pode, em geral, propô-los.

II. Publicorum judiciorum quaedam capitalia sunt, quaedam non capitalia. Capitalia dicimus, quae ultimo supplicio afficiunt, vel aquae et ignis interdictione, vel deportatione, vel metallo. Coetera, si quam infamiam irrogant cum damno pecuniario, haec publica quidem sunt non tamen capitalia.

III. Publica autem sunt haec: lex JULIA majestatis, quae in eos qui contra imperatorem vel rempublicam aliquis moliti sunt, suum vigorem extendit. Hujus poena enimae amissionem sustinet, et memoria rei etiam post mortem damnatur.

IV. Item lex JULIA de adulteriis coercendis, quae non solum temeratores alienarum cuptiarum gladio punit, sed et eos qui cum maculis nefandum libidinem exercere audent. Sed eadem lege JULIA etiam stupri flagitium punitur, cum quis sine vi vel viduam honeste viventem stupraerit. Poenam autem eadem lex irrogat peccatoribus: si honesti sunt, publicationem partis dimidiae bonorum: si humiles, corporis coercitionem cum relegatione.

V. Item lex CORNELIA de sicariis, quae homicidas ultore ferro persequitur, vel eos qui homines occidenti causa cum telo ambulant. Telum autem, ut Gains noster in interpretatione legum Duodecim Tabularum scriptum reliquit, vulgo quidem id appellatur, quod arcu mittitur; sed et omne significatur quod manu cujusdam mittitur. Sequitur ergo ut lapis et lignum et ferrum hoc nomins conineatur: dictumque ab eo quod in longin quum mittitur: a graeco voce απσ τον τηλου. Et hanc significationem invenire possumus et in graeco nomine. Nam quod nos telum appellamus, illi βελσι appellant αησ πον βαλλεσθαι Admonet nos Zenophon, nam ita scribit: Και τα υελη συου εωερετσ, λογχαι, τοζενματα,σωενδοναι, πλεωτι δε παι λιθοι –.

Sicarii autem appellantur a sica, quod significat ferreum cultrum. Eadem lege et venefici capite damnantur, quia artibus odiosis, tam venenis quam susurris magicis, homines occiderit, vel mala medicamenta publice vendiderint.

VI. Alia deide lex asperrimum crimen nova poena persequitur, quae POMPEIA de parricidiis, vocatur ut, si quis parentis aut filii, aut omnimo adfectionis ejus quae nuncupatione parricidii continetur, fata properaverit; sive clam, sive palam id ausus fuerit; necnon is cujus dolo malo id factum est, vel conscius criminis existit, licet extraneus sit poena paviadi puniatur, et neque gladio, neque ignibus, neque ulla alia solemni

2. Os processos públicos são capitais ou não capitais. São capitais os que acarretam o último suplício, ou a interdição da água e do fogo, ou a deportação, ou a condenação às minas. Os outros processos, quando importam com pena pecuniária, são públicos, porém, não capitais.

3. Entre os processos públicos, está a lei Júlia de lesa-majestade (*lex Julia majestatis*), que pune os culpados de maquinações contra o imperador, ou contra o Estado. A pena cominada é a de morte, e a memória do culpado é condenada.

4. Igualmente a lei Júlia do adultério (*lex Julia de adulteriis*), pune com a decapitação não só os que mancharam o leito alheio mas os que se entregam à infame libidinagem com homens. A mesma lei pune também a cópula, sem violência, com virgem, viúva, que viva honestamente. A pena contra os culpados, quando de condição honrosa, é o confisco da metade dos bens; quando de condição baixa, é uma pena corporal com relegação.

5. A lei Cornélia dos sicários (*lex Cornelia de sicariis*) pune os assassinos ou os que andam armados para matar alguém. Pela palavra arma (*telum*), segundo o que escreveu o nosso Gaio, na sua interpretação da Lei das XII Tábuas, designa-se, em geral, tudo quanto é lançado por um arco, mas essa palavra indica também tudo quanto é lançado com a mão. Assim, uma pedra, um pedaço de madeira, ou de ferro, se compreendem nessa denominação, porque a palavra (*telum*) origina-se do fato de se lançar longe, do grego *tellou* ("longe"). Também encontramos este mesmo significado na língua grega, pois o que chamamos *tellum*, os gregos chamam *bélos*, vem de *bellestai* ("lançar"). É o que diz Xenofonte nestas palavras: Trouxeram projéteis (*béle*), lanças, flechas, fundas e grande quantidade de pedras. "Os sicários são assim chamados de *sica*, que quer dizer punhal. A mesma lei pune com a morte os envenenadores, que, por artifícios odiosos, venenos e encantamentos, matem alguém, ou vendam substâncias nocivas.

6. Outra lei, a Pompéia dos parricidas (*lex Pompeia de parricidiis*) pune o mais terrível dos crimes com um suplício especial. Segundo esta lei, aquele que apressar a morte de seu pai, filho, ou outro parente, cujo assassínio se compreenda sob o nome de parricídio, quer o tenha feito aberta, quer secretamente, e também o instigador ou o cúmplice deste crime, ainda que estranho à família, serão punidos com a pena do parricídio. Esta pena não consiste em morrer pela espada, ou pelo fogo, nem por alguma outra punição comum. O condenado será cosido em um

et simia, et inter eas ferales angustias comprenhensus, secundum quod regionis qualitas tulerit, vel in vicinum mare vel in amnem projiciatur; ut omnium elementorum usu vivus carere incipiat, et ei coelum superstiti et ei coelum superstiti et terra mortuo auferatur. Si quis autem alias cognatione vel affinitate personas conjunctas necaverit, poenam legis Corneliae de sicariis sustinebit.

VII. Item lex CORNELIA de falsis, quae etiam testamentaria vocatur, paenam irrogat ei qui testamentum vel aliud instrumentum falsum scripserit, signaverit, recitaverit, subjecerit; quive signum adulterinum fecerit, sculpserit, expresserit sciens dolo malo. Ejusque legis poena in servos ultimum supplicium est, presserit sciens dolo malo. Ejusque legis poena in servos ultimum supplicium est, quod etiam in lege de sicariis et veneficis servatur; in liveris vero, deportatio.

VIII. Item lex JULIA de via publica seu privata adversus eos exhoritur, qui vim vel armatam vel sine armis commiserint. Sed si quidem armata is redarguatur, deportatio ei ex lege Juliz de vi publica irrogatur; si vero sine armis, in tertiam partem bonorum publicatio imponitur. Sin autem per vim raptus virginis, vel viduae, vel sanctimonialis, vel alterius fuerit perpetratus, tunc et peccatores et ii qui opem flagitio dederunt, capite puniuntur, secundum nostrae constitutionis definitionem ex qua joc apertius est scire.

IX. Item lex JULIA peculatus eos punit, qui pecuniam, vel rem publicam, vel sacram, vel religiosam furati fuerint. Sed si quidem ipsi judices tempore administrationis publicas pecunias subtraxerit, capitali animadversione punantur: et non solum hi, sed, etiam qui ministerium eis ad hoc exhibuerint, vel qui subtractas ab his scientes susceperint. Alii vero qui in hanc legem inciderint, poenaae deportationis subjungantur.

X. Es inter publica judicia lex FABIA de plagiariis, quae interdum capitis poenam ex sacris constitutionibus irrogat, interdum leviorem.

XI. Sunt praeterea publica judicia, lex JULIA de ambitu, lex JULIA repetundarum, et lex JULIA de annona, et lex JULIA de residuis, quae de certis capitulis loquuntur, et animae quidem amissionem non irrogant, aliis autem poenis eos subjiciunt qui praecepta earum neglexerint.

XII. Sed de publicis judiciis hae exposuimus, ut vobis possible sit summo digito, et quasi per indicem, ea tetigisse; alioquin diligentior eorum scientia vobis exlatioribus Digestorum seu Pandectarum libris, Deo propitio, adventura est.

340

saco com um cão, um galo, uma víbora e uma macaca, e, encerrado nessa prisão fatal, será, segundo a natureza do lugar, lançado ao mar, ou a um rio, a fim de lhe faltar o uso de todos os elementos, mesmo antes de sua morte, faltando o céu aos seus olhos e a terra ao seu cadáver. Aquele que matar outras pessoas, que lhe sejam unidos por cognação, ou afinidade, sofrerá a pena da lei Cornélia dos sicários.

7. A lei Cornélia da falsidade (*Lex Cornelia de falsis*) também chamada testamentária, pune o que, com falsidade, escrever, selar, ler ou substituir, testamento ou qualquer outro instrumento, assim como o que, cientemente, e com dolo, fizer, gravar ou utilizar um sinal falso. A pena é o último suplício, contra os escravos, do mesmo modo que na lei sobre os sicários e envenenadores; contra os homens livres a pena é a de deportação.

8. A lei Júlia da violência privada ou pública (*Lex Julia de vi privada aut vi publica*): pune os que cometem violência à mão armada, ou sem armas. A pena infligida pela lei Júlia contra a violência pública é a de deportação; contra a violência feita sem armas é o confisco de um terço dos bens. Pelo rapto com violência de virgem, viúva, ou religiosa, ou de outra mulher, o autor e seus cúmplices são punidos com a morte, nos termos de nossa constituição, onde se encontrarão maiores detalhes sobre este assunto.

9. A lei Júlia do peculato (*lex Julia peculatus*) pune os que furtam dinheiro, ou objetos públicos, sagrados, ou religiosos. Os magistrados, que ao tempo de sua administração, subtraíram dinheiro público, são punidos com a morte, assim como os que lhes prestaram auxílios, e os que cientemente guardaram o produto do furto. A pena para as outras pessoas, pela violação desta lei, é a de deportação.

10. Há ainda a lei Fábia dos plagiários (*lex Fabia de plagiariis*), que aplica, em certos casos, a pena capital, segundo as constituições imperiais, e, em outros, pena mais leve.

11. Entre os processos públicos também figuram: o da lei Júlia do suborno (*lex Julia de ambitu*), da lei Júlia das concussões (*lex Julia repetundarum*), da lei Júlia dos víveres (*lex Julia de anonna*), e da lei Júlia dos alcances de contas (*lex Julia de residuis*), que são relativos a certos fatos especiais, que não cominam a pena de morte, mas outras penas.

12. Esta exposição somente teve por fim fazer-vos uma indicação sumária e não detalhada. Nos livros mais desenvolvidos do Digesto, ou Pandectas, adquirireis, com a ajuda de Deus, mais profundos conhecimentos.

Não deixe de ler...

O PODER NA ANTIGUIDADE ASPECTOS HISTÓRICOS E JURÍDICOS

Em "O Poder na Antiguidade", é estudado o fenômeno do PODER na experiência política e jurídica da Hélade e de Roma. A obra versa a fascinante temática do PODER, à luz da Filosofia do Direito e da História do Direito, com incursões ao pensamento de Hannah Arendt, a propósito das relações entre o Poder e a Autoridade, e de Norberto Bobbio, a propósito da anterioridade do Direito em relação ao Poder, ou da anterioridade do Poder em relação ao Direito. Adota o autor, a respeito do segundo assunto, as críticas de Norberto Bobbio a Hans Kelsen.

São estudadas neste livro as figuras do Tirano, do Aisumnêtes e do Estratego, na Grécia, e a do Ditador, na República Romana. O enfoque é histórico-jurídico. O autor teve a preocupação de estudar as instituições da Antiguidade, à luz da cosmovisão dos antigos. Isto não o impediu de – com base nos ensinamentos dos melhores autores de Direito Administrativo – classificar o poder exercitado na Grécia pelo Tirano, pelo Aisumnêtes e pelo Estratego, e em Roma pelo Ditador, em "poder arbitrário" e "poder discricionário".

Em função desta referência ao hodierno Direito Administrativo, "O Poder na Antiguidade" é um livro atual, cuja leitura interessa aos estudiosos de História do Direito em geral, aos professores de Direito Romano e aos alunos, e bem assim, aos que se dedicam ao estudo da Ciência Política.

Impresso pelo Depto Gráfico do
CENTRO DE ESTUDOS
VIDA E CONSCIÊNCIA EDITORA LTDA
R. Santo Irineu, 170 / F.: 5-19-8344